譯註 禮記集說大全
冠義

編　陳澔(元)

附　正義 · 訓纂 · 集解

譯註 禮記集說大全
冠義

編　陳澔(元)

附　正義·訓纂·集解

鄭秉燮 譯

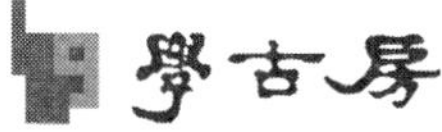

역자서문

『예기』「관의(冠義)」편은 『의례』「사관례(士冠禮)」편의 내용 중 일부를 해설한 문헌이다. 『의례』에는 경문(經文), 전문(傳文), 기문(記文)이 함께 수록되어 있는데, 전문과 기문은 초장기 주석의 형태라 할 수 있다. 전문은 자문자답의 방식으로 기술되어 있다는 점에서 『춘추공양전』의 기록과 유사하다. 기문은 경문과 전문에서 기술하지 못한 부분을 보충 설명하거나 부연 설명하는 형식의 글이다. 『예기』를 '예기(禮記)'라고 부르는 이유도 바로 예(禮)에 대한 기문(記文)의 모음집이기 때문이다. 이러한 점에서 『의례』에 수록된 기문은 『예기』의 전신이라 할 수 있다. 「관의」편은 전문과 기문 중 기문의 형식으로 기술되어 있으며, 내용에 있어서도 「사관례」편의 기문과 중복되는 부분이 있다. 따라서 『예기』의 「관의」편은 『의례』의 「사관례」편을 해설한 기문 중 일부가 『예기』로 편입된 것이라 판단할 수 있다. 따라서 이 문헌은 『예기』의 성립체계를 연구하고 고대 주석사를 연구하는데 중요한 자료가 된다.

다시 한권의 책을 내놓는다. 부끄러운 실력에 번역의 완성도를 자부할 수 없지만, 이 책을 발판으로 더 좋은 역서와 연구가 진행되었으면 하는 바람이다. 이 책에 나오는 오역은 전적으로 역자의 실력이 부족해서이다.

본 역서에 나온 오역과 역자의 부족함에 대해 일갈을 해주실 분들이 있다면, bbaja@nate.com 으로 연락을 주시거나 출판사에 제 연락처를 문의하셔서 가르침을 주신다면, 부족한 실력이지만 가르침을 받도록 최선을 다할 것이다.

역자는 성균관 대학교에서 유교철학(儒敎哲學)을 전공했으며, 예악학(禮樂學) 전공으로 박사논문을 작성했다. 역자가 본격적으로 유가경전을 읽기 시작한 것은 경서연구회(經書硏究會)의 오경강독을 통해서이다. 이 모임을 만들어 후배들에게 경전에 대한 이해를 넓혀주신 임옥균 선생님, 경서연구회 역대 회장님인 김동민, 원용준, 김종석, 길훈섭 선배님께도 감사를 드리고, 역자의 뒤를 이어 경서연구회 현 회장으로 활동하고 있는 손정민 동학께도 감사를 드린다. 끝으로 「관의」편을 출판할 수 있도록 허락해주신 학고방의 하운근 사장님께도 감사를 전한다.

일러두기 ⋙

1. 본 책은 역주서(譯註書)로써, 『예기집설대전(禮記集說大全)』의 「관의(冠義)」편을 완역하고, 자세한 주석을 첨부했다. 송대(宋代) 이전의 주석을 포함하고자 하여, 『예기정의(禮記正義)』를 함께 수록하였다. 그리고 송대 이후의 주석인 청대(淸代)의 주석을 포함하고자 하여 『예기훈찬(禮記訓纂)』과 『예기집해(禮記集解)』를 함께 수록하였다.

2. 『예기』 경문(經文)의 경우, 의역으로만 번역하면 문장을 번역한 방식을 확인하기 어렵고, 보충 설명 없이 직역으로만 번역하면 내용을 이해하기 힘들다. 따라서 경문에 한하여 직역과 의역을 함께 수록하였다. 나머지 주석들에 대해서는 의역을 위주로 번역하였다.

3. 『예기』 경문에 대한 해석은 진호의 『예기집설』 주석에 근거하였다. 경문 해석에 있어서, 『예기정의』, 『예기훈찬』, 『예기집해』마다 이견(異見)이 많다. 『예기집섭대전』의 소주(小註) 또한 진호의 주장과 이견을 보이는 곳이 있고, 소주 사이에도 이견이 많다. 따라서 『예기』 경문 해석의 표준은 진호의 『예기집설』 주석에 근거했으며, 진호가 설명하지 않은 부분들은 『대전』의 소주를 참고하였다. 또한 경문 해석에 있어서 『예기정의』, 『예기훈찬』, 『예기집해』에 나타나는 이견들은 특별한 경우를 제외하고는 각각의 문장을 읽어보면, 경문에 대한 이견을 알 수 있기 때문에, 이러한 경우에는 주석처리를 하지 않았다.

4. 본 역서가 저본으로 삼은 책은 다음과 같다.

- 『禮記』, 서울 : 保景文化社, 초판 1984 (5판 1995)
- 『禮記正義』 1~4(전4권, 『十三經注疏 整理本』 12~15), 北京 : 北京大學出版社, 초판 2000
- 朱彬 撰, 『禮記訓纂』 上·下(전2권), 北京 : 中華書局, 초판 1996 (2쇄 1998)
- 孫希旦 撰, 『禮記集解』 上·中·下(전3권), 北京 : 中華書局, 초판 1989 (4쇄 2007)

5. 본 책은 『예기』의 경문, 진호의 『집설』, 호광 등이 찬정한 『대전』의 세주, 정현의 주, 육덕명의 『경전석문』, 공영달의 소, 주빈(朱彬)의 『훈찬』, 손희단(孫希旦)의 『집해』 순으로 번역하였다.

6. 본래 『예기』「관의」편은 목차가 없으며, 내용 구분에 있어서도 학자들마다 의견차이가 있다. 또한 내용의 연관성으로 인하여, 장과 절을 나누기가 애매한 부분이 많다. 본 책의 목차는 역자가 임의대로 나눈 것이며, 세세하게 분절하여, 독자들이 관련내용들을 찾아보기 쉽게 하였다.

7. 본 책의 뒷부분에는 《冠義 人名 및 用語 辭典》을 수록하였다. 본문에 처음으로 등장하는 용어 및 인명에 대해서는 주석처리를 하였다. 이후에 같은 용어가 등장할 때마다 동일한 주석처리를 할 수 없어서, 뒷부분에 사전으로 수록한 것이다. 가나다순으로 기록하여, 번역문을 읽는 도중 앞부분에서 설명했던 고유명사나 인명 등에 대해서 쉽게 찾아볼 수 있도록 하였다.

【689a】

凡人之所以爲人者，禮義也.

【689a】 등과 같이 【 】 안에 숫자가 기입되어 있는 것은 『예기』의 '경문'을 뜻한다. '689'는 보경문화사(保景文化社)판본의 페이지를 말한다. 'a'는 a단에 기록되어 있다는 표시이다. 밑의 그림은 보경문화사판본의 한 페이지 단락을 구분한 표시이다.

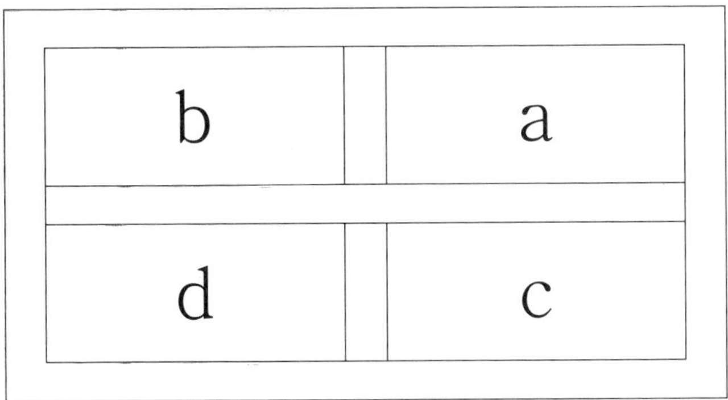

◆ 集說 方氏曰: 容體欲其可度, 故曰正.

"集說"로 표시된 것은 진호(陳澔)의 『예기집설(禮記集說)』 주석을 뜻한다.

◆ 大全 石林葉氏曰: 義以爲質, 禮以行之, 人之道也.

"大全"으로 표시된 것은 호광(胡廣) 등이 찬정(撰定)한 『예기집설대전』의 세주(細註)를 뜻한다.

◆ 鄭注 言人爲禮, 以此三者爲始.

"鄭注"로 표시된 것은 『예기정의(禮記正義)』에 수록된 정현(鄭玄)의 주

(注)를 뜻한다.

◆ **釋文** 長, 丁丈反, 下同. 行, 下孟反.

"**釋文**"으로 표시된 것은 『예기정의』에 수록된 육덕명(陸德明)의 『경전석문(經典釋文)』을 뜻한다. 『경전석문』의 내용은 글자들의 음을 설명하고, 간략한 풀이를 한 것인데, 육덕명 당시의 음가로 기록이 되었기 때문에, 현재의 음과는 맞지 않는 부분이 많다. 단순히 참고만 하기 바란다.

◆ **孔疏** ●"凡人之所以爲人者, 禮義也"者, 言人之所以得異於禽獸者, 以其行禮義也.

"**孔疏**"로 표시된 것은 『예기정의』에 수록된 공영달(孔穎達)의 소(疏)를 뜻한다. 공영달의 주석은 경문과 정현의 주에 대해서 세분화하여 기록되어 있다. 따라서 '●'으로 표시된 부분은 공영달이 경문에 대해 주석을 한 부분이고, '◎'으로 표시된 부분은 정현의 주에 대해 주석을 한 부분이다. 한편 '○'으로 표시된 부분은 공영달의 주석 부분이다.

◆ **訓纂** 五經要義: 冠, 嘉禮也.

"**訓纂**"으로 표시된 것은 『예기훈찬(禮記訓纂)』에 수록된 주석이다. 『예기훈찬』 또한 기존 주석들을 종합한 책이므로, 『예기집설대전』 및 『예기정의』와 중복되는 부분은 생략하였다.

◆ **集解** 呂氏大臨曰: 容體, 動乎四體者也.

"**集解**"로 표시된 것은 『예기집해(禮記集解)』에 수록된 주석이다. 『예기집해』 또한 기존 주석들을 종합한 책이므로, 『예기집설대전』 및 『예기정의』와 중복되는 부분은 생략하였다.

◆ 원문 및 번역문 중 '▼'로 표시된 부분은 한글로 표기할 수 없는 한자를 기록한 부분이다. 예를 들어 '▼(囧/皿)'의 경우 맹(盟)자의 이체자인데, '明'자 대신 '囧'자가 들어간 한자를 프로그램상 삽입할 수가 없어서, '▼(囧/皿)'으로 표시한 것이다. 즉 '▼(A/B)'의 형식으로 기록된 경우, A에 해당하는 글자가 한 글자의 상단 부분에 해당하고, B에 해당하는 글자가 한 글자의 하단 부분에 해당한다는 표시이다. 또한 '▼(A+B)'의 형식으로 기록된 경우, A에 해당하는 글자가 한 글자의 좌측 부분에 해당하고, B에 해당하는 글자가 한 글자의 우측 부분에 해당한다는 표시이다. 또한 '▼((A-B)/C)'의 형식으로 기록된 경우, A에 해당하는 글자에서 B 부분을 뺀 글자가 한 글자의 상단 부분에 해당하고, C에 해당하는 글자가 한 글자의 하단 부분에 해당한다는 표시이다.

목차

그림목차

경문목차

【688d】

冠義 第四十三 / 「관의」 제43편

集說 疏曰: 冠禮起早晚, 書傳無正文. 世本云: 黃帝造旃冕, 是冕起於黃帝也. 黃帝以前, 以羽皮爲冠, 以後乃用布帛. 其冠之年, 天子諸侯皆十二.

번역 공영달[1]의 소에서 말하길, 관례(冠禮)가 기원하게 된 시점에 대해서, 『서전』에는 관련 기록이 남아 있지 않다. 『세본』[2]에서는 황제[3]가 전면

1) 공영달(孔穎達, A.D.574 ~ A.D.648) : =공씨(孔氏). 당대(唐代)의 경학자이다. 자(字)는 중달(仲達)이고, 시호(諡號)는 헌공(憲公)이다. 『오경정의(五經正義)』를 찬정(撰定)하는데 중심적인 역할을 했다.

2) 『세본(世本)』은 『세(世)』·『세계(世系)』 등으로 일컬어지기도 한다. 선진시대(先秦時代) 때의 사관(史官)이 기록한 문헌이라고 전해지지만, 진위여부를 확인할 수 없다. 『세본』은 고대의 제왕(帝王), 제후(諸侯) 및 경대부(卿大夫)들의 세계도(世系圖)를 기록한 서적이다. 일실되어 현존하지 않지만, 후대 학자들이 다른 문헌 속에 남아 있는 기록들을 수집하여, 일집본(佚輯本)을 남겼다. 이러한 일집본에는 여덟 종류의 주요 판본이 있는데, 각 판본마다 내용상의 차이를 보이고 있다. 1959년에는 상무인서관(商務印書館)에서 이러한 여덟 종류의 판본을 모아서 『세본팔종(世本八種)』을 출판하였다.

3) 황제(黃帝)는 헌원씨(軒轅氏), 유웅씨(有熊氏)이라고도 부른다. 전설시대에 존재했다고 전해지는 고대 제왕(帝王)이다. 소전(少典)의 아들이고, 성(姓)은 공손(公孫)이다. 헌원(軒轅)이라는 땅의 구릉 지역에 거주하였기 때문에, 그를 '헌원씨'라고도 부르는 것이다. 또한 '황제'는 희수(姬水) 지역에도 거주를 하였기 때문에, 이 지역의 이름을 따서 성(姓)을 희(姬)로 고치기도 하였다. 그리고 수도를 유웅(有熊) 땅에 마련하였기 때문에, 그를 '유웅씨'라고도 부르는 것이다. 한편 오행(五行) 관념에 따라서, 그는 토덕(土德)을 바탕으로 제왕이 되었다고 여겼는데, 흙[土]이 상징하는 색깔은 황(黃)이므로, 그를 '황제'라고 부르는 것이다. 『역』「계사하(繫辭下)」편에는 "神農氏沒, 黃帝·堯·舜氏作, 通其變, 使民不倦."이라는 기록이 있는데, 이에 대한 공영달(孔穎達)의 소(疏)에서는 "黃帝, 有熊氏少典之子, 姬姓也."라고 풀이했다. 한편 '황제'는 오제(五帝) 중 하나를 뜻한다. 오행(五行)으로 구분했을 때 토(土)를 주관하며, 계절로 따지면 중앙 계절을 주관하고, 방위로 따지면 중앙을 주관하는 신(神)이다. 『여씨춘추(呂氏春秋)』「계하기(季夏紀)」편에는 "其帝黃帝, 其神后土."라는 기록이 있고, 이에 대한 고유(高誘)의 주에서는 "黃帝, 少典之子, 以土德王天下, 號軒轅氏, 死託祀爲中央之帝."라고 풀이했다.

(旒冕)을 만들었다고 했으니, 이것은 면류관[冕]이 황제 때부터 기원했음을 뜻한다. 황제 이전에는 깃털과 가죽을 이용해서 관(冠)을 만들었는데, 그 이후에는 포(布)와 비단을 이용하게 되었다. 관을 쓰는 나이에 있어서, 천자와 제후의 경우에는 모두 12세 때 쓴다.

集說 呂氏曰: 冠昏射鄕燕聘, 天下之達禮也. 儀禮所載謂之禮者, 禮之經也. 禮記所載謂之義者, 皆擧其經之節文, 以述其制作之義也.

번역 여씨[4]가 말하길, 관례(冠禮)·혼례(昏禮)·사례(射禮)·향음주례(鄕飮酒禮)·연례(燕禮)·빙례(聘禮)는 천하의 사람들이 모두 시행하는 공통된 예법이다. 『의례』에 수록된 기록에 대해서는 편명에 '예(禮)'자를 붙여서 불렀는데, 그 이유는 예(禮) 중에서도 기준이 되는 경문이기 때문이다. 『예기』에 수록하고 있는 기록에 대해서는 편명에 '의(義)'자를 붙여서 불렀는데, 이 기록들은 모두 경문 규정에 따른 세부 절차에 기준을 두어, 그것들이 만들어진 의미를 조술하였기 때문이다.

大全 長樂陳氏曰: 二十而冠, 始學禮, 蓋男子者陽之類也, 而二十則爲陰之數矣, 二十而冠者, 以陰而成乎陽. 女陰類也, 而十五則陽之數矣, 十有五年而笄者, 以陽而成乎陰. 陰陽之相成, 性命之相通也.

번역 장락진씨[5]가 말하길, 남자의 나이가 20세가 되면 관례를 치르고, 비로소 예를 익히기 시작하니, 무릇 남자는 양의 부류이고, 20이라는 나이는

4) 남전여씨(藍田呂氏, A.D.1040 ~ A.D.1092) : =여대림(呂大臨)·여씨(呂氏)·여여숙(呂與叔). 북송(北宋) 때의 학자이다. 이름은 대림(大臨)이고, 자(字)는 여숙(與叔)이며, 호(號)는 남전(藍田)이다. 장재(張載) 및 이정(二程)형제에게서 수학하였다. 저서로는 『남전문집(藍田文集)』 등이 있다.

5) 진상도(陳祥道, A.D.1159 ~ A.D.1223) : =장락진씨(長樂陳氏)·진씨(陳氏)·진용지(陳用之). 북송대(北宋代)의 유학자이다. 자(字)는 용지(用之)이다. 장락(長樂) 지역 출신으로, 1067년에 과거에 급제하여 태상박사(太常博士) 등을 지냈다. 왕안석(王安石)의 제자로, 그의 학문을 전파하는데 공헌하였다. 저서에는 『예서(禮書)』, 『논어전해(論語全解)』 등이 있다.

곧 음의 수가 된다. 따라서 20세가 되어 관례를 치르는 것은 음으로써 양을 완성시키는 것이다. 여자는 음의 부류이고, 15라는 나이는 곧 양의 수가 된다. 따라서 15세가 되어 계례(笄禮)를 치르는 것은 양으로써 음을 완성시키는 것이다. 이것은 곧 음양이 서로를 완성시켜주고, 성명(性命)이 서로 소통하는 것이다.

孔疏 陸曰: 冠音古亂反. 鄭云, "名冠義者, 以其記冠禮成人之義."

번역 육덕명[6]이 말하길, '冠'자의 음은 '古(고)'자와 '亂(란)'자의 반절음이다. 정현[7]은 "편명을 '관의(冠義)'라고 지은 것은 관례(冠禮)가 사람을 완성시켜준다는 뜻을 기록했기 때문이다."라고 했다.

孔疏 正義曰: 按鄭目錄云, "名曰冠義者, 以其記冠禮成人之義. 此於別錄屬吉事." 但冠禮起早晚, 書傳旣無正文. 按略說稱"周公對成王云'古人冒而句領'", 注云: "古人, 謂三皇時, 以冒覆頭, 句領繞頸." 至黃帝時, 則有冕也. 故世本云"黃帝造火食旒冕", 是冕起於黃帝也. 但黃帝以前, 則以羽皮爲之冠; 黃帝以後, 乃用布帛. 其冠之年, 卽天子·諸侯十二而冠, 故襄九年左傳云: "國君十五而生子, 冠而生子, 禮也." 又云"一星終也". 是十二年歲星一終. 按文王十五而生武王, 尙有兄伯邑考. 金縢云: "王與大夫盡弁." 時成王十五而著弁, 則成王已冠矣. 是天子十二而冠, 與諸侯同. 又祭法云: "王下祭殤五." 若不早冠, 何因下祭五等之殤? 大夫冠之年幾無文. 按喪服"大夫爲昆弟之長殤", 大夫旣爲昆弟長殤, 則不二十始冠也. 其士則二十而冠也, 曲禮云"二十曰弱冠", 是也. 其天子之子亦早冠, 所以祭殤有五. 其諸侯之子皆二十冠也, 故下檀弓

---

6) 육덕명(陸德明, A.D.550 ~ A.D.630) : =육원랑(陸元朗). 당대(唐代)의 경학자이다. 이름은 원랑(元朗)이고, 자(字)는 덕명(德明)이다. 훈고학에 뛰어났으며, 『경전석문(經典釋文)』 등을 남겼다.

7) 정현(鄭玄, A.D.127 ~ A.D.200) : =정강성(鄭康成)·정씨(鄭氏). 한대(漢代)의 유학자이다. 자(字)는 강성(康成)이다. 『주역(周易)』, 『상서(尙書)』, 『모시(毛詩)』, 『주례(周禮)』, 『의례(儀禮)』, 『예기(禮記)』, 『논어(論語)』, 『효경(孝經)』 등에 주석을 하였다.

云"君之適長殤, 及大夫之適長殤", 是也.

번역 『정의』[8]에서 말하길, 정현의 『목록』[9]을 살펴보면, "편명을 '관의(冠義)'라고 지은 것은 관례(冠禮)가 사람을 완성시켜준다는 뜻을 기록했기 때문이다. 「관의」편을 『별록』[10]에서는 '길사(吉事)' 항목에 포함시켰다."라고 했다. 다만 관례가 기원하게 된 시점에 대해서는 『서전』에 관련 기록이 남아 있지 않다. 『서전』「약설(略說)」편을 살펴보면, "주공은 성왕에게 대답하며, '고대인들은 모(冒)를 하고 구령(句領)을 했습니다.'"라는 기록이 나오는데, 이 문장에 대한 주에서는 "'고인(古人)'은 삼황(三皇)[11] 때를 뜻하니,

---

8) 『정의(正義)』는 『예기정의(禮記正義)』 또는 『예기주소(禮記注疏)』를 뜻한다. 당(唐)나라 때에는 태종(太宗)이 공영달(孔穎達) 등을 시켜서 『오경정의(五經正義)』를 편찬하였는데, 이때 『예기정의』에는 정현(鄭玄)의 주(注)와 공영달의 소(疏)가 수록되었다. 송대(宋代)에는 『오경정의』와 다른 경전(經典)에 대한 주석서를 포함한 『십삼경주소(十三經注疏)』가 편찬되어, 『예기주소』라는 명칭이 되었다.

9) 『목록(目錄)』은 정현이 찬술했다고 전해지는 『삼례목록(三禮目錄)』을 가리킨다. 『십삼경주소(十三經注疏)』에서 인용되고 있지만, 이 책은 『수서(隋書)』가 편찬될 당시에 이미 일실되어 존재하지 않았다. 『수서』「경적지(經籍志)」편에는 "三禮目錄一卷, 鄭玄撰, 梁有陶弘景注一卷, 亡."이라는 기록이 있다.

10) 『별록(別錄)』은 후한(後漢) 때 유향(劉向)이 찬(撰)했다고 전해지는 책이다. 현재는 일실되어 존재하지 않으며, 『한서(漢書)』「예문지(藝文志)」편을 통해서 대략적인 내용만을 추측해볼 수 있다.

11) 삼황(三皇)은 전설시대에 존재했다고 전해지는 세 명의 제왕을 뜻한다. 그러나 세 명이 누구였는지에 대해서는 이설(異說)이 많다. 첫 번째 주장은 복희(伏羲), 신농(神農), 황제(黃帝)를 '삼황'으로 보는 견해이다. 『장자(莊子)』「천운(天運)」편에는 "余語汝三皇五帝之治天下."라는 기록이 있는데, 이에 대한 성현영(成玄英)의 주에서는 "三皇者, 伏羲·神農·黃帝也."라고 풀이했다. 두 번째 주장은 복희(伏羲), 신농(神農), 여왜(女媧)로 보는 견해이다. 『여씨춘추(呂氏春秋)』「용중(用衆)」편에는 "此三皇五帝之所以大立功名也."라는 기록이 있는데, 이에 대한 고유(高誘)의 주에서는 "三皇, 伏羲·神農·女媧也."라고 풀이했다. 세 번째 주장은 복희(伏羲), 신농(神農), 수인(燧人)으로 보는 견해이다. 『백호통(白虎通)』「호(號)」편에는 "三皇者, 何謂也? 謂伏羲·神農·燧人也."라는 기록이 있다. 네 번째 주장은 복희(伏羲), 신농(神農), 축융(祝融)으로 보는 견해이다. 『백호통』「호」편에는 "禮曰, 伏羲·神農·祝融, 三皇也."라는 기록이 있다. 다섯 번째 주장은 천황(天皇), 지황(地皇), 태황(泰皇)으로 보는 견해이다. 『사기(史記)』「진시황본기(秦始皇本紀)」편에는 "古有天皇, 有地皇, 有泰

모(冒)로 머리를 덮고, 구령(句領)으로 목을 둘렀다."라고 했다. 황제 때에 이르게 되면 면류관[冕]이 생기게 된다. 그렇기 때문에 『세본』에서는 "황제는 화식(火食)의 방법과 유면(旒冕)을 만들었다."라고 한 것이니, 이것은 면류관이 황제로부터 비롯되었음을 나타낸다. 다만 황제 이전에는 깃털과 가죽을 이용해서 관(冠)을 만들었고, 황제 이후에는 곧 포(布)와 비단을 이용해서 만들었다. 관을 쓰는 나이에 있어서 천자와 제후는 12세에 관을 썼다. 그렇기 때문에 양공(襄公) 9년에 대한 『좌전』의 기록에서는 "제후국의 군주는 15세가 되면 자식을 낳으니, 관례를 치르고 자식을 낳는 것이 예법에 맞는 것이다."라고 했고, 또한 "한 차례 세성(歲星)[12]의 주기가 끝났다."라고 했다.[13] 이것은 12년 동안 세성이 한 차례 주기를 끝낸다는 사실을 나타낸다. 살펴보면, 문왕은 15세에 무왕을 낳았는데도, 오히려 무왕의 형인 백읍고가 있었다. 『서』「금등(金縢)」편에서는 "천자와 대부가 모두 변(弁)을 썼다."[14]라고 했다. 당시 성왕은 15세가 되었을 때 변을 썼으니, 성왕은 이미 그 이전에 관례를 치른 것이다. 이것은 곧 천자가 제후와 마찬가지로 12세 때 관례를 치른다는 사실을 나타낸다. 또한 『예기』「제법(祭法)」편에서는 "천자는 자신보다 후대가 되는 자들 중 요절한 자에 대해서 제사를 지낼 때, 그 대상은 5명이다."[15]라고 했다. 만약 이른 나이에 관례를 치르지 않았다면, 어떻게 손아래 혈족인

皇. 泰皇最貴."라는 기록이 있다. 여섯 번째 주장은 천황(天皇), 지황(地皇), 인황(人皇)으로 보는 견해이다. 『예문유취(藝文類聚)』에서는 『춘추위(春秋緯)』를 인용하며, "天皇, 地皇, 人皇, 兄弟九人, 分九州, 長天下也."라고 기록하였다.

12) 세성(歲星)은 현재의 목성(木星)을 뜻한다. 고대인들은 목성이 12년 동안 하늘을 한 바퀴 선회한다고 여겼다. 목성이 운행하는 궤도는 태양이 운행하는 궤도와 가까웠기 때문에, 고대인들은 하늘을 12개의 구역으로 구분하여, 12차(次)라고 불렀고, 목성은 매년 1차(次)씩 이동한다고 여겼다. 따라서 목성의 위치 변화를 통해 한 해가 바뀜을 알 수 있었기 때문에, 목성을 '세성'이라고 부르는 것이다.

13) 『춘추좌씨전』「양공(襄公) 9년」: 晉侯曰, "十二年矣, 是謂一終, 一星終也. 國君十五而生子, 冠而生子, 禮也. 君可以冠矣. 大夫盍爲冠具?"

14) 『서』「주서(周書)·금등(金縢)」: 秋大熟未穫, 天大雷電以風, 禾盡偃, 大木斯拔, 邦人大恐, 王與大夫盡弁, 以啓金縢之書, 乃得周公所自以爲功, 代武王之說.

15) 『예기』「제법(祭法)」【551c~d】: 王下祭殤五, 適子, 適孫, 適曾孫, 適玄孫, 適來孫. 諸侯下祭三, 大夫下祭二, 適士及庶人祭子而止.

다섯 명의 요절한 자를 위해 제사를 지낼 수 있겠는가? 대부가 관례를 치르는 나이에 대해서는 관련 기록이 남아 있지 않다. 『의례』「상복(喪服)」편을 살펴보면, "대부는 곤제 중 장상(長殤)[16]인 자들을 위해서 상복을 입는다."라고 했는데, 대부가 이미 곤제 중 장상인 자들을 위해서 상복을 입었다면, 20세가 되어서야 관을 썼던 것이 아니다. 사의 경우라면 20세가 되어서야 관례를 치르니, 『예기』「곡례(曲禮)」편에서 "20세가 되면 아직 장성한 것이 아니기 때문에 약(弱)이라고 부르고 관례를 치러준다."[17]라고 한 말이 바로 이러한 사실을 나타낸다. 천자의 자식 또한 일찍 관을 쓰니, 요절한 자 5명에 대해 제사를 지내기 때문이다. 제후의 자식들은 모두 20세가 되어서야 관례를 치른다. 그렇기 때문에 『예기』「단궁하(檀弓下)」편에서 '군주의 적자 중 장상한 자들과 대부의 적자 중 장상한 자들'[18]이라고 한 기록이 바로 이러한 사실을 나타낸다.

集解 此下六篇, 皆據儀禮正經之篇而言其義, 其辭氣相似, 疑一人所作. 此篇釋士冠禮之義也.

번역 「관의」편으로부터 이하의 여섯 편들은 모두 『의례』의 경문에 속한 편에 근거하여 그 뜻을 설명한 것인데, 그 말이 서로 유사하므로 아마도 한 사람이 작성한 것 같다. 「관의」편은 『의례』「사관례(士冠禮)」편의 의미를 풀이한 것이다.

集解 呂氏大臨曰: 先王制禮, 其本出於君臣·父子·長幼·尊卑之間, 其詳見於儀章·度數·周旋·曲折之際, 皆義理之所當然. 故禮之所尊, 尊其義也. 失其

---

16) 장상(長殤)은 16~19세 사이에 요절한 자를 뜻한다. 『의례』「상복(喪服)」편에 "年十九至十六爲長殤."이라는 기록이 있다.

17) 『예기』「곡례상(曲禮上)」【12b】: 人生十年曰幼, 學. 二十曰弱, 冠. 三十曰壯, 有室. 四十曰强, 而仕. 五十曰艾, 服官政. 六十曰耆, 指使. 七十曰老, 而傳. 八十九十曰耄, 七年曰悼, 悼與耄, 雖有罪, 不加刑焉. 百年曰期, 頤.

18) 『예기』「단궁하(檀弓下)」【108a】: 君之適長殤, 車三乘; 公之庶長殤, 車一乘; 大夫之適長殤, 車一乘.

義, 陳其數, 祝·史之事也. 知其義, 則禮雖先王未之有, 可以義起也.

번역 여대림이 말하길, 선왕이 예법을 제정했을 때, 그 근본은 군신·부자·장유·존비관계에서 도출되었고, 상세한 것들은 격식·법칙 및 몸을 선회하고 굽히는 등의 예절에서 나타나는데, 이 모두는 의리에 따라 마땅히 그러해야 하는 것들이다. 그렇기 때문에 예가 존귀한 것은 그 의를 존귀하게 여기기 때문이다. 그 의를 놓치고 의례에 사용되는 각종 기물들을 진열하는 것은 축관(祝官)이나 사관(史官)들에게 해당하는 일이다.[19] 따라서 그 의를 안다면 비록 선왕이 예를 아직 갖추지 않았다 하더라도 의를 통해서 예를 일으킬 수 있다.[20]

참고 『춘추좌씨전』 양공(襄公) 9년 기록

전문 公送晉侯. 晉侯以公宴于河上, 問公年. 季武子對曰, "會于沙隨之歲, 寡君以生①." 晉侯曰, "十二年矣, 是謂一終, 一星終也②."

번역 양공이 진나라 후작을 전송하였다. 진나라 후작은 양공을 위해 하수에서 연회를 베풀었는데, 양공의 나이를 물었다. 계무자는 "사수에서 회합을 가졌던 해에 저희 군주께서 태어나셨습니다."라고 대답했다. 진나라 후작은 "12살이 되었구나. 이것은 한 주기가 끝난 것이니 일성(一星)이 한 주기를 끝낸 것이다."라고 했다.

杜注-① 沙隨在成十六年.

번역 사수에서의 회합은 성공 16년에 있었다.

---

19) 『예기』「교특생(郊特牲)」【337a】: <u>禮之所尊, 尊其義也. 失其義, 陳其數, 祝史之事也</u>. 故其數可陳也, 其義難知也. 知其義而敬守之, 天子之所以治天下也.

20) 『예기』「예운(禮運)」【289a】: 故, 禮也者, 義之實也. 協諸義而協, <u>則禮雖先王未之有, 可以義起也</u>.

杜注-② 歲星十二歲而一周天.

번역 세성(歲星)은 12년이 지나 하늘을 한 바퀴 일주한다.

孔疏 ◎注"歲星"至"周天". ○正義曰: 直言"一星終", 知是歲星者, 以古今歷書推步五星, 金·水日行一度; 土三百七十七日, 行星十二度; 火七百八十日, 行星四百一十五度. 四者皆不得十二年而一終. 唯木三百九十八日, 行星三十三度, 十二年而彊一周. 擧其大數, 十二年而一終, 故知是歲星.

번역 ◎杜注: "歲星"~"周天". ○단지 '일성종(一星終)'이라고 했는데, 이것이 세성(歲星)을 뜻함을 알 수 있는 이유는 고금의 역법서들을 통해 오성(五星)[21]의 운행을 계산해보면, 금성과 수성은 하루에 1도를 운행하고, 토성은 377일이 되면 12도를 움직이며, 화성은 780일이 되면 415도를 운행한다. 이러한 네 행성은 모두 12년을 주기로 하늘을 일주할 수 없다. 오직 목성만이 398일이 되면 33도를 운행하니, 12년이 되면 대략 하늘을 일주하게 된다. 큰 수만을 기준으로 한다면 12년이 되면 하늘을 일주한다. 그렇기 때문에 이것이 세성에 해당함을 알 수 있다.

전문 "國君十五而生子, 冠而生子, 禮也①. 君可以冠矣. 大夫盍爲冠具?" 武子對曰, "君冠, 必以祼享之禮行之②."

번역 계속하여 진나라 후작은 "제후국의 군주는 15세가 되면 자식을 낳으니, 관례를 치르고 난 뒤에 자식을 낳는 것이 예법에 맞는 것이다. 그대의 군주는 관례를 치러도 되는 나이이다. 그런데 대부들은 어찌하여 관례를 준

---

21) 오성(五星)은 목성(木星), 화성(火星), 토성(土星), 금성(金星), 수성(水星)의 다섯 행성(行星)을 가리킨다. 『사기(史記)』「천관서론(天官書論)」편에는 "水火金木塡星, 此五星者, 天之五佐."라는 기록이 있다. 방위와 이명(異名)으로 설명하자면, '오성'은 동쪽의 세성(歲星: =木星), 남쪽의 형혹(熒惑: =火星), 중앙의 진성(鎭星: =塡星·土星), 서쪽의 태백(太白: =金星), 북쪽의 진성(辰星: =水星)을 가리킨다.

비하지 않는가?”라고 했다. 계무자는 “군주의 관례는 반드시 관향(祼享)[22]의 예법으로 시행합니다.”라고 대답했다.

杜注-① 冠, 成人之服, 故必冠而後生子.

번역 관을 쓰는 것은 성인(成人)의 복장이다. 그렇기 때문에 반드시 관례를 치른 뒤에 자식을 낳아야 한다.

杜注-② 祼謂灌鬯酒也. 享, 祭先君也.

번역 ‘관(祼)’은 울창주를 땅에 붓는다는 뜻이다. ‘향(享)’은 선대 군주에게 제사지내는 것이다.

孔疏 ◎注“祼謂”至“祭先君也”. ○正義曰: 周禮·大宗伯: “以肆獻祼享先王.” 鬱人: “凡祭祀之祼事, 和鬱鬯以實彝而陳之.” 鄭玄云: “鬱, 鬱金, 香草也. 鬯, 釀秬爲酒, 芬香條暢於上下也. 築鬱金煮之, 以和鬯酒.” 郊特牲云: “灌用鬯臭.” 鄭玄云: “灌謂以圭瓚酌鬯, 始獻神也.” 然則祼卽灌也, 故云“祼謂灌鬯酒也”. 祼是祭初之禮, 故擧之以表祭也. 周禮“祭人鬼曰享”, 故云“享, 祭先君也”. 劉炫云: “冠是大禮, 當徧告群廟.”

번역 ◎杜注: “祼謂”~“祭先君也”. ○『주례』「대종백(大宗伯)」편에서는 “사(肆)[23]·헌(獻)[24]·관(祼)[25]으로 선왕에게 제사지낸다.”[26]라고 했고, 『주

---

22) 관향(祼享)은 종묘(宗廟)의 제례 절차 중 하나이다. 땅에 향기로운 술을 뿌려 신(神)을 강림시키는 의식을 뜻한다.

23) 사(肆)는 육향(六享)의 첫 번째 제사에 속하는 것으로, 희생물의 몸체를 해체하여 바친다는 뜻으로, 익힌 고기를 바치는 때를 의미한다.

24) 헌(獻)은 육향(六享)의 첫 번째 제사에 속하는 것으로, 단술을 따라서 바친다는 뜻으로, 희생물의 피와 생고기를 바치는 때를 의미한다.

25) 관(祼)은 육향(六享)의 첫 번째 제사에 속하는 것으로, 울창주를 땅에 부어 강신제를 한다는 뜻으로, 처음 시동에게 술을 따라 신이 강림하길 바라는 때를 의미한다.

26) 『주례』「춘관(春官)·대종백(大宗伯)」: 以肆獻祼享先王, 以饋食享先王, 以祠春

례』「울인(鬱人)」편에서는 "모든 제사에서 관(祼)의 절차를 치르게 되면 울금초를 창주에 섞어 맛을 낸 뒤 이것을 술동이에 채우고 진설한다."[27]라고 했으며, 정현의 주에서는 "울(鬱)은 울금이라는 것으로 향기를 내는 풀이다. 창(鬯)은 검은 기장을 발효시켜 만든 술인데, 그 향기가 상하로 두루 퍼지게 된다. 울금초를 다지고 삶아서 창주에 섞은 것이다."라고 했다. 또 『예기』「교특생(郊特牲)」편에서는 "술을 땅에 부어서 신을 강림시킬 때에는 창주의 향기로운 냄새를 사용했다."[28]라고 했고, 정현의 주에서는 "'관(灌)'은 규찬(圭瓚)으로 창주를 따라서 처음으로 신에게 바친다는 뜻이다."라고 했다. 그렇다면 관(祼)은 곧 관(灌)에 해당한다. 그렇기 때문에 "'관(祼)'은 울창주를 땅에 붓는다는 뜻이다."라고 했다. 관(祼)은 제사 초반부에 시행하는 예법이다. 그렇기 때문에 이 말을 제시하여 제사를 드러낸 것이다. 주나라의 예법에 따르면 "인귀에게 제사지내는 것을 향(享)이라고 부른다."라고 했다. 그렇기 때문에 "'향(享)'은 선대 군주에게 제사지내는 것이다."라고 했다. 유현[29]은 "관례는 성대한 의례이니 마땅히 종묘에 있는 뭇 묘들에 대해 두루 알려야만 한다."라고 했다.

전문 "以金石之樂節之①, 以先君之祧處之②."

번역 계속하여 계무자는 "쇠와 돌로 된 악기를 연주하여 절도를 맞추고, 시조의 묘(廟)에서 치르는 것입니다."라고 했다.

杜注-① 以鍾磬爲擧動之節.

번역 종과 경을 연주하여 거동의 절도로 삼는다는 뜻이다.

享先王, 以禴夏享先王, 以嘗秋享先王, 以烝冬享先王.

27) 『주례』「춘관(春官)·울인(鬱人)」: 凡祭祀·賓客之祼事, 和鬱鬯, 以實彝而陳之.

28) 『예기』「교특생(郊特牲)」【339d~340a】: 周人尙臭, 灌用鬯臭, 鬱合鬯, 臭陰達於淵泉. 灌以圭璋, 用玉氣也. 旣灌然後迎牲, 致陰氣也.

29) 유현(劉炫, ? ~ ?) : 수(隋)나라 때의 학자이다. 자는 광백(光伯)이며, 경성(景城) 출신이다. 태학박사(太學博士) 등을 지냈다. 『논어술의(論語述義)』, 『춘추술의(春秋述義)』, 『효경술의(孝經述義)』 등을 저술하였다.

杜注-② 諸侯以始祖之廟爲祧.

번역 제후는 시조의 묘(廟)를 조(祧)로 삼는다.

孔疏 ◎注"諸侯"至"爲祧". ○正義曰: 祭法云: "遠廟爲祧. 天子有二祧." 鄭玄云: "祧之言超也, 超, 上去意也. 諸侯無祧." 聘禮云: "不腆先君之祧." 是謂始祖廟也. 聘禮注云: "天子七廟, 文·武爲祧." 諸侯五廟. 則祧始祖也, 是亦廟也. 言祧者, 祧尊而廟親, 待賓客者上尊者. 然則彼以始祖之尊, 故特言祧耳. 昭元年傳云"敢愛豐氏之祧". 大夫之廟, 亦以祧言之, 是尊之意也. 不待至魯而假於衛者, 及諸侯賓客未散故也.

번역 ◎杜注: "諸侯"~"爲祧". ○『예기』「제법(祭法)」편에서는 "대수가 먼 나머지 묘는 조묘(祧廟)[30]가 된다. 천자에게는 2개의 조묘가 있다."[31]라고 했고, 정현은 "조(祧)자는 초(超)자의 뜻이니, '초(超)'는 뛰어넘어 위로 간다는 뜻이다. 제후에게는 조묘가 없다."라고 했다. 『의례』「빙례(聘禮)」편에서는 "선군의 조(祧)가 변변치 못합니다."[32]라고 했으니, 이것은 시조의

---

30) 조묘(祧廟)는 천묘(遷廟)와 같은 뜻이다. '천묘'는 대수(代數)가 다한 신주(神主)를 모시는 묘(廟)를 뜻한다. 예를 들어 天子의 경우, 7개의 묘(廟)를 설치하는데, 가운데의 묘에는 시조(始祖) 혹은 태조(太祖)의 신주(神主)를 모시며, 이곳의 신주는 다른 곳으로 옮기지 않는 불천위(不遷位)에 해당한다. 그리고 좌우에는 각각 3개의 묘(廟)를 설치하여, 소목(昭穆)의 순서에 따라 6대(代)의 신주를 모신다. 현재의 천자가 죽게 되어, 그의 신주를 묘에 모실 때에는 소목의 순서에 따라 가장 끝 부분에 있는 묘로 신주가 들어가게 된다. 만약 소(昭) 계열의 가장 끝 묘에 새로운 신주가 들어서게 되면, 밀려나게 된 신주는 바로 위의 소 계열 묘로 들어가게 되고, 최종적으로 밀려나서 더 이상 갈 곳이 없는 신주는 '천묘'로 들어가게 된다. 또한 '천묘'는 위에서 서술한 것처럼 신구(新舊)의 신주가 옮겨지게 되는 의식 자체를 지칭하기도 하며, '천묘'된 신주 자체를 가리키기도 한다. 주(周)나라 때에는 문왕(文王)과 무왕(武王)의 묘를 '천묘'로 사용하였다.

31) 『예기』「제법(祭法)」【549a】: 是故王立七廟, 一壇一墠, 曰考廟, 曰王考廟, 曰皇考廟, 曰顯考廟, 曰祖考廟, 皆月祭之; 遠廟爲祧, 有二祧, 享嘗乃止; 去祧爲壇, 去壇爲墠, 壇墠有禱焉祭之, 無禱乃止; 去墠曰鬼.

32) 『의례』「빙례(聘禮)」: 至于朝. 主人曰, "不腆先君之祧, 既拚以俟矣."

묘를 뜻한다. 「빙례」편의 주에서는 "천자는 7개의 묘를 세우고 문왕과 무왕의 묘를 조묘로 삼는다."라고 했다. 제후는 5개의 묘를 세우니, 시조의 묘를 조묘로 삼는 것이며, 이 또한 묘(廟)에 해당한다. 그런데도 '조(祧)'라고 부르는 이유는 조(祧)는 상대적으로 존귀한 의미이며, 묘(廟)는 상대적으로 친근한 의미이니, 빈객을 대우하는 일을 지극히 높인 것일 뿐이다. 그러므로 「빙례」편에서는 시조의 존귀함으로 인해 특별히 '조(祧)'라고 말한 것일 뿐이다. 소공 1년에 대한 전문에서는 "감히 풍씨의 조(祧)를 아끼겠는가."[33]라고 했다. 이것은 대부의 묘(廟)에 대해서도 조(祧)라고 부른다는 뜻을 나타내는데, 이것은 존귀하다는 뜻에 해당한다. 노나라에 당도할 때까지 기다리지 않고 위나라에서 도구를 빌려 관례를 치른 것은 제후와 빈객들이 아직 해산하지 않았기 때문이다.

孔疏 ●"君冠"至"處之". ○正義曰: 冠是嘉禮之大者, 當祭以告神, 故有祼享之禮, 以祭祀也. 國君無故不徹縣, 故有金石之樂, 行冠禮之時, 爲擧動之節也. 冠必在廟, 故先君之祧處之也. 旣行祼享, 祭必有樂. 所言金石節之, 謂冠時之樂, 非祭祀之樂也. 諸侯之冠禮亡, 唯有士冠禮在耳. 其禮亦行事於廟, 而不爲祭祀. 士無樂可設, 而唯處祧同耳. 士冠必三加: 始加緇布冠, 次加皮弁, 次加爵弁. 公則四, 大戴禮·公冠篇於士三冠後, 更加玄冕是也. 按此傳文, 則諸侯十二加冠也. 文王十三生伯邑考, 則十二加冠, 親迎于渭, 用天子禮. 則天子十二冠也. 晉語柯陵會, 趙武冠見范文子, 冠時年十六七, 則大夫十六冠也. 士庶則二十而冠, 故曲禮云"二十曰弱冠"是也.

번역 ●傳文: "君冠"~"處之". ○관례는 가례(嘉禮) 중에서도 성대한 것이니 마땅히 제사를 지내서 신에게 그 사실을 아뢰어야 한다. 그렇기 때문에 관향(祼享)의 예법이 포함되며 이를 통해 제사를 지낸다. 제후국의 군주는 특별한 사유가 없으면 걸어두는 악기를 치우지 않는다. 그렇기 때문에 쇠나

33) 『춘추좌씨전』「소공(昭公) 1년」: 子羽曰, "小國無罪, 恃實其罪. 將恃大國之安靖己, 而無乃包藏禍心以圖之? 小國失恃, 而懲諸侯, 使莫不憾者, 距違君命, 而有所壅塞不行是懼. 不然, 敝邑, 館人之屬也, 其敢愛豐氏之祧?"

돌로 만든 악기가 포함되는 것이며, 관례를 치를 때 이를 연주하여 거동의 절도로 삼는다. 관례는 반드시 종묘에서 치르기 때문에 시조의 묘에서 시행한다. 이미 관향의 절차를 시행하였다면 제사에는 반드시 음악이 포함된다. 쇠나 돌로 된 악기로 절도를 맞춘다고 했는데, 관례를 치를 때의 음악을 뜻하는 것이지, 제사를 지낼 때의 음악을 뜻하는 것은 아니다. 제후의 관례에 대한 기록은 없어졌고 오직 사 계층의 관례를 수록한 『의례』「사관례(士冠禮)」편만이 남아있을 따름이다. 그 예법에서도 역시 종묘에서 의례를 진행하지만, 제사는 지내지 않는다. 사는 설치할 수 있는 악기가 없고 오직 조(祧)에서 치르는 것만이 동일할 따름이다. 사의 관례에서는 반드시 삼가(三加)[34]를 시행하니, 처음에는 치포관(緇布冠)을 씌워주고, 그 다음으로 피변(皮弁)을 씌워주며, 그 다음으로 작변(爵弁)을 씌워준다. 제후의 경우는 4차례 관을 씌워주게 되어 있으니, 『대대례기』「공관(公冠)」편에서 사의 3차례 관 씌워주는 것 이후 재차 현면(玄冕)을 씌워준다고 한 기록[35]이 바로 이러한 사실을 나타낸다. 그런데 이곳 전문을 살펴보면 제후는 12살에 관례를 치른다고 했다. 문왕은 13세 때 백읍고를 낳았으니 12살에 관례를 치른 것이고 위수에서 친영(親迎)을 하며 천자의 예법에 따랐다. 따라서 천자도 12살에 관례를 치르는 것이다. 『국어』「진어(晉語)」편에서는 가릉의 회합에서 조무가 관례를 치르고 범문자를 만나보았다고 했으니,[36] 관례를 치른 시기는 그의 나이 16~17세 때이므로, 대부는 16세 때 관례를 치르는 것이다. 사와 서인의 경우라면 20세가 되어서야 관례를 치른다. 그렇기 때문에 『예기』「곡례(曲禮)」편에서는 "20세가 되면 아직 장성한 것이 아니기 때문에 약(弱)이라 부르고 관례를

---

34) 삼가(三加)는 세 개의 관(冠)을 준다는 뜻이다. 관례(冠禮)를 시행할 때, 처음에 치포관(緇布冠)을 주고, 그 다음에 피변(皮弁)을 주며, 마지막으로 작변(爵弁)을 주기 때문에, '삼가'라고 부른다.

35) 『대대례기(大戴禮記)』「공관((公冠)」 : 公冠, 四加玄冕.

36) 『국어(國語)』「진어육(晉語六)」 : 趙文子冠, 見欒武子, 武子曰, "美哉! 昔吾逮事莊主, 華則榮矣, 實之不知, 請務實乎." 見范文子, 文子曰, "而今可以戒矣, 夫賢者寵至而益戒, 不足者爲寵驕. 故興王賞諫臣, 逸王罰之. 吾聞古之王者, 政德旣成, 又聽於民, 於是乎使工誦諫於朝, 在列者獻詩使勿兜, 風聽臚言於市, 辨祆祥於謠, 考百事於朝, 問謗譽於路, 有邪而正之, 盡戒之術也. 先王疾是驕也."

치러준다."라고 한 것이다.

전문 "今寡君在行, 未可具也. 請及兄弟之國而假備焉." 晉侯曰, "諾." 公還, 及衛, 冠于成公之廟.

번역 계속하여 계무자는 "지금 저희 군주께서는 여정 중에 계시니 아직 관례의 준비를 할 수 없습니다. 청컨대 형제의 나라에 도착하면 도구를 빌려서 준비하겠습니다."라고 했다. 진나라 후작은 "알았다."라고 했다. 양공은 돌아오는 길에 위나라에 이르자 위나라 성공의 묘에서 관례를 치렀다.

杜注 成公, 今衛獻公之曾祖. 從衛所處.

번역 '성공(成公)'은 현재 위나라 헌공의 증조부이다. 위나라에서 처리하는 바에 따른 것이다.

孔疏 ◎注"成公"至"所處". ○正義曰: 成公是獻公曾祖, 衛世家文也. 服虔以成公是衛之曾祖, 即云"祧謂曾祖之廟"也. 曾祖之廟, 何以獨有祧名? 王制: "大夫三廟, 一昭一穆, 與太祖之廟爲三." 鄭之豐氏, 豈得立曾祖之廟乎, 而亦謂之祧也. 杜言"從衛所處", 意在排舊說也. 以晉悼欲速, 故寄衛廟而假鍾磬. 其祼享之禮, 歸魯乃祭耳.

번역 ◎杜注: "成公"~"所處". ○성공은 헌공의 증조부이니, 이것은 『사기』「위세가(衛世家)」편의 기록이다. 복건은 성공은 위나라 헌공의 증조부이니, "조(祧)는 증조부의 묘를 뜻한다."라고 했다. 그런데 증조부의 묘에 대해서 어찌하여 유독 '조(祧)'라는 명칭이 있을 수 있겠는가? 『예기』「왕제(王制)」편에서는 "대부는 3개의 묘를 두니, 1개의 소묘 1개의 목묘가 있으며 태조의 묘와 더불어 3개가 된다."[37]라고 했다. 그렇다면 정나라의 풍씨는 어찌 증조

37) 『예기』「왕제(王制)」【159a】: 天子七廟, 三昭三穆, 與大祖之廟而七, 諸侯五廟, 二昭二穆, 與大祖之廟而五, 大夫三廟, 一昭一穆, 與大祖之廟而三, 士一廟, 庶人祭於寢.

부의 묘를 세울 수 있어서, 이것을 '조(祧)'라고 부를 수 있었단 말인가. 두예가 "위나라에서 처리하는 바에 따른 것이다."라고 했는데, 그 의도는 옛 학설을 비판하는데 있는 것이다. 진나라 도공은 신속히 치르게 하고자 했기 때문에 위나라의 묘에서 거행하며 종과 석경을 빌린 것이다. 관향(祼享)의 의례는 노나라에 되돌아가서야 시행하여 제사를 지냈던 것일 뿐이다.

전문 假鍾磬焉, 禮也.

번역 종과 경을 빌렸으니, 예법에 맞는 일이다.

참고 『서』「주서(周書)·금등(金縢)」 기록

경문 秋, 大熟, 未穫, 天大雷電以風①, 禾盡偃, 大木斯拔, 邦人大恐②. 王與大夫盡弁, 以啓金縢之書③, 乃得周公所自以爲功代武王之說④.

번역 가을이 되어 풍년이 들었는데, 아직 수확을 하지 않았을 때 하늘에서 큰 천둥과 번개가 치며 바람이 불어 벼가 모두 쓰러졌고 큰 나무가 뽑히니 나라 사람들이 매우 두려워하였다. 성왕(成王)은 대부들과 함께 모두 변(弁)을 쓰고서 금등의 함에 넣어둔 글을 꺼내어 보았는데, 그제야 주공이 스스로 자신의 일로 여겨 무왕을 대신하려던 기록을 얻게 되었다.

孔傳-① 二年秋也. 蒙, 恒風若, 雷以威之, 故有風雷之異.

번역 2년 가을을 뜻한다. 몽매하면 항상 바람이 불고,[38] 하늘은 천둥으로 위엄을 보인다. 그렇기 때문에 기이한 바람이 불고 천둥이 친 것이다.

---

38) 『서』「주서(周書)·홍범(洪範)」: 曰咎徵, 曰狂, 恒雨若, 曰僭, 恒暘若, 曰豫, 恒燠若, 曰急, 恒寒若, 曰蒙, 恒風若.

孔疏 ◎傳"二年"至"之異". ○正義曰: 上文"居東二年", 未有別年之事, 知卽是"二年秋"也. 嫌別年, 故辨之. 洪範"咎徵"云: "蒙, 恒風若." 以成王蒙闇, 故常風順之. 風是闇徵而有雷者, 以威怒之, 故以示天之威怒有雷風之異.

번역 ◎孔傳: "二年"～"之異". ○앞의 문장에서는 "주공이 동쪽으로 옮겨간 지 2년이 되었다."[39]라고 했고, 그 뒤로는 별도로 해가 달라졌다는 일이 없다. 그렇기 때문에 이곳의 일이 2년 가을에 일어난 일임을 알 수 있다. 그런데 해가 다르다는 의심을 할 수 있기 때문에 변별한 것이다. 『서』「홍범(洪範)」편에서는 '나쁜 징조[咎徵]'를 말하며, "몽매하면 항상 바람이 분다."라고 했다. 성왕은 몽매하였기 때문에 항상 바람이 불었던 것이다. 바람은 몽매함에 대한 징조가 되는데, 천둥이 쳤던 것은 위엄을 나타내 진노함을 드러냈기 때문이다. 그래서 이를 통해 하늘의 진노함을 드러내 기이한 바람이 불고 천둥이 쳤던 것이다.

孔傳-② 風災所及, 邦人皆大恐.

번역 바람으로 인해 재해가 이르게 되자 나라의 모든 사람들이 매우 두려워한 것이다.

孔疏 ◎傳"風災"至"大恐". ○正義曰: 言"邦人", 則風災惟在周邦, 不及寬遠, 故云"風災所及, 邦人皆大恐", 言獨畿內恐也.

번역 ◎孔傳: "風災"～"大恐". ○'방인(邦人)'이라고 했으니, 바람으로 인한 재해가 오직 주나라 수도에만 발생하고 멀리까지 미치지는 않았던 것이다. 그래서 "바람으로 인해 재해가 이르게 되자 나라의 모든 사람들이 매우 두려워한 것이다."라고 했으니, 오직 천자의 수도 안에서만 두려워했다는 의미이다.

---

39) 『서』「주서(周書)·금등(金縢)」: 周公居東二年, 則罪人斯得.

孔傳-③ 皮弁質服以應天.

번역 피변(皮弁)처럼 질박한 복식을 착용하고 하늘의 계시에 응대한 것이다.

孔疏 ◎傳"皮弁質服以應天". ○正義曰: 皮弁象古, 故爲"質服". 祭天尙質, 故服以應天也. 周禮·司服云: "王祀昊天上帝, 則服大裘而冕." 無旒, 乃是冕之質者, 是事天宜質服, 故服之以應天變也. 周禮: "視朝, 則皮弁服." 皮弁是視朝服, 每日常服而言"質"者, 皮弁白布衣, 素積裳, 故爲質也. 鄭玄以爲爵弁, "必爵弁者, 承天變降服, 亦如國家失道焉".

번역 ◎孔傳: "皮弁質服以應天". ○피변은 옛 제도를 본뜬 것이다. 그렇기 때문에 질박한 복장이 된다. 하늘에 제사를 지낼 때에는 질박한 것을 숭상한다. 그렇기 때문에 이러한 복장을 착용하고 하늘의 계시에 응대한 것이다. 『주례』「사복(司服)」편에서는 "천자가 호천상제(昊天上帝)[40]에게 제사를 지내게 되면 대구(大裘)[41]를 착용하고 면류관을 쓴다."[42]라고 했는데, 이때의

---

40) 호천상제(昊天上帝)는 호천(昊天)과 상제(上帝)로 구분하여 해석하기도 하며, '호천상제'를 하나의 용어로 해석하기도 한다. 후자의 경우 '호천'이라는 말은 '상제'를 수식하는 말이다. 고대에는 축호(祝號)라는 것을 지어서 제사 때의 용어를 수식어로 꾸미게 되는데, '호천상제'의 경우는 '상제'에 대한 축호에 해당하며, 세분하여 설명하자면 신(神)의 명칭에 수식어를 붙이는 신호(神號)에 해당한다. 『예기』「예운(禮運)」편에는 "作其祝號, 玄酒以祭, 薦其血毛, 腥其俎, 孰其殽."라는 기록이 있고, 이에 대한 진호(陳澔)의 주에서는 "作其祝號者, 造爲鬼神及牲玉美號之辭. 神號, 如昊天上帝."라고 풀이했다. '호천'과 '상제'로 풀이할 경우, '상제'는 만물을 주재하는 자이며, '상천(上天)'이라고도 불렀다. 고대인들은 길흉(吉凶)과 화복(禍福)을 내릴 수 있는 능력을 갖추고 있었다고 생각하였다. 한편 '상제'는 오행(五行) 관념에 따라 동·서·남·북·중앙의 구분이 생기면서, 천상을 각각 나누어 다스리는 오제(五帝)로 설명되기도 한다. '호천'의 경우 천신(天神)을 뜻하는데, '상제'와 비슷한 개념이다. '호천'을 '상제'보다 상위의 개념으로 해석하여, 오제 위에서 군림하는 신으로 해석하는 경우도 있다.

41) 대구(大裘)는 천자가 제천(祭天) 의식을 시행할 때 입었던 복장이다. 『주례』「천관(天官)·사구(司裘)」편에는 "司裘掌爲大裘, 以共王祀天之服."이라는 기록이 있다. 즉 사구(司裘)는 '대구' 만드는 일을 담당하여, 천자가 하늘에 제사를 지

면류관에는 구슬을 꿴 끈이 없으니, 이것은 면류관 중에서도 질박한 것이다. 따라서 하늘에 제사지낼 때에는 질박한 복장이 마땅하기 때문에 이 복장을 착용하고 하늘의 변조에 응대한 것이다. 『주례』에서는 "조정에 참관하게 되면 피변복(皮弁服)을 착용한다."[43]라고 했는데, 피변은 조정에 참관할 때의 복장이 되니, 매일 항상 착용하는 복장이다. 그런데도 질박하다고 부른 것은 피변복은 백색의 포로 만든 상의를 입고 흰색의 하의에 주름을 잡는다. 그렇기 때문에 질박한 복장이 된다. 정현은 작변(爵弁)이라고 여겼고, "반드시 작변을 착용하는 것은 하늘의 변조를 받들어 복장의 수위를 낮추기 때문이니, 또한 국가에서 도리를 잃었을 때처럼 하는 것이다."라고 했다.

孔傳-④ 所藏請命冊書本.

번역 보관하고 있던 것은 주공이 무왕의 장수를 빌며 기원했던 글이다.

孔疏 ●"秋大"至"之說". ○正義曰: 爲詩遺王之後, 其秋大熟, 未及收穫, 天大雷電, 又隨之以風, 禾盡偃仆, 大木於此而拔. 風災所及, 邦人大恐. 王見此變, 與大夫盡皮弁以開金縢之書, 按省故事, 求變異所由, 乃得周公所自以爲功請代武王之說.

번역 ●經文: "秋大"~"之說". ○시를 지어 천자의 후손에게 전해주기를, 그해 가을에 크게 풍년이 들었으나 아직 수확을 하지 않았을 때 하늘이 크게 천둥과 번개를 내리고 또 뒤따라 바람을 일으키니, 벼가 모두 쓰러졌고 큰 나무가 이에 뽑혔다. 바람으로 인해 재해가 이르자 나라 사람들이 매우 두려

낼 때 입는 의복으로 제공한다. 또한 이 기록에 대해 정현의 주에서는 정사농(鄭司農)의 주장을 인용하여, "大裘, 黑羔裘, 服以祀天, 示質."이라고 풀이했다. 즉 '대구'라는 의복은 검은 양의 가죽으로 만든 옷이며, 이것을 입고 하늘에 제사를 지내는 것은 질박함을 보이기 위함이다.

42) 『주례』「춘관(春官)·사복(司服)」: 王之吉服, 祀昊天·上帝, 則服大裘而冕, 祀五帝亦如之. 享先王則袞冕, 享先公·饗·射則鷩冕, 祀四望·山川則毳冕, 祭社稷·五祀則希冕, 祭群小祀則玄冕.

43) 『주례』「춘관(春官)·사복(司服)」: 眡朝, 則皮弁服.

워했다. 천자는 이러한 변고를 보고 대부들과 함께 모두 피변복을 착용하고 금등에 보관한 글을 꺼내서 보았다. 옛 일들을 살펴서 기이한 변화가 유래된 원인을 찾고자 했는데, 이를 통해 주공이 자신의 일이라 여겨 무왕을 대신해서 병에 걸리고자 했던 말을 보게 되었다.

蔡傳 王與大夫盡弁, 以發金縢之書, 將卜天變, 而偶得周公冊祝請命之說也. 孔氏謂二公倡王啓之者, 非是. 按秋大熟, 係于二年之後, 則成王迎周公之歸, 蓋二年秋也. 東山之詩, 言自我不見, 于今三年, 則居東之非東征明矣. 蓋周公居東二年, 成王因風雷之變, 旣親迎以歸, 三叔懷流言之罪, 遂脅武庚以叛, 成王命周公征之, 其東征往反首尾, 又自三年也.

번역 천자가 대부들과 함께 모두 변(弁)을 착용하고 금등의 함을 열어 글을 살펴보고, 하늘의 변고를 점치려고 했는데, 우연히 주공이 축문을 지어 무왕의 장수를 기원한 글을 보게 되었다. 공씨는 태공과 소공이 성왕을 인도하여 그 함을 열도록 했다고 했는데 잘못된 주장이다. 살펴보니 가을에 큰 풍년이 들었다고 한 말은 2년이라는 말 뒤에 연결되어 있으니, 성왕이 주공을 맞이하여 돌아온 것은 2년 가을에 해당할 것이다. 「동산(東山)」이라는 시에서는 "내가 보지 못한 지가 이제 3년이 되었도다."[44]라고 했으니, 동쪽에 머문 것은 동쪽을 정벌했던 것이 아님이 명확해진다. 아마도 주공이 동쪽에 머문 지 2년이 되었을 때, 성왕은 바람과 천둥의 변고로 인하여 친히 주공을 맞이하여 돌아왔고, 세 숙부는 유언비어를 퍼트린 죄를 품고서 마침내 무경을 위협해 반란을 일으켰으며, 이에 성왕이 주공에게 명하여 정벌토록 한 것이니, 동쪽을 정벌하기 위해 갔다가 돌아온 것은 별도의 3년이 된다.

44) 『시』「빈풍(豳風)·동산(東山)」: 我徂東山, 慆慆不歸. 我來自東, 零雨其濛. 鸛鳴于垤, 婦歎于室. 洒埽穹窒, 我征聿至. 有敦瓜苦, 烝在栗薪. <u>自我不見, 于今三年</u>.

참고 『예기』「제법(祭法)」 기록

경문-551c~d 王下祭殤五, 適子, 適孫, 適曾孫, 適玄孫, 適來孫. 諸侯下祭三, 大夫下祭二, 適士及庶人祭子而止.

번역 천자는 자신보다 후대가 되는 자들 중 요절한 자에 대해서 제사를 지낼 때, 그 대상은 5명이다. 즉 적자·적손·적증손·적현손·적래손이다. 제후는 요절한 자에 대해서 제사를 지내는데, 그 대상은 3명이다. 대부는 요절한 자에 대해서 제사를 지내는데, 그 대상은 2명이다. 적사와 서인은 자식을 제사지내는데 그친다.

鄭注 祭適殤者, 重適也. 祭適殤於廟之奧, 謂之陰厭. 王子·公子祭其適殤於其黨之廟. 大夫以下庶子祭其適殤於宗子之家, 皆當室之白, 謂之陽厭. 凡庶殤不祭.

번역 적자들 중 요절한 자에 대해 제사를 지내는 것은 적자를 중시여기기 때문이다. 적자 중 요절한 자에게 제사를 지낼 때에는 묘실(廟室)의 아랫목에서 지내니, 이것을 '음염(陰厭)'[45]이라고 부른다. 왕자와 공자는 그들의 적장자 중 요절한 자에 대해서 그 당(黨)의 묘(廟)에서 제사를 지낸다. 대부로부터 그 이하로 서인까지는 그들의 적장자 중 요절한 자에 대해서 종자의 집에서 제사를 지내니, 모두 묘실 중 밝은 장소에 해당하여, '양염(陽厭)'[46]이라고 부른다. 무릇 서자 중 요절한 자에 대해서는 제사를 지내지 않는다.

孔疏 ◎注"王子·公子祭其適殤於其黨之廟". ○正義曰: 王子, 謂王之庶子; 公子, 謂諸侯庶子, 不得爲先王先公立廟, 無處可祭適殤, 故祭於黨之廟.

45) 음염(陰厭)은 적장자가 아직 성년이 되지 않은 상태에서 죽었을 때, 그에 대한 제사는 종묘(宗廟)의 그윽하고 음(陰)한 장소에서 간략하게 치르게 되는데, 이것을 '음염'이라고 부른다.

46) 양염(陽厭)은 시동이 묘실(廟室)을 빠져 나간 이후에, 시동에게 바쳤던 조(俎)와 돈(敦) 등을 거둬들여서, 서북쪽 모퉁이에 다시 진설을 하는 것이다.

謂王子·公子但爲卿大夫, 得自立廟, 與王子·公子同者, 就其廟而祭之. 適殤其義, 已具曾子問.

번역 ◎鄭注: "王子·公子祭其適殤於其黨之廟". ○'왕자(王子)'는 천자의 서자들을 뜻한다. '공자(公子)'는 제후의 서자들을 뜻한다. 이들은 선왕과 선공에 대해서 해당 묘(廟)를 세워 제사를 지낼 수 없으니, 그들의 적장자가 요절했을 때 제사를 지낼 수 있는 장소가 없다. 그렇기 때문에 당(黨)의 묘에서 제사를 지낸다. 이 말은 왕자와 공자 중 경이나 대부가 된 경우에만, 스스로 묘를 세울 수 있으니, 왕자 및 공자와 등위가 같은 자에 대해서는 해당 묘에 가서 제사를 지낼 수 있다는 뜻이다. 적장자가 요절했다는 뜻에 대해서는 이미 『예기』「증자문(曾子問)」편에서 기술하였다.

集解 愚謂: 殤惟祔與除服二祭. 凡死未有不祔, 其服未有不除者也, 豈限適·庶耶? 殤與無後者從祖祔食, 如士·庶人之孫死, 若己爲適子, 則當爲之祔於禰, 若己爲庶子, 則己之昆弟爲父後者又當爲之祔矣, 安有祭子而止者耶? 鄭氏於曾子問及小記註, 皆云"庶殤不祭", 此爲祭法所誤也, 說已詳曾子問.

번역 내가 생각하기에, 요절한 자에 대해서는 오직 부제(祔祭)[47]와 상복을 제거할 때의 두 제사만 지낸다. 무릇 죽은 자에 대해서는 부제를 치르지 않는 경우가 없고, 상복에 있어서도 상복을 제거하지 않은 경우가 없는데, 어찌 적자와 서자의 구분을 정하겠는가? 요절한 자와 성인(成人)이 된 상태에서 죽었지만 후손이 없는 자에 대해서는 조부를 따라 합사하여 흠향을 시키니, 예를 들어 사와 서인의 손자가 죽었을 때, 본인이 적자의 신분이라면 마땅히 그를 위해 부친의 묘에서 부제를 치러야 하며, 본인이 서자의 신분이라면 자기의 곤제들 중 부친의 후계자가 된 자가 또한 그를 위해 부제를 치러야 하는데, 어떻게 자식만 제사지내고 그치는 경우가 있겠는가? 정현은 『예

---

47) 부제(祔祭)는 '부(祔)'라고도 한다. 새로이 죽은 자가 있으면, 선조(先祖)에게 '부제'를 올리면서, 신주(神主)를 합사(合祀)하는 것을 말한다. 『주례』「춘관(春官)·대축(大祝)」편에는 "付練祥, 掌國事."라는 기록이 있고, 이에 대한 정현의 주에서는 "付當爲祔. 祭於先王以祔後死者."라고 풀이하였다.

기』「증자문(曾子問)」편 및 「상복소기(喪服小記)」편에 대한 주에서 모두 "서자 중 요절한 자에 대해서는 제사를 지내지 않는다."라고 했는데, 이것은 「제법」편의 기록에 따라 잘못된 주장을 한 것이니, 그 설명은 이미 「증자문」편에서 상세히 했다.

참고 『의례』「상복(喪服)」 기록

경문 叔父之長殤·中殤, 姑姊妹之長殤·中殤, 昆弟之長殤·中殤, 夫之昆弟之子·女子子之長殤·中殤, 適孫之長殤·中殤, 大夫之庶子爲適昆弟之長殤·中殤, 公爲適子之長殤·中殤, 大夫爲適子之長殤·中殤.

번역 숙부 중 장상(長殤)이나 중상(中殤)[48]으로 죽은 자를 위해 대공복(大功服)[49]을 착용하고, 고모와 자매들 중 장상이나 중상으로 죽은 자를 위해 대공복을 착용하며, 남편 곤제의 아들이나 딸 중 장상이나 중상으로 죽은 자를 위해 대공복을 착용하고, 적손 중 장상이나 중상으로 죽은 자를 위해 대공복을 착용하며, 대부의 서자는 적곤제 중 장상이나 중상으로 죽은 자를 위해 대공복을 착용하고, 제후는 적자 중 장상이나 중상으로 죽은 자를 위해 대공복을 착용하며, 대부는 적자 중 장상이나 중상으로 죽은 자를 위해 대공복을 착용한다.

鄭注 公, 君也. 諸侯大夫不降適殤者, 重適也. 天子亦如之.

---

48) 중상(中殤)은 12~15세 사이에 요절한 자를 뜻한다. 『의례』「상복(喪服)」편에 "十五至十二爲中殤."이라는 기록이 있다.

49) 대공복(大功服)은 상복(喪服) 중 하나로, 오복(五服)에 속한다. 조밀한 삼베를 사용해서 만들지만, 소공복(小功服)에 비해서는 삼베의 재질이 거칠기 때문에, '대공복'이라고 부른다. 이 복장을 입게 되는 기간은 상황에 따라 차이가 생기지만, 일반적으로 9개월이다. 당형제(堂兄弟) 및 미혼인 당자매(堂姊妹), 또는 혼인을 한 자매(姊妹) 등을 위해서 입는다.

번역 '공(公)'은 제후를 뜻한다. 제후와 대부는 적자 중 요절한 자에 대해서 상복의 수위를 낮추지 않으니, 적자를 중시하기 때문이다. 천자 또한 이처럼 한다.

賈疏 ●"叔父"至"中殤". ○釋曰: 自此盡"大夫庶子爲適昆弟之長殤中殤", 皆是成人齊衰期. 長殤·中殤, 殤降一等在功, 故於此總見之. 又皆尊卑爲前後次第, 作文也. 云公爲適子, 大夫爲適子, 皆是正統, 成人斬衰. 今爲殤死, 不得著代, 故入大功. 特言適子者, 天子諸侯於庶子, 則絶而無服, 大夫於庶子降一等, 故於此不言, 唯言適子也. 若然, 二適在下者, 亦爲重出其文故也.

번역 ●經文: "叔父"~"中殤". ○이곳 구문으로부터 "대부의 서자는 적곤제 중 장상이나 중상으로 죽은 자를 위해 대공복을 착용한다."라는 말까지는 모두 그 대상이 성인(成人)이 된 이후 죽었을 때 자최복(齊衰服)[50]을 착용하고 기년상을 치르는 것이다. 장상과 중상을 한 대상에 대해서는 요절하였으므로 1등급을 낮춰서 대공복을 착용한다. 그렇기 때문에 이곳 기록에서 총괄적으로 드러낸 것이다. 또한 이 모두는 신분의 차등에 따라 앞뒤의 순서를 정해 문장을 기록한 것이다. 제후가 적자를 위해서 착용한다고 말하고 대부가 적자를 위해서 착용한다고 말했는데, 이들은 모두 정통(正統)에 해당하기 때문으로, 성인이 된 이후 죽었다면 참최복(斬衰服)[51]을 착용하는 대상

---

50) 자최복(齊衰服)은 상복(喪服) 중 하나로, 오복(五服)에 속한다. 거친 삼베를 사용해서 만들며, 자른 부위를 꿰매어 가지런하게 정리하기 때문에, '자최복'이라고 부른다. 이 복장을 입게 되는 기간에도 여러 종류가 있는데, 3년 동안 입는 경우는 죽은 계모(繼母)나 자모(慈母)를 위한 경우이고, 1년 동안 입는 경우는 손자가 죽은 조부모를 위해 입는 경우와 남편이 죽은 아내를 입는 경우 등이다. 그리고 1년 동안 '자최복'을 입는 경우, 그 기간을 자최기(齊衰期)라고도 부른다. 또 5개월 동안 입는 경우는 죽은 증조부나 증조모를 위한 경우이며, 3개월 동안 입는 경우는 죽은 고조부나 고조모를 위한 경우 등이다.

51) 참최복(斬衰服)은 상복(喪服) 중 하나로, 오복(五服)에 속한다. 상복 중에서도 가장 수위가 높은 상복이다. 거친 삼베를 사용해서 만들며, 자른 부위를 꿰매지 않기 때문에 참최(斬衰)라고 부른다. 이 복장을 입게 되는 기간은 일반적으로 3년에 해당하며, 죽은 부모를 위해 입거나, 처 또는 첩이 죽은 남편을 위해 입는다.

이다. 그런데 지금은 요절했기 때문에 세대를 잇는 뜻을 드러낼 수 없다. 그렇기 때문에 대공복에 포함되는 것이다. 특별히 '적자(適子)'라고 말한 이유는 천자와 제후는 서자에 대해서 관계를 끊어 상복관계가 없어지고, 대부는 서자에 대해 1등급을 낮추기 때문에 이곳에서 언급하지 않은 것이며, 단지 적자만을 말한 것이다. 만약 그렇다면 두 적자에 대한 기록이 뒤에 나온 것도 그 대상을 중시하여 문장을 기록했기 때문이다.

賈疏 ◎注"公君"至"如之". ○釋曰: 云"公, 君也"者, 直言公恐是公士之公, 及三公與孤皆號公, 故訓爲君, 見是五等之君, 故言諸侯. 言"天子亦如之"者, 以其天子與諸侯同絶宗故也.

번역 ◎鄭注: "公君"~"如之". ○"'공(公)'은 제후를 뜻한다."라고 했는데, '공(公)'이라고만 말하여 공사(公士)[52]에서의 공(公)으로 오해하거나 삼공(三公)[53]과 고(孤)[54]에 대해서도 모두 공(公)이라고 부르기 때문이다. 그래서 제후라고 풀이한 것이니, 이것은 다섯 등급에 속한 군주를 모두 나타낸다. 그렇기 때문에 제후(諸侯)라고 말하는 것이다. "천자 또한 이처럼 한다."라고 했는데, 천자와 제후는 동일하게 종족관계를 끊기 때문이다.

---

52) 공사(公士)는 제후의 조정에 속한 사이다. 제후의 조정 및 관부를 '공가(公家)'라고 부르기 때문에, '공사'라고 부른다.

53) 삼공(三公)은 중앙정부의 가장 높은 관직자 3명을 합쳐서 부르는 말이다. '삼공'에 속한 관직명에 대해서는 각 시대별로 차이가 있다. 『사기(史記)』「은본기(殷本紀)」편에는 "以西伯昌, 九侯, 鄂侯, 爲三公."이라는 기록이 있다. 즉 은나라 때에는 서백(西伯)인 창(昌), 구후(九侯), 악후(鄂侯)들을 '삼공'으로 삼았다. 또한 주(周)나라 때에는 태사(太師), 태부(太傅), 태보(太保)를 '삼공'으로 삼았다. 『서』「주서(周書)·주관(周官)」편에는 "立太師·太傅·太保, 玆惟三公, 論道經邦, 燮理陰陽."이라는 기록이 있다. 한편 『한서(漢書)』「백관공경표서(百官公卿表序)」에 따르면 사마(司馬), 사도(司徒), 사공(司空)을 '삼공'으로 삼았다는 기록이 있다.

54) 고(孤)는 고대의 작위이다. 천자에게 소속된 '고'는 삼공(三公) 밑의 서열에 해당하며, 육경(六卿)보다 높았다. 고대에는 소사(少師)·소부(少傅)·소보(少保)를 삼고(三孤)라고 불렀다.

참고 『예기』「곡례상(曲禮上)」 기록

경문-12b 人生十年曰幼, 學. 二十曰弱, 冠. 三十曰壯, 有室. 四十曰强, 而仕. 五十曰艾, 服官政. 六十曰耆, 指使. 七十曰老, 而傳. 八十九十曰耄, 七年曰悼, 悼與耄, 雖有罪, 不加刑焉. 百年曰期, 頤.

번역 사람이 태어나서 10세가 되면, 그런 사람을 어리다는 뜻에서 유(幼)라고 부르고, 학문에 입문하도록 한다. 20세가 되면, 아직 장성한 것이 아니기 때문에 약(弱)이라고 부르고, 관례를 해준다. 30세가 되면, 장성하였기 때문에 장(壯)이라고 부르고, 혼인을 시켜서 가정을 이루게 한다. 40세가 되면, 지기(志氣)가 강성해졌기 때문에 강(强)이라고 부르고, 하위관료에 임명한다. 50세가 되면 머리가 희끗희끗해져서 마치 쑥잎처럼 되기 때문에 애(艾)라고 부르고, 고위관료에 임명하여 국정에 참여하도록 한다. 60세가 되면, 노인에 가까워지기 때문에 기(耆)라고 부르고, 제 스스로 일을 처리하기보다는 남에게 지시를 하며 시키게 된다. 70세가 되면, 나이가 들었기 때문에 노(老)라고 부르고, 가사를 아들에게 전수한다. 80세나 90세가 되면, 정신이 흐려지고 잘 잊어버리기 때문에 모(耄)라고 부르고, 한편 7세가 된 아이들은 가엾기 때문에 도(悼)라고 부르는데, 이 두 부류의 사람들은 비록 죄를 지었다고 하더라도, 그것은 실수로 죄를 범한 것이지 고의로 한 것이 아니기 때문에, 형벌을 내리지 않는다. 100세가 되면, 수명이 거의 다 되어가기 때문에, 기(期)라고 부르고, 남의 도움 없이는 아무 것도 할 수 없으니, 모든 일들에 대해서 봉양을 해주어야 한다.

鄭注 名曰幼, 時始可學也. 內則曰: "十年出就外傅, 居宿於外, 學書計." 有室, 有妻也. 妻稱室. 艾, 老也. 指事使人也. 六十不與服戎, 不親學. 傳家事, 任子孫, 是謂宗子之父. 耄, 惛忘也. 春秋傳曰: "謂老將知, 耄又及之." 悼, 憐愛也. 愛幼而尊老. 期猶要也. 頤, 養也. 不知衣服食味, 孝子要盡養道而已.

번역 10세가 된 사람을 '유(幼)'라고 부르니, 이 시기에 비로소 학문을 익힐 수 있는 것이다. 『예기』「내칙(內則)」편에서는 “10살이 되면 집을 벗어나서 외부에 있는 스승을 찾아가며, 집밖에 거주하면서 스승에게서 육서(六書)[55]와 구수(九數)[56]를 익혔다.”[57]라고 했다. ‘유실(有室)’은 아내를 맞아들인다는 뜻이다. 아내를 ‘실(室)’이라고 부른다. ‘애(艾)’자는 “늙었다[老].”는 뜻이다. ‘지사(指使)’는 일을 지시하여 사람을 시킨다는 뜻이다. 60세가 되면, 병역에 복무하지 않으며,[58] 제자의 예를 갖춰서 배움을 구하는 일을 하지 않는다.[59] ‘전(傳)’자는 가사(家事)를 전수하여, 자손들에게 맡긴다는 뜻이니, 이 내용은 종자(宗子)의 부친에게 해당하는 말이다. ‘모(耄)’자는 정신이 흐릿해지고 잘 잊어버린다는 뜻이다. 『춘추전(春秋傳)』에서 말하길, “속담에서는 나이가 들어 지혜롭게 되자, 곧 망령기가 든다.”[60]라고 했다. ‘도(悼)’자는 가엽게 여겨서 애착을 가진다는 뜻이다. 형벌을 내리지 않는 이유는 나이가 너무 어린 자를 가엽게 여기고, 나이가 많은 자를 존중하기 때문이다. ‘기(期)’자는 “요구한다[要].”는 뜻이다. ‘이(頤)’자는 “봉양한다[養].”는 뜻이다. 100세가 된 사람들은 의복을 입고 음식을 먹는 것 등에 대해서 분별할 수 없으므로, 자식은 봉양의 도리를 다할 수 있도록 기약할 따름이다.

---

55) 육서(六書)는 한자의 구성과 형성에 대한 여섯 가지 이론으로, 상형(象形), 지사(指事: =處事), 회의(會意), 형성(形聲: =諧聲), 전주(轉注), 가차(假借)를 뜻한다. 『주례』「지관(地官)·보씨(保氏)」편에는 “五曰六書.”라는 기록이 있는데, 이에 대한 정현의 주에서는 정사농(鄭司農)의 주장을 인용하여, “六書, 象形·會意·轉注·處事·假借·諧聲也.”라고 풀이했다.

56) 구수(九數)는 고대의 아홉 가지 계산 방법이다. 방전(方田), 속미(粟米), 차분(差分), 소광(少廣), 상공(商功), 균수(均輸), 방정(方程), 영부족(贏不足), 방요(旁要)를 뜻한다. 『주례』「지관(地官)·보씨(保氏)」편에는 “六曰九數.”라는 기록이 있는데, 이에 대한 정현의 주에서는 정중(鄭衆)의 주장을 인용하여, “九數, 方田·粟米·差分·少廣·商功·均輸·方程·贏不足·旁要.”라고 풀이했다.

57) 『예기』「내칙(內則)」【368a】: 九年, 教之數日. 十年, 出就外傅, 居宿於外, 學書計.

58) 『예기』「왕제(王制)」【178b】: 五十不從力政, 六十不與服戎, 七十不與賓客之事, 八十齊喪之事, 弗及也.

59) 『예기』「왕제(王制)」【178c】: 五十而爵, 六十不親學, 七十致政, 唯衰麻爲喪.

60) 『춘추좌씨전』「소공(昭公) 1년」: 諺所謂老將知而耄及之者, 其趙孟之謂乎!

孔疏 ●"二十曰弱, 冠"者, 二十成人, 初加冠, 體猶未壯, 故曰弱也. 至二十九, 通得名弱冠, 以其血氣未定故也. 不曰"人生", 並承上可知也. 今謂庶人及士之子, 若卿大夫十五以上則冠, 故喪服云"大夫爲昆弟之長殤", 是也. 其冠儀與士同, 故郊特牲云"無大夫冠禮", 是也. 其大夫之子亦二十而冠, 其諸侯之子亦二十而冠, 天子之子則十二而冠. 若天子諸侯之身, 則皆十二而冠. 具釋在冠義.

번역 ●經文: "二十曰弱, 冠". ○20세가 되면 성인(成人)이 되어, 처음으로 관을 쓰게 된다. 그러나 체구는 아직도 장성하지 못한 상태이다. 그렇기 때문에 '약(弱)'이라고 부르는 것이다. 20세로부터 29세가 될 때까지, 일반적으로 이 기간에 해당하는 나이를 '약관(弱冠)'이라고 부르는데, 그들의 혈기가 아직 안정되지 않았기 때문이다. 그런데 이 구문에 대해서는 앞의 '인생십년왈유(人生十年曰幼)'라는 구문처럼 '인생(人生)'이라는 말을 언급하지 않았으니, '인생십년왈유' 뒤의 구문들이 모두 앞의 구문과 연이어진 문장이 된다는 사실을 알 수 있다. 그리고 이 구문의 내용은 오늘날에는 서인 및 사의 자식들에게 해당하는 내용이 되는데, 경이나 대부 이상의 계급을 가진 자의 경우, 그들의 자식들은 15세가 되면 관을 쓰게 된다. 그렇기 때문에 『의례』「상복(喪服)」편에서 "대부는 곤제 중 장상인 자들을 위해서 착용한다."라고 언급한 말이 바로 경과 대부의 자식들은 15세 이상이 되면, 곧바로 관을 쓰게 된다는 사실을 나타낸다. 또한 경과 대부의 자식들이 치르는 관례 의식은 사의 경우와 동일하다. 그렇기 때문에 『예기』「교특생(郊特牲)」편에서 "대부에게는 별도의 관례가 없다."[61]라고 한 말이 바로 이러한 사실을 나타낸다. 따라서 대부의 자식들은 20세가 되기 이전에 이미 관을 쓰게 되지만, 그들 또한 20세가 되어서야 정식 관례를 치르는 것이고, 제후의 자식들 또한 20세가 되어서야 정식 관례를 치르는 것이다. 그러나 천자의 자식들인 경우라면, 12세가 되면 곧 관례를 치른다. 그리고 천자나 제후 본인인 경우라도, 이러한 계층들은 모두 12세 때 관례를 치른다. 자세한 풀이는 『예기』「관의(冠義)」편에서 서술하였다.

61) 『예기』「교특생(郊特牲)」【336c】: 無大夫冠禮, 而有其昏禮.

참고 『예기』「단궁하(檀弓下)」 기록

경문-108a 君之適長殤, 車三乘; 公之庶長殤, 車一乘; 大夫之適長殤, 車一乘.

번역 군주의 적자가 장상(長殤)을 했을 때에는 견거(遣車)[62] 3대를 사용하고, 공의 서자가 장상을 했을 때에는 견거 1대를 사용하며, 대부의 적자가 장상을 했을 때에는 견거 1대를 사용한다.

鄭注 皆下成人也. 自上而下, 降殺以兩, 成人遣車五乘, 長殤三乘, 下殤一乘, 尊卑以此差之. 庶子言公, 卑遠之. 傳曰: "大功之殤中從上."

번역 이 모두는 성인(成人)에 대한 예법보다 낮추는 것이다. 위로부터 아래로 내려갈 때에는 2만큼씩 줄이게 되는데,[63] 성인이 된 후에 죽은 경우, 견거(遣車)는 5대를 사용하니, 장상(長殤)인 경우에는 3대의 수레를 사용하는 것이고, 하상(下殤)[64]인 경우에는 1대의 수레를 사용하는 것으로, 이것을 통해서 존비에 따른 차등을 둔다. 서자에 대한 언급에서, '공(公)'이라고 말한 것은 신분이 낮고 관계가 먼 자를 나타낸 것이다. 전문에서는 "대공복을 입는 관계에 있는 자가 요절한 경우, 중상(中殤)이라면 그 위인 장상의 법도에 따른다."[65]라고 했다.

孔疏 ●"君"者, 五等諸侯也. 今此謂諸侯適子在長殤而死, 故云"君之適長

62) 견거(遣車)는 장례(葬禮)를 치를 때 사용되는 수레이다. 장례 때에는 장지(葬地)에서 제사를 지내기 위해 희생물을 가져가게 된다. '견거'는 바로 희생물의 몸체를 싣고 가는 수레를 뜻한다.

63) 『춘추좌씨전』「양공(襄公) 26년」 : 曰, "自上以下, 降殺以兩, 禮也. 臣之位在四, 且子展之功也, 臣不敢及賞禮, 請辭邑."

64) 하상(下殤)은 8~11세 사이에 요절한 자를 뜻한다. 『의례』「상복(喪服)」편에 "十一至八歲爲下殤."이라는 기록이 있다.

65) 『의례』「상복(喪服)」 : 傳曰, 問者曰, 中殤何以不見也? 大功之殤中從上, 小功之殤中從下.

殤”也.

번역 ●經文: “君”. ○다섯 등급의 제후들을 뜻한다. 이곳 문장의 상황은 제후의 적자(適子) 중 장상(長殤)의 나이에 해당하는 자가 죽은 경우에 해당한다. 그렇기 때문에 “군주의 적자가 장상을 했다.”라고 말한 것이다.

참고 『예기』「교특생(郊特牲)」 기록

경문-337a 禮之所尊, 尊其義也. 失其義, 陳其數, 祝史之事也. 故其數可陳也, 其義難知也. 知其義而敬守之, 天子之所以治天下也.

번역 예(禮)가 존귀한 것은 그 의(義)를 존귀하게 여기기 때문이다. 그 의를 놓치고, 의례에 사용되는 각종 기물들을 진열하는 것은 축관(祝官)이나 사관(史官)들에게 해당하는 일이다. 그렇기 때문에 각종 기물들은 누구나 진열할 수 있지만, 그 의는 파악하기가 어렵다. 그 의를 알고, 공경스럽게 지키는 것은 천자가 천하를 다스리는 방법이다.

鄭注 言禮所以尊, 尊其有義也. 言政之要盡於禮之義.

번역 예(禮)를 존귀하게 여기는 것은 그것이 의(義)를 갖추고 있음에 존귀하게 대한다는 뜻이다. 정치의 요점은 예에 포함된 의를 다하는 것이라는 뜻이다.

孔疏 ●“禮之”至“下也”. ○此經所論, 因上論冠義, 下論昏義, 故記人因上起下, 於中說重禮之義也.

번역 ●經文: “禮之”~“下也”. ○이곳 경문에서 논의하는 내용은 앞에서 관례(冠禮)를 치르는 의의를 논의한 것과 그 뒤에서 혼례(昏禮)를 논의한 것에 따랐기 때문에, 『예기』를 기록한 자는 앞의 내용을 통해 뒤의 내용을 연결시키기 위해서, 그 중간에 예(禮)의 의(義)를 중시한다는 뜻을 설명한 것이다.

孔疏 ●"禮之所尊, 尊其義也"者, 言禮之所以可尊重者, 尊其有義理也.

번역 ●經文: "禮之所尊, 尊其義也". ○예(禮)를 존중할 수 있는 이유는 그것이 의리(義理)를 포함하고 있음을 존중하기 때문이라는 뜻이다.

孔疏 ●"失其義, 陳其數, 祝史之事也"者, 若不解禮之義理, 是失其義; 惟知布列籩豆, 是陳其數, 其事輕, 故云祝史之事也.

번역 ●經文: "失其義, 陳其數, 祝史之事也". ○만약 예(禮)의 의리(義理)에 대해서 이해하지 못한다면, 이것은 그 의(義)를 잃어버린 것이고, 변두(籩豆)와 같은 기물들을 진열할 줄만 아는 것은 그 수(數)를 진열한다는 것에 해당하는데, 그 사안은 상대적으로 가벼운 일이기 때문에, "축관(祝官)과 사관(史官)의 소임이다."라고 말한 것이다.

孔疏 ●"故其數可陳, 其義難知也"者, 謂籩豆事物之數可布陳, 以其淺易故也. 其禮之義理難以委知, 以其深遠故也.

번역 ●經文: "故其數可陳, 其義難知也". ○변두(籩豆)와 같은 여러 사물들을 진열할 수 있는 것은 가벼운 일이고 쉬운 일이기 때문이며, 예(禮)의 의리(義理)는 이해하기가 어려우니, 그 의미는 매우 심오하기 때문이라는 뜻이다.

孔疏 ●"知其義而敬守之, 天子所以治天下也"者, 言聖人能知其義理而恭敬守之, 是天子所以治天下也.

번역 ●經文: "知其義而敬守之, 天子所以治天下也". ○성인은 그 의리(義理)를 알고서 공경스러운 태도로 고수를 하니, 천자가 천하를 다스리는 방법이 된다.

大全 延平周氏曰: 禮之所以爲禮者, 禮之義也, 而其禮之爲禮者, 禮之數也. 禮之所尊, 尊其義, 而非尊其數而已也. 爲祝史者, 特知其數耳. 其數則禮之文而已, 故可知, 其義則莫非性命之理, 故難知. 果知其義則聖矣, 天子所以治天下也.

번역 연평주씨[66]가 말하길, 예(禮)가 예(禮)가 될 수 있는 이유는 예(禮)의 의(義) 때문이고, 예(禮)를 예(禮)로써 시행할 수 있는 것은 예(禮)의 세부적인 절차들 때문이다. 예(禮)가 존귀하게 되는 것은 그 의(義)를 존귀하게 여기기 때문이고, 그 세부적인 절차를 존귀하게 여기는 것은 아닐 따름이다. 축관(祝官)이나 사관(史官)이 된 자들은 단지 그 세부적인 절차들만 알고 있을 따름이다. 세부적인 절차들은 예(禮)의 형식일 따름이다. 그렇기 때문에 쉽게 알 수 있는 것이고, 그 의(義)는 성명(性命)의 이치가 아닌 것들이 없다. 그렇기 때문에 알기 어려운 것이다. 만약 그 의(義)를 안다면, 성인이 되는 것이고, 이것은 천자가 천하를 다스리는 방법이다.

大全 馬氏曰: 有數有義, 然後足以爲禮. 數者, 義之寓, 義者, 數之意, 而其重尤在於意也. 先王爲禮, 未嘗不寓之以微妙之意, 知其義, 則擧而錯之, 天下無難矣.

번역 마씨가 말하길, 세부적인 절차도 있고 의(義)도 갖춘 이후에야 예(禮)가 될 수 있다. '수(數)'라는 것은 의(義)를 담는 것이고, '의(義)'라는 것은 수(數)의 의미가 되는데, 중시하는 것은 더욱이 그 의미에 달려 있는 것이다. 선왕이 예(禮)를 만들었을 때, 일찍이 미묘한 의미를 깃들이게 하지 않은 것이 없었으니, 그 의(義)를 안다면, 그것에 준거하여 시행을 하니, 천하에는 환란이 없게 된다.

---

66) 연평주씨(延平周氏, ? ~ ?) : =주서(周諝)·주희성(周希聖). 송(宋)나라 때의 유학자이다. 이름은 서(諝)이다. 자(字)는 희성(希聖)이다. 『예기설(禮記說)』 등의 저서가 있다.

集解 愚謂: 禮之數, 見於事物之末; 禮之義, 通乎性命之精. 故其數可陳, 其義難知. 知其義而又能敬守之, 以體其實焉, 則所謂"能以禮讓爲國"者, 雖先王所以治天下, 其道不出乎是. 此禮之義之所以爲尊也.

번역 내가 생각하기에, 예(禮)의 '수(數)'는 구체적인 사물이라는 말단을 통해 나타나고, 예(禮)의 '의(義)'는 성명(性命)의 정묘함과 소통된다. 그렇기 때문에 그 수(數)는 진열할 수 있지만, 그 의(義)는 이해하기 어려운 것이다. 그 의(義)를 알고, 또 그것을 공경스럽게 지킬 수 있는 것은 그 실체를 체득했기 때문이니, 이른바 "예(禮)와 사양함으로써 나라를 다스릴 수 있다."[67]라고 한 것은 비록 선왕이 천하를 다스렸던 방법이지만, 그 도(道)는 여기에서 벗어나지 않는다. 이것이 예(禮)의 의(義)를 존귀하게 여기는 이유이다.

참고 『예기』「예운(禮運)」 기록

경문-289a 故, 禮也者, 義之實也. 協諸義而協, 則禮雖先王未之有, 可以義起也.

번역 공자가 계속해서 말해주길, "그러므로 예(禮)라는 것은 의(義)에 따라 규정된 제도이다. 의(義)에 화합하도록 하여, 합당하게 한다면, 비록 선왕(先王)이 예(禮)를 아직 갖추지 않았다고 하더라도, 의(義)를 통해서 예(禮)를 일으킬 수 있다."라고 했다.

鄭注 協, 合也. 合禮於義, 則與義合, 不乖刺. 以其合於義, 可以義起作.

번역 '협(協)'자는 "합치시킨다[合]."는 뜻이다. 예(禮)를 의(義)에 합치시키면, 의(義)에 합치되어, 어그러지지 않는다. 예(禮)가 아직 갖춰지지 않았더라도, 그것이 의(義)에 합치되기 때문에, 의(義)를 통해서 진작시킬 수 있는 것이다.

---

67) 『논어』「이인(里仁)」: 子曰, "能以禮讓爲國乎? 何有? 不能以禮讓爲國, 如禮何?"

孔疏 ●"故禮也者, 義之實也", 前旣明禮耕義種仁聚之, 今此以下, 廣明上三者相須也. 此明禮義相須, 禮是造物, 爲實, 義以脩飾, 爲禮之華, 故云"禮也者, 義之實也".

번역 ●經文: "故禮也者, 義之實也". ○앞 문장에서는 예(禮)를 통해 밭을 갈고, 의(義)를 통해 파종을 하며, 인(仁)을 통해 취합한다는 내용을 언급하였고, 이곳 문장부터 그 아래의 내용은 앞에서 언급한 세 가지 사안들이 서로 짝을 이룬다는 사실을 폭넓게 설명하고 있다. 이곳 문장은 예(禮)와 의(義)가 서로 짝이 되고, 예(禮)는 만물을 만들어내므로, 실질[實]이 되며, '의(義)는 그것들을 수식하니, 예(禮)의 화려함이 된다는 사실을 밝히고 있다. 그렇기 때문에 "예(禮)라는 것은 의(義)의 실질이다."라고 말한 것이다.

孔疏 ●"協諸義而協"者, 協, 合也. 諸, 之也. 今將此禮合會於義, 謂以禮比方於義而協, 謂禮與義相協會也.

번역 ●經文: "協諸義而協". ○'협(協)'자는 "합치시킨다[合]."는 뜻이다. '제(諸)'자는 지시대명사인 '지(之)'자의 뜻이다. 즉 이러한 예(禮)를 의(義)에 회합시키게 된다는 뜻으로, 이 말은 곧 예(禮)를 의(義)에 견주어서 회합시킨다는 뜻이며, 또한 예(禮)가 의(義)와 함께 서로 짝을 이루게 된다는 뜻이다.

孔疏 ●"則禮雖先王未之有, 可以義起也"者, 起, 作也. 禮旣與義合, 若應行禮, 而先王未有舊禮之制, 則便可以義作之, 如將軍文子之子是也. 先無其禮, 臨時以義斷之, 垂涕洟待賓于廟, 是其以義而作禮也. 庾云: "謂先王制禮, 雖所未有, 而此事亦合於義, 則可行之, 以義與禮合也."

번역 ●經文: "則禮雖先王未之有, 可以義起也". ○'기(起)'자는 "만든다[作]."는 뜻이다. 예(禮)가 의(義)와 함께 합치된다면, 만약 어떠한 사안에 대해서 마땅히 해당하는 예(禮)를 시행해야 하는데, 선왕이 옛 예법의 제도를 아직 갖추고 있지 않더라도, 의(義)를 통해서 만들어낼 수 있다는 뜻이니, 위(衛)나라 장군 문자의 아들과 같은 경우가 바로 이러한 사항에 해당한다. 어떠한 사안

이전에 해당하는 예(禮)가 없더라도, 시의(時宜)에 따라 의(義)로써 판단을 하는 것이니, 눈물과 콧물을 흘리며, 묘(廟)에서 빈객을 접대한 것[68]은 바로 의(義)를 통해서 예(禮)를 만들어낸 경우이다. 유씨가 말하길, "이 문장의 뜻은 선왕이 예(禮)를 제정할 때, 비록 해당하는 사안에 대하여 정해진 예(禮)가 없더라도, 그 사안이 또한 의(義)에 합치된다면, 시행할 수 있으니, 그 이유는 의(義)를 통해 예(禮)에 합치시켰기 때문이라는 뜻이다."라고 하였다.

孔疏 ◎注"協合"至"乖刺". ○正義曰: "合禮於義", 解經"協諸義". "則與義合"者, 解經"而協"也. 云"合禮於義"者, 謂將禮比方於義. 云"則與義合"者, 言禮與義相合, 不乖刺也. 禮所以與義合者, 禮者, 體也. 統之於心, 行之合道, 謂之禮也. 義者, 宜也, 行之於事, 各得其宜, 謂之義也. 是禮據其心, 義據其事, 但表裏之異, 意不相違, 故禮與義合也.

번역 ◎鄭注: "協合"~"乖刺". ○정현이 "예(禮)를 의(義)에 합치시킨다."라고 한 말은 경문의 "의에 합치시킨다[協諸義]."라는 말을 풀이한 것이다. 정현이 "곧 의(義)에 합치된다."라고 한 말은 경문의 "그리고 합당하게 한다[而協]."라는 말을 풀이한 것이다. 정현이 "예(禮)를 의(義)에 합치시킨다."라고 하였는데, 이 말은 곧 예(禮)를 의(義)에 견주게 된다는 뜻이다. 정현이 "곧 의(義)에 합치된다."라고 하였는데, 이 말은 예(禮)와 의(義)가 서로 합치되어, 어그러지지 않게 된다는 뜻이다. 예(禮)라는 것은 의(義)에 합치되는 것이니, 예(禮)는 바탕[體]이 된다. 또한 마음에서 통괄을 하고, 시행하여 도리[道]에 합당하게 하는 것을 예(禮)라고 부른다. 의(義)라는 것은 합당함[宜]이니, 해당 사안에 대해 시행을 하여, 각각 그 합당함을 얻게 되는 것을 의(義)라고 부른다. 이 말은 곧 예(禮)가 그 마음에 근거를 두고 있고, 의(義)가 해당 사안에 근거를 두고 있다는 뜻으로, 단지 표리(表裏)의 차이만 있을 뿐, 그 의미는 서로 위배되지 않는다. 그렇기 때문에 예(禮)와 의(義)가 합치되는 것이다.

---

68) 『예기』「단궁상(檀弓上)」【89d~90a】: 將軍文子之喪, 既除喪而后越人來弔, 主人深衣練冠, 待于廟, 垂涕洟. 子游觀之, 曰, "將軍文氏之子其庶幾乎! 亡於禮者之禮也, 其動也中."

孔疏 ◎注"以其"至"起作". ○正義曰: 云"以其合於義"者, 謂此禮以其合會於義, 故雖當無禮, 臨事制宜而行禮, 是可以義起作也. 衛將軍文子之子, 旣除喪而后越人來弔, 於時無除喪後受弔之禮, 主人乃量事制宜, 練冠垂涕洟, 待於廟而受弔, 是以義而起作此禮也.

번역 ◎鄭注: "以其"~"起作". ○정현이 "그것이 의(義)에 합치되기 때문이다."라고 하였는데, 이 말은 이러한 예(禮)가 의(義)에 합치되기 때문에, 비록 해당하는 예(禮)가 없다고 하더라도, 구체적인 사안에 임하여, 올바름[宜]에 따라 제정을 하여, 새로운 예(禮)를 시행하는 것으로, 이것이 바로 의(義)를 통해서 진작시킬 수 있다는 뜻이다. 위(衛)나라 장군 문자의 아들은 부친에 대한 상(喪)을 이미 끝냈는데, 그 이후에 월(越)나라 사람들이 찾아와서 조문을 하게 되었다. 그런데 당시에는 상을 끝낸 이후에 조문을 받는 예법이 없었다. 그래서 상주인 문자의 아들은 곧 사안을 재량하여 올바름에 맞게끔 판단을 하고, 연관(練冠)[69]을 착용하고, 눈물과 콧물을 흘리며, 묘(廟)에서 접대를 하여, 조문을 받았는데, 이것이 바로 의(義)에 따라 새로운 예(禮)를 만들어낸 경우에 해당한다.

大全 張子曰: 人情所安卽禮也, 故禮所以由義起.

번역 장자[70]가 말하길, 사람의 정감상 편안하게 여기는 것이 곧 예(禮)가 된다. 그렇기 때문에 예(禮)는 의(義)를 통해서 확립되는 것이다.

大全 馬氏曰: 禮者, 所以體常, 義者, 所以盡變. 變者, 禮中之權也, 常者, 義中之經也. 蓋禮義一物耳. 體其常, 則爲禮, 盡其變, 則爲義, 故三代之禮, 而

---

69) 연관(練冠)은 상(喪) 중에 착용하는 관(冠)이다. 부모의 상 중에서 1주기에 지내는 제사 때 착용을 하였다.

70) 장재(張載, A.D.1020 ~ A.D.1077) : =장자(張子)·장횡거(張橫渠). 북송(北宋) 때의 유학자이다. 북송오자(北宋五子) 중 한 사람으로 칭해진다. 자(字)는 자후(子厚)이다. 횡거진(橫渠鎭) 출신으로, 이곳에서 장기간 강학을 했기 때문에 횡거선생(橫渠先生)으로 일컬어지기도 한다.

或素或華者, 皆所以變而從時也. 要之不違禮之經·義之權而已.

번역 마씨가 말하길, 예(禮)라는 것은 항상됨[常]을 체현한 것이고, 의(義)라는 것은 변화됨[變]을 충족시키는 것이다. 변(變)이라는 것은 예(禮) 속에서 구현되는 권도[權]의 대상이고, 상(常)이라는 것은 의(義) 속에 있는 기준[經]이다. 무릇 예(禮)와 의(義)는 하나일 따름이다. 상도(常道)를 체현한다면 예(禮)가 되고, 변화된 상황을 충족시키게 되면 의(義)가 된다. 그렇기 때문에 삼대(三代)의 예법이 어떤 것은 소박하고 또 어떤 것은 화려하여, 차이를 보이는 이유는 모두 시대가 변화하여 시의(時宜)에 따랐기 때문이다. 그러나 그 요점은 모두 예(禮)에 따른 기준과 의(義)에 따른 권도에서 벗어나지 않는 것일 따름이다.

大全 黃氏曰: 禮也者, 義之實也. 禮者, 爲尊卑升降親疎之節, 義者, 合宜當理指的之稱. 名實相應, 則爲正禮, 倘有禮而不能合宜當理, 是有名而無實. 下文云, 協諸義而協, 謂須合義則合禮也. 又下云, 禮雖先王未之有, 可以義起, 亦謂有未立之禮, 則取合宜之義而起作之, 非爲禮修飾之華明矣.

번역 황씨가 말하길, "예(禮)라는 것은 의(義)의 실질[實]이다."라고 하였다. 예(禮)라는 것은 존비(尊卑)·승강(升降)·친소(親疎)를 구별하는 규범[節]이고, 의(義)라는 것은 올바름에 합치되고, 이치에 마땅하며, 대상을 적시하는 저울[稱]에 해당한다. 명분과 실질이 서로 대응이 되면, 올바른 예(禮)가 되는데, 만약 예(禮)만 있고, 올바름에 합치시키지 못하고, 이치에 마땅하게 할 수 없다면, 이것은 명분만 있고 실질이 없는 것이다. 그 뒤의 구문에서 "의(義)에 화합시켜서 합치시킨다."라고 하였는데, 이 말은 곧 의(義)에 합치시켜야만, 예(禮)에도 합치된다는 뜻이다. 또 그 뒤의 구문에서 "비록 선왕이 아직 예(禮)를 가지고 있지 않더라도, 의(義)를 통해서 일으킬 수 있다."라고 하였는데, 이것은 또한 아직 확립되지 않은 예(禮)가 있다면, 올바름에 합치되는 의(義)에서 취득하여, 진작시켜서 만든다는 것이지, 예(禮)를 수식하여 화려하게 만든다는 뜻은 아니다.

그림 0-1 ▣ 황제(黃帝)

黃帝軒轅氏

※ **출처**: 『삼재도회(三才圖會)』「인물(人物)」 1권

그림 0-2 ▣ 주(周)나라 세계도(世系圖) Ⅰ

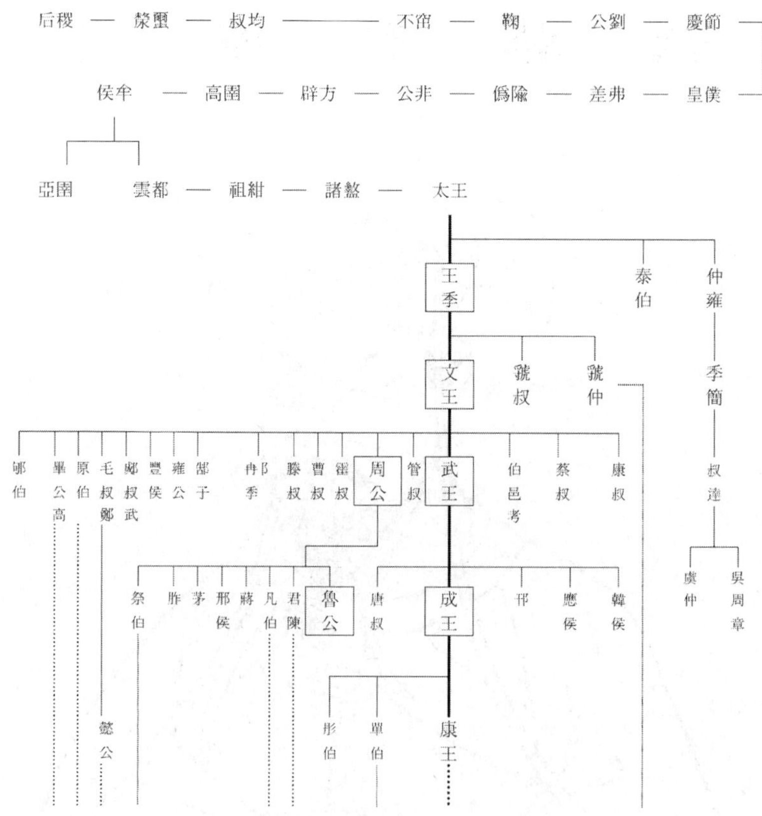

※ 출처: 『역사(繹史)』 1권 「역사세계도(繹史世系圖)」

그림 0-3 ▣ 주(周)나라 때의 변(弁)

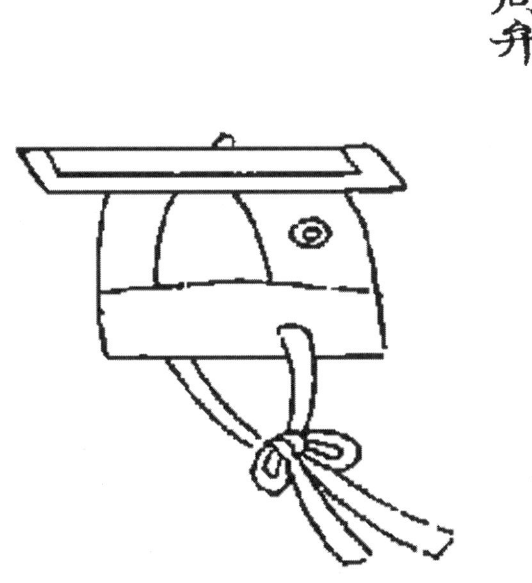

※ 출처: 『삼례도집주(三禮圖集注)』 3권

그림 0-4 ▣ 준(尊)과 이(彝)

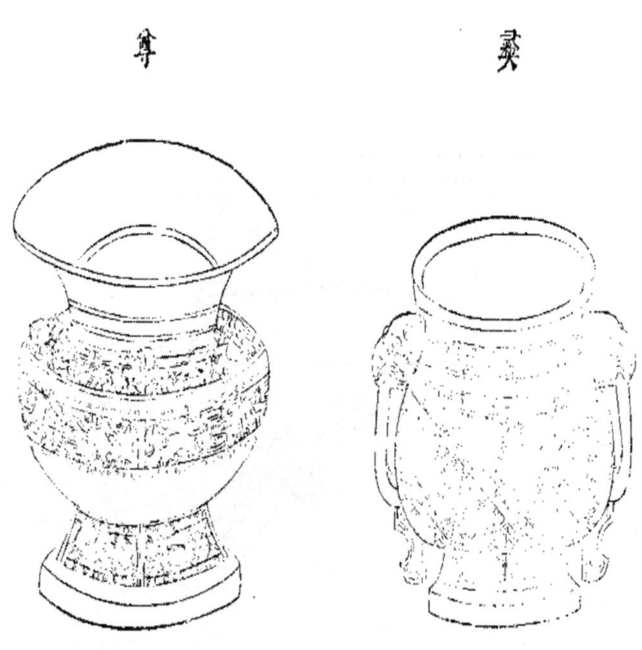

※ 출처: 『삼재도회(三才圖會)』「기용(器用)」 1권

그림 0-5 ■ 규찬(圭瓚)

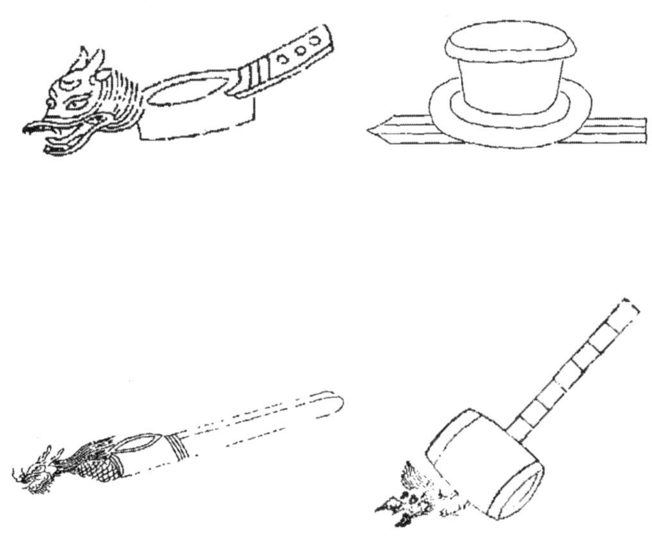

※ **출처**: 상좌-『삼례도집주(三禮圖集注)』 14권 ; 상우-『삼례도(三禮圖)』 3권
하좌-『육경도(六經圖)』 2권 ; 하우-『삼재도회(三才圖會)』「기용(器用)」 1권

그림 0-6 ▣ 종(鐘)과 경(磬)

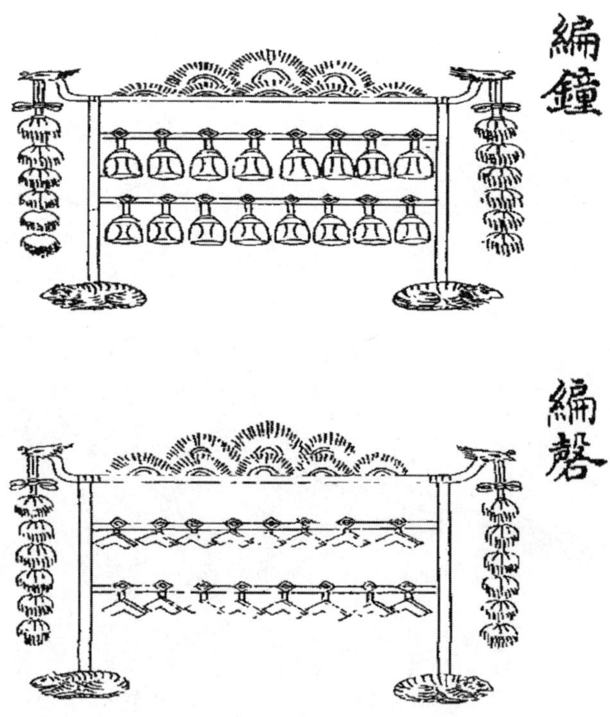

※ 출처: 『삼례도집주(三禮圖集注)』 5권

그림 0-7 ■ 치포관(緇布冠)

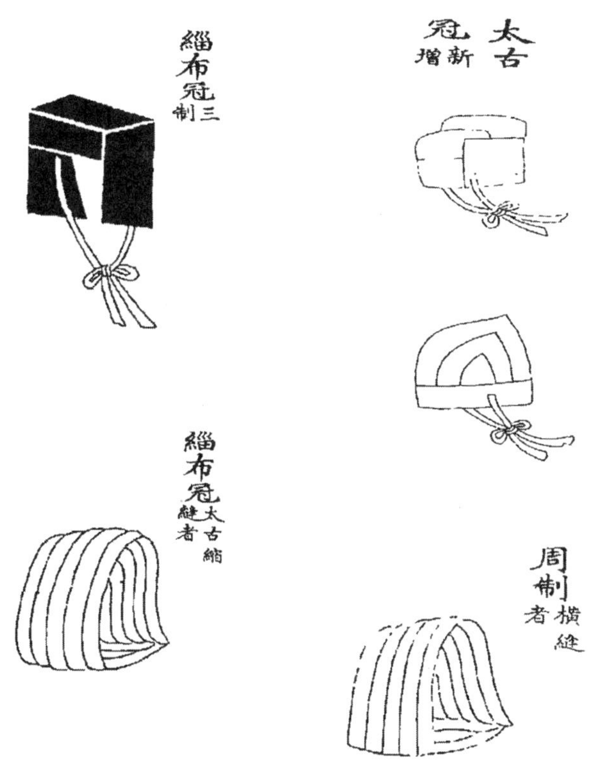

※ **출처**: 『삼례도집주(三禮圖集注)』 3권

그림 0-8 ▣ 치포관(緇布冠)

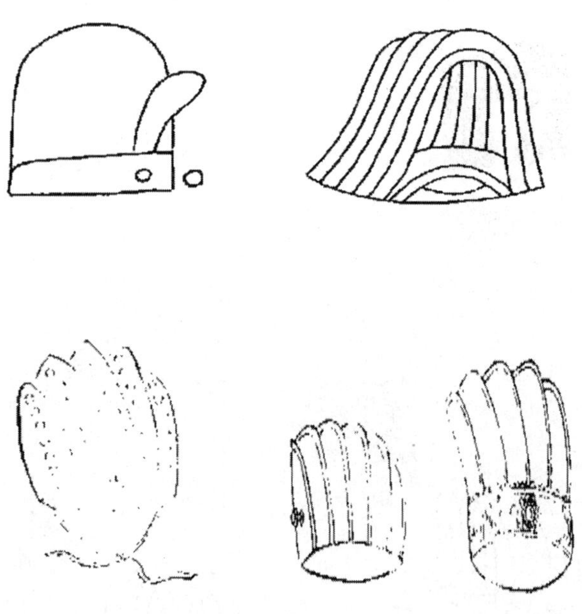

※ 출처: 상좌-『삼례도(三禮圖)』 2권 ; 상우-『육경도(六經圖)』 8권
하단-『삼재도회(三才圖會)』「의복(衣服)」 1권

그림 0-9 ▣ 피변(皮弁)과 작변(爵弁)

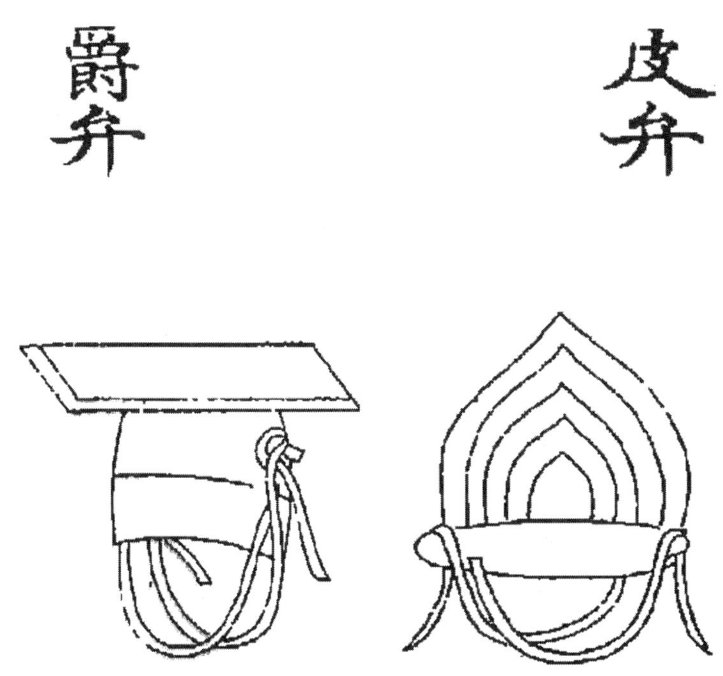

※ **출처**: 『삼례도집주(三禮圖集注)』 3권

그림 0-10 ▣ 피변복(皮弁服)

※ 출처: 『삼례도집주(三禮圖集注)』 1권

그림 0-11 ■ 작변복(爵弁服)

弁 爵

※ **출처**: 『삼례도집주(三禮圖集注)』 1권

그림 0-12 ■ 천자의 현면복(玄冕服)

※ **출처**: 『삼례도집주(三禮圖集注)』 1권

그림 0-13 ▣ 경과 대부의 현면복(玄冕服)

※ 출처: 『삼례도집주(三禮圖集注)』 1권

그림 0-14 ▣ 노(魯)나라 세계도(世系圖)

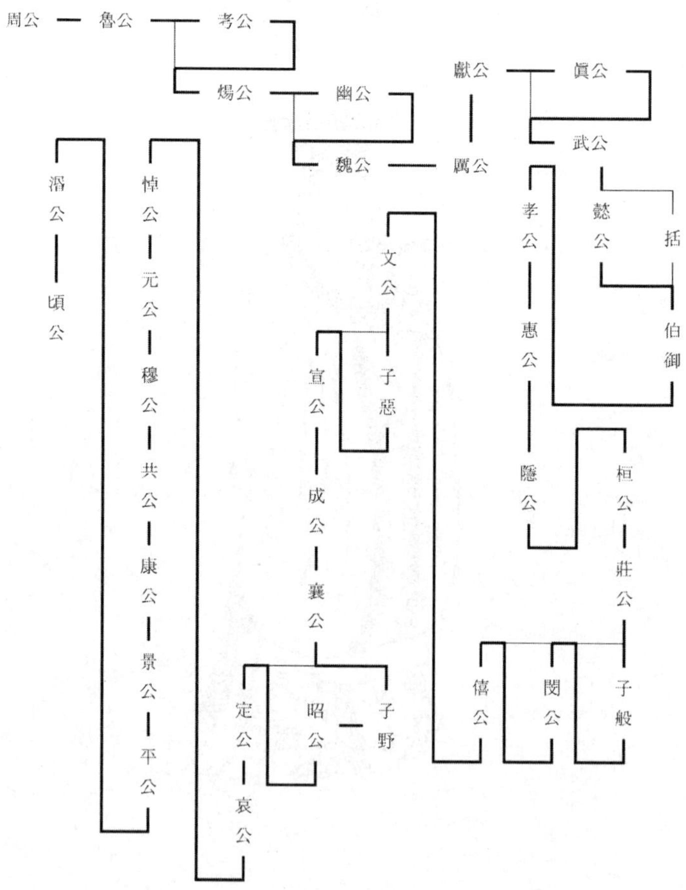

※ **출처**: 『역사(繹史)』 1권 「역사세계도(繹史世系圖)」

그림 0-15 ▣ 위(衛)나라 세계도(世系圖) Ⅰ

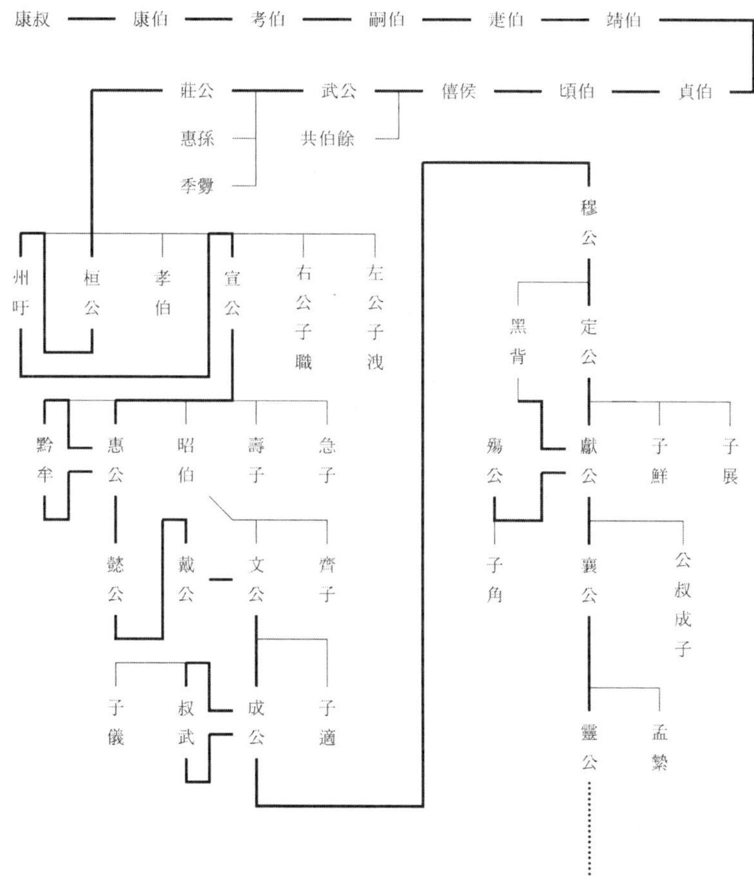

※ 출처: 『역사(繹史)』 1권 「역사세계도(繹史世系圖)」

그림 0-16 ▣ 위(衛)나라 세계도(世系圖) Ⅱ

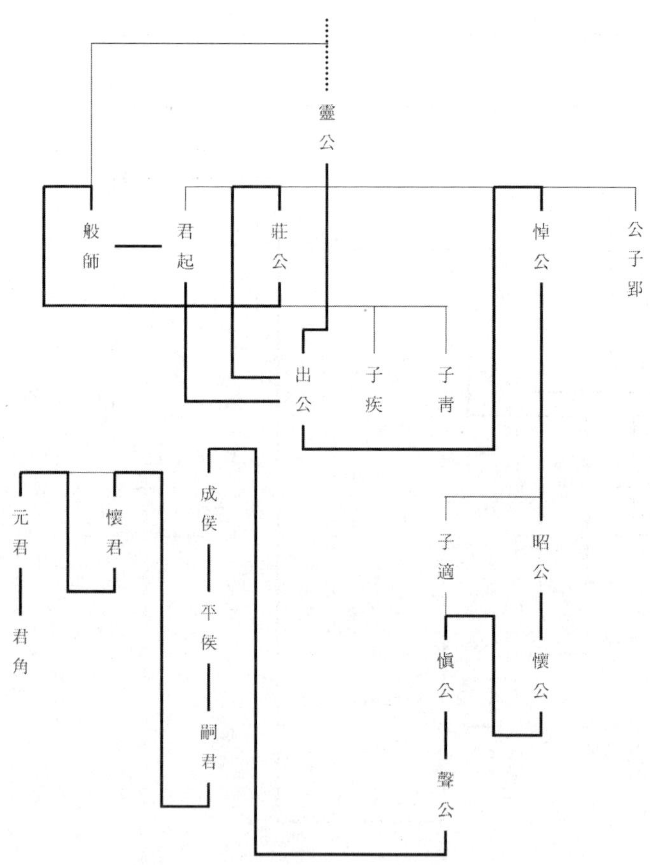

※ 출처: 『역사(繹史)』 1권 「역사세계도(繹史世系圖)」

그림 0-17 ■ 태사책축도(太史冊祝圖)

※ **출처**: 『흠정서경도설(欽定書經圖說)』 26권

그림 0-18 ▣ 주공거동도(周公居東圖)

※ **출처**: 『흠정서경도설(欽定書經圖說)』 26권

그림 0-19 ■ 뇌전이풍도(雷電以風圖)

※ **출처**: 『흠정서경도설(欽定書經圖說)』 26권

그림 0-20 ▣ 왕계금등도(王啓金縢圖)

※ 출처: 『흠정서경도설(欽定書經圖說)』 26권

그림 0-21 ▣ 대구(大裘)

※ **출처**: 『삼례도집주(三禮圖集注)』 1권

그림 0-22 ▣ 대공복(大功服)

※ 출처: 『삼재도회(三才圖會)』「의복(衣服)」 3권

그림 0-23 ■ 자최복(齊衰服)

※ **출처**: 『삼재도회(三才圖會)』「의복(衣服)」 3권

그림 0-24 ■ 참최복(斬衰服)

※ **출처**: 『삼재도회(三才圖會)』「의복(衣服)」 3권

그림 0-25 ▣ 변(籩)

※ **출처**: 상좌-『삼례도집주(三禮圖集注)』 13권 ; 상우-『삼례도(三禮圖)』 4권
하좌-『육경도(六經圖)』 6권 ; 하우-『삼재도회(三才圖會)』「기용(器用)」 2권

그림 0-26 ▣ 두(豆)

※ 출처: 상좌-『육경도(六經圖)』 6권; 상우-『삼례도(三禮圖)』 4권
하좌-『삼례도집주(三禮圖集注)』 13권; 하우-『삼재도회(三才圖會)』「기용(器用)」 1권

• 제 1 절 •

예의(禮義)의 시작과 관례(冠禮)의 중요성

【689a】

凡人之所以爲人者, 禮義也. 禮義之始, 在於正容體, 齊顔色, 順辭令. 容體正, 顔色齊, 辭令順, 而後禮義備, 以正君臣, 親父子, 和長幼. 君臣正, 父子親, 長幼和, 而后禮義立. 故冠而后服備, 服備而后容體正, 顔色齊, 辭令順, 故曰冠者禮之始也. 是故古者聖王重冠.

직역 凡히 人이 人으로 爲한 所以한 者는 禮義이다. 禮義의 始는 容體를 正하고, 顔色을 齊하며, 辭令에 順함에 在라. 容體이 正하고, 顔色이 齊하며, 辭令이 順하고, 後에 禮義가 備하면, 이로써 君臣을 正하고, 父子를 親하며, 長幼를 和라. 君臣이 正하고, 父子가 親하며, 長幼가 和하고, 后에 禮義가 立이라. 故로 冠하고 后에 服이 備하며, 服이 備하고 后에 容體가 正하며, 顔色이 齊하고, 辭令이 順이라, 故로 曰, 冠者는 禮의 始라. 是故로 古者에 聖王은 冠을 重이라.

의역 무릇 사람이 사람답게 되는 이유는 예의(禮義)에 있다. 예의의 시작은 행동거지를 바르게 하고, 안색을 가지런히 하며, 말들을 순하게 하는데 달려 있다. 행동거지가 바르게 되고, 안색이 가지런히 되며, 말들이 순하게 된 이후에야 예의가 갖춰지니, 이를 통해서 군신관계를 올바르게 하고, 부자관계를 친근하게 하며, 장유관계를 조화롭게 한다. 군신관계가 올바르게 되고, 부자관계가 친근하게 되며, 장유관계가 조화롭게 된 이후에야 예의가 성립된다. 그렇기 때문에 관(冠)이 있고 난 뒤에야 복식이 갖춰지고, 복식이 갖춰진 이후에야 행동거지가 바르게 되며, 안색이 가지런하게 되고, 말들이 순하게 된다. 그래서 "관례(冠禮)라는 것은 예(禮)의 시작이다."라고 말한 것이다. 그리고 이러한 까닭으로 고대에 성왕(聖王)들은 관례를 중시했던 것이다.

集說 方氏曰: 容體欲其可度, 故曰正; 顔色欲其可觀, 故曰齊; 辭令欲其可從, 故曰順.

번역 방씨[1]가 말하길, 행동거지는 법도에 맞추고자 하기 때문에, "바르게 한다[正]."라고 말한 것이고, 안색은 남들이 살펴볼 수 있게끔 하고자 했기 때문에, "가지런히 하다[齊]."라고 말한 것이며, 말들은 따를 수 있게끔 하고자 했기 때문에, "순하게 하다[順]."라고 말한 것이다.

大全 石林葉氏曰: 義以爲質, 禮以行之, 人之道也. 修人道者, 亦必有漸, 故男子二十而冠, 冠之始也, 欲其容體正, 顔色齊, 辭令順而已. 及夫禮正而不失足於人, 色齊而不失色於人, 辭順而不失口於人, 則人道備, 故言禮義備. 及夫君臣正而朝廷肅, 父子親而閨門定, 長幼和而宗族有禮, 則人道正矣, 故言禮義立.

번역 석림섭씨[2]가 말하길, 의(義)는 바탕이 되고 예(禮)를 통해 시행하는 것이 사람이 따라야할 도(道)이다. 사람이 따라야할 도를 수양할 때에도 또한 반드시 점진적인 면이 있어야 한다. 그렇기 때문에 남자는 20세가 되어서야 관(冠)을 쓰는 것인데, 관을 처음 쓸 때에는 그 행동거지를 바르게 하고, 안색을 가지런히 하며, 말들을 순하게 하고자 할 따름이다. 그리고 예가 올바르게 되어, 남에 대해 행동거지를 불손하게 하는 경우가 없고, 안색을 가지런히 하여 남에 대해 낯빛을 불손하게 하는 경우가 없으며, 말들을 순하게 하여 남에 대해 말을 불손하게 하는 경우가 없다면, 사람이 따라야할 도가 갖춰지게 된다. 그렇기 때문에 "예의(禮義)가 갖춰진다."라고 말한 것이다. 또한 군

---

1) 엄릉방씨(嚴陵方氏, ? ~ ?) : =방각(方慤)·방씨(方氏)·방성부(方性夫). 송대(宋代)의 유학자이다. 이름은 각(慤)이다. 자(字)는 성부(性夫)이다. 『예기집해(禮記集解)』를 지었고, 『예기집설대전(禮記集說大全)』에는 그의 주장이 많이 인용되고 있다.

2) 석림섭씨(石林葉氏, ? ~ A.D.1148) : =섭몽득(葉夢得)·섭소온(葉少蘊). 남송(南宋) 때의 유학자이다. 자(字)는 소온(少蘊)이고, 호(號)는 몽득(夢得)이다. 박학다식했다고 전해지며, 『춘추(春秋)』에 대한 조예가 깊었다.

신관계가 올바르게 되어 조정이 엄숙하게 되고, 부자관계가 친근하게 되어 가정의 일들이 안정되며, 장유관계가 화목하게 되어 종족들과 예에 따라 행동하게 된다면, 사람이 따라야할 도(道)가 올바르게 된다. 그렇기 때문에 "예의가 성립된다."라고 말한 것이다.

鄭注 言人爲禮, 以此三者爲始. 言三始旣備, 乃可求以三行也. 立, 猶成也. 言服未備者, 未可求以三始也. 童子之服, 采衣紒.

번역 사람이 예(禮)를 시행할 때, 이러한 세 가지 것들을 시작점으로 삼는다는 뜻이다. 세 가지 기반이 이미 갖춰지게 되면, 세 가지 덕목의 시행을 통해서 군신관계를 올바르게 한다는 등의 것들을 구할 수 있다는 뜻이다. '입(立)'자는 "완성하다[成]."는 뜻이다. 복식이 아직 갖춰지지 않은 경우에는 세 가지 기반을 통해서 구할 수 없다는 뜻이다. 어린아이의 복장은 채색한 복장에 머리를 묶는다.

釋文 長, 丁丈反, 下同. 行, 下孟反. 冠, 古亂反, 除下文"玄冠"及注"緇布冠"·"玄冠"以外並同. 紒音計.

번역 '長'자는 '丁(정)'자와 '丈(장)'자의 반절음이며, 아래문장에 나온 글자도 그 음이 이와 같다. '行'자는 '下(하)'자와 '孟(맹)'자의 반절음이다. '冠'자는 '古(고)'자와 '亂(란)'자의 반절음이며, 아래문장 중 '玄冠' 및 정현의 주에 나오는 '緇布冠'·'玄冠'을 제외하고, 나머지 '冠'자는 그 음이 모두 이와 같다. '紒'자의 음은 '計(계)'이다.

孔疏 ●"凡人"至"祖也". ○正義曰: 此一節明人之所以相敍加冠之事, 從始至終, 各隨文解之.

번역 ●經文: "凡人"~"祖也". ○이곳 문단은 사람들이 서로 차례에 따라 관(冠)을 쓰게 되는 사안에 대해서, 시초로부터 마무리까지를 나타내고 있으니, 각각의 문장에 따라 풀이하겠다.

孔疏 ●"凡人之所以爲人者, 禮義也"者, 言人之所以得異於禽獸者, 以其行禮義也. 禮義之事, 終身行之.

번역 ●經文: "凡人之所以爲人者, 禮義也". ○사람이 짐승과 다를 수 있는 점은 예의(禮義)를 시행하기 때문이라는 뜻이다. 예의에 대한 일들은 종신토록 시행하는 것이다.

孔疏 ●"禮義之始, 在於正容體, 齊顏色, 順辭令"者, 言欲一世行禮之始, 先須正容體, 齊顏色, 順辭令爲先也. 然後可以正君臣, 親父子, 和長幼.

번역 ●經文: "禮義之始, 在於正容體, 齊顏色, 順辭令". ○한 세대에 있어서 예(禮)를 시행하는 초기에는 우선적으로 행동거지를 올바르게 하고 안색을 가지런히 하며 말들을 순하게 하고자 하는 것을 우선순위로 삼아야 한다는 뜻이다. 그런 뒤에야 군신관계를 바르게 하고 부자관계를 친근하게 하며 장유관계를 화목하게 할 수 있다.

訓纂 五經要義: 冠, 嘉禮也. 冠者首服既加, 而後人道備, 故君子重之, 以爲禮之始矣.

번역 『오경요의』에서 말하길, 관례(冠禮)는 가례(嘉禮)에 해당한다. 관례를 치른 자가 머리에 관을 쓰게 되면 그런 뒤에야 사람이 따라야 할 도가 갖춰지게 된다. 그렇기 때문에 군자는 이러한 의식을 중시하여 예의 시작으로 여긴 것이다.

集解 呂氏大臨曰: 容體, 動乎四體者也. 顏色, 發乎面目者也. 辭令, 見乎言語者也. 三者, 脩身之要也. 必學而後成, 必成人而後備. 童子於三者未能備, 不可以不學, 學之而至於二十, 則三者備矣, 故冠而責以成人之事.

번역 여대림이 말하길, '용체(容體)'는 사지를 통해 움직이는 것이다. '안색(顏色)'은 얼굴과 눈을 통해 드러나는 것이다. '사령(辭令)'은 말을 통해 나타나는 것이다. 이 세 가지는 자신을 다스리는 요체가 된다. 반드시 배운 이후에 완성되고, 반드시 성인이 된 이후에야 갖춰지게 된다. 어린아이는 이러한 세 가지 것들에 대해 아직 제대로 갖출 수 없으니 배우지 않을 수가 없고, 이러한 것들을 배워 20세에 이르게 되면 세 가지 것들이 갖춰진다. 그렇기 때문에 관례를 치르며 성인이 따라야 할 일들로 책무를 주는 것이다.

集解 愚謂: 禮義之始, 在於正容體, 齊顔色, 順辭令者, 朱子謂"爲學之序, 須自外面分明有形象處把捉扶竪起來", 是也. 蓋容體·顔色·辭令者, 五事之要, 身之所具者也. 君臣·父子·長幼者, 人倫之重, 身之所接者也. 身之所具者無所忒, 而後禮義備, 身之所接者無不盡, 而後禮義立, 未有不謹其身之所具, 而能善其身之所接者也. 故禮義備, 而後可以正君臣, 親父子, 和長幼. 服所以章德, 童子未冠, 則其於禮義固有所未能備矣. 成人則服備, 服備則必備乎禮義, 而後可以稱其服也. 故冠爲行禮之始, 自是授之室則有昏禮, 賓於鄕則有射·鄕, 仕於朝則有燕·聘, 皆於是基之矣.

번역 내가 생각하기에, 예의의 시작은 행동거지를 바르게 하고 안색을 가지런히 하며 말을 순하게 하는데 달려있다고 했는데, 주자가 "학문을 하는 순서는 형상이 분명하게 드러나는 외부로부터 단단히 붙들어야 한다."라고 한 뜻에 해당한다. 행동거지·안색·말은 오사(五事)[3] 중에서도 중요한 것이며, 자신이 갖춰야 할 것들이다. 군신·부자·장유관계는 인륜 중에서도 중요한 것이며, 자신이 상대를 대할 때 해당하는 것들이다. 자신이 갖춰야할 것들에 대해 어긋나는 점이 없게 된 이후에야 예의가 갖춰지고, 자신이 상대를 대함에 극진하지 않음이 없게 된 이후에야 예의가 성립된다. 따라서 자신이 갖춰

3) 오사(五事)는 본래 모(貌), 언(言), 시(視), 청(聽), 사(思)를 뜻한다. 즉 언행, 보고 듣는 것, 사려함을 가리킨다. 또 단순히 이러한 행위만을 뜻하는 것이 아니라 수신(修身)이라는 측면에서 각각의 항목에 규범이 첨가된다. 즉 '오사'가 실질적으로 가리키는 것은 행동을 공손하게 하고, 말은 순리에 따라 하며, 보는 것은 밝게 하고, 듣는 것은 밝게 하며, 생각은 깊게 하는 것이다. 『서』「주서(周書)·홍범(洪範)」편에는 "五事, 一曰貌, 二曰言, 三曰視, 四曰聽, 五曰思. 貌曰恭, 言曰從, 視曰明, 聽曰聰, 思曰睿."라는 기록이 있다.

야 할 것들에 조심하지 않고도 자신이 상대를 대함에 있어 잘할 수 있는 자는 없었다. 그렇기 때문에 예의가 갖춰진 이후에야 군신관계를 올바르게 하고 부자관계를 친근하게 하며 장유관계를 화목하게 할 수 있다. 의복은 자신의 덕을 드러내는 방법인데, 어린아이는 아직 관을 쓰지 않으니, 예의에 대해서 진실로 완전히 갖출 수 없는 점이 있는 것이다. 성인의 경우라면 의복이 갖춰지고 의복이 갖춰진다면 분명 예의에 대해서도 갖추니, 그런 뒤에야 그 복장에 걸맞게 할 수 있다. 그러므로 관을 쓰는 것은 예를 시행하는 시작이 되니, 이로부터 그에게 집을 주게 되면 혼례가 생기는 것이고, 마을에서 빈객으로 행동하면 사례(射禮)[4]와 향음주례(鄕飮酒禮)[5] 등이 생기는 것이며, 조정에 입조하게 되면 연례(燕禮)[6]와 빙례(聘禮)[7] 등이 생기는 것이니, 이 모두는

---

4) 사례(射禮)는 활 쏘는 예법을 가리킨다. 고대에는 활쏘기가 문무(文武)에 두루 관련이 있다고 생각하여서 중시하였다. 따라서 행사를 거행할 때에는 이러한 '사례'를 실시하였다. '사례'에는 대략 4종류가 있다. 즉 대사례(大射禮), 빈사례(賓射禮), 연사례(燕射禮), 향사례(鄕射禮)를 가리키는데, '대사례'는 제사를 지내고자 할 때, 제사에 참가하는 사(士)들을 선발하기 위해 실시하는 '사례'이다. '빈사례'는 제후들이 천자를 찾아뵙거나, 또는 제후들끼리 서로 회동을 할 때에, 활쏘기를 하며 연회를 베푸는 것이다. '연사례'는 연회를 즐기며 실시하는 '사례'를 뜻한다. '향사례'는 향(鄕)을 담당하는 향대부(鄕大夫)가 자신의 행정구역에서 관리로 등용될 사(士)들을 선발한 뒤에, 그들에게 연회를 베풀며 시행하는 '사례'이다.

5) 향음례(鄕飮禮)는 '향음주례(鄕飮酒禮)'라고도 부른다. 주(周)나라 때에는 향학(鄕學)에서 3년마다 대비(大比)라는 시험을 치러서, 선발된 자들을 천거하였다. 이러한 행사를 실시할 때 향대부(鄕大夫)는 음주 연회의 자리를 만들어서, 선발된 자들에게 빈례(賓禮)에 따라 대접을 하며, 그들에게 술을 따라주었는데, 이 의식을 '향음례' 또는 '향음주례'라고 불렀다. 『의례』「향음주례(鄕飮酒禮)」편에 대한 가공언(賈公彦)의 소(疏)에서는 정현의 『삼례목록(三禮目錄)』을 인용하여, "諸侯之鄕大夫三年大比, 獻賢者能於其君, 以賓禮待之, 與之飮酒. 於五禮屬嘉禮."라고 풀이했다. 또한 일반적으로 음주를 즐기며 연회를 하는 것을 뜻하기도 한다.

6) 연례(燕禮)는 본래 빈객(賓客)을 접대하는 연회의 한 종류를 뜻한다. 각종 연회들을 두루 지칭하기도 하며, 연회에서 사용되는 의례절차들을 두루 지칭하기도 한다. 본래의 '연례'는 연회를 시작할 때, 첫잔을 따라 바치는 절차 끝나면, 모두 자리에 앉아서 술을 마시는데, 취할 때까지 마시는 연회의 한 종류를 뜻한다. '연례' 때에는 희생물로 개[狗]를 사용했으며, 유우씨(有虞氏) 때 시행되었던 제도라고 설명되기도 한다. 『예기』「왕제(王制)」편에는 "有虞氏以燕

이것을 기반으로 한다.

참고 구문비교

예기·관의 禮義之始, 在於正容體, 齊顔色, 順辭令.

순자·왕제(王制) 禮義者, 治之始也; 君子者, 禮義之始也.

참고 구문비교

예기·관의 容體正, 顔色齊, 辭令順, 而後禮義備, 以正君臣, 親父子, 和長幼.

예기·예운(禮運) 大人世及以爲禮, 城郭溝池以爲固, 禮義以爲紀, 以正君臣, 以篤父子, 以睦兄弟, 以和夫婦, 以設制度, 以立田里, 以賢勇知, 以功爲己.

예기·예운(禮運) 故玄酒在室, 醴醆在戶, 粢醍在堂, 澄酒在下, 陳其犧牲, 備其鼎俎, 列其琴瑟管磬鐘鼓, 脩其祝嘏, 以降上神與其先祖, 以正君臣, 以篤父子, 以睦兄弟, 以齊上下, 夫婦有所, 是謂承天之祜.

예기·빙의(聘義) 以成禮節, 以正君臣, 以親父子, 以和長幼.

공자가어·문례(問禮) 故玄酒在室, 醴醆在戶, 粢醍在堂, 澄酒在下, 陳其犧牲, 備其鼎俎, 列其琴瑟管磬鐘鼓, 以降上神與其先祖, 以正君臣, 以篤父

禮."라는 기록이 있고, 이에 대한 진호(陳澔)의 『집설(集說)』에서는 "燕禮者, 一獻之禮既畢, 皆坐而飮酒, 以至於醉, 其牲用狗."라고 풀이했다.

7) 빙례(聘禮)는 제후들이 서로 찾아가서 만나보는 예법을 뜻한다. 또한 제후 이외에도 각 계층에서 상대방에게 찾아가서 안부를 여쭙는 예법을 빙문(聘問)이라고 부르는데, '빙례'는 이러한 '빙문' 등의 예법을 총칭하는 용어이다.

子, 以睦兄弟, 以齊上下, 夫婦有所, 是謂承天之祜.

참고 『순자』「왕제(王制)」 기록

원문 以類行雜①, 以一行萬②. 始則終, 終則始, 若環之無端也, 舍是而天下以衰矣③. 天地者, 生之始也; 禮義者, 治之始也; 君子者, 禮義之始也④; 爲之, 貫之, 積重之, 致好之者, 君子之始也⑤. 故天地生君子, 君子理天地; 君子者, 天地之參也, 萬物之摠也, 民之父母也⑥. 無君子, 則天地不理, 禮義無統, 上無君師, 下無父子, 夫是之謂至亂. 君臣·父子·兄弟·夫婦, 始則終, 終則始, 與天地同理, 與萬世同久, 夫是之謂大本⑦. 故喪祭·朝聘·師旅一也⑧; 貴賤·殺生·與奪一也⑨; 君君·臣臣·父父·子子·兄兄·弟弟一也⑩; 農農·士士·工工·商商一也⑪.

번역 기강과 그에 따른 조례로 잡다한 여러 일에 시행하고, 한 사람을 다스리는 것으로 모든 사람들을 다스린다. 시작하면 마치고 마치면 다시 시작하니 마치 고리에 끝이 없는 것과 같아서, 이것을 내버린다면 천하는 쇠락해질 것이다. 천지는 낳는 것의 시작이며, 예의는 다스림의 시작이고, 군자는 예의의 시작이다. 시행하고 익숙하게 익히며 배워 익힌 것이 많도록 하고 지극히 하면서도 좋아하는 것은 군자의 시작이다. 그러므로 천지는 군자를 낳고 군자는 천지를 다스리니, 군자는 천지에 참여하는 자이며 만물을 통솔하는 요체이자 백성들의 부모가 된다. 군자가 없다면 천지는 다스려지지 않고 예의는 통솔됨이 없으며 위로는 군주와 스승이 없고 아래로는 부친과 자식이 없게 되니, 이것을 지극히 혼란스럽다고 부른다. 군신·부자·형제·부부관계는 시작하면 마치고 마치면 시작하여 천지와 그 이치를 함께 하고 영원한 세상과 오래됨을 함께 하니, 이것을 큰 근본이라 부른다. 그렇기 때문에 상례·제례·조례·빙례·군대에 대한 예법을 통해 백성들을 가지런히 만들었고, 귀천의 등급, 죽이고 살리는 일, 수여하고 빼앗는 것을 통해 백성들을 가지런히 만들었으며, 군주는 군주답고 신하는 신하다우며 부모는 부모답고 자식은 자식다우며 형은 형답고 동생은 동생다운 도리로 백성들을 가지런히 만들었고, 농부는 농부답고 사는 사답고 공인은 공인다우며 상인은 상인다운 도리로 백성들을 가지런히 만들었다.

楊注-① 得其統類, 則不患於雜也.

번역 기강(紀綱)과 그에 따른 각종 조례(條例)를 얻으면 잡다한 것에 적용하더라도 뒤섞일 염려가 없다.

楊注-② 行於一人, 則萬人可治也, 皆謂得其樞要.

번역 한 사람에게 시행한다면 모든 사람을 다스릴 수 있으니, 이 모두는 그 핵심을 얻었다는 뜻이다.

楊注-③ 始, 謂類與一也. 終, 謂雜與萬也. 言以此道爲治, 終始不窮, 無休息, 則天下得其次序, 舍此, 則亂也. 衺, 初危反.

번역 '시(始)'는 기강과 그에 따른 조례 및 한 사람을 뜻한다. '종(終)'은 잡다한 것과 모든 사람을 뜻한다. 즉 이러한 도를 시작으로 삼으면 끝과 시작이 무궁하여 그침이 없으니, 천하가 그 질서를 얻게 될 것이지만, 이것을 내버린다면 혼란스럽게 된다는 뜻이다. '衺'자는 '初(초)'자와 '危(위)'자의 반절음이다.

楊注-④ 始, 猶本也, 言禮義本於君子也.

번역 '시(始)'는 근본과 같은 말이니, 예의는 군자에 근본을 둔다는 뜻이다.

楊注-⑤ 言禮義以君子爲本, 君子以習學爲本. 貫, 習也. 積重之, 謂學使委積重多也. 致, 極也. 好之, 言不倦也.

번역 예의는 군자를 근본으로 삼고, 군자는 익히고 배우는 것을 근본으로 삼는다는 뜻이다. '관(貫)'자는 익숙하게 익힌다는 뜻이다. '적중지(積重之)'는 배워서 쌓인 것이 많아지게 한다는 뜻이다. '치(致)'자는 지극하다는 뜻이다. '호지(好之)'는 게으름을 피우지 않는다는 뜻이다.

楊注-⑥ 參, 謂與之相參, 共成化育也. 摠, 領也, 要也.

번역 '참(參)'은 더불어서 함께 참여하여 천지의 화육하는 작업을 함께 완성한다는 뜻이다. '총(摠)'자는 통솔한다는 뜻이며 요체가 된다는 뜻이다.

楊注-⑦ 始則終, 終則始, 謂一世始, 言上下尊卑, 人之大本, 有君子然後, 可以長久也.

번역 시작하면 마치고 마치면 시작한다는 것은 한 세대의 시작을 뜻하니, 상하 및 존비의 질서는 사람에게 있어 큰 근본이며, 군주가 있은 뒤에야 장구하게 될 수 있다는 의미이다.

楊注-⑧ 此已下明君子禮義之始, 爲之制喪祭朝聘之禮, 所以齊一民, 各當其道, 不使淫放也. 下一之義, 皆同.

번역 이곳 구문으로부터 그 이하의 내용은 군자는 예의의 시작이 되어, 그것을 위해 상례·제례·조례·빙례를 만들어 백성들을 한결같이 가지런히 만들고, 이를 통해 각각 해당하는 도리에 따라 넘치고 제멋대로 하지 못하게 했다는 사실을 나타내고 있다. 그 뒤에 나오는 일(一)자의 의미는 모두 이와 같다.

楊注-⑨ 使民一於沮勸.

번역 백성들로 하여금 저지하고 권면하는 것을 통해서 한결같이 따르게 했다는 뜻이다.

楊注-⑩ 使人一於恩義.

번역 백성들로 하여금 은혜와 의로움을 통해서 한결같이 따르게 했다는 뜻이다.

楊注-⑪ 使人一於職業.

번역 백성들로 하여금 직무와 과업을 통해서 한결같이 따르게 했다는 뜻이다.

참고 『예기』「예운(禮運)」 기록

경문-266c~d 今大道旣隱, 天下爲家, 各親其親, 各子其子, 貨力爲己. 大人世及以爲禮, 城郭溝池以爲固, 禮義以爲紀, 以正君臣, 以篤父子, 以睦兄弟, 以和夫婦, 以設制度, 以立田里, 以賢勇知, 以功爲己. 故謀用是作, 而兵由此起. 禹·湯·文·武·成王·周公, 由此其選也. 此六君子者, 未有不謹於禮者也, 以著其義, 以考其信, 著有過, 刑仁講讓, 示民有常. 如有不由此者, 在埶者去, 衆以爲殃, 是謂小康.

번역 공자가 계속해서 말해주길, "대도(大道)가 숨어버리게 되자, 천하는 더 이상 공동의 소유물이 아니었으므로, 천자의 지위도 자신의 자손들에게 전수하게 되었고, 백성들도 모두 각자 자신의 부모에게만 친애하게 대했고, 자신의 자식들에게만 자애롭게 대했으며, 재화와 힘은 자신만을 위해서 사용하게 되었다. 천자나 제후 등의 군주들은 자신의 자손들 및 형제들에게 지위를 전수해주는 것을 예법으로 정하였고, 성곽이나 도랑 등을 설치하여 자신의 나라를 단단하게 방비하였으며, 예(禮)와 의(義)를 범할 수 없는 기강으로 정하여, 이로써 군신관계를 바로잡았고, 부자관계를 돈독하게 하였으며, 형제관계를 화목하게 만들었고, 부부관계를 조화롭게 하였으며, 제도를 설정하고, 농경지와 주택지의 경계를 세웠으며, 용맹하고 박식한 자를 현명한 자로 여기게 되었고, 자신만을 위해서 공적을 세우게 되었다. 이러한 까닭으로 모략이 이러한 틈을 타서 생겨나게 되었고, 전쟁이 이러한 상황으로 인해 발생하게 되었다. 우(禹)·탕(湯)·문왕(文王)·무왕(武王)·성왕(成王)·주공(周公)은 이러한 예의(禮義)를 통하여 선발된 자들이다. 이 여섯 명의 군자들은 예(禮)에 삼가지 않은 경우가 없어서, 이것을 통해 의(義)를 드러내고, 신(信)을 완성하였으며, 백성들 중에서 잘못이 있는 자에 대해서는 그 죄를 온 천하에 드러내어 일벌백계를 하였고, 인애(仁愛)의 도리를 법칙으로 삼고 겸양의 도리를 설명해주어, 백성들에게 상도(常道)와 상법(常法)이 있음을 보여주었다. 만약 이러한 예의(禮義)를 통해 일을 시행하지 않는 자가 있다면, 그가 비록 군주의 자리에 오른 자라고 할지라도 제거가 되었고, 백성들은 그를 재앙을 가져오는 나쁜 군주라고 여기게 되었으니, 이러한 세상을 '소강(小康)'이라고 부른다."라고 했다.

鄭注 隱, 猶去也. 傳位於子. 俗狹嗇. 亂賊繁多, 爲此以服之也. 大人, 諸侯也. 以其違大道敦朴之本也. 教令之稠, 其弊則然. 老子曰: "法令滋章, 盜賊多有." 由, 用也, 能用禮義以成治. 考, 成也. 刑, 猶則也. 埶, 埶位也. 去, 罪退之也. 殃, 猶禍惡也. 康, 安也. 大道之人以禮, 於忠信爲薄, 言小安者失之, 則賊亂將作矣.

번역 '은(隱)'자는 "사라졌다[去]."는 뜻이다. '천하위가(天下爲家)'는 천자(天子)의 지위를 아들에게 물려주었다는 뜻이다. 자신의 부친에게만 친애하게 대하고, 자신의 자식만을 자애롭게 대하며, 재화 등을 자기만을 위해서 썼다는 말은 속되고, 협소해지고, 인색해졌다는 뜻이다. 폭도들이 많아지게 되었는데, 이러한 이유 때문에 그들을 굴복시키기 위해 성곽 등을 견고하게 만든 것이다. '대인(大人)'은 제후(諸侯)를 뜻한다. 예의(禮義)를 세운 이유는 그들이 대도(大道)의 후덕하고 소박한 근본을 위배했기 때문이다. 교화와 정령이 점차 많아지게 되자, 그 폐단이 이러한 현상들을 초래한 것이다. 노자(老子)는 "법령이 갖춰질수록 도적 무리가 많이 발생한다."[8]라고 하였다. '유

(由)'자는 용(用)자의 뜻이니, 예의(禮義)를 사용하여 정치를 이룰 수 있다는 뜻이다. '고(考)'자는 "완성한다[成]."는 뜻이다. '형(刑)'자는 "법칙으로 삼는다[則]."는 뜻이다. '예(埶)'자는 세력과 지위를 뜻한다. '거(去)'자는 죄를 지어 쫓아낸다는 뜻이다. '앙(殃)'자는 재앙과 악덕을 뜻한다. '강(康)'자는 "편안하다[安]."는 뜻이다. 대도(大道)를 따르는 사람들은 예(禮)를 충신(忠信)에 대한 껍데기로 여기는데, 이 말은 곧 작은 평안이 유지되는 시대에는 대도(大道)를 잃어버리면, 도적무리와 혼란이 발생하게 된다는 뜻이다.

孔疏 ●"禮義以爲紀"者, 紀, 綱紀也. 五帝以大道爲紀, 而三王則用禮義爲紀也.

번역 ●經文: "禮義以爲紀". ○'기(紀)'자는 기강[綱紀]을 뜻한다. 오제(五帝)시대에는 대도(大道)를 기강으로 삼았고, 삼왕(三王)시대에는 예의(禮義)를 기강으로 삼았다.

孔疏 ●"以正君臣, 以篤父子, 以睦兄弟, 以和夫婦"者, 緣此諸事有失, 故並用禮義, 爲此以下諸事之紀也. 君臣義合, 故曰"正". 父子天然, 故云"篤". 篤, 厚也. 兄弟同氣, 故言"睦". 夫婦異姓, 故言和, 謂親迎合巹之事.

번역 ●經文: "以正君臣, 以篤父子, 以睦兄弟, 以和夫婦". ○이러한 여러 사안들에서 대도(大道)를 잃게 됨에 연유하여, 예의(禮義)를 사용해서 이러한 일들에 대한 기강으로 삼았던 것이다. 군주와 신하는 의(義)에 따라 합치되는 관계이기 때문에, "바로잡는다[正]."라고 말한 것이다. 부친과 자식은 천성적으로 정해진 관계이기 때문에, "돈독하게 한다[篤]."라고 말한 것이다. '독(篤)'자는 "두텁게 한다[厚]."는 뜻이다. 형제는 같은 피를 나눈 관계이므로, "화목하게 한다[睦]."라고 말한 것이다. 부부는 서로 성(姓)이 다른 사람끼리 만나서 이룬 관계이므로, "조화롭게 한다[和]."고 말한 것인데, 친영(親

---

8) 『노자(老子)』「57장」: 天下多忌諱, 而民彌貧, 民多利器, 國家滋昏, 人多伎巧, 奇物滋起, 法令滋彰, 盜賊多有.

迎)을 하고, 함께 술잔을 나누는 등의 의례절차를 가리킨다.

大全 嚴陵方氏曰: 道大而有變, 則爲之綱者道也. 禮義小而有常, 故以爲紀焉. 道之綱, 則君臣固有義矣, 父子固有親矣, 兄弟固有序矣, 夫婦固有別矣. 及以禮義爲紀, 則因其義而正之, 因其親而篤之, 因其序而睦之, 因其別而和之, 故曰以正君臣, 以篤父子, 以睦兄弟, 以和夫婦.

번역 엄릉방씨가 말하길, 도(道)는 거대하면서도 변화의 요소를 포함하고 있으니, '큰 벼리[綱]'로 삼게 되는 것은 '도(道)'에 해당한다. 반면 예의(禮義)는 도(道)에 비해 상대적으로 작으며, 고정불변의 요소를 포함하고 있다. 그렇기 때문에 그것을 '작은 벼리[紀]'로 삼은 것이다. 도(道)의 큰 벼리로 인해서, 군신 사이에는 진실로 의(義)가 생기게 되었고, 부자 사이에는 진실로 친애함[親]이 생기게 되었으며, 형제 사이에는 진실로 질서[序]가 생기게 되었고, 부부 사이에는 진실로 구별[別]이 생기게 되었다. 그리고 예의(禮義)를 작은 벼리로 삼게 되면, 도(道)에서 나타난 의(義)를 통해서 군신관계를 바로잡고, 친(親)을 통해서 부자관계를 돈독하게 하며, 서(序)를 통해서 형제관계를 화목하게 하고, 별(別)을 통해서 부부관계를 조화롭게 만든다. 그렇기 때문에 경문에서 "이로써 군신관계를 바로잡고, 부자관계를 돈독하게 하며, 형제관계를 화목하게 하고, 부부관계를 조화롭게 한다."라고 말한 것이다.

참고 『예기』「예운(禮運)」 기록

경문-270b 故玄酒在室, 醴醆在戶, 粢醍在堂, 澄酒在下, 陳其犧牲, 備其鼎俎, 列其琴瑟管磬鐘鼓, 脩其祝嘏, 以降上神與其先祖, 以正君臣, 以篤父子, 以睦兄弟, 以齊上下, 夫婦有所, 是謂承天之祜.

번역 공자가 계속해서 말해주길, "현주(玄酒)[9]를 제실(祭室) 안쪽에서도 가장 북쪽 끝에 두고, 예(醴)와 잔(醆)이라는 술은 문 쪽에 두며, 자제(粢醍)

는 당(堂) 위에 두고, 징주(澄酒)는 당 아래에 두며, 희생물을 진설하고, 솥과 도마를 갖추며, 금슬(琴瑟)·관경(管磬)·종고(鐘鼓) 등의 악기들을 진열하고, 축문과 '신의 가호를 비는 글[嘏]'을 마련하여, 이로써 천상의 신들과 조상신들을 강림하게 했고, 군신의 도리를 바로잡았으며, 부자관계를 돈독하게 했고, 형제들을 화목하게 했으며, 부부가 각각 자신의 자리를 얻어 유별하게 했으니, 이것을 바로 하늘의 축복을 잇는다고 말한다."라고 했다.

鄭注 此言今禮饌具所因於古及其事義也. 粢讀爲齊, 聲之誤也. 周禮: "五齊, 一曰泛齊, 二曰醴齊, 三曰盎齊, 四曰醍齊, 五曰沈齊." 字雖異, 醆與盎·澄與沈, 蓋同物也. 奠之不同處, 重古略近也. 祝, 祝爲主人饗神辭也. 嘏, 祝爲尸致福於主人之辭也. 祜, 福也, 福之言備也.

번역 이 문장은 오늘날 의례시행에서 진설하는 음식 등이 고례(古禮)에서 유래되었다는 것과 그 일들과 의미들에 대해서 언급하고 있다. '자(粢)'자는 '제(齊)'자로 해석하니, 소리가 비슷한 데에서 비롯된 오류이다. 『주례』에는 "오제(五齊)[10]가 있으니, 첫 번째 술을 범제(泛齊)라고 부르고, 두 번째

---

9) 현주(玄酒)는 고대의 제례(祭禮)에서 술 대신 사용한 물[水]을 뜻한다. '현주'의 '현(玄)'자는 물은 흑색을 상징하므로, 붙여진 글자이다. '현주'의 '주(酒)'자의 경우, 태고시대 때에는 아직 술이 없었기 때문에, 물을 술 대신 사용했다. 따라서 후대에는 이 물을 가리키며 '주'자를 붙이게 된 것이다. '현주'를 사용하는 것은 가장 오래된 예법 중 하나이므로, 후대에도 이러한 예법을 존승하여, 제사 때 '현주' 또한 사용했던 것이며, '현주'를 술 중에서도 가장 귀한 것으로 여겼다. 『예기』「예운(禮運)」편에는 "故玄酒在室, 醴醆在戶."라는 기록이 있는데, 이에 대한 공영달(孔穎達)의 소(疏)에서는 "玄酒, 謂水也. 以其色黑, 謂之玄. 而太古無酒, 此水當酒所用, 故謂之玄酒."라고 풀이했다.

10) 오제(五齊)는 술의 맑고 탁한 정도에 따라서 다섯 가지 등급으로 분류한 술을 뜻한다. 또한 술을 범칭하는 용어로도 사용된다. 다섯 가지 술은 범제(泛齊), 례제(醴齊), 앙제(盎齊), 제제(緹齊), 침제(沈齊)를 가리킨다. 『주례』「천관(天官)·주정(酒正)」편에는 "辨五齊之名, 一曰泛齊, 二曰醴齊, 三曰盎齊, 四曰緹齊, 五曰沈齊."라는 기록이 있다. 각 술들에 대해 설명하자면, 위의 기록에 대한 정현의 주에서는 "泛者, 成而滓浮泛泛然, 如今宜成醪矣. 醴猶體也, 成而汁滓相將, 如今恬酒矣. 盎猶翁也, 成而翁翁然, 蔥白色, 如今酇白矣. 緹者, 成而紅赤, 如今下酒矣. 沈者, 成而滓沈, 如今造淸矣. 自醴以上尤濁, 縮酌者. 盎以

술을 예제(醴齊)라고 부르며, 세 번째 술을 앙제(盎齊)라고 부르고, 네 번째 술을 제제(醍齊)라고 부르며, 다섯 번째 술을 침제(沈齊)라고 부른다."라고 하였다. 글자들이 비록 차이가 나지만, '잔(醆)'과 '앙(盎)', '징(澄)'과 '침(沈)'은 아마도 같은 대상일 것이다. 진설하는 장소가 다른 이유는 고례를 높이고 근래의 것들을 상대적으로 낮추기 때문이다. '축(祝)'은 축관(祝官)[11]이 제주(祭主)를 대신하여 신에게 제수(祭需)들을 흠향할 것을 기원하는 말이다. '하(嘏)'는 축관이 시동을 대신하여 제주에게 복을 내려주기를 기원하는 말이다. '호(祜)'자는 축복[福]을 뜻하니, '복(福)'자는 "갖추어졌다[備]."는 뜻이다.

孔疏 ●"以正君臣"者, 祭統云: "君在廟門外則疑於君, 入廟門則全於臣." 是以正君臣也.

번역 ●經文: "以正君臣". ○『예기』「제통(祭統)」편에서 "군주가 묘문 밖에 있을 때에는 군주의 신분이 되지만, 묘문 안으로 들어가게 되면 온전히 신하의 입장이 된다."[12]라고 하였으니, 이로써 군신관계를 바로잡는 것이다.

孔疏 ●"以篤父子"者, 祭統云: "尸南面, 父北面而事之." 是以篤父子也.

번역 ●經文: "以篤父子". ○『예기』「제통(祭統)」편에서 "시동이 남면(南面)을 하면, 부친 항렬의 사람이 북쪽을 바라보고 자식 항렬의 시동을 섬긴

下差淸. 其象類則然, 古之法式未可盡聞. 杜子春讀齊皆爲粢. 又禮器曰, '緹酒之用, 玄酒之尙.' 玄謂齊者, 每有祭祀, 以度量節作之."라고 풀이했다. 즉 '범제'는 술이 익고 나서 앙금이 둥둥 떠 있는 것으로 정현 시대의 의성료(宜成醪)와 같은 술이고, '례주'는 술이 익고 나서 앙금을 한 차례 걸러낸 것으로 염주(恬酒)와 같은 것이며, '앙제'는 술이 익고 나서 새파란 빛깔을 보이는 것으로 찬백(酇白)과 같은 술이고, '제제'는 술이 익고 나서 붉은 빛깔을 보이는 것으로 하주(下酒)와 같은 술이며, '침제'는 술이 익고 나서 앙금이 모두 가라앉아 있는 것으로 조청(造淸)과 같은 술이다. '범주'는 가장 탁한 술이며, '례주'는 그 다음으로 탁한 술이고, '앙제'부터는 뒤로 갈수록 맑은 술에 해당한다.

11) 축관(祝官)은 고대에 제사의 축문이나 기도 등의 일을 담당했던 관리이다.

12) 『예기』「제통(祭統)」【581a】: 尸在廟門外則疑於臣, 在廟中則全於君. 君在廟門外則疑於君, 入廟門則全於臣, 全於子. 是故不出者, 明君臣之義也.

다."[13]라고 하였으니, 이로써 부자관계를 돈독하게 하는 것이다.

孔疏 ●"以睦兄弟"者, 祭統云: "昭與昭齒, 穆與穆齒." 特牲云: "主人洗爵, 獻長兄弟·衆兄弟." 是以睦兄弟也.

번역 ●經文: "以睦兄弟". ○『예기』「제통(祭統)」편에서 "소항렬의 사람들은 소항렬의 사람들과 나이에 따라 서열을 정하고, 목항렬의 사람들은 목항렬의 사람들과 나이에 따라 서열을 정한다."[14]라고 하였고, 『의례』「특생궤식례(特牲饋食禮)」편에서 "주인이 술잔을 씻고서, 장형제(長兄弟) 및 중형제(衆兄弟)들에게 바친다."[15]라고 하였으니, 이로써 형제관계를 돈독하게 하는 것이다.

孔疏 ●"以齊上下"者, 祭統云: "尸飲五, 君洗玉爵獻卿; 尸飲七, 以瑤爵獻大夫", 是也.

번역 ●經文: "以齊上下". ○『예기』「제통(祭統)」편에서 "시동이 다섯 차례 술을 마시면 군주는 옥작(玉爵)[16]을 씻어서 술을 따라 경에게 주고, 시동이 일곱 차례 술을 마시면 군주는 요작(瑤爵)[17]을 씻어서 술을 따라 대부에게 준다."[18]라고 한 것이 바로 이러한 뜻을 나타낸다.

---

13) 『예기』「제통(祭統)」【581b】: 夫祭之道, 孫爲王父尸, 所使爲尸者於祭者子行也. 父北面而事之, 所以明子事父之道也. 此父子之倫也.

14) 『예기』「제통(祭統)」【583b】: 凡賜爵, 昭爲一, 穆爲一, 昭與昭齒, 穆與穆齒. 凡群有司皆以齒. 此之謂長幼有序.

15) 『의례』「특생궤식례(特牲饋食禮)」: 主人洗爵, 獻長兄弟于阼階上, 如賓儀. 洗, 獻衆兄弟, 如衆賓儀.

16) 옥작(玉爵)은 옥(玉)을 가공하여 만든 술잔이다. 『예기』「곡례상(曲禮上)」편에는 "飮玉爵者弗揮."라는 기록이 있는데, 이에 대한 공영달(孔穎達)의 소(疏)에서는 "玉爵, 玉杯也."라고 풀이했다.

17) 요작(瑤爵)은 아름다운 옥돌[瑤]을 조각하여 만든 술잔으로, 그 술잔의 중요성은 대체적으로 옥작(玉爵) 다음이 된다. 『주례』「천관(天官)·내재(內宰)」편에는 大祭祀, 后祼獻則贊, 瑤爵亦如之."라는 기록이 있는데, 이에 대한 정현의 주에서는 "其爵以瑤爲飾."이라고 풀이했고, 『예기』「제통(祭統)」편에는 "尸飮五, 君洗玉爵獻卿; 尸飮七, 以瑤爵獻大夫."라는 기록이 있다.

孔疏 ●"夫婦有所"者, 禮器云"君在阼, 夫人在房", 及特牲夫婦交相致爵, 是也.

번역 ●經文: "夫婦有所". ○『예기』「예기(禮器)」편에는 "군주가 동쪽 계단에 위치하면, 부인은 방에 위치한다."[19]라고 했고, 『의례』「특생궤식례(特牲饋食禮)」편에서 부부끼리 서로 술잔을 돌린다고 한 말이 바로 이러한 뜻을 나타낸다.

大全 延平周氏曰: 有齊酒·犧牲·鐘鼓·祝嘏, 則固足以降上神之與先祖, 然必待正君臣·篤父子·睦兄弟·齊上下·夫婦有所, 而後可以承天之祜者, 以備物盡禮, 爲未足以承天, 而所可承天者, 先脩人事而已矣.

번역 연평주씨가 말하길, 제주(齊酒)·희생(犧牲)·종고(鐘鼓)·축하(祝嘏)가 갖추어지게 되면, 충분히 천상의 신들과 조상의 신령들을 강림시킬 수가 있지만, 반드시 군신관계를 바르게 하고, 부자관계를 돈독하게 하며, 형제관계를 화목하게 하고, 상하의 질서를 바로잡고, 남녀가 유별하게 된 이후에야, 하늘이 내려주는 축복을 이을 수 있다. 그 이유는 사물을 다 갖춰서 예(禮)를 극진하게 하더라도 하늘의 축복을 잇기에는 부족하니, 하늘의 축복을 이을 수 있는 방법은 먼저 인륜(人倫)에 대한 일들을 제대로 실천하는 것일 뿐이다.

참고 『예기』「빙의(聘義)」 기록

경문-718b~d 聘射之禮, 至大禮也. 質明而始行事, 日幾中而后禮成, 非强有力者弗能行也. 故强有力者, 將以行禮也, 酒淸, 人渴而不敢飮也; 肉乾,

---

18) 『예기』「제통(祭統)」【581c】: 尸飮五, 君洗玉爵獻卿, 尸飮七, 以瑤爵獻大夫. 尸飮九, 以散爵獻士及群有司. 皆以齒, 明尊卑之等也.

19) 『예기』「예기(禮器)」【311c】: 君在阼, 夫人在房, 大明生於東, 月生於西, 此陰陽之分, 夫婦之位也.

人飢而不敢食也. 日莫人倦, 齊莊正齊, 而不敢解惰. 以成禮節, 以正君臣, 以親父子, 以和長幼. 此衆人之所難, 而君子行之, 故謂之有行. 有行之謂有義, 有義之謂勇敢. 故所貴於勇敢者, 貴其能以立義也; 所貴於立義者, 貴其有行也; 所貴於有行者, 貴其行禮也. 故所貴於勇敢者, 貴其敢行禮義也. 故勇敢强有力者, 天下無事, 則用之於禮義; 天下有事, 則用之於戰勝. 用之於戰勝則無敵, 用之於禮義則順治. 外無敵, 內順治, 此之謂盛德. 故聖王之貴勇敢强有力如此也. 勇敢强有力而不用之於禮義戰勝, 而用之於爭鬪, 則謂之亂人. 刑罰行於國, 所誅者亂人也. 如此則民順治而國安也.

번역 빙례(聘禮)와 사례(射禮)는 예(禮) 중에서도 지극히 큰 것이다. 날이 밝아올 때 비로소 해당 사안을 시작하고, 한낮이 된 이후에야 의례가 완성되니, 이것은 굳세고 힘을 갖춘 자가 아니라면, 능히 해낼 수 없는 일이다. 그렇기 때문에 굳세고 힘을 갖춘 자가 장차 이러한 의례를 시행하려고 하면, 술이 맑고, 사람들이 목말라도 감히 그 술을 마시지 못하고, 고기가 잘 말라있고, 사람들이 굶주려도 감히 그 고기를 먹지 못한다. 해가 저물어서 사람들이 피로해져도, 장엄하고 단정한 자세를 취하여, 감히 풀어진 모습을 보이지 못한다. 이를 통해서 해당하는 예절을 완성하는 것이며, 또 이를 통해서 군신관계를 바로잡는 것이고, 또 이를 통해서 부자관계를 친애하게 만들고, 또 이를 통해서 장유관계를 화목하게 만든다. 이러한 것들은 사람들이 시행하길 어려워하는 점인데, 군자는 이러한 것들을 시행한다. 그렇기 때문에 그를 두고서 시행함이 있다고 평가하는 것이다. 시행함이 있다는 것은 의(義)를 갖추고 있다고 부르고, 의(義)를 갖추고 있는 것은 용감하다고 부른다. 그렇기 때문에 용감함에 대해서 존귀하게 여기는 것은 그가 의(義)를 잘 세울 수 있다는 점을 존귀하게 여기는 것이고, 의(義)를 세우는 것에 대해서 존귀하게 여기는 것은 그가 시행함을 갖추고 있음을 존귀하게 여기는 것이며, 시행함을 갖추고 있는 것에 대해서 존귀하게 여기는 것은 그가 예(禮)를 시행하는 것에 대해서 존귀하게 여기는 것이다. 그렇기 때문에 용감함에 대해서 존귀하게 여기는 것은 곧 과감하게 예(禮)와 의(義)를 시행한다는 점을 존귀하게 여기는 것이다. 또한 그렇기 때문에 용감하며 굳세고 힘을 갖춘 자는 천하에 특별한 일이 없을 때라면, 이러한 것들은 예(禮)와 의(義)에 사용하고, 천하에 특별한 일이 발생하면, 이러한 것들을 전쟁에 사용하게 된다. 이러한 것들을 전쟁에 사용하게 된다면, 대적할 자가 없게 되고, 이러한 것들을 예(禮)와 의(義)에 사용하게 된다면, 모두들 순종하게 되어 나라가 잘 다스려지게 된다. 외적으로 대적할 자가 없고, 내적으로 모두들 순종하며 나라가 잘 다스려지게 되는 것을 '성덕(盛德)'이라고 부른다. 그렇기 때문에 성왕(聖王)은 용감하고 굳세어 힘을 갖춘 자가 이처럼 하는 것을 존귀하게 여긴다. 용감하고 굳세어 힘을 갖추고 있지만, 이러한 것들을 예(禮)·의(義) 및 전쟁에 사용하지 않고, 다투는 일에만 사용하게 된다면, 이러한 자를 '난인(亂人)'이라고 부른다. 만약 형벌이 국가에서 시행된다면, 주살되는 자는 이러한 난인(亂人)들이다. 이처럼 된다면, 백성들은 순종하며 다스려지게 되고, 국가는 편안하게 된다.

鄭注 禮成, 禮畢也. 或曰行成. 勝, 克敵也, 或爲"陳".

번역 '예성(禮成)'은 해당하는 의례 절차가 끝났다는 뜻이다. 혹은 '행성(行成)'이라고도 부른다. '승(勝)'은 대적하는 자를 이긴다는 뜻이며, 다른 판본에서는 '진(陳)'으로 기록하기도 한다.

孔疏 ●"以正君臣"者, 謂射前行燕禮, 謂君在阼, 賓升成拜稽首之屬, 及受君賜再拜稽首之等, 是"以正君臣"也.

번역 ●經文: "以正君臣". ○사례(射禮)를 하기 이전에 연례(燕禮)를 실시한다는 뜻이다. 즉 군주는 동쪽 계단에 있고, 빈객이 올라와서 성배(成拜)를 하여, 머리를 조아리는 예법 절차들 및 군주의 하사를 받고서 재배(再拜)를 하여 머리를 조아리는 등의 절차들이 바로 "이로써 군신관계를 바르게 한다."는 뜻에 해당한다는 의미이다.

孔疏 ●"以親父子, 以和長幼"者, 此謂鄕射之前, 行鄕飮酒之禮, 有齒於父族之事. 故云"以親父子, 以和長幼". 但此節總結聘·射, 則前篇射義在其中也. 故射義云: "諸侯之射, 必先行燕禮; 卿·大夫·士之射, 必先行鄕飮之禮. 故燕禮所以明君臣之義也, 鄕飮酒之禮所以明長幼之序也". 故此經總結之也. 故酒淸·肴乾之屬, 燕禮與鄕飮酒禮初行之時, 事同於饗, 皆有此也. 至說屨升坐之後, 乃盡歡飮食也.

번역 ●經文: "以親父子, 以和長幼". ○이 내용은 향사례(鄕射禮)를 시행하기 이전에, 향음주례(鄕飮酒禮)의 의례를 시행하는데, 그 의례에는 부계 친족에 대해서 연배에 따라 서열을 매기는 등의 일이 포함되어 있다는 뜻이다. 그렇기 때문에 "이를 통해서 부자관계를 친애하게 만들며, 이를 통해서 장유관계를 화목하게 만든다."라고 한 것이다. 다만 이곳 문단은 빙례(聘禮)와 사례(射禮)에 대해서 총괄적으로 결론을 맺은 것이므로, 앞 편에 해당하는 『예기』「사의(射義)」편의 내용이 그 안에 포함되어 있는 것이다. 그래서 「사의」편에서는 "제후들이 사례를 시행할 때에는 반드시 그보다 앞서서 연례(燕禮)를 시행하고, 경·대부·사가 사례를 시행할 때에는 반드시 그보다 앞서서 향음주례를 시행한다. 그렇기 때문에 연례는 군신관계에서의 의로움을 드러내는 방법이 되며, 향음주례는 장유관계에서의 질서를 드러내는 방법이 된다."[20]라고 말한 것이다. 그래서 이곳 경문에서는 그러한 내용들에 대해 총괄적으로 결론을 맺고 있는 것이고, 또 맑은 술과 마른 고기 등의 부류는 연례와 향음주례를 시행하는 초반에 사용하는 것들인데, 그 사안이 향례(饗禮)와 동일하므로, 모두 이곳에 기록을 해둔 것이다. 신발을 벗고 당에 올라가서 앉은 이후에는 즐거움을 나누며 술을 마시고 음식을 먹게 된다.

---

20) 『예기』「사의(射義)」【705a~b】: 古者諸侯之射也, 必先行燕禮. 卿大夫士之射也, 必先行鄕飮酒之禮, 故燕禮者, 所以明君臣之義也. 鄕飮酒之禮者, 所以明長幼之序也.

• 제 2 절 •

서일(筮日) · 서빈(筮賓)의 의의

【689b】

古者冠禮: 筮日 · 筮賓, 所以敬冠事. 敬冠事所以重禮, 重禮所以爲國本也.

직역 古者의 冠禮에, 日을 筮하고 賓을 筮함은 冠事를 敬하는 所以이다. 冠事를 敬함은 禮를 重하는 所以이며, 禮를 重함은 國本이 爲하는 所以이다.

의역 고대의 관례(冠禮)를 설명하자면, 관례를 치르는 날짜에 대해 시초점을 쳤고, 초빙한 손님에 대해서도 시초점을 쳤으니, 이처럼 했던 것은 관례의 사안을 공경스럽게 대했기 때문이다. 관례의 사안을 공경스럽게 대하는 것은 예(禮)를 중시하기 때문이며, 예를 중시하는 것은 나라의 근본이 되기 때문이다.

集說 呂氏曰: 禮重則人道立, 此國之所以爲國也, 故曰爲國本.

번역 여씨가 말하길, 예(禮)가 중시된다면 사람의 도(道)가 확립된 것이니, 이것은 나라에 있어서 국가답게 되는 이유이다. 그렇기 때문에 "나라의 근본이 된다."라고 말한 것이다.

集說 方氏曰: 筮日, 所以求夫天之吉; 筮賓, 所以擇夫人之賢. 然筮而不卜, 何哉? 蓋古者大事用卜, 小事用筮. 天下之事, 始爲小, 終爲大. 冠爲禮之始, 聖王之所重者, 重其始而已, 非大事也, 故止用筮焉. 至於喪祭之愼終, 則所謂大事也, 故於是乎用卜.

번역 방씨가 말하길, "날짜를 점친다."는 것은 하늘의 운행 중 길일(吉日)을 택하기 위해서이며, "손님을 점친다."는 것은 사람들 중 현명한 자를 선별하기 위해서이다. 그런데 시초점을 치고 거북점을 치지 않는 것은 어째서인가? 무릇 고대에는 중대한 사안에 대해서는 거북점을 쳤고, 소소한 일에 대해서는 시초점을 쳤기 때문이다. 천하의 모든 일들에 있어서, 시작이 되는 것은 작고 마침이 되는 것은 크다. 관례는 예의 시작이 되는데, 성왕이 중시했던 것은 그 사작을 중시한 것일 따름이니, 중대한 일이기 때문에 중시했던 것은 아니다. 그렇기 때문에 단지 시초점을 사용하는데 그쳤다. 상례나 제례와 같이 끝마침을 신중히 해야 하는 경우라면, 이른바 중대한 일이 된다. 그렇기 때문에 이때에는 거북점을 사용하는 것이다.

大全 石林葉氏曰: 所以爲國本者, 何也? 蓋冠而成之, 則責其爲子, 爲子將至於爲父, 子則有臣道也, 父則有君道也, 爲國之本, 莫大於是.

번역 석림섭씨가 말하길, 나라의 근본이 된다는 것은 무슨 뜻인가? 무릇 관례를 치러서 성인이 된다면, 그 자식된 자에게 책임을 부여하는 것이고, 자식된 자는 장차 부친의 입장이 되는데, 자식의 경우에는 신하의 도리를 갖추고 있고, 부모의 경우에는 군주의 도리를 갖추고 있으니, 나라의 근본이 되는 것 중에 이보다 큰 것은 없다.

鄭注 國以禮爲本.

번역 나라에서는 예를 근본으로 삼는다.

釋文 筮, 布至反, 著曰筮. 重, 直用反, 後同.

번역 '筮'자는 '布(포)'자와 '至(지)'자의 반절음이며, 시초점을 치는 것을 '筮'라고 부른다. '重'자는 '直(직)'자와 '用(용)'자의 반절음이며, 이후에 나오는 글자도 그 음이 이와 같다.

孔疏 ●"古者冠禮"者, 此明將冠之時.

번역 ●經文: "古者冠禮". ○이 문장은 장차 관례를 치르려고 하는 때에 해당한다.

孔疏 ●"筮日·筮賓", 重冠禮之事, 又明冠禮三加其冠, 以漸成人之禮.

번역 ●經文: "筮日·筮賓". ○관례에 대한 사안을 중시하고, 또한 관례에서 세 종류의 관을 씌워주어서, 점진적으로 성인으로 근접하는 예에 따른다는 사안을 나타내고 있다.

集解 日, 冠日也. 賓, 爲子加冠者.

번역 날짜는 관례를 치르는 날을 뜻한다. 손님은 자식에게 관을 씌워주는 자를 뜻한다.

集解 呂氏大臨曰: 筮日·筮賓, 質之神明, 敬之至也. 敬至則禮重, 禮重則人道立, 故曰以爲國本.

번역 여대림이 말하길, 날짜를 점치고 손님을 점치는 것은 신에게 질정하는 것으로 공경함이 지극한 것이다. 공경함이 지극하면 예가 중시되고 예가 중시되면 사람의 도가 확립된다. 그렇기 때문에 나라의 근본으로 삼는다고 했다.

集解 馬氏晞孟曰: 筮日必吉, 所以要其終身之吉. 筮賓必賢, 所以要其終身之賢. 冠禮者, 君臣·父子·長幼之道所自出, 而國之所由重也, 故曰爲國本.

번역 마희맹이 말하길, 날짜를 점쳐서 반드시 길일에 따르는 것은 종신토록 길하기를 염원하기 때문이다. 손님을 점쳐서 반드시 현명한 자로 선발하는 것은 종신토록 현명하기를 염원하기 때문이다. 관례라는 것은 군신·부자·

장유관계에서 지켜야 하는 도가 파생되는 것이며, 국가에서 중대하게 따르는 것이므로 나라의 근본이라고 했다.

참고 『의례』「사관례(士冠禮)」 기록

경문 士冠禮. 筮于廟門.

번역 사 계층의 관례이다. 관례를 치르기 위해서는 묘문에서 시초점을 친다.

鄭注 筮者, 以蓍問日吉凶於易也. 冠必筮日於廟門者, 重以成人之禮成子孫也. 廟, 謂禰廟. 不於堂者, 嫌蓍之靈由廟神.

번역 '서(筮)'는 시초를 이용하여 『역』에서 그 날짜의 길흉을 묻는 것이다. 관례를 치를 때 반드시 묘문에서 날짜에 대해 시초점을 치는 이유는 이러한 의례를 중시하여 성인이 되는 예로 자식과 손자를 성인으로 만들어주기 때문이다. '묘(廟)'는 부친의 묘를 뜻한다. 당상에서 치지 않는 것은 시초의 영묘함이 묘에 모신 신을 통해 드러난다는 혐의를 받기 때문이다.

賈疏 ●"士冠"至"廟門". ○釋曰: 自此至"宗人告事畢"一節, 論將行冠禮, 先筮取日之事. 按下文云"布席于門中, 闑西閾外"者, 闑爲門限, 卽是門外. 故特牲禮筮日, 主人卽位於門外西面. 此不言門外者, 閾外之文可參, 故省文也.

번역 ●"士冠"至"廟門". ○이곳 구문으로부터 "종인이 일이 모두 마쳤음을 아뢴다."라고 한 구문까지의 한 문단은 관례를 치르고자 할 때 우선 시초점을 쳐서 날짜를 고르게 되는 사안을 논의하고 있다. 아래문장을 살펴보면 "문의 가운데에서 얼(闑)의 서쪽이자 역(閾)의 바깥에 자리를 편다."라고 했는데, 얼(闑)은 문지방으로, 곧 문밖이 된다. 그렇기 때문에 『의례』「특생궤식례(特牲饋食禮)」편에서는 날짜를 점치며 주인은 문밖에 위치하여 서쪽을 바라본다고 했다. 이곳에서 문밖이라고 말하지 않은 것은 역외(閾外)라는 문장을 통해서 이러한 사실을 참고할 수 있기 때문에 문장을 생략한 것이다.

賈疏 ◎注"筮者"至"廟神". ○釋曰: 鄭知筮以蓍者, 曲禮云"龜曰卜, 蓍曰筮", 故知筮以蓍也. 云"問日吉凶於易也"者, 下云"若不吉, 則筮遠日, 如初儀"; 又按周禮大卜掌三易, 一曰連山, 二曰歸藏, 三曰周易; 筮得卦, 以易辭占吉凶, 故云問日吉凶於易也. 不筮月者, 夏小正云: "二月綏多士女, 冠子取妻時也." 旣有常月, 故不筮也. 云"冠必筮日於廟門者, 重以成人之禮成子孫也"者, 按冠義云: "筮日筮賓, 所以敬冠事. 敬冠事, 所以重禮." 是筮日爲重禮之事也. 冠義又云: "古者重冠. 重冠, 故行之於廟. 行之於廟者, 所以尊重事. 尊重事, 而不敢擅重事. 不敢擅重事, 所以自卑而尊先祖也." 是成人之禮成子孫也. 此經唯論父子·兄弟, 不言祖孫. 鄭兼言孫者, 家事統於尊, 若祖在則爲冠主, 故兼孫也. 云"廟謂禰廟"者, 按昏禮行事皆直云廟, 記云"凡行事, 受諸禰廟", 此經亦直云廟, 故知亦於禰廟也. 然儀禮之內單言廟者, 皆是禰廟, 若非禰廟, 則以廟名別之. 故聘禮云: "賓朝服問卿, 卿受于祖廟." 又受聘在始祖廟, 卽云"不腆先君之祧", 是不言於廟, 擧祖祧以別之也. 士於廟, 若天子·諸侯冠, 在始祖之廟. 是以襄九年季武子云"以先君之祧處之", 祧則與聘禮先君之祧謂遷主所藏始祖同也. 若然, 服虔注以祧爲曾祖者, 以其公還及衛, 冠於衛成公之廟. 服注: "成公, 衛曾祖." 故以祧爲曾祖廟. 時不冠於衛之始祖, 以非己廟故也. 無大夫冠禮, 若幼而冠者, 與士同在禰廟也. 云"不於堂者, 嫌蓍龜之靈由廟神"者, 此據經冠在廟堂, 此蓍筮在門外, 不同處, 故以廟決堂. 以蓍自有靈, 知吉凶不假廟神, 故云嫌蓍龜之靈由廟神也. 按天府職云: "季冬, 陳玉, 以貞來歲之美惡." 注云: "問歲之美惡, 謂問於龜." 凡卜筮者, 實問於鬼神, 龜筮能出其卦兆之占耳. 若然, 卜筮實問七八九六之鬼神, 故以六玉禮耳. 而龜筮直能出其卦兆之占, 似無靈者, 各有所對. 若以蓍龜對生數·成數之鬼神, 則蓍龜直能出卦兆, 不得有神. 若以卦對生成之鬼神, 則蓍龜亦自有神. 是以易·繫辭云"蓍之德圓而神", 又云"定天下之吉凶, 成天下之亹亹者, 莫善於蓍龜." 又郭璞云: "上有蔭叢蓍, 下有千齡蔡." 凡蟲之智, 莫善於龜; 凡草之靈, 莫善於蓍. 蓍·龜自有靈也. 若蓍自有神, 不假廟神也. 不於寢門筮者, 一取成人之禮成子孫, 二兼取鬼神之謀. 故易·繫辭云"人謀鬼謀", 鄭注云: "鬼謀, 謂謀卜筮於廟門", 是也.

번역 ◎鄭注: "筮者"~"廟神". ○정현이 서(筮)에서 시초를 이용한다는 사실을 알았던 이유는 『예기』「곡례(曲禮)」편에서 "거북껍질로 치는 점을 복(卜)이라 부르고 시초로 치는 점을 서(筮)라고 부른다."라고 했다. 그렇기 때문에 서(筮)에서 시초를 이용한다는 사실을 알 수 있었다. 정현이 "『역』에서 그 날짜의 길흉을 묻는 것이다."라고 했는데, 아래 문장에서는 "만약 불길하다는 점괘가 나오면 10일 이후의 날에 대해서 시초점을 치되 처음의 의식처럼 한다."라고 했고, 또 『주례』를 살펴보면 태복은 『삼역』을 담당하니, 첫 번째는 『연산』이고 두 번째는 『귀장』이며 세 번째는 『주역』이라고 했다.[1] 시초를 통해서는 괘의 모양을 얻게 되니, 『역』에 기록된 말을 통해서 길흉을 점친다. 그렇기 때문에 "『역』에서 그 날짜의 길흉을 묻는 것이다."라고 했다. 그 달에 대해서는 시초점을 치지 않는데, 『대대례기』「하소정(夏小正)」편에서는 "2월에는 편안하게 안주하도록 만들어서 백성의 대다수가 관례를 치르고 장가를 들도록 만드니, 자식에게 관례를 치르고 아내를 들이는 때에 해당한다."[2]라고 했다. 이미 일상적으로 관례를 치르는 달이 정해져 있기 때문에 그 달에 대해서는 시초점을 치지 않는 것이다. 정현이 "관례를 치를 때 반드시 묘문에서 날짜에 대해 시초점을 치는 이유는 이러한 의례를 중시하여 성인이 되는 예로 자식과 손자를 성인으로 만들어주기 때문이다."라고 했는데, 「관의」편을 살펴보면 "관례를 치르는 날짜에 대해 시초점을 쳤고, 초빙한 손님에 대해서도 시초점을 쳤으니, 이처럼 했던 것은 관례의 사안을 공경스럽게 대했기 때문이다. 관례의 사안을 공경스럽게 대하는 것은 예(禮)를 중시하기 때문이다."라고 했다. 이것은 그 날짜에 대해 시초점을 치는 일이 예를 중시하는 사안임을 나타낸다. 또 「관의」편에서는 "고대에는 관례를 중시했다. 관례를 중시했기 때문에 묘(廟)에서 시행했던 것이고, 묘에서 관례를 시

---

1) 『주례』「춘관(春官)·대복(大卜)」: 掌三易之法, 一曰連山, 二曰歸藏, 三曰周易.
2) 『대대례기(大戴禮記)』「하소정(夏小正)」: 綏多女士. 綏, 安也. 冠子取婦之時也.

행했던 것은 중대한 사안을 존귀하게 여기는 방법이 되며, 중대한 사안을 존귀하게 여기면서도 감히 중대사를 제멋대로 처리하지 않았다. 감히 중대사를 제멋대로 처리하지 않았던 것은 스스로를 낮추며 선조를 높이는 방법이다."라고 했는데, 이것은 성인이 되는 예이며 자손을 잇는 것임을 나타낸다. 이곳 경문에서는 단지 부자관계와 형제관계만 언급하고 조상과 손자에 대해서는 언급하지 않았다. 그런데도 정현이 손자에 대한 내용까지 겸해서 말한 것은 집안의 일은 존귀한 자에게 통솔되니, 만약 조부가 생존해 계신 경우라면 관례를 주관하는 주인이 된다. 그렇기 때문에 손자에 대한 내용까지도 겸해서 말한 것이다. 정현이 "'묘(廟)'는 부친의 묘를 뜻한다."라고 했는데, 『의례』「사혼례(士昏禮)」편을 살펴보면 일을 치를 때 모든 경우 단지 '묘(廟)'라고만 말했지만, 기문에서는 "무릇 일을 치를 때에는 녜묘(禰廟)에서 명을 받는다."[3]라고 했다. 이곳 경문에서도 단지 '묘(廟)'라고만 했기 때문에 이 또한 부친의 묘에서 하는 것임을 알 수 있다. 그러므로 『의례』의 기록에서 단지 '묘(廟)'라고만 말한 것은 모두 부친의 묘를 가리키며, 만약 부친의 묘가 아닌 경우라면 묘(廟)의 이름을 기입하여 구별한다. 그렇기 때문에 『의례』「빙례(聘禮)」편에서는 "빈객이 조복(朝服)을 입고 경에게 빙문을 하면 경은 조묘에서 빙문을 받는다."[4]라고 했고, 또한 시조의 묘에서 빙문을 받는 경우도 있으니 "선군의 조(祧)가 변변치 못합니다."[5]라고 한 말에 해당한다. 즉 묘(廟)에서 한다고 언급하지 않고, 조(祖)와 조(祧)를 거론하여 구별한 것이다. 사는 부친의 묘에서 시행하니, 천자와 제후의 관례라면 시조의 묘에서 하게 된다. 이러한 까닭으로 양공 9년의 기록에서 계무자는 "시조의 묘(廟)에서 치르는 것입니다."[6]라고 말한 것인데, '조(祧)'와 「빙례」편에서 말한 선군의 '조(祧)'는 신주를 천묘하여 시조의 묘에 보관함을 뜻한다는 점에서 동일하다. 그런데 복건의 주에서는 조(祧)를 증조부의 묘로 여겼으니, 양공이 되

3) 『의례』「사혼례(士昏禮)」: 記. 士昏禮. 凡行事必用昏昕, 受諸禰廟.
4) 『의례』「빙례(聘禮)」: 賓朝服問卿. 卿受于祖廟, 下大夫擯. 擯者出請事.
5) 『의례』「빙례(聘禮)」: 至于朝. 主人曰, "不腆先君之祧, 既拚以俟矣."
6) 『춘추좌씨전』「양공(襄公) 9년」: 『춘추좌씨전』「양공(襄公) 9년」: 君冠, 必以祼享之禮行之, 以金石之樂節之, 以先君之祧處之.

돌아오는 길에 위나라에 이르러 위나라 성공의 묘에서 관례를 치렀기 때문이다. 그래서 복건의 주에서는 “성공은 위나라 군주의 증조부이다.”라고 했다. 이러한 이유로 조(祧)를 증조부의 묘라고 여긴 것이다. 그러나 당시 위나라 시조의 묘에서 관례를 치르지 않았던 것은 자기 나라의 종묘가 아니었기 때문이다. 대부가 치르는 관례에 대한 기록은 없는데, 만약 어린나이에 관례를 치른 경우라면 사와 동일하게 부친의 묘에서 치르게 된다. “당상에서 치지 않는 것은 시초의 영묘함이 묘에 모신 신을 통해 드러난다는 혐의를 받기 때문이다.”라고 했는데, 이것은 경문에서 관례는 묘의 당상에서 치른다고 했고, 이곳에서는 시초점을 묘문 밖에서 친다고 하여 장소가 동일하지 않은 것에 근거한 말이다. 그렇기 때문에 묘문이라는 것을 통해 당상에서 치지 않는다고 결론을 내린 것이다. 시초 자체에는 영묘함이 있으니, 길흉의 판별을 묘에 모신 신의 영묘함을 빌리지 않는다는 사실을 알 수 있다. 그렇기 때문에 “시초의 영묘함이 묘에 모신 신을 통해 드러난다는 혐의를 받기 때문이다.”라고 말한 것이다. 『주례』「천부(天府)」편의 직무기록을 살펴보면 “계동에 옥을 진설하여 내년의 길흉에 대해서 점친다.”[7]라고 했고, 정현의 주에서는 “내년의 길흉을 점친다는 것은 거북점을 통해 묻는다는 뜻이다.”라고 했다. 거북점을 치고 시초점을 치는 것은 실제로 귀신에게 길흉을 묻는 것이며, 거북껍질과 시초는 괘나 갈라진 조짐을 통해서 점괘를 도출할 수 있을 따름이다. 그렇다면 거북점과 시초점은 실제로 음양의 귀신에게 묻는 것이다. 그렇기 때문에 천지와 사방에 대해 여섯 종류의 옥으로 예우할 따름이다. 그런데 거북껍질과 시초는 단지 괘와 갈라진 조짐의 점괘만을 도출할 수 있어서 영묘함이 없는 것처럼 보이는데, 각각에는 대비하는 점이 있다. 만약 시초와 거북껍질을 통해 생수와 성수를 담당하는 귀신과 대비한다면 시초와 거북껍질은 단지 괘와 갈라진 조짐만을 도출할 수 있으며, 신의 영묘함이 있을 수 없다. 만약 괘와 갈라진 조짐을 생수와 성수의 귀신에 대비시킨다면 시초와 거북껍질 또한 그 자체에 신의 영묘함이 있는 것이다. 이러한 까닭으로 『역』「계사전(繫辭傳)」에서는 “시초의 덕은 둥글고 신묘하다.”[8]라고 한

7) 『주례』「춘관(春官)·천부(天府)」: 季冬, 陳玉以貞來歲之媺惡.

것이고, "천하의 길흉을 정하고 천하의 부지런히 애씀을 이루는 것 중에는 시초와 거북껍질보다 좋은 것이 없다."[9]라고 한 것이며, 또 곽박[10]은 "위에는 다발로 묶여서 자라나는 시초가 있고 밑에는 천 살이 된 거북이가 있다."라고 했다. 동물 중 지혜를 갖춘 것 중 거북이보다 뛰어난 것이 없고, 식물 중 영묘한 것 중에는 시초보다 좋은 것이 없다. 시초와 거북껍질에는 그 자체로 영묘함이 있다. 만약 시초 자체에 신묘함이 있다면 묘의 신에게 그 힘을 빌리지 않는다. 침문에서 시초점을 치지 않는 것은 첫 번째 성인의 예법으로 자손과 손자를 성인으로 만든다는 뜻을 취했기 때문이고, 두 번째 귀신의 계획에 따른다는 뜻을 취했기 때문이다. 그래서 『역』「계사전」에서는 "사람이 계획하고 귀신이 계획한다."[11]라고 했고, 정현의 주에서는 "귀신이 계획한다는 것은 묘문에서 거북점과 시초점을 통해서 그 계획을 따지는 것이다."라고 했다.

경문 主人玄冠, 朝服, 緇帶, 素韠, 卽位于門東, 西面.

번역 주인은 현관(玄冠)[12]을 쓰고 조복(朝服)[13]을 착용하며 검은색의 허리띠를 차고 흰색의 슬갑을 두르고 문의 동쪽으로 나아가 위치하며 서쪽을 바라본다.

---

8) 『역』「계사상(繫辭上)」: 是故蓍之德圓而神, 卦之德方以知, 六爻之義易以貢. 聖人以此洗心, 退藏於密, 吉凶與民同患, 神以知來, 如以藏往. 其孰能與此哉? 古之聰明叡知, 神武而不殺者夫.

9) 『역』「계사상(繫辭上)」: 是故法象莫大乎天地, 變通莫大乎四時, 縣象著明莫大乎日月, 崇高莫大乎富貴, 備物致用, 立成器以爲天下利, 莫大乎聖人, 探賾索隱, 鉤深致遠, 以定天下之吉凶, 成天下之亹亹者, 莫大乎蓍龜.

10) 곽박(郭璞, A.D.276 ~ A.D.324) : =곽경순(郭景純). 진(晉)나라 때의 학자이다. 자(字)는 경순(景純)이다. 저서로는 『이아주(爾雅注)』, 『방언주(方言注)』, 『산해경주(山海經注)』 등이 있다.

11) 『역』「계사하(繫辭下)」: 天地設位, 聖人成能, 人謀鬼謀, 百姓與能.

12) 현관(玄冠)은 흑색으로 된 관(冠)이다. 고대에는 조복(朝服)을 입을 때 착용을 하였다.

13) 조복(朝服)은 군주와 신하가 조회를 열 때 착용하는 복장을 뜻한다. 중요한 의식을 치를 때 착용하는 예복(禮服)을 가리키기도 한다.

鄭注 主人, 將冠者之父兄也. 玄冠, 委貌也. 朝服者, 十五升布衣而素裳也. 衣不言色者, 衣與冠同也. 筮必朝服者, 尊蓍龜之道. 緇帶, 黑繒帶. 士帶博二寸, 再繚四寸, 屈垂三尺. 素韠, 白韋韠, 長三尺, 上廣一尺, 下廣二尺, 其頸五寸, 肩革帶博二寸. 天子與其臣, 玄冕以視朔, 皮弁以日視朝. 諸侯與其臣, 皮弁以視朔, 朝服以日視朝. 凡染黑, 五入爲緅, 七入爲緇, 玄則六入與.

번역 '주인(主人)'은 관례를 치르게 될 자의 부친이나 형을 뜻한다. '현관(玄冠)'은 위모(委貌)[14]이다. '조복(朝服)'은 15승(升)[15]의 포로 상의를 만들고 흰색으로 하의를 만든 옷이다. 상의에 대해 색깔을 언급하지 않은 것은 상의와 관의 색깔이 동일하기 때문이다. 시초점을 칠 때 반드시 조복을 착용하는 이유는 시초와 거북껍질의 도를 존귀하게 여기기 때문이다. '치대(緇帶)'는 흑색 비단으로 만든 허리띠이다. 사의 허리띠는 그 너비가 2촌이니 2번 두르게 되면 4촌이 되고 끝을 접어 늘어트리는 길이는 3척이다. '소필(素韠)'은 백색의 가죽으로 만든 슬갑으로, 길이는 3척이고 윗부분의 너비는 1척이며 아랫부분의 너비는 2척이고, 중간 부분의 너비는 5촌이며, 양쪽 모서리와 혁대의 너비는 2촌이다. 천자와 그에게 속한 신하는 현면(玄冕)[16]을 착용하고 시삭(視朔)[17]을 하고, 피변복(皮弁服)[18]을 착용하고 날마다 조정에 참

14) 위모(委貌)는 검은색의 명주로 짠 관(冠)이다. '위(委)'자는 안정시킨다는 뜻으로, 이 관을 착용하여 용모를 안정시키기 때문에 '위모'라고 부른다.

15) 승(升)은 옷감과 관련된 단위이다. 고대에는 포(布) 80가닥[縷]을 1승(升)으로 여겼다. 『의례』「상복(喪服)」편에서는 "冠六升, 外畢."이라는 기록이 있는데, 이에 대한 정현의 주에서는 "布八十縷爲升."이라고 풀이했다.

16) 현면(玄冕)은 현의(玄衣)와 면류관을 뜻한다. 본래 천자 및 제후의 제사복장으로, 비교적 중요성이 덜한 제사 때 입는다. '현의' 중 상의에는 무늬가 들어가지 않고, 하의에만 불(黻)을 수놓는다. 『주례』「춘관(春官)·사복(司服)」편에는 "祭群小祀則玄冕."이라는 기록이 있고, 이에 대한 정현의 주에서는 "玄者, 衣無文, 裳刺黻而已, 是以謂玄焉."이라고 풀이했다.

17) 시삭(視朔)은 본래 천자 및 제후가 매월 초하루에, 종묘(宗廟)에 고하여 해당 월의 달력을 받고, 그곳에서 해당 월에 시행해야 할 정무를 처리하였던 것을 뜻한다. 『춘추좌씨전』「희공(僖公) 5년」편에는 "公旣視朔, 遂登觀臺以望, 而書, 禮也."라는 기록이 있고, 이에 대한 공영달(孔穎達)의 소(疏)에서는 "視朔者, 公旣告廟受朔, 即聽視此朔之政, 是其親告朔也."라고 풀이했다.

18) 피변복(皮弁服)은 호의(縞衣)라고도 부르며, 주로 군주가 조회를 하거나 고삭

관한다. 제후와 그에게 속한 신하는 피변복을 착용하고 시삭을 하고, 조복을 착용하고 날마다 조정에 참관한다. 흑색으로 염색할 때에는 5번 물들이면 추(緅)가 되고 7번 물들이면 치(緇)가 되니, 현(玄)은 아마도 6번 물들이는 것이다.

賈疏 ●"主人"至"西面". ○釋曰: 此主人將欲謀日之時, 先服, 卽位於禰廟門外, 東西而立, 以待筮事也.

번역 ●經文: "主人"~"西面". ○이 문장은 주인이 관례를 치를 날짜에 대해 계획하려고 할 때, 우선 복장을 착용하고 부친의 묘문 밖에 위치하는데, 동서방향으로 서서 시초점을 다 칠 때까지 기다린다는 뜻이다.

賈疏 ◎注"主人"至"八與". ○釋曰: 經直云主人, 當是父兄加冠之禮. 知兼有兄者, 論語云: "出則事公卿, 入則事父兄." 父兄者, 一家之統, 父不在則兄爲主可知, 故兼其兄也. 又按下文"若孤子, 則父兄戒宿. 冠之日, 主人紒而迎賓", 則無親父親兄, 故彼注云"父·兄, 諸父·諸兄", 則知此主人迎賓是親父·親兄也. 云"玄冠, 委貌"者, 此云玄冠, 下記云委貌, 彼云委貌, 見其安正容體; 此云玄冠, 見其色; 實一物也. 云"朝服者, 十五升布衣"者, 雜記云"朝服十五升", 布也. 云"素裳"者, 雖經不言裳, 裳與韠同色, 云素韠者, 故知裳亦積白素絹爲之也. 云"衣不言色者, 衣與冠同也"者, 禮之通例, 衣與冠同色, 故郊特牲云"黃衣黃冠", 是也. 裳與韠同色, 故下爵弁服·纁裳·韎韐, 韎韐卽纁之類是也. 經直云朝服不言色, 與冠同可知也. 若然, 鄭不言裳與韠同色者, 擧衣與冠同, 裳與韠同, 亦明知, 故不言也. 其衣冠色異, 經卽別言之. 是以下云爵弁服純衣是也. 云"筮必朝服者, 尊蓍龜之道"者, 此決正冠時, 主人服玄端爵韠, 不服此服, 朝服是尊蓍龜之道也. 若然, 下文云有司如主人服, 又宿賓, 賓如主人服,

(告朔)을 할 때 착용하는 복장이다. 흰색 비단으로 만들었으며, 옷에 착용하는 관(冠) 또한 백색 사슴 가죽으로 만들었다. 『의례』「기석례(既夕禮)」편에는 "薦乘車, 鹿淺幦, 干笮革靾, 載旜載皮弁服, 纓轡貝勒, 縣于衡."이라는 기록이 있고, 이에 대한 정현의 주에서는 "皮弁服者, 視朔之服."이라고 풀이했다.

又宿贊冠者, 及夕爲期, 皆朝服. 云尊著龜者, 按鄕飮酒主人朝服, 則此有司·賓主朝服, 自是尋常相見所服, 非特相尊敬之禮. 此筮而朝服, 決正冠時與. 士之祭禮, 入廟常服玄端. 今此筮亦在廟, 不服玄端, 故云尊著龜之道. 此筮唯有蓍草, 言龜者, 按周禮小事徒筮而已; 若大事, 先筮而後卜. 龜筮是相將之物, 同著朝服, 故兼言龜, 是以雜記卜筮皆朝服也. 按特牲禮筮日與祭同服玄端, 少牢筮日與祭同服朝服, 不特尊著龜者. 彼爲祭事, 龜不可尊於先祖, 故同服. 此爲冠事, 冠事龜可尊於子孫, 故服異也. 云"緇帶, 黑繒帶"者, 按玉藻云"君素帶, 終裨. 大夫素帶, 裨垂. 士練帶, 率下裨". 注云: "大夫裨其紐及末, 士裨其末而已." 又云"雜帶, 君朱綠, 大夫玄華, 士緇裨". 鄭云: "君裨帶上以朱, 下以綠終之. 大夫裨垂外以玄, 內以華. 士裨垂之下, 外內皆以緇, 是謂緇帶." 鄭彼云"是謂"者, 指此文也. 若然, 天子·諸侯帶繞腰及垂者, 皆裨之. 大夫則不裨其繞腰者, 直裨垂之三尺屈而垂者. 士則裨其末繞三尺, 所垂者不裨在者. 若然, 大帶所用物: 大夫已上用素; 士練繒爲帶體, 所裨者用緇. 則此言緇, 據裨者而言也. 云"士帶博二寸, 再繚四寸, 屈垂三尺"者, 此亦玉藻文. 大夫已上大帶博四寸. 此士卑降於大夫已上, 博二寸, 再繚共爲四寸, 屈垂三尺. 則大夫已上亦屈垂三尺同矣. 云"素韠, 白韋韠"者, 按玉藻云: "韠, 君朱, 大夫素, 士爵韋." 彼以韠爲總目, 而云君朱, 大夫素, 士爵韋, 是韠色不同. 下云韋者, 是君·大夫同用韋也. 但彼是玄端服之韠, 此士用素韋爲之, 故鄭云白韋韠也. 又云"韠, 長三尺"至"博二寸", 亦皆玉藻文. 鄭彼注云: "頸五寸, 亦謂廣也. 頸中央·肩兩角皆上接革帶, 肩與革帶廣同." 此韠卽韍也. 祭服謂之韍, 朝服謂之韠也. 云"天子與其臣, 玄冕以視朔, 皮弁以日視朝"者, 此約玉藻而知. 按彼云天子玄端, "聽朔於南門之外", "皮弁以日視朝". 又云諸侯"皮弁以聽朔於大廟, 朝服以日視朝於內朝", 彼注云: "端當爲冕." 謂天子以玄冕聽朔於南門之外·明堂之中. 彼皆不言臣, 此鄭兼言臣者, 欲見在朝君臣同服. 引之者, 證此玄冕朝服而筮者是諸侯之士. 則諸侯與其臣與子加冠, 同服皮弁以筮日. 天子與其臣與子加冠, 同服玄冕以筮日矣. 知天子服玄冕·諸侯服皮弁以筮日者, 鄭旣取君臣同服, 明筮時還君臣同服. 若云天子用玄冕·諸侯用皮弁, 其臣不得上同于君, 君下就臣同朝服也. 云"凡染黑, 五入爲緅, 七入爲緇, 玄則六入與"者, 按爾雅"一染謂之縓, 再染謂之赬, 三染謂之纁." 此三者皆是染赤法.

周禮·鍾氏染鳥羽云: "三入爲纁, 五入爲緅, 七入爲緇." 此是染黑法, 故云凡染黑也. 但爾雅及周禮無四入與六入之文, 禮有色朱玄之色, 故注此玄則六入, 下經注云朱則四入, 無正文, 故皆云"與"以疑之. 但論語有紺緅連文, 紺又在緅上, 則以纁入赤爲朱, 若以纁入黑則爲紺. 故淮南子云: "以涅染紺則黑于涅." 又以紺入黑汁則爲緅, 故紺緅連言也. 若然, 玄爲六入, 緇爲七入, 深淺不同. 而鄭以衣與冠同, 以緇與玄同色者, 大同小異, 皆是黑色, 故云同也.

번역 ◎鄭注: "主人"~"八與". ○경문에서는 단지 '주인(主人)'이라고 했지만 이것은 부친이나 형이 관을 씌워주는 예법에 해당한다. 형이 주인이 되는 경우도 포함됨을 알 수 있는 이유는 『논어』에서 "집밖을 나가게 되면 공과 경을 섬기고 집으로 들어와서는 부친과 형을 섬긴다."[19]라고 했다. 부친과 형은 한 집안을 통솔하는 자이니, 부친이 부재한 경우라면 형이 주인의 역할을 하게 됨을 알 수 있다. 그렇기 때문에 형까지도 함께 언급한 것이다. 또 아래문장을 살펴보면 "고아의 경우라면 부형이 빈객에게 알리는 계(戒)와 숙(宿)을 한다. 관례를 치르는 날 주인은 상투를 틀고서 빈객을 맞이한다."라고 했으니, 친부와 친형이 없기 때문에 그 주석에서 "여기에서 말한 부(父)와 형(兄)은 제부와 제형들을 뜻한다."라고 한 것이니, 이를 통해 이곳에서 주인이 빈객을 맞이한다고 한 말이 친부나 친형이 하는 것임을 알 수 있다. 정현이 "'현관(玄冠)'은 위모(委貌)이다."라고 했는데, 이곳에서는 '현관(玄冠)'이라고 했고, 아래 기문에서는 '위모(委貌)'라고 했다. 기문에서 '위모(委貌)'라고 한 것은 관의 안정된 몸체를 드러내는 말이며, 이곳에서 '현관(玄冠)'이라고 한 것은 관의 색깔을 드러내는 말인데, 실제로는 동일한 사물이다. 정현이 "'조복(朝服)'은 15승(升)의 포로 상의를 만든다."라고 했는데, 『예기』「잡기(雜記)」편에서는 "조복은 15승으로 만든다."[20]라고 했고, 이것은 포를 뜻한다. 정현이 "흰색으로 하의를 만든다."라고 했는데, 경문에서 비록 하의를 언급하지 않았지만 하의는 슬갑과 색깔을 동일하게 맞추니, '소필(素韠)'이라고

19) 『논어』「자한(子罕)」: 子曰, "出則事公卿, 入則事父兄, 喪事不敢不勉, 不爲酒困, 何有於我哉?"

20) 『예기』「잡기상(雜記上)」【499b】: 朝服十五升, 去其半而緦加灰, 錫也.

했기 때문에 하의 또한 흰색의 비단을 포개서 만들게 됨을 알 수 있다. 정현이 "상의에 대해 색깔을 언급하지 않은 것은 상의와 관의 색깔이 동일하기 때문이다."라고 했는데, 예법에 따른 통례상 상의는 관과 동일한 색깔로 맞춘다. 그렇기 때문에 『예기』「교특생(郊特牲)」편에서는 "황색의 상의를 입고 황색의 관을 쓴다."[21]라고 한 것이다. 하의는 슬갑과 색깔이 동일하기 때문에 아래에서는 작변복(爵弁服)을 착용하며 분홍색의 하의와 매겹(韎韐)을 한다고 했는데, '매겹(韎韐)'이란 분홍색의 슬갑이다. 경문에서는 단지 '조복(朝服)'이라고만 말하고 그 색깔을 언급하지 않았는데, 관의 색깔과 동일하므로 그 색깔을 알 수 있기 때문이다. 만약 그렇다면 정현이 하의의 색깔이 슬갑과 동일한 색임을 언급하지 않았는데, 상의의 색깔이 관의 색깔과 동일하다는 사실에 근거해보면 하의의 색깔이 슬갑의 색깔과 동일하다는 사실 또한 명확히 알 수 있기 때문에 언급하지 않은 것이다. 상의와 관의 색깔이 다른 경우에는 경문에서 곧바로 그것을 구별해서 말한다. 이러한 까닭으로 아래문장에서 작변복을 착용하며 명주로 만든 상의를 착용한다고 한 것이다. 정현이 "시초점을 칠 때 반드시 조복을 착용하는 이유는 시초와 거북껍질의 도를 존귀하게 여기기 때문이다."라고 했는데, 이것은 관례를 치를 때 주인은 현단(玄端)에 작필(爵韠)을 착용하며 이 복장을 착용하지 않으니, 조복은 시초와 거북껍질의 도를 존귀하게 여기기 때문임을 나타낸 것이다. 아래문장에서 유사(有司)[22]는 주인의 복장과 동일하게 따르고, 또 빈객에게 찾아가 알리면, 빈객은 주인의 복장과 동일하게 따르며, 또 관례의 진행을 돕는 자에게 찾아가 알리고, 그 다음날 저녁 관례를 치르는 시간을 정하게 되면 모두 조복으로 갈아입는다고 했다. 시초와 거북껍질을 존귀하게 여긴다고 했는데, 『의례』「향음주례(鄕飮酒禮)」편을 살펴보면 주인은 조복을 착용한다고 했으니, 이곳

21) 『예기』「교특생(郊特牲)」【331c】: 黃衣黃冠而祭, 息田夫也. 野夫黃冠. 黃冠, 草服也.

22) 유사(有司)는 관리를 뜻하는 용어이다. '사(司)'자는 담당한다는 뜻이다. 관리들은 각자 담당하고 있는 업무가 있었으므로, 관리를 '유사'라고 불렀던 것이다. 일반적으로 하위관료들을 지칭하여, 실무자를 뜻하는 용어로 많이 사용된다. 그러나 때로는 고위관료까지도 지칭하는 용어로 사용되기도 한다.

에서 유사와 빈객 및 주인이 모두 조복을 착용하는 것은 일상적으로 서로 만나볼 때의 복장이 되며 특별히 서로를 존경하는 예법에 따른 것은 아니다. 그런데 시초점을 치며 조복을 착용한다고 한 것은 관례를 치르는 시기에 해당한다. 사의 제례에서는 묘로 들어갈 때 일상적으로 현단복(玄端服)을 착용한다. 그런데 이곳에서는 시초점을 칠 때에도 묘에서 한다고 했는데, 현단복을 착용하지 않았다. 그렇기 때문에 시초와 거북껍질의 도를 존귀하게 여기기 때문이라고 말한 것이다. 이곳에서 서(筮)라고 했으니 오직 시초라는 풀만을 사용하는데, 거북껍질을 언급한 것은 『주례』를 살펴보면 비교적 소소한 일이라면 단지 시초점만을 칠 따름이지만, 중대한 일이라면 먼저 시초점을 치고 이후에 거북점을 친다. 거북껍질과 시초는 서로 떨어질 수 없는 사물이고 동일하게 둘 모두에 대해서 조복을 착용한다. 그렇기 때문에 거북껍질까지도 함께 말한 것이다. 이러한 까닭으로 「잡기」편에서는 거북점과 시초점을 칠 때 모두 조복을 착용한다고 했다. 「특생궤식례」편을 살펴보면 날짜를 점치고 제사를 지낼 때 동일하게 현단복을 착용한다고 했고, 『의례』「소뢰궤식례(少牢饋食禮)」편에서는 날짜를 점치고 제사를 지낼 때 동일하게 조복을 착용한다고 하여, 특별히 시초와 거북껍질을 존귀하게 높이지 않았다. 그 이유는 제사를 지내기 위해서이니 거북껍질은 선조보다 존귀할 수 없다. 그렇기 때문에 복장을 동일하게 착용하는 것이다. 이곳에서 말한 사안은 관례를 치르기 위해서이며, 관례를 치르는 일에 있어서 거북껍질은 자식이나 손자보다 존귀할 수 있다. 그렇기 때문에 복장을 다르게 착용하는 것이다. 정현이 "'치대(緇帶)'는 흑색 비단으로 만든 허리띠이다."라고 했는데, 『예기』「옥조(玉藻)」편을 살펴보면 "제후는 허리띠를 흰 비단으로 만들고, 끝부분에는 가선을 두른다. 대부는 허리띠를 흰 비단으로 만들고, 늘어뜨리는 띠에는 가선을 두른다. 사는 허리띠를 명주로 만들고, 홑겹으로 만들고 양쪽 끝부분을 꿰매며, 늘어뜨리는 끈에 가선을 두른다."[23]라고 했고, 정현의 주에서는 "대부는 그 매듭과 끝부분만을 비(裨)로 만들고, 사는 그 끝부분만을 비(裨)로 만들 따름이다."라고 했다. 또 "대(帶)에는 장식을 하니, 군주의 것은 주색과

23) 『예기』「옥조(玉藻)」【384c】: 而素帶, 終辟. 大夫素帶, 辟垂. 士練帶, 率下辟.

녹색으로 장식하고, 대부의 것은 현색과 황색으로 장식하며, 사의 것은 검은색으로 한다."[24]라고 했고, 정현은 "군주는 대(帶)에 대해서 채색을 하니 상부는 주색으로 만들고 하부는 녹색을 이용해서 끝부분을 처리한다. 대부는 늘어뜨리는 부분에 채색을 하니 외면은 현색으로 만들고 내면은 황색으로 만든다. 사는 늘어뜨리는 밑면을 채색하는데 외부와 내부를 모두 검은색으로 만드니, 이것을 '치대(緇帶)'라고 부른다."라고 했다. 이 주석에서 정현이 '시위(是謂)'라고 한 말은 바로 이곳의 기록을 가리킨다. 만약 그렇다면 천자와 제후는 허리띠로 허리를 두르고 그 끝을 늘어트릴 때 이 모두를 비단으로 만들며 그 측면을 채색하게 된다. 대부의 경우 허리에 두르는 부분에는 비(裨)로 처리하지 않고 단지 늘어트리는 부분인 3척을 비(裨)로 처리하여 접어서 늘어트리게 된다. 사는 허리에 두르는 끝부분 3척을 비(裨)로 처리하고 늘어트리는 부분에는 비(裨)로 처리하지 않는다. 그렇다면 대대(大帶)에 사용되는 재료는 대부 이상의 계급은 소(素)를 사용하고 사는 누인 비단으로 허리띠의 몸체를 만들고 비(裨)로 처리하는 부분은 치(緇)를 사용한다. 이곳에서 '치(緇)'라고 말한 것은 바로 비(裨)로 처리하는 부분을 기준으로 말한 것이다. 정현이 "사의 허리띠는 그 너비가 2촌이니 2번 두르게 되면 4촌이 되고 끝을 접어 늘어트리는 길이는 3척이다."라고 했는데, 이 또한 「옥조」편의 기록이다. 대부 이상의 계층은 대대의 너비가 4촌이다. 사는 대부 이상의 계층보다 낮추므로 너비를 2촌으로 하고 2번 두르게 되면 모두 4촌이 되며, 끝을 접어 늘어트리는 것이 3척이다. 따라서 대부 이상의 계층 또한 끝을 접어 늘어트리는 부분은 3척으로 동일하다. 정현이 "'소필(素韠)'은 백색의 가죽으로 만든 슬갑이다."라고 했는데, 「옥조」편을 살펴보면 "슬갑은 군주의 것은 주색으로 만들고, 대부의 것은 소(素)로 만들며, 사의 것은 작위(爵韋)로 만든다."[25]라고 했다. 「옥조」편에서는 '필(韠)'이라는 말을 총괄적인 제목

24) 『예기』「옥조(玉藻)」【385b】: 大夫大帶四寸, 雜帶, 君朱綠, 大夫玄華, 士緇辟二寸, 再繚四寸.

25) 『예기』「옥조(玉藻)」【385c~d】: 韠, 君朱, 大夫素, 士爵韋. 圜殺直, 天子直, 諸侯前後方, 大夫前方後挫角, 士前後正. 韠下廣二尺, 上廣一尺, 長三尺, 其頸五寸, 肩革帶博二寸.

으로 기록하였고, 군주는 주색으로 하고 대부는 소로 하며 사는 작위로 한다고 했으니, 슬갑의 색깔이 동일하지 않다는 사실을 나타낸다. 뒤에서 '위(韋)'라고 한 것은 제후와 대부가 동일하게 가죽을 사용해서 만든다는 사실을 나타낸다. 다만 「옥조」편에서 말한 슬갑은 현단복에 착용하는 슬갑이고, 이곳에서 사는 소위(素韋)로 만든다고 했기 때문에 정현이 백색의 가죽으로 만든 슬갑이라고 했던 것이다. 정현은 또한 "슬갑의 길이는 3척이다."라고 했고, "그 너비는 2촌이다."라고 했는데, 이 또한 모두 「옥조」편의 기록이다. 「옥조」편에 대한 정현의 주에서는 "'경(頸)'은 5촌이라고 했는데, 이 또한 그 너비를 뜻한다. '경(頸)'은 중앙 부분을 뜻하며, '견(肩)'은 양쪽 모서리를 뜻하는데, 모두 위로 혁대(革帶)에 붙여서 결속하니, 양쪽 모서리와 혁대의 너비가 동일하다."라고 했다. 여기에서 말한 '필(韠)'은 불(韍)에 해당한다. 제복에 착용하는 슬갑은 '불(韍)'이라 부르고, 조복에 착용하는 슬갑은 '필(韠)'이라 부른다. 정현이 "천자와 그에게 속한 신하는 현면(玄冕)을 착용하고 시삭(視朔)을 하고, 피변복을 착용하고 날마다 조정에 참관한다."라고 했는데, 이것은 「옥조」편의 기록을 요약해보면 이러한 사실을 알 수 있다. 「옥조」편의 기록을 살펴보면 천자는 현단복을 착용하고 "남문 밖에서 청삭(聽朔)[26]을 한다."[27]라고 했고, "피변복을 착용하고, 매일 아침마다 조회에 참관한다."[28]라고 했다. 또 제후에 대해서는 "피변복을 착용하고 태묘에서 청삭을 하며, 조복을 착용하고 날마다 내조(內朝)[29]에서 조정에 참관한다."[30]라고 했으며, 이 문장에 대

26) 청삭(聽朔)은 천자나 제후가 매월 초하루에 시행했던 고삭(告朔)의 의례를 뜻한다. 해당 월에 시행해야 할 정사(政事)는 바로 초하루부터 시행되므로, 정무를 처리하기 이전에, 고삭의 의식을 시행하고, 그 이후에야 정사를 펼쳤다. 현단복(玄端服) 및 피변복(皮弁服)을 착용하고 치렀으며, 남문(南門) 밖이나, 태묘(太廟)에서 시행하였다. 『예기』「옥조(玉藻)」편에는 "玄端而朝日於東門之外, 聽朔於南門之外."라는 기록과 "諸侯玄端以祭, 裨冕以朝, 皮弁以聽朔於大廟."라는 기록이 있다.

27) 『예기』「옥조(玉藻)」【371b】: 玄端而朝日於東門之外, 聽朔於南門之外.

28) 『예기』「옥조(玉藻)」【371d~372a】: 皮弁以日視朝, 遂以食; 日中而餕, 奏而食. 日少牢, 朔月大牢. 五飮: 上水, 漿·酒·醴·酏.

29) 내조(內朝)는 천자 및 제후가 정사를 처리하고 휴식을 취하던 장소이다. 외조(外朝)에 상대되는 말이다. '내조'에는 두 종류가 있었는데, 그 중 하나는 노문(路門) 밖에 위치하던 곳으로, 천자 및 제후가 정사를 처리하던 장소이며, 치조

한 주에서는 "'단(端)'은 마땅히 '면(冕)'자가 되어야 한다."라고 했다. 즉 천자는 현면을 착용하고 남문 밖과 명당(明堂)[31] 안에서 청삭을 한다는 뜻이다. 「옥조」편에서는 신하를 언급하지 않았는데, 이곳에서 정현은 신하까지도 함께 언급했다. 그 이유는 조정에 있을 때 군주와 신하가 복장을 동일하게 함을 드러내고자 해서이다. 이러한 기록을 인용한 것은 이곳에서 말한 현면과 조복을 착용하고 시초를 친다는 자는 제후에게 속한 사임을 증명하기 위해서이다. 따라서 제후와 그의 신하는 자신의 아들에게 관례를 치러줄 때 동일하게 피변복을 착용하고 날짜에 대해 시초점을 치는 것이다. 또한 천자와 그의 신하가 자신의 아들에게 관례를 치러주게 되면 동일하게 현면을 착용하고 날짜에 대해 시초점을 친다. 천자의 경우 현면을 착용하고 제후의 경우 피변을 착용하고서 날짜에 대해 시초점을 친다는 사실을 알 수 있는 이유는 정현은 이미 군주와 신하가 복장을 동일하게 한다고 했는데, 이것은 시초점을 칠 때에도 군주와 신하의 복장이 동일함을 나타내기 때문이다. 만약 천자가 현면을 착용하고 제후가 피변을 착용한다고 한다면, 그의 신하는 위로 자신의 군주와 동일하게 할 수 없어서, 군주가 아래로 낮춰 신하와 동일하게 조복을 착용하는 것이다. 정현이 "흑색으로 염색할 때에는 5번 물들이면 추(緅)가 되고 7번 물들이면 치(緇)가 되니, 현(玄)은 아마도 6번 물들이는 것이다."라고 했는데, 『이아』에서는 "1차례 물들인 것을 '전(縓)'이라 부르고, 2차례 물들인 것을 '정(赬)'이라 부르며, 3차례 물들인 것을 '훈(纁)'이라 부른다."[32]라

(治朝)라고도 불렀다. 다른 하나는 노문 안에 위치하던 곳으로, 천자 및 제후가 정사를 처리한 이후, 휴식을 취하던 장소이며, 연조(燕朝)라고도 불렀다.

30) 『예기』「옥조(玉藻)」【372c】: 諸侯玄端以祭, 裨冕以朝, 皮弁以聽朔於大廟, 朝服以日視朝於內朝.

31) 명당(明堂)은 일반적으로 고대 제왕이 정교(政教)를 베풀던 장소를 지칭하는 용어로 사용되었다. 이곳에서는 조회(朝會), 제사(祭祀), 경상(慶賞), 선사(選士), 양로(養老), 교학(教學) 등의 국가 주요 업무가 시행되었다. 『맹자』「양혜왕하(梁惠王下)」편에는 "夫明堂者, 王者之堂也."라는 용례가 있고, 『옥태신영(玉台新詠)』「목난사(木蘭辭)」편에도 "歸來見天子, 天子坐明堂."이라는 용례가 있다. '명당'의 규모나 제도는 시대마다 다르다. 또한 '명당'이라는 건물군 중에서 남쪽의 실(室)을 가리키는 용어로도 사용되었다.

32) 『이아』「석기(釋器)」: 一染謂之縓, 再染謂之赬, 三染謂之纁. 靑謂之葱. 黑謂之黝. 斧謂之黼.

고 했다. 이러한 세 가지 것들은 모두 적색으로 물들이는 방법에 해당한다. 『주례』「종씨(鍾氏)」편에서는 새의 깃털을 염색하며 "3차례 물들이면 훈(纁)이 되고 5차례 물들이면 추(緅)가 되며 7차례 물들이면 치(緇)가 된다."[33]라고 했다. 이것은 흑색으로 물들이는 방법에 해당한다. 그렇기 때문에 '범염흑(凡染黑)'이라고 말했다. 다만 『이아』와 『주례』에는 4차례 물들이는 것이나 6차례 물들이는 것에 대한 기록이 없는데, 『예』에는 그 색깔을 기록한 것 중 주색과 현색이 나타난다. 그렇기 때문에 이곳의 현색에 대한 주를 달며 6차례 물들인 것이라고 했고, 아래 경문의 주석에서는 주색에 대해서 4차례 물들였다고 했다. 그러나 경문의 기록이 없기 때문에 둘 모두에 대해서 '여(與)'자를 기록하여 단정적으로 말하지 않았다. 다만 『논어』에는 감(紺)자와 추(緅)자가 연이어 기록된 말이 있고,[34] 감(紺)자는 추(緅)자보다 앞에 기록되어 있으니, 분홍색을 적색에 물들이면 주색이 되고 분홍색을 흑색에 물들이면 감색이 되는 것이다. 그래서 『회남자』에서는 "열(涅)을 추(緅)에 물들이면 본래의 열(涅)보다 검게 된다."라고 했다. 또한 감색을 흑색의 물에 넣게 되면 추색이 된다. 그렇기 때문에 감과 추를 연이어 말한 것이다. 만약 그렇다면 현색은 6차례 물들인 것이고 치색은 7차례 물들인 것으로, 색의 짙기가 동일하지 않다. 정현은 상의와 관의 색깔을 동일하다고 하여, 치색과 현색을 동일한 색깔로 여겼는데, 이것은 대동소이할 따름으로, 모두 흑색으로 분류된다. 그렇기 때문에 동일하다고 했다.

경문 有司如主人服, 卽位于西方, 東面, 北上.

번역 유사는 주인의 복장과 동일하게 착용하고 서쪽으로 나아가 위치하며 동쪽을 바라보되 북쪽 끝에서부터 정렬한다.

---

33) 『주례』「동관고공기(冬官考工記)·종씨(鍾氏)」: 三入爲纁, 五入爲緅, 七入爲緇.
34) 『논어』「향당(鄕黨)」: 君子不以紺緅飾, 紅紫不以爲褻服. 當署, 袗絺綌, 必表而出之. 緇衣, 羔裘, 素衣, 麑裘, 黃衣狐裘. 褻裘長, 短右袂. 必有寢衣, 長一身有半. 狐貉之厚以居. 去喪, 無所不佩. 非帷裳, 必殺之. 羔裘玄冠不以弔. 吉月, 必朝服而朝. 齊必有明衣, 布.

鄭注 有司, 群吏有事者, 謂主人之吏, 所自辟除, 府史以下, 今時卒吏及假吏是也.

번역 '유사(有司)'는 여러 하급 관리들 중 해당 임무를 맡고 있는 자들이니, 주인에게 소속된 하급 관리들 중 주인이 직접 임명한 자들로 재화를 담당하는 부(府)나 기록을 담당하는 사(史) 이하의 자들을 뜻하는데, 오늘날의 졸리(卒吏)나 가리(假吏)와 같은 자들이 여기에 해당한다.

賈疏 ●"有司"至"北上". ○釋曰: 此論主人有司從主人有事, 故立位于廟門外西方, 東面以待事也.

번역 ●經文: "有司"~"北上". ○이곳 문장은 주인의 유사는 주인을 따라 해당 업무를 처리하기 때문에 묘문 밖의 서쪽에 위치하며 동쪽을 바라보며 맡은 임무를 기다린다는 사실을 논의하였다.

賈疏 ◎注"有司"至"是也". ○釋曰: 士雖無臣, 皆有屬吏·胥徒及僕隸, 故云"有司, 群吏有事者"也. 云"謂主人之吏, 所自辟除, 府史以下"者, 按周禮三百六十官之下, 皆有府史胥徒, 不得君命, 主人自辟除, 去役賦, 補置之, 是也. 又按周禮皆云府史, 此云群吏, 吏·史亦一也. 故擧漢法爲證. 又周禮鄭注云: "官長所自辟除." 此云主人者, 以此經云主人, 故依經而直云主人, 主亦爲長者也. 又此注以有司爲群吏, 按特牲以有司爲士屬吏, 不同者, 言群吏則爲府吏胥徒也; 言屬吏則謂君命之士. 是以下文"宿贊冠者" 注云: "謂賓若他官之屬, 中士若下士也." 又主人贊者, 亦云"其屬中士若下士", 是言屬者尊之義. 特牲之"有司, 士之屬吏", 亦親類也. 特牲有司之上有子姓, 此文無者, 彼祭祀事重, 故子姓皆來; 此冠事稍輕, 故容有不至, 故不言.

번역 ◎鄭注: "有司"~"是也". ○사에게는 비록 신하가 없지만 모두 속리(屬吏)·서도(胥徒)·복례(僕隸)와 같은 하인들을 소유하고 있다. 그렇기 때문에 "'유사(有司)'는 여러 하급 관리들 중 해당 임무를 맡고 있는 자들이다."라고 했다. 정현이 "주인에게 소속된 하급 관리들 중 주인이 직접 임명한 자들로 재화를 담당하는 부(府)나 기록을 담당하는 사(史) 이하의 자들을 뜻한다."라고 했는데, 『주례』를 살펴보면 360개 관직 휘하에는 모두 부(府)·사(史)·서(胥)·도(徒)와 같은 잡무를 처리하는 자들이 있으며, 이들은 군주의 임명을 받을 수 없으니, 주인이 직접 선발하여 그들에게 주어진 부역과 조세를 없애주고 보충하는 자들이다. 또 『주례』를 살펴보면 모두 부사(府史)라고 했는데 이곳에서는 '군리(群吏)'라고 했다. '이(吏)'와 '사(史)'는 또한 동일한 뜻이다. 그렇기 때문에 한나라 때의 법도를 제시하여 증거로 삼았다. 또 『주례』에 대한 정현의 주에서는 "관부의 수장이 직접 선발한다."라고 했는데, 이곳에서는 '주인(主人)'이라고 했다. 그 이유는 이곳 경문에서 '주인(主人)'이라고 했기 때문에 경문에 따라 '주인(主人)'이라고 한 것이니, 여기에서 말하는 '주(主)' 또한 수장이 된 자를 가리킨다. 또 이곳 주석에서는 유사(有司)를 군리(群吏)라고 여겼는데, 『의례』「특생궤식례(特牲饋食禮)」편을 살펴보면 유사를 사의 휘하에 있는 속리(屬吏)라고 하여 동일하지 않다. '군리(群吏)'라고 말하면 부(府)·이(吏)·서(胥)·도(徒)를 뜻하고, '속리(屬吏)'라고 말하면 군주가 임명한 사를 뜻한다. 이러한 까닭으로 아래문장에서는 "관례의 진행을 돕는 자에게 찾아가 알린다."라고 말했는데, 정현의 주에서는 "빈객 및 다른 관리에게 속한 자들로 중사나 하사를 뜻한다."라고 한 것이다. 또 주인에게 속하며 의례의 진행을 돕는 자에 대해서도 "그 휘하에 있는 중사나 하사를 뜻한다."라고 했으니, 이것은 속(屬)이라고 말한 것이 존귀한 뜻이 됨을 의미한다. 「특생궤식례」편에서 "유사는 사의 속리이다."라고 했던 말 또한 그 비슷한 부류이다. 「특생궤식례」편에는 유사라는 말 앞에 '자성(子姓)'이라는 기록이 나오는데, 이곳에는 이러한 기록이 없다. 「특생궤식례」편에서 말하는 내용은 제사에 대한 것으로 그 사안이 중대하기 때문에 자손들이 모두 찾아오는 것이다. 그런데 이곳에서 말한 내용은 관례에 대한 사안으로 비교적 덜 중요하기 때문에 오지 않는 자들 또한 허용하고자 해서 언급하지 않은 것이다.

경문 筵與席·所卦者, 具饌于西塾.

번역 시초와 자리 및 괘를 그리는 것들은 서쪽 숙(塾)에 모두 진열해둔다.

鄭注 筮, 所以問吉凶, 謂蓍也. 所卦者, 所以畫地記爻, 易曰: "六畫而成卦." 饌, 陳也. 具, 俱也. 西塾, 門外西堂也.

번역 '서(筮)'는 길흉을 묻는 것이니 시초를 뜻한다. '소괘(所卦)'는 바닥에 그림을 그려서 효를 기록하는 것이니, 『역』에서는 "여섯 획으로 괘를 이룬다."[35]라고 했다. '찬(饌)'자는 진열한다는 뜻이다. '구(具)'자는 모두라는 뜻이다. '서숙(西塾)'은 문밖의 서쪽 당을 뜻한다.

賈疏 ●"筮與"至"西塾". ○釋曰: 下云"布席于門中闑西閾外", 彼據筮. 此云西塾, 據陳處.

번역 ●經文: "筮與"~"西塾". ○아래문장에서 "문의 가운데에서 얼(闑)의 서쪽이자 역(閾)의 바깥에 자리를 편다."라고 했는데, 이것은 시초점을 기준으로 말한 것이다. 이곳에서 '서숙(西塾)'이라고 한 것은 진열하는 장소를 기준으로 말한 것이다.

賈疏 ◎注"筮所"至"堂也". ○釋曰: "筮, 所以問吉凶, 謂蓍也"者, 按曲禮云: "龜爲卜, 策爲筮." 故知問吉凶謂蓍. 按易筮法用四十九蓍, "分之爲二以象兩, 掛一以象三, 揲之以四以象四時, 歸奇于扐以象閏", "十有八變而成卦", 是也. 云"所卦者, 所以畫地記爻"者, 筮法, 依七八九六之爻而記之, 但古用木畫地, 今則用錢. 以三少爲重錢, 重錢則九也. 三多爲交錢, 交錢則六也. 兩多一少爲單錢, 單錢則七也. 兩少一多爲拆錢, 拆錢則八也. 按少牢云: "卦者在左坐, 卦以木." 故知古者畫卦以木也. 云"易曰六畫而成卦"者, 說卦文, 彼云: "昔者聖人之作易也, 將以順性命之理, 是以立天之道曰陰與陽, 立地之道曰

---

35) 『역』「설괘전(說卦傳)」: 昔者聖人之作易也, 將以順性命之理. 是以立天之道曰陰與陽, 立地之道曰柔與剛, 立人之道曰仁與義. 兼三才而兩之, 故易<u>六畫而成卦</u>, 分陰分陽, 迭用柔剛, 故易六位而成章.

柔與剛, 立人之道曰仁與義. 兼三才而兩之, 故易六畫成卦." 注云: 三才, 天·地·人之道, 六畫, 畫六爻. 引之者, 證畫地識爻之法. 云"西塾, 門外西堂也"者, 按爾雅云: "門側之堂謂之塾." 即士虞禮云"羞燔俎在內西塾上, 南順", 是也. 筮在門外, 故知此經西塾門外西堂也.

번역 ◎鄭注: "筮所"~"堂也". ○정현이 "'서(筮)'는 길흉을 묻는 것이니 시초를 뜻한다."라고 했는데, 『예기』「곡례(曲禮)」편을 살펴보면 "거북껍질로는 거북점을 치고, 시초로는 시초점을 친다."[36]라고 했다. 그렇기 때문에 길흉을 묻는 것이 시초를 뜻한다는 사실을 알 수 있다. 『역』을 살펴보면 시초점을 치는 방법에 있어서 49개의 시초를 사용하여, "둘로 나누어 양의를 본뜨고, 하나를 걸어 삼재를 본뜨며, 네 개씩 세어서 사시를 본뜨고, 손가락 사이에 끼워서 윤달을 본뜬다."라고 했고, "18번 변하여 괘를 이룬다."[37]라고 했다. 정현이 "'소괘(所卦)'는 바닥에 그림을 그려서 효를 기록하는 것이다."라고 했는데, 시초점을 치는 방법에서는 7·8과 9·6의 효에 따라 기록하며, 고대에는 나무를 이용해서 바닥에 그림을 그렸고, 지금은 동전을 사용한다. 셋 모두 적은 것을 중전(重錢)으로 삼으니 중전은 9에 해당한다. 셋 모두 많은 것을 교전(交錢)으로 삼으니 교전은 6에 해당한다. 둘은 많고 하나가 적은 것은 단전(單錢)으로 삼으니 단전은 7에 해당한다. 둘은 적고 하나가 많은 것은 탁전(拆錢)으로 삼으니 탁전은 8에 해당한다. 『의례』「소뢰궤식례(少牢饋食禮)」편을 살펴보면 "괘를 그리는 자는 좌측 자리에 있으며 나무로 괘를 그린다."라고 했다. 그러므로 고대에는 괘를 그릴 때 나무를 사용했음을 알 수 있다. 정현이 "『역』에서는 '여섯 획으로 괘를 이룬다.'"라고 했는데, 이것은 『역』「설괘전(說卦傳)」의 기록으로, 「설괘전」에서는 "옛날 성인이 『역』을 지은 것은 성명의 이치에 따르기 위해서이다. 이러한 까닭으로 하늘의 도를 세워 음과 양이라 했고, 땅의 도를 세워 유와 강이라고 했으며, 사람의 도를

---

36) 『예기』「곡례상(曲禮上)」【42c】 : 龜爲卜, 筴爲筮. 卜筮者, 先聖王之所以使民信時日, 敬鬼神, 畏法令也, 所以使民決嫌疑, 定猶與也. 故曰, "疑而筮之, 則弗非也, 日而行事, 則必踐之."

37) 『역』「계사상(繫辭上)」 : 是故四營而成易, 十有八變而成卦.

세워 인과 의라고 했다. 삼재를 겸하여 두 번 했기 때문에 『역』은 여섯 획으로 괘를 이룬다."라고 했고, 주에서는 삼재(三才)는 하늘·땅·사람의 도를 뜻하고, 여섯 획은 여섯 효를 그린 것이라고 했다. 이 문장을 인용한 것은 땅에 그림을 그려 효를 식별하는 방법을 증명하기 위해서이다. 정현이 "'서숙(西塾)'은 문밖의 서쪽 당을 뜻한다."라고 했는데, 『이아』를 살펴보면 "문 측면에 있는 당을 '숙(塾)'이라고 부른다."[38]라고 했으니, 『의례』「사우례(士虞禮)」편에서 "구운 고기를 담은 도마는 안의 서쪽 숙(塾)에 놓아두되 남쪽을 향하도록 세로로 둔다."라고 한 곳을 가리킨다. 시초점은 묘문 밖에서 치기 때문에 이곳 경문에서 말한 서숙(西塾)이 문밖의 서쪽 당에 해당함을 알 수 있다.

경문 布席于門中, 闑西閾外, 西面.

번역 자리는 문의 가운데에 설치하는데 중앙의 말뚝 서쪽과 문턱 바깥으로 두며 서쪽을 향하도록 한다.

鄭注 闑, 門橛. 閾, 閫也. 古文闑爲槷, 閾爲蹙.

번역 '얼(闑)'은 문 중앙에 있는 말뚝이다. '역(閾)'은 문턱을 뜻한다. 고문에서는 '얼(闑)'자를 얼(槷)자로 기록했고, '역(閾)'자를 척(蹙)자로 기록했다.

賈疏 ●"布席"至"西面". ○釋曰: 此所布之席擬卜筮之事. 言在"門中"者, 以大分言之. 云"闑西閾外"者, 指陳席處也.

번역 ●經文: "布席"~"西面". ○이곳에서 자리를 설치하는 것은 점치는 일에 견주어서 한다. "문의 중앙에서 한다."라고 말한 것은 대략적으로 말한 것이다. "중앙의 말뚝 서쪽과 문턱 바깥으로 둔다."라고 한 말은 자리 펼치는 곳을 가리켜서 말한 것이다.

---

38) 『이아』「석궁(釋宮)」: 門側之堂謂之塾.

賈疏 ◎注"閾門"至"爲閾". ○釋曰: 云"闑, 門橛"者, 闑, 一名橛也. 云"閾, 閫也"者, 曲禮云"外言不入于閫", 閫, 門限, 與閾爲一也. 云"古文闑爲槷, 閾爲蹙"者, 遭于暴秦, 燔滅典籍, 漢興, 求錄遺文之後, 有古書·今文. 漢書云: 魯人高堂生爲漢博士, 傳儀禮十七篇. 是今文也. 至武帝之末, 魯恭王壞孔子宅, 得古儀禮五十六篇, 其字皆以篆書, 是爲古文也. 古文十七篇與高堂生所傳者同, 而字多不同, 其餘三十九篇絶無師說, 秘在於館. 鄭注禮之時, 以今·古二字並之. 若從今文不從古文, 卽今文在經, 闑閾之等是也, 於注內疊出古文, 槷蹙之屬是也. 若從古文不從今文, 則古文在經, 注內疊出今文, 卽下文"孝友時格", 鄭注云: "今文格爲嘏." 又喪服注"今文無冠布纓"之等是也. 此注不從古文槷蹙者, 以槷蹙非門限之義, 故從今不從古也. 儀禮之內, 或從今, 或從古, 皆逐義强者從之. 若二字俱合義者, 則互挽見之, 卽下文云"壹揖壹讓升", 注云: "古文壹皆作一." 公食大夫"三牲之肺不離贊者辯取之一以授賓", 注云: "古文一爲壹." 是大小注皆疊. 今古文二者俱合義, 故兩從之. 又鄭疊古今之文者, 皆釋經義盡乃言之. 若疊今古之文說, 須別釋餘義者, 則在後乃言之, 卽下文"孝友時格" 注云"今文格爲嘏", 又云"凡醮不祝"之類是也. 若然, 下記云"章甫殷道", 鄭云: "章, 明也. 殷質, 言以表明丈夫也. 甫, 或爲父, 今文爲斧." 事相違, 故因疊出今文也.

번역 ◎鄭注: "閾門"～"爲閾". ○정현이 "'얼(闑)'은 문 중앙에 있는 말뚝이다."라고 했는데, '얼(闑)'의 다른 명칭은 '궐(橛)'이다. 정현이 "'역(閾)'은 문턱을 뜻한다."라고 했는데, 『예기』「곡례(曲禮)」편에서는 "집밖의 말이 곤(閫)으로 들어와서는 안 된다."[39]라고 했는데, 곤(閫)은 문턱을 뜻하니 '역(閾)'과 동일한 것이다. 정현이 "'얼(闑)'자를 얼(槷)자로 기록했고, '역(閾)'자를 척(蹙)자로 기록했다."라고 했는데, 난폭한 진나라를 만나 경전이 불타 없어졌고, 한나라가 흥성한 뒤 남아있던 기록을 구하여 기록한 이후에야 고문으로 기록된 서적과 금문으로 기록된 서적이 생겨났다. 『한서』에서는 노나라 고당생은 한나라의 박사가 되어 『의례』 17편을 전수하였다고 했는데, 이것은 금문경전에 해당한다. 그리고 무제 말기에 이르면 노나라 공왕이 공자

39) 『예기』「곡례상(曲禮上)」【23d】: 外言不入於梱, 內言不出於梱.

의 가택을 허물다가 고문으로 된 『의례』 56편을 얻었다고 했는데, 그 글자는 모두 전서로 기록되어 있었다고 하니, 이것은 고문경전에 해당한다. 고문경전 중 17개 편은 고당생이 전수한 금문경전의 내용과 동일하지만 글자가 대부분 달랐고, 나머지 39개 편은 사설이 끊겨 창고에 숨겼다. 정현이 『예』에 대해 주석을 작성했을 때에는 금문과 고문을 아울렀다. 만약 금문의 기록을 따르고 고문의 기록을 따르지 않았을 때에는 금문이 경문에 기록된 것으로 얼(闑)이나 역(閾) 등의 기록이 그에 해당하며, 주에서는 고문을 함께 기술했으니 얼(槷)이나 척(蹙) 등의 기록이 그에 해당한다. 만약 고문을 따르고 금문을 따르지 않는 경우라면, 고문이 경문에 기록된 것이고, 주에서는 금문을 함께 기술했으니 아래문장에서 '효우시격(孝友時格)'이라고 했고 정현의 주에서 "금문에서 격(格)은 하(嘏)이다."라고 했으며, 또 『의례』「상복(喪服)」편의 주에서 "금문에는 관포영(冠布纓)이라는 말이 없다."라고 한 등의 기록이 그에 해당한다. 이곳 주석에서는 고문의 얼(槷)이나 축(蹙)을 따르지 않았는데, 얼(槷)이나 축(蹙)은 문지방을 뜻하는 말이 아니기 때문에 금문을 따르고 고문을 따르지 않은 것이다. 『의례』의 기록 중에는 어떤 것은 금문에 따르고 어떤 것은 고문에 따랐는데, 이 모두는 의미상 더 적합한 것에 따라 기록한 것이다. 만약 두 글자 모두 뜻에 부합하는 경우라면 상호 이끌어 그것을 드러냈으니, 아래문장에서 '일읍일양승(壹揖壹讓升)'이라고 했고, 정현의 주에서는 "고문에서는 일(壹)자를 모두 일(一)자로 기록했다."라고 했으며, 『의례』「공사대부례(公食大夫禮)」편에서는 "세 희생물의 폐는 떨어트리지 않고 의례의 진행을 돕는 자가 그 중 하나를 구별해서 빈객에게 준다."라고 했고, 정현의 주에서 "고문에서 일(一)은 일(壹)이다."라고 했으니, 대다수의 주들이 모두 함께 기록하고 있다. 이것은 금문과 고문 두 글자 모두 뜻에 부합하기 때문에 둘 모두를 따른 것이다. 또 정현이 고문과 금문을 함께 기록했을 때에는 모든 경우 경문의 뜻을 설명하는 일이 다 끝난 뒤에 언급했다. 만약 금문과 고문의 함께 설명할 때 별도로 다른 의미를 해설해야 하는 경우라면, 그 뒤에 언급을 했으니, 아래문장에서 '효우시격(孝友時格)'이라고 한 기록에 대해 주에서 "금문에서 격(格)은 하(嘏)이다."라고 말하고, 또 "무릇 초(醮)를 할 때에는 축문을 하지 않는다."라고 한 부류가 이러한 경우에 해당한다. 그렇다면 아래 기문에서 "장보(章甫)를 쓰는 것은 은나라 때의 도이다."라고 했고, 정현은 "장(章)은 밝힌다는 뜻이다. 은나라는 질박하였으니, 이를 통해 남자임을 표명한다는 뜻이다. '보(甫)'자는 보(父)자로도 기록하는데 금문에서는 '부(斧)'이다."라고 했다. 그 사안이 서로 위배되기 때문에 그것으로 인해 금문도 함께 기술한 것이다.

경문 筮人執筴, 抽上韇, 兼執之, 進受命於主人.

번역 시초점을 치는 자는 시초 담은 통을 잡고 상단 뚜껑을 뽑아서 함께 쥐고서 나아가 주인으로부터 명령을 받는다.

鄭注 筮人, 有司主三易者. 韇, 藏筮之器. 今時藏弓矢者謂之韇丸也. 兼, 幷也. 進, 前也, 自西方而前. 受命者, 當知所筮也.

번역 '서인(筮人)'은 유사 중 『삼역』을 담당하는 자이다. '독(韇)'은 시초를 보관하는 기구이다. 오늘날에는 활과 화살을 보관하는 것을 '독환(韇丸)'이라고 부른다. '겸(兼)'자는 함께[幷]라는 뜻이다. '진(進)'자는 앞으로 간다는 뜻으로, 서쪽에서 앞으로 나아가는 것이다. 명령을 받는 것은 시초점을 쳐야 하는 내용에 대해 알아야 하기 때문이다.

賈疏 ●"筮人"至"主人". ○釋曰: 此經所陳, 據筮時之事. 按少牢云: 史"左執筮, 右抽上韇·兼與筮執之, 東面受命于主人". 得主人命訖, "史曰: 諾. 西面于門西, 抽下韇, 左執筮, 右兼執韇以擊筮". 乃立筮. 此云筴, 彼云筮, 一也. 但筮法不殊, 此亦應不異. 少牢具陳, 此不言者, 文不具, 當與彼同. 按三正記, 大夫蓍五尺, 故立筮; 士之蓍三尺, 當坐筮. 與彼異也.

번역 ●經文: "筮人"~"主人". ○이곳 경문에서 진술한 내용은 시초점을 치는 때의 일들을 기준으로 한 말이다. 『의례』「소뢰궤식례(少牢饋食禮)」편을 살펴보면 사관은 "좌측 손으로 시초 담은 통을 잡고 우측 손으로 상단 뚜껑을 뽑아서 시초와 함께 쥐고 동쪽을 바라보며 주인에게 명령을 받는다."

라고 했다. 주인에게 명령 받는 일이 끝나면 "사관은 알았다고 말한다. 그리고 문의 서쪽에서 서쪽을 바라보며 하단의 통을 뽑아 좌측 손으로 산가지를 잡으며 우측 손으로 통을 함께 들고서 시초를 두드린다."라고 했다. 그리고서는 서서 시초점을 친다고 했다. 이곳에서는 '협(筴)'이라고 했고 「소뢰궤식례」편에서는 '서(筮)'라고 했는데 동일한 사물을 뜻한다. 다만 시초점을 치는 방법은 차이가 없으니 이곳의 방법 또한 차이가 없어야 한다. 「소뢰궤식례」편에서는 모두 진술하였는데, 이곳에서 이러한 사실을 정확히 언급하지 않은 것은 문장을 자세히 기록하지 않아도 「소뢰궤식례」편의 내용과 동일하기 때문이다. 『삼정기』를 살펴보면 대부의 시초는 그 길이가 5척이라고 했다. 그렇기 때문에 서서 시초점을 치는 것이다. 사의 시초는 그 길이가 3척이니 마땅히 앉아서 시초점을 쳐야 한다. 그래서 「소뢰궤식례」편과 차이를 보이는 것이다.

賈疏 ◎注"筮人"至"筮也". ○釋曰: 按周禮·春官: "筮人掌三易: 一曰連山, 二曰歸藏, 三曰周易." 注云: "問蓍曰筮, 其占易." 是筮人主三易者也. 云"韇, 藏筴之器"者, 韇有二, 其一從下向上承之, 其一從上向下韜之也. 云"今時藏弓矢者謂之韇丸也"者, 此擧漢法爲況, 亦欲見韜弓矢者以皮爲之, 故詩云"象弭魚服", 是以魚皮爲矢服, 則此韇亦用皮也. 知"自西方而前"者, 上云"卽位于西方", 故知前向東方受命也. 云"受命者, 當知所筮也"者, 謂執之不知以請筮何事, 宰遂命之也. 凡卜筮之法, 按洪範云: "七稽疑, 擇建立卜筮人, 三人占, 從二人之言". 又按尙書·金縢云: "乃卜三龜, 一習吉." 則天子·諸侯卜時三龜並用, 于玉·瓦·原三人各占一兆也. 筮時, 連山·歸藏·周易亦三易並用. 夏殷以不變爲占, 周易以變者爲占, 亦三人各占一易, 筮皆三占從二. 三者, 三吉爲大吉, 一凶爲小吉, 三凶爲大凶, 一吉爲小凶. 按士喪禮筮宅, "卒筮, 執卦以示命筮者, 命筮者受視, 反之, 東面, 旅占". 注云: "旅, 衆也. 反與其屬共占之, 謂掌連山·歸藏·周易者." 又卜葬日云: "占者三人在其南." 注云: "占者三人, 掌玉兆·瓦兆·原兆者也." 少牢, 大夫禮, 亦云三人占. 鄭旣云反與其屬占之, 則鄭意大夫卜筮同用一龜·一易, 三人共占之矣. 其用一龜·一易, 則三代顆用, 不專一代. 故春秋緯演孔圖云: "孔子脩春秋, 九月而成. 卜之, 得陽豫之卦." 宋均注云: "陽豫, 夏殷之卦名." 故今周易無文. 是孔子用異代之筮. 則大夫卜筮, 皆不常據一代者也.

번역 ◎鄭注: "筮人"~"筮也". ○『주례』「춘관(春官)」을 살펴보면 "서인(筮人)은 『삼역』을 담당하니, 첫 번째는 『연산』이고 두 번째는 『귀장』이며 세 번째는 『주역』이다."라고 했고, 주에서는 "시초를 통해 묻는 것을 서(筮)라고 부르며 그 점괘는 『역』에 나온다."라고 했다. 이것은 서인이 『삼역』을 담당하는 자임을 나타낸다. 정현이 "'독(韇)'은 시초를 보관하는 기구이다."라고 했는데, 독(韇)에는 두 가지가 있다. 그 중 하나는 밑에서부터 위로 되어 있어서 시초를 담는 것이고, 다른 하나는 위로부터 아래로 되어 있어 시초를 덮는 것이다. 정현이 "오늘날에는 활과 화살을 보관하는 것을 '독환(韇丸)'이라고 부른다."라고 했는데, 이것은 한나라의 법도를 제시하여 비유한 것이니, 활과 화살을 감싸는 것처럼 가죽으로 만들게 됨을 드러내고자 했던 것이다. 그렇기 때문에 『시』에서는 "상아로 만든 활끝이며 어로 만든 화살통이로다."[40]라고 했는데, 어의 가죽으로 화살통을 만든다면 여기에서 말한 독(韇) 또한 가죽으로 만든 것이다. 정현이 "서쪽에서 앞으로 나아가는 것이다."라고 했는데, 이 말이 사실임을 알 수 있는 이유는 앞에서 "서쪽에 나아가 위치한다."라고 했다. 그렇기 때문에 앞으로 향해 동쪽으로 나아가 명령을 받게 됨을 알 수 있다. 정현이 "명령을 받는 것은 시초점을 쳐야 하는 내용에 대해 알아야 하기 때문이다."라고 했는데, 시초를 들고 있는 자는 그 이유를 알 수 없어서 무슨 일로 인해 시초점을 치느냐고 청해 물으면, 가신의 수장이 그 내용에 대해 명령을 내려 알려준다는 뜻이다. 거북점과 시초점을 치는 방법에 대해서 『서』「홍범(洪範)」편을 살펴보면 "일곱 번째는 계의(稽疑)이니, 거북점과 시초점을 칠 사람을 가려서 세우고, 세 사람이 점을 치면 두 사람의 말을 따른다."[41]라고 했다. 또 『서』「금등(金縢)」편을 살펴보면 "이에

---

40) 『시』「소아(小雅)·채미(采薇)」: 駕彼四牡, 四牡騤騤. 君子所依, 小人所腓. 四牡翼翼, 象弭魚服. 豈不日戒, 玁狁孔棘.

41) 『서』「주서(周書)·홍범(洪範)」: 七, 稽疑, 擇建立卜筮人, 乃命卜筮. 曰雨, 曰霽,

세 차례 거북점을 치게 하니 한결같이 길한 점괘가 거듭되었다."라고 했다. 따라서 천자와 제후가 거북점을 칠 때에는 세 차례 거북점 치는 것을 모두 사용하여, 옥(玉)·와(瓦)·원(原)에 대해 세 사람이 각각 하나의 갈라진 조짐으로 거북점을 친다. 시초점을 칠 때에는 『연산』·『귀장』·『주역』에 대해서 『삼역』을 모두 사용한다. 하나라와 은나라 때에는 변하지 않는 것을 점으로 여겼는데, 『주역』에서는 변하는 것을 점으로 여겼으니, 이에 대해서도 세 사람이 각각 한 가지 『역』에 대해 점을 치고, 시초점에서는 세 차례 점을 쳐서 동일한 두 가지 결과를 따르게 되어 있다. 세 차례 점을 쳐서 셋 모두 길한 점괘가 나오면 크게 길하다고 여기고, 하나가 흉하다고 나오면 조금 길하다고 여기며, 셋 모두 흉하다고 나오면 크게 흉하다고 여기고, 하나가 길하다고 나오면 조금 흉하다고 여긴다. 『의례』「사상례(士喪禮)」편을 살펴보면 무덤으로 쓸 장소에 대해 시초점을 칠 때, "시초점을 마치고 나온 괘를 가지고 시초점을 치라고 명령한 자에게 보여주며, 명령한 자는 그것을 받아서 살펴본 뒤에 다시 돌려주고 동쪽을 바라보며 여러 점치는 자들과 함께 길흉을 점친다."[42]라고 했고, 정현의 주에서는 "여(旅)는 무리를 뜻한다. 돌려주어 그 휘하에 있는 자들과 함께 점을 치니, 『연산』·『귀장』·『주역』을 담당하는 자들을 뜻한다."라고 했다. 또 장례를 치르는 날짜에 대해 거북점을 칠 때에는 "점치는 자 세 사람이 그 남쪽에 위치한다."라고 했고, 정현의 주에서는 "점치는 자 세 사람은 옥조(玉兆)·와조(瓦兆)·원조(原兆)를 담당하는 자들이다."라고 했다. 「소뢰궤식례」편의 내용은 대부의 예법에 해당하는데 여기에서도 세 사람이 점을 친다고 했다. 정현은 이미 돌려주어 그 휘하에 있는 자들과 점을 친다고 했으니, 정현의 생각은 대부가 거북점과 시초점을 칠

曰蒙, 曰驛, 曰克, 曰貞, 曰悔. 凡七, 卜五, 占用二, 衍忒. 立時人作卜筮, 三人占, 則從二人之言.

42) 『의례』「사상례(士喪禮)」: 筮宅. 冢人營之, 掘四隅, 外其壤. 掘中, 南其壤. 既朝哭, 主人皆往, 兆南, 北面, 免絰. 命筮者在主人之右. 筮者東面抽上韇, 兼執之, 南面受命. 命曰, "哀子某, 爲其父某甫筮宅, 度茲幽宅, 兆基, 無有後艱." 筮人許諾, 不述命, 右還, 北面, 指中封而筮. 卦者在左. 卒筮, 執卦以示命筮者. 命筮者受視, 反之. 東面, 旅占卒, 進告于命筮者與主人, "占之曰從." 主人絰, 哭, 不踊. 若不從, 筮擇如初儀. 歸, 殯前北面哭, 不踊.

때에는 모두 하나의 거북껍질과 하나의 『역』을 사용하고, 세 사람이 함께 그것에 대해 점을 친다고 여긴 것이다. 하나의 거북껍질로 점을 치고 하나의 『역』만으로 점을 친다면 삼대 때의 방법을 각각 사용하는 것이며 한 세대의 것만을 사용하는 것이 아니다. 그렇기 때문에 『춘추』의 위서인 『연공도』에서는 "공자가 『춘추』를 산정하여 9월이 되어서 완성하였다. 점을 쳐서 양예(陽豫)라는 괘를 얻었다."라고 했고, 송균의 주에서는 "'양예(陽豫)'는 하나라와 은나라 때의 괘명이다."라고 했다. 그러므로 지금의 『주역』에는 이러한 괘가 없는 것이다. 이것은 공자가 다른 세대의 시초점을 사용했다는 것을 나타내니, 대부가 거북점을 치고 시초점을 칠 때에도 모두 항상 한 세대의 방법만을 따르지 않았던 것이다.

경문 宰自右少退, 贊命.

번역 가신의 우두머리는 주인의 우측으로부터 조금 뒤로 물러나서 주인을 도와 명령을 전달한다.

鄭注 宰, 有司主政教者. 自, 由也. 贊, 佐也. 命, 告也. 佐主人告所以筮也. 少儀曰: "贊幣自左, 詔辭自右."

번역 '재(宰)'는 유사 중 정치와 교화를 담당하는 자이다. '자(自)'자는 "~로부터[由]"라는 뜻이다. '찬(贊)'자는 돕는다는 뜻이다. '명(命)'자는 알려준다는 뜻이다. 주인을 도와 점치는 이유에 대해 알려준다는 뜻이다. 『예기』「소의(少儀)」편에서는 "군주를 대신하여 폐물을 받는 자는 군주의 좌측에서 받고, 군주의 명령을 전달하는 자는 군주의 우측에서 한다."[43]라고 했다.

賈疏 ●"宰自"至"贊命". ◎注"宰有"至"自右". ○釋曰: 知宰是有司主政教者, 士雖無臣, 以屬吏爲宰, 若諸侯使司徒兼冢宰以出政教之類, 故云"主政教者". 引少儀者, 取證贊命在右之義, 以其地道尊右, 故贊命皆在右. 是以士

43) 『예기』「소의(少儀)」【440c】: 贊幣自左, 詔辭自右.

喪禮亦云: "命筮者在主人之右." 注云: "命尊者宜由右出." 特牲云: "宰自主人之左贊命." 不由右者, 爲神求吉變故也. 士喪在右不在左者, 以其始死, 未忍異于生, 故在右也. 少牢宰不贊命, 大夫尊屈, 士卑不嫌, 故使人贊命也.

번역 ●經文: "宰自"~"贊命". ◎鄭注: "宰有"~"自右". ○재(宰)가 유사 중 정치와 교화를 담당하는 자임을 알 수 있는 이유는 사에게는 비록 신하가 없지만 휘하의 하급 관리를 재(宰)로 삼으니, 마치 제후가 사도를 시켜 총재의 임무를 겸하게 해서 정치와 교화를 내리는 부류와 같다. 그렇기 때문에 "정치와 교화를 담당하는 자이다."라고 했다. 정현이 『예기』「소의(少儀)」편을 인용한 것은 도와서 명령을 전달하는 것을 우측에서 하는 뜻을 증명하기 위해서이니, 땅의 도에서는 우측을 높인다. 그렇기 때문에 도와서 명령을 전달하는 자들은 모두 우측에서 한다. 이러한 까닭으로 『의례』「사상례(士喪禮)」편에서도 "시초점을 치라고 명령하는 자는 주인의 우측에 위치한다."[44]라고 했고, 정현의 주에서는 "명령을 전달하는 것은 존귀한 일이므로 마땅히 우측으로부터 해야 한다."라고 했다. 또 『의례』「특생궤식례(特牲饋食禮)」편에서는 "재는 주인의 좌측으로부터 도와서 명령을 전달한다."[45]라고 하여 우측으로부터 한다고 하지 않았는데, 신에게 길흉을 구하기 때문이다. 사의 상례에서는 우측에 있고 좌측에 없는데, 어떤 자가 이제 막 죽었을 때 차마 생전과 차이를 둘 수 없기 때문에 우측에 있는 것이다. 『의례』「소뢰궤식례(少牢饋食禮)」편에서는 재가 도와서 명령을 전달하지 않는데, 대부는 존귀함을 낮추기 때문이며, 사는 미천하여 혐의를 받지 않기 때문에 다른 사람을 시켜 자신을 도와 명령을 전달하게 시킨다.

경문 筮人許諾, 右還, 即席坐, 西面, 卦者在左.

번역 시초점을 치는 자가 응낙을 하면 우측으로 몸을 돌려 자리로 나아가

---

44) 『의례』「사상례(士喪禮)」: 命筮者在主人之右.
45) 『의례』「특생궤식례(特牲饋食禮)」: 宰自主人之左贊命, 命曰, "孝孫某, 筮來日某, 諏此某事, 適其皇祖某子, 尙饗."

앉고 서쪽을 바라보며, 괘를 그리는 자는 그 좌측에 위치한다.

鄭注 卽, 就也. 東面受命, 右還北行就席. 卦者, 有司主畫地識爻者.

번역 '즉(卽)'자는 나아간다는 뜻이다. 동쪽을 바라보며 명령을 받고, 우측으로 몸을 돌려 북쪽으로 걸어가 자리로 나아가는 것이다. '괘자(卦者)'는 유사 중 바닥에 그림을 그려 효 표시하는 일을 담당하는 자이다.

賈疏 ●"筮人"至"在左". ○釋曰: 此言筮人於主人受命訖, 行筮事也. 但卽席坐西面者, 主人爲筮人而言作坐, 文宜在西面下. 今退西面于下者, 欲西面之文下就畫卦者, 亦西向故也.

번역 ●經文: "筮人"~"在左". ○이 문장은 시초점을 치는 자가 주인에게서 명령받는 일을 끝내고 시초점 치는 사안을 언급하고 있다. 다만 자리로 나아가 서쪽을 바라보는 것은 시초점 치는 자를 위주로 언급하여 자리에 앉는다고 했는데, 그 문장은 마땅히 서쪽을 바라본다는 구문 뒤로 와야 한다. 그런데 지금은 물러나 서쪽을 바라본다는 구문 뒤에 기록되어 있으니, 서쪽을 바라본다는 구문 뒤에서도 괘를 그리는 자에게 나아갈 때 서쪽을 향하게 됨을 드러내고자 했기 때문이다.

賈疏 ◎注"卽就"至"爻者". ○釋曰: 鄭知"東面受命"者, 以其上文有司在西方東面, 主人在門東西面, 今從門西東面, 主人之宰命之, 故東面受命可知也. 知"右還北行就席"者, 以其主人在門外之東南, 席在門中, 故知右還北行, 乃得西面就席坐也. 云"卦者, 有司主畫地識爻者", 上云所卦者, 謂於此云卦者, 據人以杖畫地, 記識爻之七八九六者也.

번역 ◎鄭注: "卽就"~"爻者". ○정현이 "동쪽을 바라보며 명령을 받는다."라고 했는데, 이 말이 사실임을 알 수 있는 이유는 앞의 문장에서 유사는 서쪽에서 동쪽을 바라본다고 했고, 주인은 문의 동쪽에서 서쪽을 바라본다고 했는데, 지금 문의 서쪽에서 동쪽을 바라보고 있다가 주인의 재가 명령을 했기 때문에 동쪽을 바라보며 명령을 받는다는 사실을 알 수 있다. 정현이 "우측으로 몸을 돌려 북쪽으로 걸어가 자리로 나아가는 것이다."라고 했는데, 이 말이 사실임을 알 수 있는 이유는 주인은 문밖의 동남쪽에 있고 그 자리는 문의 가운데 있다. 그렇기 때문에 우측으로 돌아 북쪽으로 향하게 되면 서쪽을 바라보며 자리로 나아가 앉을 수 있다. 정현이 "'괘자(卦者)'는 유사 중 바닥에 그림을 그려 효 표시하는 일을 담당하는 자이다."라고 했는데, 앞에서 '소괘자(所卦者)'라고 한 사람은 곧 이곳에서 말한 '괘자(卦者)'에 해당하니, 사람이 장대를 가지고 바닥에 그림을 그려 효가 7·8·9·6에 해당함을 기록하는 것에 기준을 둔 것이다.

경문 卒筮, 書卦, 執以示主人.

번역 시초점 치는 일을 마치면 괘를 그리고, 그것을 들고 가서 주인에게 보여준다.

鄭注 卒, 已也. 書卦者, 筮人以方寫所得之卦.

번역 '졸(卒)'자는 마친다는 뜻이다. 괘를 그렸다는 것은 시초점 치는 자가 나무판에 점을 쳐서 얻은 괘를 그린 것이다.

賈疏 ●"卒筮"至"主人". ○釋曰: 此言所筮六爻俱了, 卦體得成, 更以方版畫體示主人之事也.

번역 ●經文: "卒筮"~"主人". ○이곳 문장은 시초점을 쳐서 여섯 개의 효를 모두 얻어 괘의 몸체가 완성되면 재차 나무판에 괘의 몸체를 그려서 주인에게 보여주는 일을 언급하고 있다.

賈疏 ◎注"卒已"至"之卦". ○釋曰: 云"書卦者筮人"者, 下文云"筮人還東面旅占", 明此書卦是筮人也. 不使他人書卦者, 筮人尊卦, 亦是尊蓍龜之道也. 按特牲云: "卒筮, 寫卦, 筮者執以示主人." 注云: "卦者主畫地識爻, 六爻備,乃以方版寫之." 則彼寫卦亦是卦者. 故鄭云卦者畫爻者. 彼爲祭禮, 吉事尙提提, 故卦者寫卦, 筮人執卦以示主人. 士喪禮注云: "卦者寫卦示主人." 經無寫卦之文, 是卦者自畫示主人. 以其喪禮遽于事, 故卦者自畫自示主人也. 此冠禮, 筮者自爲自示主人, 冠禮異于祭禮·喪禮故也.

번역 ◎鄭注: "卒已"~"之卦". ○'서괘자서인(書卦者筮人)'이라고 했는데, 그 뒤의 문장에서는 "시초점을 치는 자가 방향을 돌려 동쪽을 바라보며 나머지 점치는 자와 점을 친다."라고 했으니, 여기에서 괘를 기록한 것도 시초점을 치는 자에 해당함을 나타낸다. 다른 사람을 시켜 괘를 그리도록 하지 않는 것은 시초점을 치는 자는 괘를 존귀하게 여기니, 이것은 또한 시초와 거북껍질의 도를 존귀하게 높이는 것이다. 『의례』「특생궤식례(特牲饋食禮)」편을 살펴보면 "시초점 치는 일을 마치면 괘를 그려서 시초점 치는 자가 그것을 들고 주인에게 보여준다."[46]라고 했고, 정현의 주에서는 "괘를 그리는 자는 바닥에 그림을 그려 효 표시하는 일을 담당하고, 여섯 효가 모두 그려지면 나무판에 그것을 그린다."라고 했는데, 「특생궤식례」편에서 '사괘(寫卦)'를 한다는 것은 또한 괘자(卦者)가 하는 일이다. 그렇기 때문에 정현은 괘자(卦者)가 효를 그린다고 말한 것이다. 「특생궤식례」편의 내용은 제례에 해당하고, 길한 일에서는 차분하게 하는 것을 숭상한다. 그렇기 때문에 괘자가 괘를 그리는 것이며, 시초점을 치는 자가 괘 그린 것을 들고 가서 주인에게 보여주는 것이다. 『의례』「사상례(士喪禮)」편의 주에서는 "괘자가 괘를 그려서 주인에게 보여준다."라고 했다. 경문에서는 괘를 그린다는 기록이 없는데, 이것은 괘자가 직접 괘를 그려서 주인에게 보여준다는 사실을 나타낸다. 상례는 그 사안을 치를 때 급급하기 때문에 괘자가 직접 그림을 그려서 직접 주인에게 보여주는 것이다. 이곳에서 말하는 내용은 관례에 해당하는데, 시초점을 치는 자가 직접 주인에게 보여주는 것은 관례는 제례나 상례와는 다르기 때문이다.

46) 『의례』「특생궤식례(特牲饋食禮)」: 卒筮, 寫卦. 筮者執以示主人.

경문 主人受眡, 反之.

번역 주인이 받아서 살펴본 뒤에 다시 돌려준다.

鄭注 反, 還也.

번역 '반(反)'자는 돌려준다는 뜻이다.

賈疏 ●"主人受眡反之". ○釋曰: 此筮訖, 寫所得卦示主人. 主人受得省視, 雖未辨吉凶, 主人尊, 先受視以知卦體而已. 主人旣知卦體, 反還與筮人, 使人知其占吉凶也.

번역 ●經文: "主人受眡反之". ○이것은 시초점 치는 일이 끝나면 얻은 괘를 그려서 주인에게 보여주는 것을 뜻한다. 주인은 그것을 받아서 살펴보는데, 비록 길흉을 판별하지 못하지만 주인은 존귀하기 때문에 먼저 받아서 살펴보고 괘의 몸체가 어떻게 나왔는가를 인지할 따름이다. 주인이 이미 괘의 몸체가 어떻게 나왔는지 알게 되었다면 다시 시초점 치는 자에게 돌려주어, 그로 하여금 길흉에 대한 점괘를 파악하도록 시킨다.

경문 筮人還, 東面旅占, 卒, 進告吉.

번역 시초점 치는 자는 되돌아와 동쪽을 바라보며 휘하의 자들과 함께 점괘를 파악하고, 그것을 마치면 나아가 길한 점괘가 나왔음을 아뢴다.

鄭注 旅, 衆也. 還與其屬共占之. 古文旅作臚也.

번역 '여(旅)'자는 무리를 뜻한다. 되돌아와 자기 휘하에 있는 자들과 함께 길흉을 점친다. 고문에서는 '여(旅)'자를 여(臚)자로 기록했다.

賈疏 ●"筮人"至"告吉". ○釋曰: 此言筮人旣於主人受得卦體, 還于門西東面, 旅共占之, 是吉卦, 乃進向門東, 東面告主人云: 吉也.

번역 ●經文: "筮人"~"告吉". ○이곳 문장은 주인이 나무판을 받아 괘의 몸체가 어떻게 나왔는지 살펴보고 시초점을 치는 자에게 돌려주면 다시 문의 서쪽으로 되돌아와 동쪽을 바라보며 자기 휘하의 무리들과 함께 길흉을 점치는데, 그것이 길한 괘가 나왔다면, 곧 문의 동쪽을 향해 나아가 동쪽을 바라보며 주인에게 고하길, "길한 점괘입니다."라고 말한다는 사실을 나타내고 있다.

경문 若不吉, 則筮遠日, 如初儀.

번역 만약 불길한 점괘가 나왔다면 열흘 이후의 날짜에 대해 시초점을 치는데, 처음 점칠 때의 예법처럼 한다.

鄭注 遠日, 旬之外.

번역 '원일(遠日)'은 10일 이후의 날짜를 뜻한다.

賈疏 ●"若不"至"初儀". ○釋曰: 曲禮"吉事先近日", 此冠禮是吉事, 故先筮近日. 不吉, 乃更筮遠日. 是上旬不吉, 乃更筮中旬; 又不吉, 乃更筮下旬. 云"如初儀"者, 自"筮于廟門"已下至"告吉", 是也.

번역 ●經文: "若不"~"初儀". ○『예기』「곡례(曲禮)」편에서는 "길사(吉事)에서는 가까운 날에 대해서 먼저 점친다."[47]라고 했는데, 이곳에서 말한 관례는 길사에 해당한다. 그렇기 때문에 먼저 가까운 날짜에 대해 시초점을 친 것이다. 불길하다는 점괘가 나온다면 다시 먼 날에 대해서 시초점을 친다. 이것은 상순경이 불길하다는 점괘가 나오면 재차 중순경에 대해 시초점을 치고, 재차 불길하다는 점괘가 나오면 다시 하순경에 대해 시초점을 친다는 뜻이다. "처음 점칠 때의 예법처럼 한다."라고 했는데, '서우묘문(筮于廟門)'

---

47) 『예기』「곡례상(曲禮上)」【42a】: 凡卜筮日, 旬之外曰遠某日, 旬之內曰近某日. 喪事先遠日, 吉事先近日.

이라고 한 구문으로부터 '고길(告吉)'까지의 내용대로 한다는 뜻이다.

賈疏 ◎注"遠日旬之外". ○釋曰: 曲禮云: "旬之內曰近某日, 旬之外曰遠某日." 彼據吉禮而言. 旬之內曰近某日, 據士禮旬內筮, 故云近某日, 是以特牲旬內筮日是也. 旬之外曰遠某日者, 據大夫以上禮旬外筮, 故言遠某日, 是以少牢筮旬有一日是也. 按少牢云: "若不吉, 則及遠日, 又筮日如初." 鄭注云: "及, 至也. 遠日後丁若後己." 言至遠日, 又筮日如初, 明不并筮, 則前月卜來月之上旬, 上旬不吉; 至上旬, 又筮中旬, 中旬不吉; 至中旬, 又筮下旬; 下旬不吉則止, 不祭祀也. 若然, 特牲不言及, 則可上旬之內筮, 不吉則預筮中旬, 中旬不吉, 又預筮下旬, 又不吉則止. 若此冠禮亦先近日, 士冠禮亦于上旬之內預筮三旬, 不吉則更筮後月之上旬. 以其祭祀用孟月, 不容入他月. 若冠子, 則年已二十不可止, 然須冠, 故容入後月也. 若然, 大夫已上筮旬外, 士筮旬內. 此士禮, 而注云"遠日, 旬之外"者, 此遠日旬之外, 自是當月上旬之內筮不吉, 更筮中旬. 云遠日, 非謂曲禮文. 大夫以上, 前月預筮來月上旬爲遠某日者, 彼自有遠日, 與此別也.

번역 ◎鄭注: "遠日旬之外". ○『예기』「곡례(曲禮)」편에서는 "해당 하는 날이 열흘 이후의 날에 해당한다면, '먼 어느 날'이라고 부르며, 열흘 이내의 날에 해당한다면, '가까운 어느 날'이라고 부른다."라고 했는데, 「곡례」편의 내용은 길사에 기준을 둔 말이다. "열흘 이내의 날에 해당한다면, '가까운 어느 날'이라고 부른다."라고 했는데, 이것은 사의 예법에서 10일 이내의 날짜에 대해 시초점으로 정하는 것에 근거한 말이다. 그렇기 때문에 '가까운 어느 날'이라고 불렀다. 이러한 까닭으로 『의례』「특생궤식례(特牲饋食禮)」편에서 10일 이내의 날짜에 대해 시초점을 쳤던 것이다. "열흘 이후의 날에 해당한다면, '먼 어느 날'이라고 부른다."라고 했는데, 이것은 대부 이상의 계층이 따르는 예법에서 10일 이후의 날짜에 대해 시초점을 치는 것에 근거한 말이다. 그렇기 때문에 '먼 어느 날'이라고 불렀다. 이러한 까닭으로 『의례』「소뢰궤식례(少牢饋食禮)」편에서는 11일 이후의 날에 대해 시초점을 친다고 한 것이다. 「소뢰궤식례」편을 살펴보면 "만약 불길하다는 점괘가 나오면 10일 뒤에 재차 그 날짜에 대해 시초점을 치며 처음처럼 한다."라고 했고, 정현의 주에서는 "급(及)자는 ~에 이르다는 뜻이다. 10일 이후 간지에서 정(丁)이나 기(己)가 들어가는 날이다."라고 했다. 즉 10일 뒤에 재차 그 날짜에 대해 시초점을 치며 처음에 했던 것처럼 치니, 이것은 한꺼번에 시초점을 재차 치지 않는다는 사실을 나타내며, 이전 달에 그 다음 달 상순경에 대해 점을 쳤는데, 상순경이 불길하다는 점괘가 나왔다면 다음 달 상순경이 되었을 때 재차 그 달 중순경에 대해 점을 치고, 중순경도 불길하다는 점괘가 나왔다면 그 달 중순경이 되었을 때 재차 그 달 하순경에 대해 점을 치며, 하순경도 불길하다고 나오면 점치는 것을 그치고 제사를 지내지 않는다는 뜻이다. 만약 그렇다면 「특생궤식례」편에서 이러한 내용을 언급하지 않았으니, 상순경의 날짜에 대해 시초점을 쳤는데, 불길하다는 점괘가 나오면 미리 중순경의 날짜에 대해 시초점을 치고, 중순경의 날짜가 불길하다는 점괘가 나오면 또한 미리 하순경의 날짜에 대해 시초점을 치는데, 재차 불길하다고 나오면 그치게 된다. 이곳에서 말한 관례 역시 먼저 가까운 날짜에 대해 시초점을 치는데, 「사관례」편에서도 상순경에 미리 상순·중순·하순에 대해서 시초점을 치고, 불길하다는 점괘가 나오면 재차 그 다음 달 상순경에 대해 시초점을 친다. 제사에서는 각 계절의 맹월을 이용하니 다음 달로 넘길 수 없다. 그런데 자식에게 관례를 치러주는 경우라면 그 나이가 이미 20세가 되었으므로 관례를 그만둘 수 없다. 따라서 관례는 반드시 치러야 하기 때문에 다음 달로 미룰 수 있는 것이다. 만약 그렇다면 대부로부터 그 이상의 계층은 10일 이후의 날짜에 대해 시초점을 치고, 사는 10일 이내의 날짜에 대해 시초점을 친다. 여기에서 말하는 내용은 사 계층의 예법인데, 정현의 주에서는 "'원일(遠日)'은 10일 이후의 날짜를 뜻한다."라고 했다. 여기에서 원일을 10일 이후의 날짜라고 한 것은 관례를 치러야 하는 달 상순경에 상순에 해당하는 날짜에 대해 시초점을 쳤는데 불길하다는 점괘가 나와서 재차 중순경에 대해 시초점을 친 것이다. 따라서 '원일(遠日)'이라고 한 것은 「곡례」편의 기록을 뜻하는 것이 아니다. 대부 이상의 계층은 이전 달에 미리 다음 달 상순경에 대해 시초점을 치며 '원모일(遠某日)'이라고 하는데, 그 예법에 따른 '원일(遠日)'이 있는 것으로, 이곳의 내용과는 구별된다.

경문 徹筮席.

번역 시초와 자리를 치운다.

鄭注 徹, 去也, 斂也.

번역 '철(徹)'자는 제거한다는 뜻이며 거둔다는 뜻이다.

賈疏 ●"徹筮席". ◎注"徹去也斂也". ○釋曰: 據席則徹去之, 筮則斂藏之, 故兩訓之也.

번역 ●經文: "徹筮席". ◎鄭注: "徹去也斂也". ○자리에 기준하면 치워서 제거하는 것이며, 시초에 기준하면 거둬서 보관하는 것이다. 그렇기 때문에 두 가지로 풀이한 것이다.

경문 宗人告事畢.

번역 종인은 그 사안이 모두 끝났다고 아뢴다.

鄭注 宗人, 有司主禮者.

번역 '종인(宗人)'은 유사 중 의례를 주관하는 자이다.

賈疏 ●"宗人告事畢". ◎注"宗人"至"禮者". ○釋曰: 士雖無臣, 亦有宗人掌禮, 比于宗伯, 故云"有司主禮者".

번역 ●經文: "宗人告事畢". ◎鄭注: "宗人"~"禮者". ○사에게는 비록 소속된 신하가 없지만, 종인이 예법을 주관하여 마치 종백(宗伯)처럼 하게 된다. 그렇기 때문에 "유사 중 의례를 주관하는 자이다."라고 했다.

참고 『의례』「사관례(士冠禮)」 기록

경문 前期三日, 筮賓, 如求日之儀.

번역 관례를 치르기로 정한 날 3일 전에 아들에게 관을 씌워줄 빈객에 대해 시초점을 치니, 날짜를 구하기 위해 시초점을 쳤던 의례처럼 한다.

鄭注 前期三日, 空二日也. 筮賓, 筮其可使冠子者, 賢者恒吉. 冠義曰: "古者冠禮筮日筮賓, 所以敬冠事. 敬冠事所以重禮, 重禮所以爲國本."

번역 관례를 치르기로 정한 날 3일 전에 한다는 것은 2일의 공백을 두는 것이다. '서빈(筮賓)'은 아들에게 관을 씌워줄 수 있는 자에 대해서 시초점을 친다는 뜻으로, 현명한 자는 항상 길한 점괘가 나오기 때문이다. 「관의」편에서는 "고대의 관례를 설명하자면, 관례를 치르는 날짜에 대해 시초점을 쳤고, 초빙한 손님에 대해서도 시초점을 쳤으니, 이처럼 했던 것은 관례의 사안을 공경스럽게 대했기 때문이다. 관례의 사안을 공경스럽게 대하는 것은 예를 중시하기 때문이며, 예를 중시하는 것은 나라의 근본이 되기 때문이다."라고 했다.

賈疏 ●"前期"至"之儀". ○釋曰: 此文下盡"宿贊冠者亦如之", 論筮賓若贊冠者之節. 云"前期三日"者, 加日爲期, 期前三日也. 筮賓者, 謂於僚友衆士之中, 筮取吉者爲加冠之賓也. 云"如求日之儀"者, 亦于廟門外, 下至告事畢, 唯命筮別, 其餘威儀並同, 故云如求日之儀也. 命筮雖無文, 宰·贊蓋云: 主人某爲適子某加冠, 筮某爲賓, 庶幾從之. 若庶子, 則改"適"爲一"庶", 字異, 餘亦同. 此經不云命筮, 幷上筮日亦不云命筮者, 皆文不具也.

번역 ●經文: "前期"~"之儀". ○이곳 문장으로부터 뒤로 "관례의 진행을 돕는 자에게 나아가 알릴 때에도 이처럼 한다."라는 구문까지는 빈객과 관례를 돕는 자에 대해 시초점을 치는 절차를 논의하고 있다. '관례를 치르기로 정한 날 3일 전'이라고 했는데, 관례를 치르는 날은 기(期)가 되니 기(期)

3일 전을 뜻한다. '서빈(筮賓)'은 동료와 뭇 사들 중에서 길한 점괘가 나온 자를 뽑아 관을 씌워주는 빈객으로 삼는다는 뜻이다. "날짜를 구하기 위해 시초점을 쳤던 의례처럼 한다."라고 했는데, 빈객에 대해 시초점을 칠 때에도 묘문 밖에서 하며, 그 뒤로 일이 모두 끝났다고 아뢴다고 한 절차까지 동일하게 따른다는 뜻인데, 오직 시초점 치는 내용에 대해 명령하는 것만 차이가 나며 나머지 의례절차는 모두 동일하다. 그렇기 때문에 "날짜를 구하기 위해 시초점을 쳤던 의례처럼 한다."라고 했다. 시초점 치는 내용에 대해 명령하는 말에 대해서는 비록 기록이 없지만, 재와 의례의 진행을 돕는 자는 아마도 주인 아무개는 적장자 아무개를 위해 관례를 치르려고 하여, 아무개를 빈객으로 삼으려 시초점을 치니 따라도 되겠냐고 했을 것이다. 만약 서자의 경우라면 '적(適)'자와 '서(庶)'자의 차이만 있었을 것이고 나머지는 모두 동일하게 했을 것이다. 이곳 경문에서 시초점 치는 내용에 대해 명령한다고 말하지 않았고, 앞에서도 날짜에 대해 시초점을 치면서 시초점 치는 내용에 대해 명령한다고 말하지 않았는데, 이 모두는 문장을 생략해서 기록했기 때문이다.

賈疏 ◎注"前期"至"國本". ○釋曰: 云"前期三日, 空二日也"者, 謂正加冠日是期日, 冠日之前空二日, 外爲前期三日, 故云空二日也. 二日之中, 雖有宿賓·宿贊冠者, 及夕爲期, 但非加冠之事, 故云空也. 云"筮賓, 筮其可使冠子者", 卽下文三加, 皆賓親加冠于首者是也. 云"賢者恒吉"者, 解經先戒後筮之意. 凡取人之法, 先筮後戒. 今以此賓是賢者, 必知吉, 故先戒賓, 賓已許, 方始筮之. 以其賢恒自吉, 故先戒後筮之也. 若賢恒吉, 必筮之者, 取其審愼重冠禮之事, 故鄭引冠義爲證也. 云"重禮所以爲國本"者, 詩云: "人而無禮, 胡不遄死." 禮運云: "治國不以禮, 猶無耜而耕也." 故云重禮所以爲國本也. 然冠旣筮賓, 特牲·少牢不筮賓者, 彼以祭祀之事, 主人自爲獻主, 群臣助祭而已. 天子諸侯之祭, 祭前已射, 于射宮擇取可預祭者, 故不筮之也.

번역 ◎鄭注: "前期"~"國本". ○"관례를 치르기로 정한 날 3일 전에 한다는 것은 2일의 공백을 두는 것이다."라고 했는데, 관례를 치르는 당일은 기일(期日)이 되고, 관례를 치르는 날 이전에 2일의 공백을 두니, 그 밖은 관례를 치르기로 정한 날 3일 전이 된다. 그렇기 때문에 "2일의 공백을 둔다." 라고 했다. 2일 동안 비록 빈객에게 나아가 알리고 관례의 진행을 돕는 자에게 나아가 알리며, 전날 저녁이 되어 관례를 치르는 시간을 정한다고 했는데, 이것은 관례를 치르는 그 자체의 일은 아니다. 그렇기 때문에 "공백을 둔다." 라고 했다. 정현이 "'서빈(筮賓)'은 아들에게 관을 씌워줄 수 있는 자에 대해서 시초점을 친다는 뜻이다."라고 했는데, 아래문장에서 삼가(三加)를 하며 모두 빈객이 직접 자식의 머리에 관을 씌워준다고 한 말이 이러한 사실을 나타낸다. 정현이 "현명한 자는 항상 길한 점괘가 나오기 때문이다."라고 했는데, 경문에서 먼저 알리고 이후에 시초점을 친다고 했던 뜻을 풀이한 것이다. 무릇 사람을 택할 때의 법도는 먼저 시초점을 치고 이후에 알리는 것이다. 그런데 이곳에서 말한 빈객은 현명한 자이다. 따라서 그들이 길한 사람임을 반드시 알 수 있다. 그러므로 먼저 빈객에게 알리고 빈객이 허락을 하면 그제야 시초점을 치는 것이다. 현명한 자는 항상 길하기 때문에 먼저 알리고 이후에 시초점을 친다. 현명한 자는 항상 길한데도 기어코 시초점을 치는 것은 관례라는 사안을 신중히 하고 중대하게 여기기 때문이다. 그래서 정현은 「관의」편의 내용을 인용하여 증명한 것이다. "예를 중시하는 것은 나라의 근본이 되기 때문이다."라고 했는데, 『시』에서는 "사람이 되고서도 예가 없는데, 어찌 빨리 죽지 않는단 말인가."[48]라고 했고, 『예기』「예운(禮運)」편에서는 "나라를 다스림에 예로써 하지 않음은 보습이 없는데도 밭을 가는 것과 같다."[49]라고 했다. 그렇기 때문에 "예를 중시하는 것은 나라의 근본이 되기 때문이다."라고 말한 것이다. 그런데 관례에서는 이미 빈객에 대해 시초점을 쳤는데, 『의례』「특생궤식례(特牲饋食禮)」편과 「소뢰궤식례(少牢饋食禮)」편에는 빈객에 대해서 시초점을 치지 않았다. 그 이유는 제사의 사안은 주인이 직접 술을 따르는 제주가 되고 뭇 신하들은 제사를 돕기만 할 따름이기 때문이다. 천자와 제후의 제사라면 제사 이전에 이미 활쏘기를 시행하고, 사

48) 『시』「용풍(鄘風)·상서(相鼠)」: 相鼠有體, 人而無禮. 人而無禮, 胡不遄死.

49) 『예기』「예운(禮運)」【290a】: 故治國不以禮, 猶無耜而耕也. 爲禮不本於義, 猶耕而弗種也. 爲義而不講之以學, 猶種而弗耨也. 講之以學而不合之以仁, 猶耨而弗穫也. 合之以仁而不安之以樂, 猶穫而弗食也.

궁(射宮)[50]에서 제사에 참여할 자들을 선발하게 된다. 그렇기 때문에 시초점을 치지 않는 것이다.

참고 『예기』「곡례상(曲禮上)」 기록

경문-41d 外事以剛日, 內事以柔日.

번역 외사(外事)[51]는 강일(剛日)에 해당하는 날에 시행하고, 내사(內事)[52]는 유일(柔日)에 해당하는 날에 시행한다.

鄭注 順其出爲陽也. 出郊爲外事. 春秋傳曰: "甲午祠兵". 順其居內爲陰.

번역 밖으로 나간다는 사안에 따라서, 양에 해당하는 강일(剛日)을 사용하는 것이다. 교외로 나가는 것은 외사(外事)에 해당한다. 『춘추전』에서는 "갑오(甲午)날에 사병(祠兵)[53]을 하였다."[54]라고 하였다. 그 안에 머문다는

---

50) 사궁(射宮)은 천자가 대사례(大射禮)를 시행하던 장소이며, 또한 이곳에서 사(士)들을 시험하기도 했다. 『춘추곡량전』「소공(昭公) 8년」편에는 "以習射於射宮."이라는 기록이 있고, 『예기』「사의(射義)」편에는 "諸侯歲獻貢士於天子, 天子試之於射宮."이라는 기록이 있다.

51) 외사(外事)는 내사(內事)와 상대되는 말이다. 교외(郊外)에서 제사를 지내거나, 사냥하는 일 등을 총칭하는 말이다. 또는 외국과의 외교관계에서 연합을 하거나, 군대를 출동시키는 일 등도 가리킨다. 『예기』「곡례상(曲禮上)」편에는 "外事以剛日, 內事以柔日."이라는 기록이 있는데, 이에 대한 정현의 주에서는 "出郊爲外事."라고 풀이했고, 공영달(孔穎達)의 소에(疏)서는 "外事, 郊外之事也. …… 崔靈恩云, 外事, 指用兵之事."라고 풀이했다. 또한 손희단(孫希旦)의 집해(集解)에서는 "愚謂外事, 謂祭外神. 田獵出兵, 亦爲外事."라고 풀이했다.

52) 내사(內事)는 외사(外事)와 상대되는 말이다. 본래 교내(郊內)에서 시행하는 모든 일들을 총칭하는 말이지만, 주로 제사를 가리키며, 특히 종묘(宗廟)에서 지내는 제사를 뜻한다. 『예기』「곡례상(曲禮上)」편에는 "外事以剛日, 內事以柔日."이라는 기록이 있는데, 이에 대한 공영달(孔穎達)의 소(疏)에서는 "內事, 郊內之事也. 乙丁己辛癸五偶爲柔也."라고 풀이했고, 손희단(孫希旦)의 『집해(集解)』에서는 "內事, 謂祭內神."이라고 풀이했다.

사안에 따라서, 음에 해당하는 유일(柔日)을 사용하는 것이다.

孔疏 ●"外事以剛日"者, 外事, 郊外之事也. 剛, 奇日也. 十日有五奇·五偶, 甲·丙·戊·庚·壬五奇爲剛也. 外事剛義, 故用剛日也.

번역 ●經文: "外事以剛日". ○외사(外事)는 교외에서 시행하는 일들을 뜻한다. 강(剛)자는 홀수에 해당하는 날이다. 10일 중에는 홀수에 해당하는 날이 5일이고, 짝수에 해당하는 날이 5일이니, 갑(甲)·병(丙)·무(戊)·경(庚)·임(壬)자가 들어가는 날이 홀수에 해당하는 5일로, 강일(剛日)이 된다. '외사'에서는 '군건한 도의[剛義]'를 따르게 된다. 그렇기 때문에 '강일'을 사용하는 것이다.

孔疏 ◎注"順其"至"祠兵". ○正義曰: 以出在郊外, 故順用剛日也. 公羊莊公八年"正月, 師次於郎, 以俟陳人·蔡人. 甲午祠兵". 傳云: "祠兵者何? 出曰祠兵." 何休云: "禮, 兵不徒使, 故將出兵, 必祠於近郊." 此鄭所引, 直取甲午證用剛日事耳, 其"祠兵"之文, 鄭所不用. 故異義"公羊說以爲甲午祠兵, 左氏說甲午治兵", 鄭駁之云: 公羊字誤也, 以治爲祠, 因爲作說. 引周禮四時田獵·治兵振旅之法, 是從左氏之說, 不用公羊也.

번역 ◎鄭注: "順其"~"祠兵". ○밖으로 나가서 교외에 머물기 때문에, 그 이치에 따라서 강일(剛日)에 시행하는 것이다. 『공양전』에서는 장공(莊公) 8년의 기록에 대해, "정월에 낭(郎) 땅에서 임시 막사를 설치하고, 진(陳)나라와 채(蔡)나라가 오기를 기다렸다. 갑오(甲午)날에는 사병(祠兵)을 하였다."라고 했다. 그리고 전문에서는 "사병(祠兵)이란 무엇인가? 군대를 출동시킬 때 하는 것을 '사병'이라고 부른다."라고 했다.[55] 그리고 이 문장에 대한

---

53) 사병(祠兵)은 전쟁을 위해 군대를 출병할 때, 근교(近郊)에 머물며, 희생물을 잡아서 제사를 지내고, 병사들을 배불리 먹게 하는 것이다.

54) 『춘추공양전』「장공(莊公) 8년」: 甲午, 祠兵, 祠兵者何? 出曰祠兵.

55) 『춘추공양전』「장공(莊公) 8년」: 八年, 春, 王正月, 師次于郎, 以俟陳人·蔡人, 次不言俟, 此其言俟何? 託不得已也. 甲午, 祠兵, 祠兵者何? 出曰祠兵.

하휴의 주에서는 "예법에 따르면, 군대는 단지 부리기만 하는 대상이 아니다. 그렇기 때문에 장차 출병을 하게 된다면, 반드시 근교(近郊)에서 제사를 지내야만 하는 것이다."[56]라고 하였다. 이곳에서 정현이 『공양전』의 기록을 인용한 것은 단지 "갑오일에 시행했다."는 말이 "강일(剛日)에 일을 시행했다."는 뜻임을 증명하기 위해서일 뿐이니, 정현은 '사병'을 했다는 문장 등은 인용하지 않은 것이다. 그러므로 『오경이의』에서 "『공양전』에서는 갑오일에 '사병'을 했다고 했으며, 『좌전』에서는 갑오일에 사열식[治兵]을 했다[57]고 기록했다."라고 했는데, 정현이 이 글을 반박하며, 『공양전』에서 글자를 잘못 기록한 것이니, '치(治)'자를 '사(祠)'자로 잘못 기록하여, 이로 인해 잘못된 주장을 하게 되었다고 하였다. 정현이 『주례』에서 사계절마다 사냥과 사열식을 하며 군대를 훈련시키는 방법을 인용하고 있는데, 이것은 『좌전』의 주장에 따른 것이니, 『공양전』의 주장은 따르지 않았다.

孔疏 ●"內事以柔日"者, 內事, 郊內之事也. 乙·丁·己·辛·癸五偶爲柔也. 然則郊天是國外之事, 應用剛日, 而郊特牲云"郊之用辛", 非剛也. 又社稷是郊內, 應用柔日, 而郊特牲云祀社"日用甲", 非柔也. 所以然者, 郊社尊, 不敢同外內之義故也. 此言外剛內柔, 自謂郊社之外, 他禮則皆隨外內而用之. 崔靈恩云: "外事指用兵之事, 內事指宗廟之祭者. 以郊用辛, 社用甲, 非順其居外內剛柔故也. 祭社用甲, 所以召誥用戊者, 召誥是告祭, 非常禮也. 郊之用辛者, 唯夏正郊天及雩大享明堂耳. 若圜丘自用冬至日, 五時迎氣, 各用其初朔之日, 不皆用辛."

번역 ●經文: "內事以柔日". ○내사(內事)는 교외 안쪽에서 시행하는 일들을 뜻한다. 을(乙)·정(丁)·기(己)·신(辛)·계(癸)자가 들어가는 날이 짝수에 해당하는 5일로, 유일(柔日)이 된다. 그런데 하늘에 대한 교제(郊祭)를 지내는 일은 국성 밖에서 시행하는 일이니, 마땅히 강일(剛日)에 시행해야만 한

56) 『춘추공양전』「장공(莊公) 8년」의 하휴(何休)의 주 : 禮, 兵不徒使, 故將出兵必祠於近郊, 陳兵習戰, 殺牲饗士卒.

57) 『춘추좌씨전』「장공(莊公) 8년」 : 八年春, 治兵于廟, 禮也.

다. 그러나 『예기』「교특생(郊特牲)」편에서는 "교제사를 지낼 때에는 신(辛)자가 들어가는 날에 한다."[58]라고 하였으니, 이것은 '강일'에 한다는 뜻이 아니다. 또 사직(社稷)에 대한 제사는 교외 안쪽에서 시행하므로, 마땅히 '유일'에 해야 한다. 그런데 「교특생」편에서는 사(社)에 대한 제삿날에 대해서 "그 날짜는 갑(甲)자가 들어가는 날로 한다."[59]라고 하였으니, '유일'에 한다는 뜻이 아니다. 이러한 차이가 발생한 이유는 교제사와 사직에 대한 제사는 존귀한 제사에 해당하므로, 감히 내외(內外)에 따른 '강일'과 '유일'의 구분법칙을 여타의 일들과 동일하게 적용시킬 수 없기 때문이다. 이곳 문장에서는 외사(外事)에 대해서는 '강일'에 하고, 내사(內事)에 대해서는 '유일'에 한다고 하였는데, 이 말은 곧 교제사나 사직에 대한 제사를 제외하고, 나머지 예법에 대해서는 모두 내외의 구분에 따라서, '강일'과 '유일'의 구분법을 사용한다는 뜻이다. 최영은[60]은 "'외사'라는 것은 병사를 부리는 일을 가리키며, '내사'는 종묘에 대한 제사를 가리킨다. 교제사를 지낼 때 신(辛)자가 들어가는 날에 시행하고, 사직에 대한 제사를 지낼 때 갑(甲)자가 들어가는 날에 시행하는데, 그 이유는 시행되는 장소가 '내외'냐에 따른 '강일'과 '유일'의 법칙을 적용하지 않기 때문이다. 사직에 대한 제사를 지낼 때 '갑'자가 들어가는 날에 시행하는 이유는 소고(召誥)를 할 때에는 무(戊)자가 들어가는 날에 시행하기 때문인데, '소고'는 고유제[告祭]에 해당하며, 일상적인 예법이 아니다. 교제사를 지낼 때 '신'자가 들어가는 날에 하는 이유는 단지 여름에 하늘에 대한 교제사를 지내고, 기우제를 지내며, 명당(明堂)에서 향연을 베풀기 때문이다.[61] 만약 동지일에 환구(圜丘)[62]에서 제사를 하며,[63] 다섯 계절[64]의 기운

---

58) 『예기』「교특생(郊特牲)」【328b】: 於郊, 故謂之郊, 牲用騂, 尙赤也. 用犢, 貴誠也. 郊之用辛也.

59) 『예기』「교특생(郊特牲)」【325b】: 社祭土而主陰氣也, 君南鄕於北墉下, 答陰之義也. 日用甲, 用日之始也.

60) 최영은(崔靈恩, ? ~ ?): =최씨(崔氏). 남북조(南北朝) 때의 학자이다. 오경(五經)에 능통하였고, 다른 경전에도 두루 해박하였다고 전해진다. 『모시(毛詩)』, 『주례(周禮)』 등에 주석을 달았고, 『삼례의종(三禮義宗)』, 『좌씨경전의(左氏經傳義)』 등을 지었다.

61) 『예기』「월령(月令)」【203a】: 命有司, 爲民祈祀山川百源, 大雩帝, 用盛樂.

62) 환구(圜丘)는 원구(圓丘)라고도 부른다. 고대에 제왕이 동지(冬至)에 제천(祭

을 맞이하게 된다면, 각각 해당 계절의 초하루에 시행하게 되니, 이러한 경우에는 모두 신(辛)자가 들어가는 날을 사용하지 않는다."라고 했다.

大全 廣安游氏曰: 外事以剛日, 內事以柔日, 此謂順其陰陽也. 聖人之治天下, 本之以自然, 行之以至順, 如此而已. 三才之道, 在天爲陰陽, 在地爲柔剛, 在人爲仁義. 仁者, 陽與剛之屬也, 義者, 陰與柔之屬也. 古人以是二端盡三才之理, 然是二者不可以交相雜也. 柔者從陰, 剛者從陽, 外者從剛, 內者從柔, 此謂自然而至順者也.

번역 광안유씨[65]가 말하길, "외사(外事)는 강일(剛日)에 치르고, 내사(內事)는 유일(柔日)에 치른다."고 하였는데, 이 말은 곧 음양(陰陽)의 법칙에 따른다는 뜻이다. 성인(聖人)이 천하를 다스림에, 자연의 이치에 근본을 두고, 지극히 순종적으로 그 일들을 시행하길, 이처럼 했을 따름이다. 천(天)·지(地)·인(人)에 적용되는 삼재(三才)의 도리는 하늘에 있어서는 음양(陰陽)이 되고, 땅에 있어서는 유강(柔剛)이 되며, 사람에 있어서는 인의(仁義)가 된다. 따라서 인(仁)이라는 것은 양(陽)과 강(剛)에 해당하며, 의(義)라는 것은 음(陰)과 유(柔)에 해당한다. 고대인들은 이러한 두 가지 단서를 통해서, 삼재

天) 의식을 집행하던 곳이다. 자연적으로 형성된 언덕의 형상을 본떠서, 흙을 높이 쌓아올려 만들었기 때문에, '구(丘)'자를 붙여서 부른 것이며, 하늘의 둥근 형상을 본떴다는 뜻에서 '환(圜)' 또는 '원(圓)'자를 붙여서 부른 것이다. 『주례』「춘관(春官)·대사악(大司樂)」편에는 "冬日至, 於地上之圜丘奏之."라는 기록이 있고, 이에 대한 가공언(賈公彦)의 소(疏)에서는 "土之高者曰丘, 取自然之丘. 圜者, 象天圜也."라고 풀이했다.

63) 『주례』「춘관(春官)·대사악(大司樂)」: 冬日至, 於地上之圜丘奏之.

64) 일반적으로 사계절로 분류되지만, 음양오행설(陰陽五行說)이 성행하게 되면서, 중앙에 토(土)에 해당하는 계절을 기입하게 되었다. 그렇기 때문에 '다섯 계절[五時]'이라고 부르는 것이다. 중앙에 해당하는 계절을 구분하는 방법에는 크게 두 가지가 있는데, 첫 번째 방법은 계하(季夏)에서 맹추(孟秋)로 넘어가는 시기를 중앙에 해당하는 계절로 보는 방법이며, 두 번째 방법은 각 계절의 계월(季月)을 중앙에 해당하는 계절로 보는 방법이다. 이 외에도 여러 방법들이 있다.

65) 광안유씨(廣安游氏, ? ~ ?) : =유계(游桂)·유원발(游元發). 남송(南宋) 때의 학자이다. 이름은 계(桂)이고, 자(字)는 원발(元發)이며, 호(號)는 사재(思齋)이다. 자세한 행적은 남아 있지 않다.

의 이치를 모두 구현하였다. 그러나 이 두 가지 것들은 서로 섞일 수가 없는 것들이다. 따라서 유(柔)에 해당하는 것은 음(陰)을 따르고, 강(剛)에 해당하는 것은 양(陽)을 따르며, 외(外)에 해당하는 것은 강(剛)을 따르고, 내(內)에 해당하는 것은 유(柔)를 따르니, 이것이 바로 자연의 이치에 근본하면서도, 지극히 순종적으로 따랐다는 뜻이다.

訓纂 淮南子天文訓曰: 凡日甲剛乙柔, 丙剛丁柔, 以至於癸.

번역 『회남자』「천문훈(天文訓)」편에서 말하길, 갑(甲)자가 들어가는 날은 강일(剛日)에 해당하고, 을(乙)자가 들어가는 날은 유일(柔日)에 해당하며, 병(丙)자가 들어가는 날은 '강일'에 해당하고, 정(丁)자가 들어가는 날은 '유일'에 해당하니, 십간(十干)은 이처럼 교대로 '강일'과 '유일'로 배분된다.[66]

集解 愚謂: 外事, 謂祭外神, 內事, 謂祭內神. 下篇曰"踐阼臨祭祀, 內事曰孝王某, 外事曰嗣王某", 是也. 田獵出兵, 亦爲外事, 故詩言"吉日維戊, 旣伯旣禱", "吉日庚午, 旣差我馬", 春秋"甲午治兵", 皆剛日也. 冠·昏·喪·祭, 亦爲內事, 故士虞禮三虞皆用柔日. 少牢禮曰"日用丁己." 春秋書葬皆柔日. 祭天爲外事而用辛, 卒哭爲內事而用剛日, 自爲別義, 不在此限也.

번역 내가 생각하기에, 외사(外事)는 외신(外神)[67]에게 제사를 지내는

---

66) 『회남자(淮南子)』「천문훈(天文訓)」 : 凡日, 甲剛乙柔, 丙剛丁柔, 以至于癸. 木生于亥, 壯于卯, 死于未, 三辰皆木也. 火生于寅, 壯于午, 死于戌, 三辰皆火也. 土生于午, 壯于戌, 死于寅, 三辰皆土也. 金生于巳, 壯于酉, 死于丑, 三辰皆金也. 水生于申, 壯于子, 死于辰, 三辰皆水也.

67) 외신(外神)은 내신(內神)과 상대되는 말이다. 교(郊)나 사(社) 등에서 지내는 제사 대상을 '외신'이라고 부른다. 『예기』「곡례하(曲禮下)」편에 대한 손희단(孫希旦)의 『집해(集解)』에서는 오징(吳澄)의 주장을 인용하여, "宗廟所祭者, 一家之神, 內神也, 故曰內事. 郊·社·山川之屬, 天下一國之神, 皆外神也, 故曰外事."라고 설명하였다. 즉 종묘(宗廟)에서 제사를 지내는 대상은 한 집안의 신(神)으로 '내신'이라고 부르며, 그 제사들을 내사(內事)라고 부른다. 또 교, 사 및 산천(山川) 등에 지내는 제사는 그 대상이 천하 및 한 국가의 신들이기 때문에, 그들을 '외신'이라고 부르며, 그 제사를 외사(外事)라고 부른다.

것 등을 뜻하며, 내사(內事)는 내신(內神)[68]에게 제사를 지내는 것 등을 뜻한다. 『예기』「곡례하(曲禮下)」편에서 "동쪽 계단에 올라서 제사에 임하는데, '내사'인 경우에는 '효왕(孝王)[69] 아무개'라고 일컫고, '외사'인 경우에는 '사왕(嗣王)[70] 아무개'라고 일컫는다."[71]라고 한 말이 바로 이러한 사실을 가리킨다. 사냥을 하거나 군대를 출병하는 일 또한 '외사'에 해당한다. 그렇기 때문에 『시』에서 "길일(吉日)인 무일(戊日)에 이미 마조(馬祖)에게 기도를 하였다."[72]라고 한 것이며, 또 "길일인 경오(庚午)날에 이미 내가 탈 말을 골랐다."[73]라고 한 것이고, 『춘추』에서는 "갑오(甲午)날에 군대를 사열하였다."[74]라고 한 것이니, 이 기록들에서 말하는 날짜들은 모두 강일(剛日)에 해당한다. 관례(冠禮)·혼례(婚禮)·상례(喪禮)·제례(祭禮) 또한 '내사'에 해당한다. 그렇기 때문에 『의례』「사우례(士虞禮)」편에서 말하고 있는 삼우(三虞)[75]는

---

68) 내신(內神)은 외신(外神)과 상대되는 말이다. 종묘(宗廟) 등에서 지내는 제사 대상을 '내신'이라고 부른다. 『예기』「곡례하(曲禮下)」편에 대한 손희단(孫希旦)의 『집해(集解)』에서는 오징(吳澄)의 주장을 인용하여, "宗廟所祭者, 一家之神, 內神也, 故曰內事. 郊·社·山川之屬, 天下一國之神, 皆外神也, 故曰外事."라고 설명하였다. 즉 종묘에서 제사를 지내는 대상은 한 집안의 신(神)으로 '내신'이라고 부르며, 그 제사들을 내사(內事)라고 부른다. 또 교(郊), 사(社) 및 산천(山川) 등에 지내는 제사는 그 대상이 천하 및 한 국가의 신들이기 때문에, 그들을 '외신'이라고 부르며, 그 제사를 외사(外事)라고 부른다.

69) 효왕(孝王)은 군주가 제사를 지낼 때, 선조에 대해서 자신을 지칭할 때 쓰는 용어이다. 선조 앞에서는 자신을 가리키며 '효(孝)'자를 붙여야 하고, 군주를 뜻하는 '왕'자를 붙여서, '효왕'이라고 부르게 되었다.

70) 사왕(嗣王)은 본래 '효왕(孝王)'과 마찬가지로 군주가 제사 때 자신을 지칭하는 용어이다. 다만 제사 대상이 천지(天地) 등의 외신(外神) 일 때 사용한다. '왕위를 계승한 자'라는 의미이다. 또한 천자 및 이전 군왕에 뒤이어 제위에 오르는 자를 가리키는 용어로도 사용된다.

71) 『예기』「곡례하(曲禮下)」【54c】: 踐阼, 臨祭祀, 內事曰孝王某. 外事曰嗣王某.

72) 『시』「소아(小雅)·길일(吉日)」: 吉日維戊, 旣伯旣禱. 田車旣好, 四牡孔阜. 升彼大阜, 從其群醜.

73) 『시』「소아(小雅)·길일(吉日)」: 吉日庚午, 旣差我馬. 獸之所同, 麀鹿麌麌. 漆沮之從, 天子之所.

74) 『춘추』「장공(莊公) 8년」: 甲午, 治兵.

75) 삼우(三虞)는 장례(葬禮)를 끝내고 나서, 세 차례 지내게 되는 우제(虞祭)를 뜻한다. 신령을 안심시키고, 잘 안주하도록 지내는 제사이며, 계급에 따라서 그 횟수가 달랐다. 천자의 경우에는 구우(九虞)를 지냈고, 제후는 칠우(七虞)를 지

모두 유일(柔日)에 지낸 것이다.[76] 그리고 『의례』「소뢰궤식례(少牢饋食禮)」편에서도 "그 날짜는 정(丁)자와 기(己)자가 들어간 날로 한다."[77]라고 했고, 『춘추』에서도 장례(葬禮) 날짜를 기록할 때에는 모두 '유일'로 기록하고 있다. 그런데 하늘에 대한 제사는 '외사'에 해당하는데도 신(辛)자가 들어가는 '유일'에 지내고, 졸곡(卒哭)[78]은 '내사'에 해당하는데도 '강일'에 지내는데, 그 이유는 이 제사들은 각각 별도의 의미를 가지고 있어서, 위에서 말하는 '강일'과 '유일'의 법칙 적용에 포함되지 않기 때문이다.

경문-42a 凡卜筮日, 旬之外曰遠某日, 旬之內曰近某日. 喪事先遠日, 吉事先近日.

번역 무릇 의식을 치르기 위해 날짜를 점칠 때, 해당 하는 날이 열흘 이후의 날에 해당한다면, '먼 어느 날[遠某日]'이라고 부르며, 열흘 이내의 날에 해당한다면, '가까운 어느 날[近某日]'이라고 부른다. 상사(喪事)에서는 먼 날에 대해서 먼저 점을 치고, 길사(吉事)에서는 가까운 날에 대해서 먼저 점을 친다.

鄭注 旬, 十日也. 孝子之心. 喪事, 葬與練祥也. 吉事, 祭祀冠取之屬也.

번역 '순(旬)'자는 10일을 뜻한다. 상사(喪事)에 대해 먼 날부터 점치는 것은 효자의 마음 때문이다. '상사'는 장례(葬禮)와 연상(練祥)[79]을 뜻한다.

냈으며, 대부(大夫)는 오우(五虞)를 지냈고, 사(士)의 경우에 '삼우'를 지냈다.

76) 『의례』「사우례(士虞禮)」: 始虞用柔日, 曰, "哀子某, 哀顯相, 夙興夜處不寧. 敢用絜牲剛鬣, 香合, 嘉薦普淖, 明齊溲酒, 哀薦祫事, 適爾皇祖某甫. 饗!" 再虞, 皆如初, 曰, "哀薦虞事." 三虞·卒哭·他, 用剛日, 亦如初, 曰, "哀薦成事." / 『의례』 기록에 따르면, 초우(初虞)와 재우(再虞)만 유일(柔日)에 지내고, 삼우(三虞) 째에는 강일(剛日)에 지낸다.

77) 『의례』「소뢰궤식례(少牢饋食禮)」: 少牢饋食之禮. 日用丁·己. 筮旬有一日.

78) 졸곡(卒哭)은 우제(虞祭)를 지낸 뒤에 지내는 제사이다. 이 제사를 지내게 되면, 수시로 곡(哭)하던 것을 멈추고, 아침과 저녁때에만 한 번씩 곡을 하게 된다. 그렇기 때문에 '졸곡'이라고 부르게 된 것이다.

79) 연상(練祥)은 소상(小祥)과 대상(大祥)을 뜻한다. '연상'에서의 '연(練)'자는 연

길사(吉事)는 제사·관례·혼례 등을 뜻한다.

孔疏 ●"凡卜筮日"者, 凡先聖王之所以立卜筮者, 下云"所以使民信時日, 敬鬼神, 決嫌疑, 定猶與"也. 卜筮必用龜蓍者, 按劉向云: "蓍之言耆, 龜之言久. 龜千歲而靈, 蓍百年而神, 以其長久, 故能辯吉凶也." 說文云: "蓍, 蒿屬也. 生千歲, 三百莖, 易以爲數. 天子九尺; 諸侯七尺, 大夫五尺, 士三尺." 陸機草木疏云: "似藾蕭, 青色, 科生." 洪範五行傳曰: "蓍生百年, 一本生百莖." 論衡云: "七十年生一莖, 七百年生十莖, 神靈之物, 故生遲也." 史記曰: "滿百莖者, 其下必有神龜守之, 其上常有雲氣覆之." 淮南子云: "上有叢蓍, 下有伏龜." 卜筮實問於神, 龜筮能傳神命以告人. 故金縢告大王·王季·文王云'爾之許我', 乃卜三龜, 一襲吉. 是能傳神命也. 又鄭注天府云: "卜筮實問於鬼神, 龜筮能出其卦兆之占耳." 按白虎通稱: "禮三正記天子龜一尺二寸, 諸侯一尺, 大夫八寸, 士六寸. 龜, 陰也, 故其數偶." 筮者, 按少牢"大夫立筮" 鄭云: "大夫蓍長五尺." 推此而言, 天子九尺, 諸侯七尺, 士三尺. 蓍, 陽也, 故其數奇. 所以謂之"卜筮"者, 師說云: 卜, 覆也, 以覆審吉凶; 筮, 決也, 以決定其惑. 劉氏以爲卜, 赴也, 赴來者之心; 筮, 問也, 問筮者之事. 赴·問互言之. 按易·繫辭云: "定天下之吉凶, 成天下之亹亹者, 莫大乎蓍龜." 又云: "蓍之德圓而神, 卦之德方以知, 神以知來, 知以藏往." 又說卦云: "昔者聖人幽贊於神明而生蓍." 據此諸文, 蓍龜知靈相似, 無長短也. 所以僖四年左傳云, "筮短龜長, 不如從長者", 時晉獻公卜娶驪姬, 不吉, 更欲筮之, 故太史史蘇欲止公之意, 託云筮短龜長耳, 實無優劣也. 若杜預·鄭玄因筮短龜長之言, 以爲實有長短, 故杜預注傳云 "物生而後有象, 象而後有滋, 滋而後有數, 龜象筮數, 故象長數短", 是也. 象所以長者, 以物初生則有象, 去初既近, 且包羅萬形, 故爲長. 數短者, 數是終

제(練祭)를 뜻하며, '연제'는 곧 '소상'을 가리킨다. '연상'에서의 '상(祥)'자는 '대상'을 뜻한다. 소상은 죽은 지 13개월만에 지내는 제사이며, 대상은 25개월만에 지내는 제사이고, 대상을 지내게 되면 상복과 지팡이를 제거하게 된다. 『주례』「춘관(春官)·대축(大祝)」편에는 "言甸人讀禱, 付練祥, 掌國事."라는 기록이 있고, 이에 대해 가공언(賈公彦)의 소(疏)에서는 "練, 謂十三月小祥, 練祭. 祥, 謂二十五月大祥, 除衰杖."이라고 풀이했다.

末, 去初旣遠, 推尋事數, 始能求象, 故以爲短也. 又鄭康成注占人云: "占人亦占筮, 言掌占龜者, 筮短龜長, 主於長者." 是鄭及杜預皆以爲龜長筮短. 凡卜筮, 天子諸侯若大事則卜筮並用, 皆先筮後卜, 故筮人云: "凡國之大事, 先筮而後卜." 卽事之漸. 大事者, 則大卜云"國大貞, 卜立君, 卜大封, 大祭祀, 凡出軍旅喪事", 及"龜之八命, 一曰征, 二曰象, 三曰與, 四曰謀, 五曰果, 六曰至, 七曰雨, 八曰瘳", 此等皆爲大事. 故鄭注占人云"將卜八事, 皆先以筮筮之", 是也. 若次事則唯卜不筮也. 故表記云: "天子無筮." 鄭注云: "謂征伐出師若巡守, 天子至尊, 大事皆用卜也." 是天子出行, 唯卜無筮是也. 小事無卜唯筮. 筮人掌九筮之名, 一曰筮更, 謂遷都邑也. 二曰筮咸, 咸猶僉也, 謂筮衆心歡不也. 三曰筮式, 謂制作法式也. 四曰筮目, 謂事衆, 筮其要所當也. 五曰筮易, 謂民衆不說, 筮所改易也. 六曰筮比, 謂與民和比也. 七曰筮祠, 謂筮牲與日也. 八曰筮參, 謂筮御與右也. 九曰筮環, 謂筮可致師不. 鄭注占人"不卜而徒筮者, 則用九筮", 是也. 天子旣爾, 諸侯亦然, 故春秋僖二十五年, 晉卜納襄王, 得黃帝戰於阪泉之兆, 又筮之, 得大有之睽; 哀九年晉卜伐宋, 亦卜而後筮: 是大事卜筮並用也. 但春秋亂世, 皆先卜後筮, 不能如禮. 其禮旣先筮後卜, 尙書先云"龜從"者, 以尊卑言之, 故先言龜也. 鄭注周禮云: "筮凶則止, 不卜." 所以洪範有"筮逆"·"龜從"者, 崔靈恩云: "凡卜筮, 天子皆用三代蓍龜, 若三筮並凶, 則止而不卜." 鄭云: "若一吉一凶, 雖筮逆猶得卜之也." 則洪範所云者是也. 其大夫則大事卜, 小事筮. 大事則葬地及葬日, 爲事之大則卜, 故雜記云"大夫卜宅與葬日", 是也. 其小事用筮, 則少牢"常祀筮日", 是也. 士亦大事卜, 小事筮, 故士喪禮"卜葬日", 以喪葬爲重, 須定吉凶, 故用卜也; 其尋常吉祭, 比葬爲輕, 故筮日也. 葬旣卜日得吉, 餘事皆吉可知, 故唯筮葬地不復用卜也.

번역 ●經文: "凡卜筮日". ○무릇 선대의 성왕이 점치는 방법을 제정한 이유는 아래문장에서 "백성들로 하여금 시간과 날짜를 믿게 하고, 귀신을 공경하게 하며, 의심하는 것을 해결하고, 주저하는 것을 확정하고자 해서이다."80)

80) 『예기』「곡례상」【42c】: 龜爲卜, 筴爲筮. 卜筮者, 先聖王之所以使民信時日, 敬鬼神, 畏法令也. 所以使民決嫌疑, 定猶與也. 故曰, "疑而筮之, 則弗非也. 日而行事, 則必踐之.

라고 한 말에 해당한다. 점을 칠 때 반드시 거북껍질과 시초를 사용하는 이유에 대해서, 유향[81]의 말을 살펴보면, "시초[蓍]의 말뜻은 '늙다[耆]'라는 말이며, 거북껍질[龜]의 말뜻은 '오래되다[久]'는 말이다. 거북껍질로 점치는 방법은 천년도 넘었으니, 신령스러운 것이며, 시초로 점을 치는 방법은 백년도 넘었으니, 신묘한 것이다. 이 두 방법은 매우 오래되었기 때문에, 길흉을 판별할 수 있는 것이다."라고 했다. 『설문해자』에서는 "시초는 쑥 종류의 생물이다. 천년을 살고, 300개의 가지가 나오니, 『역』에서는 이것으로 그 수를 정하였다. 천자가 사용하는 시초는 9척의 크기이며, 제후가 사용하는 시초는 7척의 크기이고, 대부가 사용하는 시초는 5척의 크기이며, 사가 사용하는 시초는 3척의 크기이다."라고 했다. 육기[82]의 『초목소』에서는 "맑은대쑥[藾蕭]과 흡사하며, 청색을 띄고, 한 무더기로 자라나는 식물이다."라고 했다. 『홍범오행전』에서는 "시초는 100년 동안 살며, 한 뿌리에서 100개의 가지가 나온다."라고 했다. 『논형』에서는 "70년이 지나서야 하나의 가지가 나오니, 700년이 흘러야 10개의 가지고 나오는데, 신령스러운 식물이기 때문에, 그 생장이 더딘 것이다."[83]라고 했다. 『사기』에서는 "100개의 가지를 가득 채우니, 그 밑에는 반드시 신귀(神龜)[84]의 수호가 있는 것이며, 그 위에는 항상 운기(雲氣)가 감싸게 되는 것이다."[85]라고 하였다. 『회남자』에서는 "위에는 한 무더기의 시초풀이 있고, 그 아래에는 복귀(伏龜)[86]가 있다."[87]라고 했다. 따라서 '시

---

81) 유향(劉向, B.C77 ~ A.D.6) : 전한(前漢) 때의 학자이다. 자(字)는 자정(子政)이다. 유흠(劉歆)의 부친이다. 비서성(秘書省)에서 고서들을 정리하였다. 저서로는 『설원(說苑)』·『신서(新序)』·『열녀전(列女傳)』·『별록(別錄)』 등이 있다.

82) 육기(陸機, A.D.261 ~ A.D.303) : 서진(西晉) 때의 학자이다. 자(字)는 사형(士衡)이다. 저서로는 『변망론(辯亡論)』·『육사형집(陸士衡集)』 등이 있다.

83) 『논형(論衡)』「상류(狀留)」 : 蓍生七十歲生一莖, 七百歲生十莖. 神靈之物也, 故生遲留, 歷歲久長, 故能明審.

84) 신귀(神龜)는 전설상에 등장하는 신령스러운 거북이이다. 『장자(莊子)』「추수(秋水)」편에는 "楚有神龜, 死已三千歲矣, 王巾笥而藏之廟堂之上."이라는 기록이 있다.

85) 『사기(史記)』「귀책열전(龜策列傳)」 : 聞蓍生滿百莖者, 其下必有神龜守之, 其上常有靑雲覆之.

86) 복귀(伏龜)는 천년 된 소나무 아래에 산다는 신령스러운 거북이를 뜻한다. 소나무의 정기로 변화된 생물이라고 전해진다.

초로 점을 치는 것[卜筮]'은 진실로 신에게 묻는 행위가 되며, '거북껍질로 점을 치는 것[龜筮]'으로는 신들의 명령을 사람들에게 알릴 수가 있는 것이다. 그러므로 『서』「금등(金縢)」편에서 태왕(太王)·왕계(王季)·문왕(文王)에게 고하며, '그대께서 나를 허락하신다면'이라 말하고, 곧 세 개의 거북껍질로 점을 쳤는데, 한결같이 모두 길(吉)하다는 점괘가 나왔으니,[88] 이것은 곧 거북껍질로는 신의 명령을 전달할 수 있다는 뜻이 된다. 또한 『주례』「천부(天府)」편에 대한 정현의 주에서는 "시초로 점을 치는 것은 진실로 귀신에게 묻는 것이며, 거북껍질로 점을 치는 것은 갈라진 틈에 따른 점괘만을 얻을 수 있을 뿐이다."[89]라고 하였다. 『백호통』의 기록을 살펴보면, "『예삼정기』에서는 천자가 사용하는 거북껍질은 그 크기가 1척 2촌이고, 제후가 사용하는 거북껍질은 그 크기가 1척이며, 대부가 사용하는 거북껍질은 그 크기가 8촌이고, 사가 사용하는 거북껍질은 그 크기가 6촌이다. 거북껍질은 음양으로 따지면 음에 해당한다. 그렇기 때문에 그 수를 짝수로 맞추는 것이다."라고 했다. 시초점에 대해서 설명하자면, 『의례』「소뢰궤식례(少牢饋食禮)」편을 살펴보면, "대부는 입서(立筮[90])로 한다."[91]라고 하였는데, 이 문장에 대한 정현의 주에서는 "대부가 사용하는 시초의 길이는 5척이다."라고 했다. 이러한 기록을 통해 유추해보자면, 천자가 사용하는 시초의 길이는 9척이 되고, 제후가 사용하는 시초의 길이는 7척이 되며, 사가 사용하는 시초의 길이는 3척이 된다. 시초는 양(陽)에 해당한다. 그렇기 때문에 그 수치를 홀수로 맞추는 것이다. 거북점이나 시초점을 치는 것을 '복서(卜筮)'라고 부르는 이유에 대해서, 사열(師說)은 '복(卜)'자는 "뒤집는다[覆]."는 뜻이니, 뒤집음

87) 『회남자(淮南子)』「설산훈(說山訓)」: 千年之松, 下有茯苓, 上有免絲. 上有叢蓍, 下有伏龜.

88) 『서』「주서(周書)·금등(金縢)」: 我先王亦永有依歸. 今我卽命于元龜, 爾之許我, 我其以璧與珪, 歸俟爾命, 爾不許我, 我乃屏璧與珪. 乃卜三龜, 一習吉, 啓籥見書, 乃幷是吉.

89) 이 문장은 『주례』「춘관(春官)·천부(天府)」편의 "季冬, 陳玉以貞來歲之媺惡." 라는 문장에 대한 정현의 주이다.

90) 입서(立筮)는 시초점을 칠 때, 그 길이가 5척(尺)으로 된 시초를 뜻하며, 또한 이 시초를 사용하여 점을 치는 것을 뜻하기도 한다.

91) 『의례』「소뢰궤식례(少牢饋食禮)」: 乃釋韇, 立筮. 卦者在左坐, 卦以木.

으로써 길흉을 살피는 것이며, '서(筮)'자는 "결정한다[決]."는 뜻으로, 의혹스러운 일을 결정하는 것이다. 유향은 '복'자는 "달려가서 알린다[赴]."는 뜻으로 풀이하여, 올 것에 대한 심정을 알린다는 의미로 보았으며, 또한 '서'자는 "묻는다[問]."는 뜻으로 풀이하여, 점치는 일에 대해서 묻는다는 의미로 보았다. 또 알린다는 것과 묻는다는 것을 서로 호환이 되는 말이라고 하였다. 『역』「계사(繫辭)」편을 살펴보면, "천하의 길흉을 결정하고, 천하의 힘써야 할 일들을 이루는 것 중에는 시초와 거북껍질만한 것이 없다."[92]라고 하였고, 또 "시초풀의 덕은 둥글어서 신묘하고, 괘(卦)의 덕은 네모져서 지혜로우니, 신묘함으로써 다가올 일을 알고, 지혜로써 지난 일을 보관한다."[93]라고 했다. 또 『역』「설괘(說卦)」편에서는 "옛날에 성인이 그윽하게 신명을 도와서 시초를 만들었다."[94]라고 했다. 이러한 기록들에 근거해보면, 시초로 점치는 것과 거북껍질로 점치는 것은 신령의 뜻을 안다는 점에서 서로 비슷하며, 서로 간에 어느 것이 더 오래되었느냐는 차이점이 없다. 그런데 희공(僖公) 4년에 대한 『좌전』 기록에서는 "시초로 치는 것은 그 역사가 짧고, 거북껍질로 점을 치는 방법은 오래된 것이니, 오래된 방법을 따르는 것만 같지 못합니다."[95]라고 하였는데, 그 이유는 당시에 진(晉)나라 헌공(獻公)이 여희(驪姬)를 부인으로 맞이하려고 점을 쳤는데, 불길하다는 점괘가 나와서, 다시 시초로 점을 치고자 했기 때문이다. 그래서 태사(太師)인 사소(史蘇)가 헌공의 뜻을 멈추게 하고자 하여, 가탁해서 시초의 역사는 짧고 거북점의 역사는 길다고 말한 것일 뿐이니, 실제로는 둘 사이에 우열을 가릴 수 없는 것이다. 만약에 두예나 정현이 시초의 역사가 짧고, 거북점의 역사가 길다는 말에 따랐다면, 실제로

92) 『역』「계사상(繫辭上)」: 探賾索隱, 鉤深致遠, 以定天下之吉凶, 成天下之亹亹者, 莫大乎蓍龜.

93) 『역』「계사상(繫辭上)」: 是故蓍之德圓而神, 卦之德方以知, 六爻之義易以貢. 聖人以此洗心, 退藏於密, 吉凶與民同患, 神以知來, 如以藏往.

94) 『역』「설괘전(說卦傳)」: 昔者聖人之作易也, 幽贊於神明而生蓍, 參天兩地而倚數, 觀變於陰陽而立卦, 發揮於剛柔而生爻, 和順於道德而理於義, 窮理盡性以至於命.

95) 『춘추좌씨전』「희공(僖公) 4년」: 初, 晉獻公欲以驪姬爲夫人, 卜之, 不吉; 筮之, 吉. 公曰, "從筮." 卜人曰, "筮短龜長, 不如從長. 且其繇曰, '專之渝, 攘公之羭. 一薰一蕕, 十年尙猶有臭.' 必不可."

둘 사이에는 역사의 길고 짧은 차이가 존재한다고 여겼을 것이다. 그래서 두예의 주에서 "사물[物]이 생겨난 이후에 형상[象]이 생겼고, 형상이 생긴 이후에 번식[滋]을 하였으며, 번식을 한 이후에 수(數)가 생겼으니, 거북점은 형상에 대한 것이며, 시초점은 수에 대한 것이다. 그렇기 때문에 형상에 대해 점치는 방법은 오래된 것이며, 수에 대해 점치는 방법은 그 역사가 짧은 것이다."[96]라고 한 말이 바로 이러한 사실을 가리킨다. 그런데 형상이 오래되었다고 판단하는 이유는 사물이 처음 생겨나게 되면, 형상이 있게 되어, 사물이 처음 생겨나는 때와의 시간적 거리가 짧은 것이며, 또한 형상이라는 것은 '만물의 형상[萬形]'을 포괄하고 있기 때문에, 오래되었다고 여기는 것이다. 또 수의 역사가 짧다고 하는 이유는 수는 가장 마지막에 생겨난 것이라서, 사물이 처음 생겨나는 때와의 시간적 거리가 먼 것이며, '사물의 수[事數]'를 통해서 추상해야만, 비로소 형상을 구할 수 있게 된다. 그렇기 때문에 그 역사가 짧다고 여기는 것이다. 또 『주례』「점인(占人)」편에 대한 정현의 주에서는 "점인(占人)은 또한 시초로 점을 치는 자인데, '거북점을 치는 일을 담당한다.'고 말한 이유는 시초점의 역사는 짧고, 거북점의 역사는 길기 때문에, 거북점을 위주로 언급했기 때문이다."[97]라고 하였다. 이 기록들은 정현 및 두예가 모두 거북점은 그 역사가 오래되었고, 시초점은 역사가 짧다고 여겼다는 사실을 나타낸다. 무릇 거북점과 시초점들은 천자나 제후가 큰일을 치르게 되면, 둘 모두 사용하였는데, 모든 경우에 있어서 먼저 시초점을 쳤고, 이후에 거북점을 쳤다. 그래서 『주례』「서인(筮人)」편에서 "무릇 나라에 큰일이 있게 되면, 먼저 시초점을 쳤고, 이후에 거북점을 쳤다."[98]라고 말한 것이다. 이 말은 곧 어떤 사안이 발생했을 때 시초점을 치고, 그 사안이 촉박하게 다가왔을 때 거북점을 쳤다는 뜻이 된다.[99] '국가의 큰일[大事]'이라는 것에 대해,

---

96) 이 문장은 『춘추좌씨전』「희공(僖公) 4년」의 "公曰, "從筮." 卜人曰, "筮短龜長, 不如從長."에 대한 두예의 주이다.

97) 이 문장은 『주례』「춘관(春官)·점인(占人)」편의 "占人, 掌占龜, 以八簭占八頌, 以八卦占簭之八故, 以眡吉凶."에 대한 정현의 주이다.

98) 『주례』「춘관(春官)·서인(簭人)」 : 凡國之大事, 先簭而後卜. 上春相簭. 凡國事共簭.

99) 『주례』「춘관(春官)·서인(簭人)」편에 대한 가공언(賈公彦)의 소(疏) : 筮輕龜

『주례』「대복(大卜)」편에서는 "나라의 중대사를 점치니, 군주를 옹립할 때 거북점을 치고, 국경이 침략 당했을 때 정벌의 일을 거북점으로 치며, 큰 제사를 지내게 될 때 거북점을 치며, 군대를 출정하거나 상사(喪事)의 일에서 거북점을 친다."[100]라고 했고, 또 "거북점을 쳐서 결정하는 여덟 가지 사안은 첫 번째 순수(巡守)[101]를 하는 경우, 두 번째 기물이 완성된 경우, 세 번째 어떤 일에 함께 참여하는 경우, 네 번째 어떤 일을 모의하는 경우, 다섯 번째 과단성 있게 결단하는 경우, 여섯 번째 어떤 일이 일어날지 또는 아닐지를 예측하는 경우, 일곱 번째 비가 올 것인지 또는 아닐지를 예측하는 경우, 여덟 번째 병이 쾌유될지 또는 아닐지를 예측하는 경우이다."[102]라고 했다. 이 기록들

重, 賤者先卽事, 故卜卽事漸也.

100) 『주례』「춘관(春官)·대복(大卜)」: 凡國大貞, 卜立君, 卜大封, 則視高作龜. 大祭祀, 則視高命龜. 凡小事涖卜. 國大遷大師, 則貞龜. 凡旅陳龜. 凡喪事命龜.

101) 순수(巡守)는 '순수(巡狩)'라고도 부른다. 천자가 수도를 벗어나 제후의 나라를 시찰하는 것을 뜻한다. '순수'의 '순(巡)'자는 그곳으로 행차를 한다는 뜻이고, '수(守)'자는 제후가 지키는 영토를 뜻한다. 제후는 천자가 하사해준 영토를 대신 맡아서 수호하는 것이기 때문에, 천자가 그곳에 방문하여, 자신의 영토를 어떻게 관리하고 있는지를 시찰하게 된다. 『서』「우서(虞書)·순전(舜典)」편에는 "歲二月, 東巡守, 至于岱宗, 柴."라는 기록이 있고, 이에 대한 공안국(孔安國)의 전(傳)에서는 "諸侯爲天子守土, 故稱守. 巡, 行之."라고 풀이했으며, 『맹자』「양혜왕하(梁惠王下)」편에서는 "天子適諸侯曰巡狩. 巡狩者, 巡所守也."라고 기록하였다. 한편 『예기』「왕제(王制)」편에는 "天子, 五年, 一巡守."라는 기록이 있고, 『주례』「추관(秋官)·대행인(大行人)」편에는 "十有二歲王巡守殷國."이라는 기록이 있다. 즉 「왕제」편에서는 천자가 5년에 1번 순수를 시행하고, 「대행인」편에서는 12년에 1번 순수를 시행한다고 기록하고 있는데, 이러한 차이점에 대해서 정현은 「왕제」편의 주에서 "五年者, 虞夏之制也. 周則十二歲一巡守."라고 풀이했다. 즉 5년에 1번 순수를 하는 제도는 우(虞)와 하(夏)나라 때의 제도이며, 주(周)나라에서는 12년에 1번 순수를 했다.

102) 『주례』「춘관(春官)·대복(大卜)」: 以邦事作龜之八命, 一曰征, 二曰象, 三曰與, 四曰謀, 五曰果, 六曰至, 七曰雨, 八曰瘳. / 이 문장에 대한 정현의 주 : 國之大事待蓍龜而決者有八. 定作其辭, 於將卜以命龜也. 鄭司農云, "征謂征伐人也. 象謂災變雲物, 如衆赤鳥之屬有所象似. 易曰天垂象見吉凶, 春秋傳曰天事恒象, 皆是也. 與謂予人物也, 謀謂謀議也, 果謂事成與不也, 至謂至不也, 雨謂雨不也, 瘳謂疾瘳不也." 玄謂征亦云行, 巡守也. 象謂有所造立也, 易曰"以制器者尙其象". 與謂所與共事也. 果謂以勇決爲之, 若吳伐楚, 楚司馬子魚卜戰, 令龜曰"鮒也以其屬死之, 楚師繼之, 尙大克之." 吉, 是也.

에 나타난 일들이 모두 대사(大事)에 해당한다. 그러므로 「점인」편에 대한 정현의 주에서, "장차 여덟 가지 '대사'에 대해 거북점을 치려고 할 때에는 모든 경우에 있어서, 먼저 시초점으로 점을 친다."[103]라고 한 말이 바로 이러한 사실을 가리킨다. 만약 '대사(大事)보다 중요한 일이 아닌 경우[次事]'라면, 단지 거북점만 치고, 시초점은 치지 않는다. 그렇기 때문에 『예기』「표기(表記)」편에서 "천자의 경우에는 시초점을 치지 않는다."[104]라고 한 것이며, 이 문장에 대한 정현의 주에서 "이 말은 정벌이나 출병의 경우를 뜻하며, 마치 순수와 같은 것으로, 천자는 지극히 존엄한 존재이기 때문에, 천자의 '대사'에는 모두 거북점을 사용한다."라고 풀이한 것이다. 이 말은 또한 천자가 출행을 하게 되면, 단지 거북점만 쳤고, 시초점을 치지 않았다는 사실을 나타낸다. 그리고 '작은 일[小事]'에는 거북점을 치지 않고, 단지 시초점만 쳤다. 「서인」편에서는 아홉 종류의 시초점 치는 일을 담당한다고 하며, 그 항목을 열거하고 있는데,[105] 첫 번째 '서경(筮更)'은 도읍을 천도하는 경우에 점을 치는 것을 뜻한다. 두 번째는 '서함(筮咸)'인데, '함(咸)'자는 살펴본다는 뜻으로, 대중들의 마음이 흡족할지 또는 아닐지를 점치는 것을 뜻한다. 세 번째 '서식(筮式)'은 법도와 형식을 제정하는 것을 뜻한다. 네 번째는 '서목(筮目)'으로, 여러 사안에 대해서 그 수요에 합당한 것이 무엇인지를 점치는 것을 뜻한다. 다섯 번째는 '서역(筮易)'으로, 대중들이 기뻐하지 않는 것들에 대해서, 개혁하는 일을 점치는 것을 뜻한다. 여섯 번째는 '서비(筮比)'로 백성들과 조화가 될지를 점치는 것을 뜻한다. 일곱 번째는 '서사(筮祠)'로, 희생물과 제삿날에 대해서 점치는 것을 뜻한다. 여덟 번째는 '서섬(筮參)'으로, 수레를 모는 자와 우측에서 호위할 자에 대해서 점치는 것을 뜻한다. 아홉 번째는 '서환(筮環)'으로 군대를 보낼 수 있는지, 또는 아닐지 등의 일을 점치는 것을 뜻한다. 정현은 「점인」편에 대한 주에서, "거북점을 치지 않고, 단지 시초점

103) 이 문장은 『주례』「춘관(春官)·점인(占人)」편의 "占人, 掌占龜, 以八簭占八頌, 以八卦占簭之八故, 以眡吉凶."에 대한 정현의 주이다.

104) 『예기』「표기(表記)」【640c】: 子曰, "大人之器威敬. 天子無筮, 諸侯有守筮. 天子道以筮. 諸侯非其國不以筮, 卜宅寢室. 天子不卜處大廟."

105) 『주례』「춘관(春官)·서인(簭人)」: 九簭之名, 一曰巫更, 二曰巫咸, 三曰巫式, 四曰巫目, 五曰巫易, 六曰巫比, 七曰巫祠, 八曰巫參, 九曰巫環, 以辨吉凶.

만 치는 경우에는 이러한 아홉 가지 시초점 치는 방식으로써 한다."[106]라고 한 말이 바로 이러한 사실을 나타낸다. 천자에 대한 경우가 이렇다면, 제후 또한 이러했을 것이다. 그래서 『춘추』 희공(僖公) 25년에 대한 기록에서, 진(晉)나라 군주가 양왕(襄王)을 수도로 들여보내기 위해 거북점을 쳤는데, 예전 황제(黃帝)가 판천(阪泉)에서 전투했을 때 얻었던 징조를 얻었는데도, 다시 시초점을 쳐서, 대유괘(大有卦)가 규괘(睽卦)로 변하는 점괘를 얻었다고 했고,[107] 애공(哀公) 9년에도 진(晉)나라가 정(鄭)나라를 구원하기 위해 송(宋)나라를 정벌하면서 거북점을 쳤고, 또한 거북점을 치고 나서 이후에 시초점을 쳤던 것이다.[108] 이러한 기록들은 '대사'에서는 거북점과 시초점을 모두 사용했다는 사실을 나타낸다. 다만 춘추시대 때는 혼란한 시기였으므로, 모두들 거북점을 먼저 치고, 이후에 시초점을 쳤는데, 그 이유는 예법대로 따를 줄 몰랐기 때문이다. 예법에서는 먼저 시초점을 치고, 이후에 거북점을 친다고 언급을 하였는데, 『상서』에서는 앞서 "거북점이 따른다."[109]라고 하였다. 그 이유는 존비의 차이에 기준을 두고 언급했기 때문에, 시초점보다도 먼저 거북점을 말한 것이다. 『주례』에 대한 정현의 주에서도 "시초점을 쳤는데, 흉하다는 점괘가 나오면, 점치는 것을 멈추니, 거북점을 치지 않는다."[110]라고 하였다. 그리고 『서』「홍범(洪範)」편에는 "시초점이 거스른다."라는 기록

---

106) 이 문장은 『주례』「춘관(春官)·점인(占人)」편의 "占人, 掌占龜, 以八簭占八頌, 以八卦占簭之八故, 以眡吉凶."에 대한 정현의 주이다.

107) 『춘추좌씨전』「희공(僖公) 25년」: 秦伯師於河上, 將納王. 狐偃言於晉侯曰, "求諸侯, 莫如勤王. 諸侯信之, 且大義也. 繼文之業, 而信宣於諸侯, 今爲可矣." 使卜偃卜之, 曰, "吉. 遇黃帝戰于阪泉之兆." 公曰, "吾不堪也." 對曰, "周禮未改, 今之王, 古之帝也." 公曰, "筮之!" 筮之, 遇大有䷍之睽䷥.

108) 『춘추좌씨전』「애공(哀公) 9년」: 晉趙鞅卜救鄭, 遇水適火, 占諸史趙·史墨·史龜. 史龜曰, "'是謂沈陽, 可以興兵, 利以伐姜, 不利子商.' 伐齊則可, 敵宋不吉." 史墨曰, "盈, 水名也; 子, 水位也. 名位敵, 不可干也. 炎帝爲火師, 姜姓其後也. 水勝火, 伐姜則可." 史趙曰, "是謂如川之滿, 不可游也. 鄭方有罪, 不可救也. 救鄭則不吉, 不知其他." 陽虎以周易筮之, 遇泰䷊之需䷄.

109) 『서』「주서(周書)·홍범(洪範)」: 汝則從, 龜從, 筮從, 卿士從, 庶民從, 是之謂大同, 身其康彊, 子孫其逢, 吉.

110) 이 문장은 『주례』「춘관(春官)·서인(簭人)」편의 "凡國之大事, 先簭而後卜."에 대한 정현의 주이다.

이 있고, "거북점이 따른다."라는 기록이 있는데,[111] 그 이유에 대해 최영은은 "무릇 거북점과 시초점을 칠 때, 천자의 경우에는 모든 점에서 삼대의 시초점과 거북점을 이용하였으니, 만약 세 가지 시초점에서 모두 흉하다는 점괘가 나온다면, 더 이상 점을 치지 않으니, 거북점을 치지 않는 것이다."라고 설명하였다. 정현도 "만약 한 번 길하다고 나오고, 한 번 흉하다고 나온다면, 비록 시초점이 거스르는 점괘로 나온다고 하더라도, 여전히 거북점을 칠 수 있는 것이다."라고 설명했으니, 「홍범」편에서 말하는 경우가 바로 이러한 경우이다. 대부의 경우, '대사'를 치르게 되면 거북점을 쳤고, '소사(小事)'인 경우에는 시초점을 쳤다. 대부에게 있어서 '대사'라는 것은 장지(葬地)를 고르거나, 장례를 치르는 날짜를 정할 때이니, 이러한 일들은 대부의 입장에서는 가장 중요한 것들에 속하므로, 거북점을 치는 것이다. 그러므로 『예기』「잡기(雜記)」편에서 "대부는 장지(葬地)로 삼을 땅과 장례를 치르는 날에 대해서 거북점을 친다."[112]라고 한 말이 바로 이러한 사실을 나타낸다. 대부들은 '소사'에는 시초점을 사용하였는데, 『의례』「소뢰궤식례(少牢饋食禮)」편에서 "일상적인 제사에서는 시초점으로 그 날짜를 점친다."[113]라고 한 말이 바로 이러한 사실을 가리킨다. 사 계급 또한 '대사'에서는 거북점을 치고, '소사'에서는 시초점을 쳤다. 그렇기 때문에 『의례』「사상례(士喪禮)」편에서 "장례를 치르는 날을 거북점으로 친다."[114]라고 한 것인데, 상례 중에서도 장례를 치르는 절차는 매우 중요하므로, 길흉을 판정할 필요가 있다. 그러므로 거북점을 이용하는 것이다. 그리고 일상적으로 지내는 길제(吉祭)의 경우에는 장례와 비교해보면, 그 중요성이 떨어지기 때문에, 시초점으로 그 날짜를 점치는 것이다. 장례를 치를 때 거북점으로 날짜를 점쳐서 길하다는 점괘를 얻었다면, 나머지 사안들에 대해서도 모두 길할 것이라는 사실을 알 수 있다. 그러므로 장지로 사용될 땅을 시초점으로 재차 점쳐서 길하다고 나오면, 다시 거북

111) 『서』「주서(周書)·홍범(洪範)」: 汝則從, 龜從, 筮逆, 卿士逆, 庶民逆, 作內吉, 作外凶.

112) 『예기』「잡기상(雜記上)」【493c】: 大夫卜宅與葬日, 有司麻衣布衰布帶, 因喪屨, 緇布冠不蕤, 占者皮弁.

113) 『의례』「소뢰궤식례(少牢饋食禮)」: 少牢饋食之禮. 日用丁·己. 筮旬有一日.

114) 『의례』「사상례(士喪禮)」: 卜日. 既朝哭, 皆復外位.

점을 치지 않는 것이다.

孔疏 ●"旬之外曰遠某日"者, 按少牢大夫禮, 今月下旬筮來月上旬, 是旬之外日也. 主人告筮者云, 欲用遠某日, 故少牢云"日用丁己, 筮旬有一日", 吉乃官戒. 旣云"旬有一日", 是旬外一日. 此謂大夫禮.

번역 ●經文: "旬之外曰遠某日". ○『의례』「소뢰궤식례(少牢饋食禮)」편을 살펴보면, 이 내용들은 대부에게 해당하는 내용이며, 이번 달 하순경에 다음 달 상순경에 대한 날짜를 점친다고 하였는데, 이 말은 바로 열흘 이후의 날에 대해 점친다는 뜻이다. 주인은 점치는 자에게 알리며, 의식을 치를 때면 어느 날에 치르고 싶다고 전한다. 그러므로 「소뢰궤식례」편에서 "그 날짜는 정(丁)자와 기(己)자가 들어간 날로 하니, 열흘 중 어느 하루에 대해서 점친다."[115]라고 한 것이니, 길(吉)하다는 점괘가 나오게 되면, 관리들에게 알려서 재계를 하도록 하는 것이다. 「소뢰궤식례」편에서 말한 '열흘 중 어느 하루'는 바로 열흘 뒤의 어느 날에 해당한다. 따라서 이곳 문장의 내용은 곧 대부에 대한 예법을 뜻한다.

孔疏 ●"旬之內曰近某日"者, 按特牲士禮云: "不諏日." 注云: "士賤職褻, 時至事暇, 可以祭, 則筮其日. 不如少牢大夫先與有司於廟門諏丁己之日." 是士於旬初卽筮旬內之日, 是旬之內日也. 主人告筮者云, 用近某日. 此據大夫士, 故有旬內·旬外之日也. 若天子諸侯, 其有雜祭, 或用旬內, 或用旬外, 其辭皆與此同. 按少牢·特牲, 其辭皆云"來日丁亥", 不云"遠某日"·"近某日"者, 彼文不具也.

번역 ●經文: "旬之內曰近某日". ○『의례』「특생궤식례(特牲饋食禮)」편을 살펴보면, 이 내용은 사 계급에게 해당하는 예법(禮法)인데, "날짜에 대해서 계획하지 않는다."[116]라고 하였고, 이 문장에 대한 정현의 주에서는 "사는

115) 『의례』「소뢰궤식례(少牢饋食禮)」: 少牢饋食之禮. 日用丁·己. 筮旬有一日.
116) 『의례』「특생궤식례(特牲饋食禮)」: 特牲饋食之禮. 不諏日.

신분이 낮고 맡은 소임도 보잘것없는 것들이니, 의식을 치를 시기가 다가올 때, 일이 한가하여 제사를 지낼 수 있게 된다면, 그 날짜를 점치는 것이다. 『의례』「소뢰궤식례(少牢饋食禮)」편에서 언급하는 내용처럼, 대부들이 먼저 유사(有司)와 함께 묘문(廟門)에서 정(丁)자와 기(己)자가 들어간 날로 제삿날을 계획하는 것과는 같지 않다."라고 했다. 이것이 바로 사 계급은 열흘 중 초입부에서 곧바로 열흘 이내의 날짜에 대해서 점을 친다는 뜻이니, 바로 경문에서 언급하고 있는 열흘 이내의 날짜를 점친다는 뜻을 가리킨다. 따라서 주인은 점치는 자에게 알리며, 가까운 어느 날에 의식을 치르고자 한다고 말하는 것이다. 이 문장과 앞 문장은 대부와 사에 대한 예법에 근거를 두고 있는 기록이다. 그렇기 때문에 열흘 이내, 또는 열흘 이후의 날짜라는 기록이 있는 것이다. 만약 천자나 제후의 경우라면, 그들은 여러 가지 제사들을 지내게 되므로, 어떤 때는 열흘 이내의 날짜에 치르고, 또 어떤 때는 열흘 이후의 날짜에 치르게 되는데, 그때 점치는 자에게 하는 말들은 모두 여기에서 말한 내용과 동일하다. 「소뢰궤식례」편과 「특생궤식례」편을 살펴보면, 알리는 말에서 모두 '다가올 정해(丁亥)일'[117]이라고만 하고, '먼 어느 날' 또는 '가까운 어느 날'이라고 언급하지 않았는데, 그 이유는 『의례』의 기록에서는 해당 문장을 모두 기록한 것이 아니기 때문이다.

孔疏 ●"喪事先遠日"者, 喪事謂葬與二祥, 是奪哀之義也. 非孝子之所欲, 但制不獲已, 故卜先從遠日而起, 示不宜急, 微伸孝心也. 故宣八年左傳云: "禮, 卜葬先遠日, 辟不懷." 杜云: "懷, 思也." 辟不思親也. 此尊卑俱然, 雖士亦應今月下旬先卜來月下旬. 不吉, 卜中旬. 不吉, 卜上旬.

번역 ●經文: "喪事先遠日". ○상사(喪事)는 곧 장례(葬禮)와 이상(二祥)[118]을 뜻하니, 두 의식에는 슬픔을 털어내는 뜻이 포함되어 있다. 따라서

117) 『의례』「소뢰궤식례(少牢饋食禮)」: 主人曰, "孝孫某, 來日丁亥, 用薦歲事于皇祖伯某, 以某妃配某氏, 尙饗."

118) 이상(二祥)은 대상(大祥)과 소상(小祥)을 뜻한다. '연상(練祥)'이라고도 부른다. '소상'은 죽은 지 13개월 만에 지내는 제사이며, '대상'은 25개월 만에 지내는 제사이다.

이러한 의식들은 자식된 입장에서 바라는 것들이 아니고, 다만 부득이해서 지내는 것일 뿐이다. 그러므로 먼저 먼 날부터 점을 쳐서, 급급해하지 않는다는 뜻을 보이고, 효심을 미약하게나마 펼치게 되는 것이다. 이러한 까닭으로 선공(宣公) 8년 기록에 대해, 『좌전』에서는 "예법에 따르면, 장례에 대한 날짜를 점칠 때에는 먼저 먼 날부터 점을 치니, 부모를 잊게 되는 것을 최대한 늦추는 것이다."[119]라고 했고, 이 문장에 대한 두예의 주에서는 "'회(懷)'자는 부모에 대한 생각이다."라고 하였으니, 이 말은 곧 부모를 잊게 되는 것을 최대한 늦춘다는 뜻이 된다. 따라서 비록 사의 신분이라고 하더라도, 이번 달 하순경에 점을 친다면, 마땅히 다음 달 하순경에 대한 장례 날짜를 점치게 되는 것이다. 그리고 불길하다는 점괘가 나오면, 중순경의 날짜로 다시 점을 치고, 다시 불길하다고 나오면, 상순경의 날짜로 점을 치는 것이다.

孔疏 ●"吉事先近日"者, 吉事, 謂祭祀·冠婚之屬, 故少牢云: "若不吉, 則及遠日, 又筮日如初." 是"先近日"也.

번역 ●經文: "吉事先近日". ○길사(吉事)는 제사·관례·혼례 등을 뜻한다. 그렇기 때문에 『의례』「소뢰궤식례(少牢饋食禮)」편에서는 "만약 불길하다는 점괘가 나오면, 다시 점을 치되, 먼 날부터 점치고, 또한 그 날짜를 점칠 때에는 처음 점쳤을 때의 의식대로 한다."[120]라고 하였으니, 이 말은 곧 경문에서 말하고 있는 것처럼, 길사에는 가까운 날을 우선적으로 점친다는 사실을 나타낸다.

경문-42b 曰, "爲日, 假爾泰龜有常", "假爾泰筮有常". 卜筮不過三, 卜筮不相襲.

번역 점치는 자가 거북점을 치며 말하길, "길일(吉日)을 정하기 위하여,

---

119) 『춘추좌씨전』「선공(宣公) 8년」: 冬, 葬敬嬴, 早, 無麻, 始用葛茀. 雨, 不克葬, 禮也. 禮, 卜葬, 先遠日, 避不懷也.

120) 『의례』「소뢰궤식례(少牢饋食禮)」: 若不吉, 則及遠日, 又筮日如初.

그대 귀중한 거북에 있는 신령스러움을 잠시 빌리노라."라고 말한다. 그리고 시초점을 칠 때에는 "길일을 정하기 위하여, 그대 귀중한 시초에 있는 신령스러움을 잠시 빌리노라."라고 말한다. 거북점과 시초점은 세 번 이상 치지 않고, 또 거북점과 시초점은 서로 연달아서 치지 않는다.

鄭注 命龜筮辭. 龜筮於吉凶有常, 大事卜, 小事筮. 求吉不過三. 魯四卜郊, 春秋譏之. 卜不吉則又筮, 筮不吉則又卜, 是瀆龜策也. 晉獻公卜取驪姬不吉, 公曰"筮之", 是也.

번역 거북껍질과 시초에게 명령하는 말들이다. 거북껍질과 시초에는 길흉을 판별하는데 신뢰성이 있으며, 큰일에 대해서는 거북점을 치고, 작은 일에 대해서는 시초점을 친다. 길한 점괘를 얻으려고, 세 번을 초과하여 점을 치지 않는다. 노(魯)나라에서는 교제사에 대한 거북점을 네 차례나 쳤는데, 『춘추』에서는 그 사실을 기롱하였다.[121] 거북점을 친 결과가 불길하다고 나와서, 재차 시초점을 치고, 시초점을 친 결과가 불길하다고 나와서, 재차 거북점을 치는 행위는 거북껍질과 시초를 욕되게 하는 것이다. 진(晉)나라 헌공(獻公)이 여희(驪姬)를 부인으로 맞이하려고 거북점을 쳤는데, 불길하다는 점괘가 나왔다. 그러자 헌공이 "시초점으로 다시 쳐라."라고 말한 것[122]이 바로 이러한 경우에 해당한다.

孔疏 ●"假爾泰龜有常, 假爾泰筮有常"者, 假, 因也. 爾, 汝也. 爾謂指著龜也. 泰, 大中之大也. 欲褒美此龜筮, 故謂爲泰龜泰筮也. "有常"者, 言汝泰龜泰筮決判吉凶, 分明有常也. 故云"假爾泰龜·泰筮有常". 凡卜筮, 大夫以上命龜有三, 命筮有二. 其一爲事命龜, 涖卜之官, 以主人卜事命卜史, 是一也.

---

121) 『춘추좌씨전』「희공(僖公) 31년」: 夏四月, 四卜郊, 不從, 乃免牲, 非禮也. 猶三望, 亦非禮也. 禮不卜常祀, 而卜其牲·日. 牛卜日曰牲. 牲成而卜郊, 上怠·慢也. 望, 郊之細也. 不郊, 亦無望可也.

122) 『춘추좌씨전』「희공(僖公) 4년」: 初, 晉獻公欲以驪姬爲夫人, 卜之, 不吉; 筮之, 吉. 公曰, "從筮."

二, 卜史旣得所卜之命, 更序述涖卜所陳之辭, 名曰述命, 二也. 卜人卽席, 西而命龜云"假爾泰龜有常", 三也. 命筮二者, 一爲事命筮, 則主人以所爲之事命筮史, 是一也. 二則筮史得主人之命, 遂述之, 爲述命, 是二也. 士則命龜有二, 命筮有一. 知士命筮有一者, 士喪禮云: "命筮人, 哀子某, 爲其父筮宅."·"筮人許諾, 不述命." 注云: "不述者, 士禮略." 是士命筮一也. 知士命龜二者, 士喪禮: "涖卜, 命曰: '哀子某, 卜葬其父, 無有近悔.' 許諾, 不述命." 乃云"卽席, 西面坐, 命龜". 旣云"不述命", 是士命龜二也. 知大夫命筮二者, 以士云命筮不述命, 則知大夫以上述命也. 故少牢云: "主人曰: '孝孫某, 來日丁亥, 用薦歲事於皇祖伯某.'" 又云: "史遂述命, 曰: '假爾泰筮有常, 孝孫某, 來日丁亥'"云云. 是大夫命筮二, 但冠卽席所命于述命之上也. 知大夫命龜三者, 以士喪禮涖卜爲事命龜, 又有卽席西面命龜, 云"不述命", 明大夫有述命, 故知大夫命龜三也.

번역 ●經文: "假爾泰龜有常, 假爾泰筮有常". ○'가(假)'자는 "~따른다[因]."는 뜻이다. '이(爾)'자는 '너[汝]'라는 뜻이다. 즉 '너'라는 말은 시초와 거북껍질을 가리켜서 한 말이다. '태(泰)'자는 '큰 것[大]', '중간 것[中]'이라고 말할 때의 대(大)자의 뜻이다. 거북껍질과 시초를 크고 아름답게 표현하고자 했기 때문에, '태귀(泰龜)', '태서(泰筮)'라고 부르게 된 것이다. '유상(有常)'이라는 말은 '태귀'와 '태서'에게는 길흉을 판정할 때, 항상 분명하고 명백하게 나타내는 점이 있다는 뜻이다. 그렇기 때문에 "너 '태귀'와 '태서'의 길흉을 판별하는 신령함을 빌린다."라고 말한 것이다. 무릇 거북점과 시초점을 치는 경우에 있어서, 대부 이상의 계급에서는 거북껍질에게 명령하는 것에는 세 가지가 있고, 시초에게 명령하는 것에는 두 가지가 있다. 거북점에 대해 말해 보자면, 첫 번째는 일을 확정하기 위해 거북껍질에게 명령하는 것으로, 점치는 것을 감독하는 관리는 주인이 점을 치려고 하는 사안에 대해서 거북점을 치는 관리에게 명령을 하니, 이것이 그 첫 번째 명령에 해당한다. 두 번째는 거북점을 치는 관리가 점을 치라는 명령을 받게 되면, 다시 점치는 것을 감독하는 관리에게 전달받은 명령을 조술하니, 이것을 '술명(述命)'이라고 부르는데, 이것이 그 두 번째 명령에 해당한다. 세 번째는 거북점을 치는 자가 자리에 나아가서, 서쪽을 보고서 거북껍질에게 직접 명령을 하며, "그대 귀중한 거북에 있는 신령스러움을 잠시 빌리노라."라고 말하니, 이것이 그 세 번째 명령에 해당한다. 시초에게 명령하는 두 가지에 대해서 말해보자면, 첫 번째는 일을 확정하기 위해 시초에게 명령을 하게 되면, 주인은 시행하고자 하는 일을 시초점을 치는 관리에게 명령하니, 이것이 그 첫 번째 명령에 해당한다. 두 번째는 시초점을 치는 관리가 주인에게서 명령을 받게 되면, 전달받은 내용을 다시 조술하게 되는데, 이것은 거북점과 마찬가지로 '술명'이 되며, 바로 두 번째 명령에 해당한다. 사의 경우에는 거북껍질에게 명령하는 것에는 두 가지가 있고, 시초에게 명령하는 것에는 한 가지가 있다. 사 계급에서 시초에게 명령하는 것에 한 가지밖에 없다는 사실을 알 수 있는 이유는 『의례』「사상례(士喪禮)」편에서 "점치는 자에게 명령하며, '애자(哀子)[123] 아무개가 부친을 위해 그의 장지(葬地)를 점치려고 한다.'"라고 하며, "점치는 자는 그 일을 허락하되, 전달받은 말을 조술하지 않는다."라고 하였는데,[124] 이 문장에 대한 정현의 주에서는 "조술을 하지 않는 이유는 사에 대한 예법이 간소하기 때문이다."라고 했으니, 이것이 바로 사 계급에서 시초에게 명령하는 말에는 한 가지밖에 없다는 사실을 나타낸다. 그리고 사 계급에서 거북껍질에게 명령하는 것에 두 가지밖에 없다는 사실을 알 수 있는 이유는 「사상례」편에서 "점치는 것을 감독하는 관리가 명령하며, '애자 아무개가 그의 부

123) 애자(哀子)는 부모상을 치르는 자를 가리키는 용어이다. 후대에는 부모상을 치르는 것 자체를 가리키는 용어로도 사용되었다. 손자의 경우에는 '애손(哀孫)'이라고 부르게 된다. 상례 때에는 비통하고 슬픈 마음이 가득하기 때문에 '애(哀)'자를 붙여서 부르는 것이다. 또한 상례(喪禮)가 아닌 일반적인 제사의 경우에는 아들을 '효자(孝子)'라고 부르며, 손자를 '효손(孝孫)'이라고 부른다. 그리고 상례를 치르는 경우에는 졸곡(卒哭) 이전에는 '애자'라고 부르며, '졸곡'을 지내게 되면, '효자'라고 부르게 된다. 『예기』「잡기상(雜記上)」편에는 "祭稱孝子孝孫, 喪稱哀子哀孫."이라는 기록이 있고 이에 대한 공영달(孔穎達)의 소(疏)에서는 "喪則痛慕未申, 故稱哀也. 故士虞禮稱哀子, 而卒哭乃稱孝子也."라고 풀이했다.

124) 『의례』「사상례(士喪禮)」: 命筮者在主人之右. 筮者東面抽上韇, 兼執之, 南面受命. 命曰, "哀子某, 爲其父某甫筮宅, 度茲幽宅, 兆基, 無有後艱." 筮人許諾, 不述命, 右還, 北面, 指中封而筮.

친에 대한 장례를 치르고자 점을 치려고 하니, 후회가 남지 않도록 하라.'라고 한다. 그러면 그 일을 허락하고, 전달받은 내용을 다시 조술하지 않는다."라고 했고, 곧바로 "자리에 나아가 서쪽을 향해 앉아서, 거북껍질에게 명령을 한다."라고 했다.[125] 따라서 이미 "조술을 하지 않는다."라고 하였으니, 이것은 곧 사 계급에서 거북껍질에게 명령을 하는 것에는 두 가지밖에 없다는 사실을 뜻한다. 대부들이 시초에게 명령하는 것에 두 가지가 있다는 사실을 알 수 있는 이유는 사 계급에 대해서 시초점을 치는 자에게 명령을 하면, 그가 전달받은 내용을 다시 조술하지 않는다고 하였으니, 대부 이상의 계급에서는 점치는 자가 명령을 조술하게 된다는 사실을 알 수 있기 때문이다. 그러므로 『의례』「소뢰궤식례(少牢饋食禮)」편에서 "주인이 말하길, '효손(孝孫)[126] 아무개가 돌아오는 정해(丁亥)일에, 음식을 올리며 황조(皇祖)의 맏이이신 아무개께, 해마다 드리는 정규적인 제사를 올립니다.'"라고 하였고, 또 "점치는 자가 전달받은 명령을 조술하고, 명령하길, '그대 귀중한 시초에 있는 신령스러움을 잠시 빌리노니, 효손 아무개가 돌아오는 정해일에 …….'"라고 한 것이다.[127] 이 기록이 바로 대부가 시초에게 명령하는 것에 두 가지가 있다는 사실을 나타낸다. 다만 의관을 차려입게 되면, 곧바로 자리에 나아가서, '명령하는 말[所命]'을 '명령을 조술하는 말[述命]' 앞에 하는 것일 뿐이다. 대부가 거북껍질에게 명령하는 것에 세 가지가 있다는 사실을 알 수 있는 이유는 「사상례」편에서 점치는 것을 감독하는 관리가 일을 확정하기 위해 거북껍질에게 명령을 하면, 또한 점치는 자가 자리에 나아가 서쪽을 향해 서며, 거북껍질에게 명령을 하게 되는데, 그 문장에서는 "전달받은 명령을

125) 『의례』「사상례(士喪禮)」: 涖卜受視, 反之. 宗人還, 少退, 受命. 命曰, "哀子某, 來日某, 卜葬其父某甫, 考降無有近悔." 許諾, 不述命, 還卽席, 西面坐, 命龜, 興, 授卜人龜, 負東扉.

126) 효손(孝孫)은 제주(祭主)가 제사를 지내며, 선조에 대해 자신을 지칭할 때 쓰는 말이다. 제주가 제사지내는 대상에게 아들의 신분이 된다면, '효자(孝子)'라고 부른다.

127) 『의례』「소뢰궤식례(少牢饋食禮)」: 主人曰, "孝孫某, 來日丁亥, 用薦歲事于皇祖伯某, 以某妃配某氏, 尙饗." 史曰, "諾." 西面于門西, 抽下韇, 左執筮, 右兼執韇以擊筮, 遂述命曰, "假爾大筮有常, 孝孫某, 來日丁亥, 用薦歲事于皇祖伯某, 以某妃配某氏, 尙饗."

조술하지 않는다."라고 하였으니, 이 말은 곧 대부 계층에서는 점치는 관리가 전달받은 내용을 조술하게 된다는 사실을 나타낸다. 따라서 대부가 거북껍질에게 명령하는 것에 세 가지가 있다는 사실을 알 수 있는 것이다.

孔疏 ◎注"大事卜, 小事筮". ○正義曰: 此大事者, 謂小事之中爲大事, 非周禮大貞大封及八事之等, 故得用卜而已. 或云"大事卜"者, 總兼大貞·大封及八事等, 雖卜筮並用, 總皆用卜, 故云"大事卜". 但大事則先筮後卜, 卜筮俱有, 若小事筮, 徒有筮而無卜也.

번역 ◎鄭注: "大事卜, 小事筮". ○여기에서 말하는 대사(大事)는 소사(小事)들 중에서도 중요한 일들을 뜻하니, 『주례』에서 국가의 중대사에 대한 점을 치며, 국경이 침략당하여 병사를 보내 정벌할 일을 점치거나,[128] 여덟 가지 사안[129]에 대해 점을 친다는 뜻이 아니다. 그렇기 때문에 시초점까지 병행하지 않고, 단지 거북점만 이용할 수 있을 따름이다. 어떤 자들은 "대사에 대해서 거북점을 친다."라는 말은 국가의 중대사에 대한 점을 치며, 국경이 침략당하여 병사를 보내 정벌할 일을 점치거나, 여덟 가지 사안 등까지도 모두 포함하는 말이며, 비록 거북점과 시초점을 모두 병행하게 되지만, 총괄적으로 모든 경우에 거북점을 사용하게 되므로, 단지 "대사에 거북점을 친다."라고만 말했다고 주장한다. 다만 대사인 경우라면, 먼저 시초점을 치고, 이후에 거북점을 치게 되니, 거북점과 시초점을 모두 시행하는 것이며, 만약 소사에 대해 시초점을 친다면, 단지 시초점만 치게 되고, 거북점은 없게 된다.

孔疏 ●"卜筮不過三"者, 王肅云: 禮以三爲成也. 上旬·中旬·下旬, 三卜筮不吉, 則不擧也. 鄭意"不過三"者, 謂一卜不吉而凶, 又卜, 以至於三, 三若不吉則止, 若筮亦然也. 故魯有四卜之譏. 崔靈恩云: "謂不過三用. 若大事龜筮並用者, 先用三王筮, 次用三王龜, 始是一也. 三如是乃爲三也. 若初始之時,

---

128) 『주례』「춘관(春官)·대복(大卜)」: 凡國大貞, 卜立君, 卜大封, 則視高作龜.
129) 『주례』「춘관(春官)·대복(大卜)」: 以邦事作龜之八命, 一曰征, 二曰象, 三曰與, 四曰謀, 五曰果, 六曰至, 七曰雨, 八曰瘳.

三筮三龜皆凶, 則止. 或逆多從少, 或從多逆少, 如此者皆至於三也. 單卜單筮, 其法惟一用而已, 不吉則擇遠日, 不至於三也. 前以用三王之龜筮者, 有逆有從, 故至三也. 此唯用一, 故不至三也." 按崔解亦有三王龜筮也.

번역 ●經文: "卜筮不過三". ○왕숙이 말하길, 예법에서는 삼(三)이라는 숫자를 완성된 것으로 여긴다. 따라서 상순·중순·하순에 거북점과 시초점을 세 차례 치게 되는데, 불길하다고 나오면, 다시 시행하지 않는다고 하였다. 정현이 "세 차례를 넘지 않는다."라고 한 말의 의도는 한 번 거북점을 쳤는데, 불길하다는 징조가 나와서, 흉하다고 한다면, 다시 거북점을 치고, 이렇게 세 차례까지 시행하는데, 세 번째 거북점을 쳤는데도 만약 불길하다는 징조가 나오면, 멈추게 되며, 시초점의 경우 또한 이렇다는 뜻이다. 그러므로 노(魯)나라에서 네 차례 거북점을 친 것에 대해 『춘추』에서 기롱한 사실을 인용하고 있는 것이다. 최영은은 "세 차례 점치는 것을 넘지 않는다는 말은 예를 들어 대사(大事)인 경우, 거북점과 시초점을 모두 병행하게 되는데, 먼저 세 차례 큰 시초를 가지고 점을 치고, 다음에 다시 세 차례 큰 거북껍질을 가지고 점을 치니, 이렇게 하는 것이 한 번이 된다. 세 번 한다는 말은 세 번씩 세 번 한다는 뜻이다. 만약 처음 세 번씩 점쳤을 때, 세 번의 시초점에서 나온 점괘와 세 번의 거북점에서 나온 징조가 모두 흉하다고 나오면, 더 이상 점을 치지 않고 멈춘다. 이러한 경우가 아니고, 흉하다고 나온 점괘가 많고, 길하다고 나온 점괘가 적거나, 혹은 길하다고 나온 점괘가 많고, 흉하다고 나온 점괘가 적은 경우라면, 모두 세 번씩 세 차례 점을 치게 된다. 한 번의 거북점과 한 번의 시초점을 치는 예법에서는 오직 하나의 시초와 거북껍질만 사용할 따름이며, 불길하다는 징조가 나오게 되면, 먼 날을 선택하게 되며, 세 차례 점치는 데까지 시행하지 않는다. 앞서 세 체례 커다란 거북껍질과 시초를 사용하는 경우에는 어떤 것은 흉하다고 나오고, 어떤 것은 길하다고 나와서, 세 번씩 세 차례 점을 치게 되는 것이다. 이곳 문장에서 말하는 상황은 오직 하나의 시초와 거북껍질만 사용하는 것이기 때문에, 세 차례 반복하는 데까지 진행하지 않는다."라고 했다. 이러한 최영은의 해석에 따르면, 또한 세 차례 커다란 거북껍질과 시초를 가지고 점치는 방법도 있는 것이다.

孔疏 ◎注"魯四卜郊, 春秋譏之". ○正義曰: 卜郊之事, 或三或四或五. 襄七年夏四月, "三卜郊, 不從, 乃免牲". 僖三十一年及襄十一年夏四月, "四卜郊, 不從". 成十年夏四月, "五卜郊, 不從". 三傳之說, 參差不同. 若左氏之說, 魯郊常祀, 不須卜可郊與否, 但卜牲與日, 唯周之三月爲之, 不可在四月, 雖三卜亦爲非禮, 故僖三十一年左傳云: "禮不卜常祀." 是常祀不卜也. 襄七年左傳云: "啓蟄而郊, 郊而後耕. 今旣耕而卜郊, 宜其不從也." 是用周之三月, 不可至四月也. 若公羊之義, 所云卜者, 皆爲卜日, 故僖三十一年公羊傳云: "三卜, 禮也. 四卜, 非禮也." 又成十七年公羊傳云: "郊用正月上辛." 何休云: "魯郊博卜三正, 三王之郊, 一用夏正." 又定十五年: "禮, 三卜之運也." 何休云: "運, 轉也. 已卜春三正, 不吉, 復轉卜夏三月, 周五月, 得二吉, 故五月郊." 如休之意, 魯郊轉卜三正, 假令春正月卜不吉, 又卜殷正, 殷正不吉, 則用夏正郊天. 若此三正之內, 有凶不從, 則得卜夏三月, 但滿三吉日, 則得爲郊. 此公羊及何休之意也. 穀梁之說, 春秋卜者皆卜日也. 哀元年穀梁傳云: "郊自正月至三月, 郊之時也." 或以十二月下辛卜正月上辛. 卜如不從, 則以正月下辛, 卜二月上辛. 如不從, 則以二月下辛卜三月上辛. 如不從, 則不郊. 如是穀梁三正正月卜吉, 則爲四月, 五月則不可, 與公羊之說同, 與何休意異. 休以四月五月卜滿三吉, 則可郊也. 若鄭玄意, 禮不當卜常祀, 與左氏同, 故鄭箴膏肓云: "當卜祀日月爾, 不當卜可祀與否." 鄭又云: "以魯之郊天, 惟用周正建子之月, 牲數有災不吉, 改卜後月, 故或用周之二月三月, 故有啓蟄而郊, 四月則不可." 故駁異義引明堂云: "孟春正月, 乘大路, 祀帝於郊." 又云: "魯用孟春建子之月, 則與天子不同明矣. 魯數失禮, 牲數有災不吉, 則改卜後月." 如鄭之言, 則與公羊·穀梁傳卜三正不同也. 此云"魯四卜郊, 春秋譏之", 用公羊·穀梁傳三卜正·四卜非正也. 是四卜爲譏, 三卜得正, 與左氏意違. 左氏三卜亦非故也.

번역 ◎鄭注: "魯四卜郊, 春秋譏之". ○교제사에 대한 거북점을 치는 일에 대해서, 어떤 기록에서는 세 번 쳤다고 나오며, 또 어떤 기록에서는 네 번 쳤다고 나오고, 또 어떤 기록에서는 다섯 번까지 점을 쳤다고 나온다. 양공(襄公) 7년에는 여름 4월에, "세 차례 교제사에 대한 점을 쳤는데, 모두 불길하다는 점괘가 나와서, 곧 희생물로 사용하려고 매어두었던 가축을 풀어주었다."[130]라고 했다. 희공(僖公) 31년 및 양공(襄公) 11년 여름 4월에는 "네 차례 교제사에 대한 점을 쳤는데, 불길하다는 점괘가 나왔다."[131]라고 했다. 성공(成公) 10년 여름 4월에는 "다섯 차례 교제사에 대한 점을 쳤는데, 불길하다는 점괘가 나왔다."[132]라고 했다. 그런데 삼전(三傳)[133]의 견해에는 다소 차이가 있다. 예를 들어 『좌전』의 주장에서는 노(魯)나라가 지내는 교제사는 일상적으로 지내는 제사[134]이므로, 점을 쳐서 교제사를 지낼 수 있는지의 여부를 물을 필요가 없으니, 희생물로 사용될 가축과 제사를 지내는 날짜에 대해서만 점을 쳤던 것이고, 오직 주나라 역법(曆法)에 따른 3월에만 그 일들을 시행했으니,[135] 4월에 지낼 수가 없었던 것이다. 그러므로 세 차례 점을 쳤는데도 또한 비례라고 여긴 것이다. 따라서 희공 31년에 대한 『좌전』의 기록에서는 "예법에 따르면 일상적으로 지내는 제사에서는 점을 치지 않는다."[136]라고 한 것이니, 이 말은 곧 일상적인 제사 때에는 점을 치지 않았다는 사실을 뜻한다. 양공 7년에 대한 『좌전』의 기록에서는 "겨울 동안 땅 속에 숨어있던 곤충들이 깨어나면, 교제사를 지내고, 교제사를 지낸 이후에 경작을 시작한다. 그런데 이곳 상황은 이미 경작을 시작한 상태에서 교제사에 대한 점을 친 것이니, 불길하다고 점괘가 나오는 것이 마땅한 것이다."[137]라

---

130) 『춘추』「양공(襄公) 7년」: 夏四月, 三卜郊, 不從, 乃免牲.

131) 『춘추』「희공(僖公) 31년」: 夏, 四月, 四卜郊, 不從, 乃免牲, 猶三望 / 『춘추』「양공(襄公) 11년」: 夏, 四月, 四卜郊, 不從, 乃不郊.

132) 『춘추』「성공(成公) 10년」: 夏, 四月, 五卜郊, 不從, 乃不郊.

133) 삼전(三傳)은 춘추삼전(春秋三傳)을 뜻한다. '춘추삼전'은 『춘추』 경문(經文)에 대한 세 가지 주석서를 가리킨다. 『춘추좌씨전(春秋左氏傳)』, 『춘추공양전(春秋公羊傳)』, 『춘추곡량전(春秋穀梁傳)』을 뜻한다.

134) 상사(常祀)는 고정적으로 지내게 되는 정규 제사들을 뜻한다.

135) 일반적으로 중국 고대의 역법을 거론할 때, 하(夏)나라 때의 역법을 기준으로 삼는다. 하나라 때의 역법에 기준을 두면, 은(殷)나라 때에는 하나라 때의 12월을 정월(正月)로 삼았고, 주(周)나라 때에는 하나라 때의 11월을 정월로 삼았다.

136) 『춘추좌씨전』「희공(僖公) 31년」: 夏四月, 四卜郊, 不從, 乃免牲, 非禮也. 猶三望, 亦非禮也. 禮不卜常祀, 而卜其牲·日.

137) 『춘추좌씨전』「양공(襄公) 7년」: 夏四月, 三卜郊, 不從, 乃免牲. 孟獻子曰, "吾乃今而後知有卜·筮. 夫郊祀后稷, 以祈農事也. 是故啓蟄而郊, 郊而後耕. 今旣耕而卜郊, 宜其不從也."

고 했다. 이 말은 주나라 때의 3월에 교제사를 지낸다면, 하(夏)나라 때의 역법에서는 2월이 되니, 4월까지 갈 수가 없다는 뜻이 된다. 『공양전』의 주장에서는 점을 친다는 말을 모두 제삿날에 대해 점을 친다는 뜻으로 해석했다. 그렇기 때문에 희공 31년에 대한 『공양전』의 기록에서 "세 차례까지 점을 치는 것은 예법에 맞는 일이다. 그러나 네 차례까지 점을 친 것은 비례이다."[138]라고 한 것이다. 또 성공 17년에 대한 『공양전』의 기록에서는 "교제사는 정월 상순경에 신(辛)자가 들어가는 날에 지낸다."[139]라고 하였고, 이 문장에 대한 하휴의 주에서는 "노나라에서 지내는 교제사에서는 폭넓게 점을 쳐서, 삼정(三正)[140]에 따라 점을 쳤는데,[141] 삼왕(三王) 때의 교제사는 모두 한결같이 하나라 역법에서의 정월(正月)에 지냈다."라고 했다. 또 정공(定公) 15년의 기록에 대해서는 "예법에 따라서, 주나라 역법에 따른 봄 3월에 점을 쳤던 것을 전이하여, 하나라 역법에 따른 3월, 즉 주나라 때의 5월에 점을 친 것이다."[142]라고 하였고, 이 문장에 대한 하휴의 주에서는 "'운(運)'자는 '전이한다[轉].'는 뜻이다. 이미 주나라 역법에 따른 3월을 하나라 정월로 여겨 점을 쳤는데, 불길하다는 점괘가 나와서, 다시 전이하여 하나라 역법에 따른 3월에 점을 친 것이니, 주나라 역법에서는 5월이 되어, 두 가지 길한 징조를 얻은 것이다. 그렇기 때문에 5월에 교제사를 지낸 것이다."라고 했다. 만약 하휴의 의견대로라면, 노나라에서는 폭넓게 점을 쳐서, 삼정을 모두 이

138) 『춘추공양전』「양공(襄公) 31년」: 夏, 四月, 四卜郊不從, 乃免牲, 猶三望, 曷爲或言三卜, 或言四卜, 三卜禮也. 四卜非禮也

139) 『춘추공양전』「성공(成公) 17년」: 九月, 辛丑, 用郊, 用者何? 用者不宜用也, 九月, 非所用郊也. 然則郊曷用, 郊用正月上辛. 或曰, 用然後郊.

140) 삼정(三正)은 하(夏)·은(殷)·주(周) 세 나라의 정월(正月)을 뜻한다. 또한 세 나라의 역법(曆法)을 가리키기도 한다. 북두칠성은 회전을 하는데, 각 왕조에서는 천상을 12지(支)로 구분하여, 북두칠성의 자루 부분이 어느 방향을 지시하느냐에 따라 정월을 달리하였다. 하나라 때에는 북두칠성의 자루가 인(寅)을 가리킬 때를 정월로 여겼고, 은나라 때에는 축(丑)을 가리킬 때를 정월로 여겼으며, 주나라 때에는 자(子)를 가리킬 때를 정월로 여겼다.

141) 주나라 역법에서의 봄 3월은 하나라 때의 정월이 되어, 이때 교제사에 대한 점을 쳤다는 주장이다.

142) 『춘추공양전』「정공(定公) 15년」: 夏, 五月, 辛亥, 郊, 曷爲以夏五月郊. 三卜之運也.

용하였는데, 가령 주나라 역법에 따른 봄 정월에 점을 쳤는데, 불길하다는 점괘가 나오면, 다시 은나라 때의 역법에 따라서, 은나라 때의 정월에 점을 쳤고, 은나라 역법에 따른 점괘도 불길하다고 나오면, 다시 하나라 때의 역법에 따라 하늘에 대한 교제사를 지냈다는 것이다. 따라서 만약 이 세 왕조의 역법을 사용하여 점을 치는 가운데, 흉하다는 점괘가 나와서 교제사를 지내지 않게 된다면, 하나라 역법에 따른 3월에 점을 칠 수 있게 되는데, 다만 세 차례 길일에 대해 점친다는 조건을 충족시키게 되었다면, 교제사를 지낼 수 있게 되는 것이다. 이것은 『공양전』의 내용과 하휴의 의견이다. 『곡량전』의 주장에 따르면, 『춘추』에서 점을 친다는 말은 모두 해당 날짜에 대해서 점을 친다는 뜻이 된다. 애공(哀公) 1년에 대해 『곡량전』에서는 "교제사는 정월부터 3월까지의 기간에 지내니, 이때가 바로 교제사를 지내는 때이다."[143]라고 했다. 이 말에 대해 혹자는 12월 하순경 신(辛)자가 들어가는 날에 정월 상순경의 신(辛)자가 들어가는 날에 대해서 점을 치는 것이라고 하였다. 즉 점을 쳤는데, 불길한 점괘가 나오게 되면, 정월 하순경 신(辛)자가 들어가는 날에 2월 상순경 신(辛)자가 들어가는 날에 대해서 점을 친다. 그런데도 만약 불길하다는 징조가 나오면, 2월달 하순경 신(辛)자가 들어가는 날에 3월달 상순경 신(辛)자가 들어가는 날에 대해서 점을 친다. 그런데도 만약 불길하다는 징조가 나오면, 교제사를 지내지 않는다고 여긴 것이다. 만약 이러한 설명이 『곡량전』에서 말한 내용으로, 삼정에 따라 정월마다 점을 쳐서 길하다고 나온 것이라면, 교제사를 지내는 달은 주나라 때의 4월이 되며, 5월이 되면 불가하게 되니, 이것은 『공양전』에서 주장하는 내용과 동일하게 되지만, 하휴의 주장과는 달라진다. 하휴는 4월과 5월에 점을 쳐서 세 차례 길일에 대해 점치는 조건을 충족시키게 되면, 교제사를 지낼 수 있다고 한 것이다. 그런데 만약 정현의 주장에 따른다면, 예법상 일상적으로 지내는 제사에 대해서는 점을 치는 것이 부당하니, 『좌전』의 주장과 같아진다. 그렇기 때문에 정현의 저서인 『잠고황(箴膏肓)』에서 "마땅히 제사에 대해서는 제사를 치르

---

143) 『춘추곡량전』「애공(哀公) 1년」: 夏, 四月, 辛巳, 郊, 此該之變而道之也, 於變之中, 又有言焉, 鼷鼠食郊牛角, 改卜牛, 志不敬也, 郊牛日展斛角而知傷, 展道盡矣, 郊自正月至于三月, 郊之時也, 夏四月郊, 不時也, 五月郊, 不時也

는 날과 달에 대해서만 점을 칠 따름이니, 제사를 지내야 하는지의 여부를 점쳐서는 안 된다."라고 했던 것이다. 또 정현은 "노나라에서 하늘에 대한 교제사를 지낸 것은 오직 주나라 때의 역법에 따라서 주나라 정월에만 지냈는데, 희생물에 대해 자주 재앙이 들어 불길한 경우에는 점치는 달을 고쳐서 다음 달에 점을 쳤다. 그렇기 때문에 간혹 주나라 때의 2월이나 3월에도 점을 쳤던 것이다. 따라서 곤충들이 깨어나게 되면 교제사를 지냈던 것이니, 4월은 불가한 것이다."라고 했다. 그러므로 정현은 『오경이의』를 반박하며, 『예기』「명당위(明堂位)」편을 인용하여, "맹춘(孟春)인 정월에는 대로(大路)를 타고, 교외에서 상제(上帝)에 대한 제사를 지낸 것이다."[144]라고 했고, 또 "노나라는 맹춘인 정월의 달을 이용하였으므로, 천자와는 다르게 시행했다는 것이 명백하다. 노나라에서 자주 실례를 범한 것은 희생물에 자주 재앙이 들어서 불길하였으니, 이러한 경우에는 다음 달에 다시 점을 쳤던 것이다."라고 했던 것이다. 정현의 주장에 따른다면, 『공양전』과 『곡량전』에서 삼정에 따라 점을 친다는 내용과도 달라진다. 그런데 이곳 문장에 대한 정현의 주에서는 "노나라에서 네 차례 교제사에 대한 점을 친 사실을 『춘추』에서 기롱하였다."라고 하였는데, 이 말은 『공양전』과 『곡량전』에서 세 차례 점친 것을 바르다고 여기고, 네 차례 점친 것을 바르지 못한 것으로 여긴 주장에 따른 것이다. 따라서 이 말은 다시 말해 네 차례 점을 친 사실에 대해서 기롱을 하였다는 뜻이니, 세 차례 점을 치는 것은 올바른 것으로, 『좌전』의 주장과는 달라지게 된다. 『좌전』에서는 세 차례 점을 친 것 또한 잘못되었다고 지적했기 때문이다.

孔疏 ●"卜筮不相襲"者, 襲, 因也. 前卜不吉則止, 不得因更筮. 若前筮不吉則止, 不得因更卜, 是"不相襲"也. 若相因不止, 是瀆龜筮, 則神不告也. 王云: "三筮及三卜不相襲, 三者初各專其心也."

번역 ●經文: "卜筮不相襲". ○'습(襲)'자는 '～연유하여[因]'라는 뜻이다.

144) 『예기』「명당위(明堂位)」【399b～c】: 是以魯君孟春乘大路, 載弧韣, 旂十有二旒, 日月之章, 祀帝于郊, 配以后稷, 天子之禮也.

앞서 거북점을 쳤는데 불길하다는 점괘가 나오면 멈추는 것이니, 거북점을 쳐서 불길하다는 점괘가 나왔다고 해서 다시 시초점을 칠 수는 없다. 또한 만약 시초점을 먼저 쳐서 불길하다는 점괘가 나오면, 거기에서 멈추는 것이니, 시초점을 쳐서 불길하다는 점괘가 나왔다고 해서 다시 거북점을 칠 수는 없다. 이것이 바로 "서로 연유하여 점을 치지 않는다."는 뜻이다. 만약 서로 연유해서 점을 치게 되어, 점치는 것을 멈추지 않는다면, 이것은 거북껍질과 시초를 욕보이는 것으로, 신에게 아뢸 수가 없는 것이다. 왕씨는 "세 차례 시초점을 치는 일과 세 차례 거북점을 치는 것을 서로 연이어서 할 수 없다는 뜻이니, 세 차례 점을 치면서, 애초부터 각각에 대해 그 마음을 집중시키기 때문이다."라고 했다.

孔疏 ◎注"卜不"至"是也". ○正義曰: 晉獻公初卜不吉, 故公云"更筮之", 是因襲也. 表記云: "卜筮不相襲." 鄭云: "襲, 因也. 大事則卜, 小事則筮." 然與此注不同者, 明襲有二義, 故兩注各擧其一. 一則大事小事, 各有所施, 不得因龜卜小事, 因著筮大事也. 二則筮不吉, 不可復卜, 卜不吉, 不可復筮也.

번역 ◎鄭注: "卜不"～"是也". ○진(晉)나라 헌공(獻公)이 애초에 거북점을 쳤다가 불길하다는 점괘가 나왔기 때문에, 헌공이 "다시 시초점으로 점을 쳐라."라고 하였는데,[145] 이것이 바로 거북점의 결과에 따라서 연이어 점을 친 경우에 해당한다. 『예기』「표기(表記)」편에서는 "거북점과 시초점은 서로 겹치지 않는다."[146]라고 하였고, 이 문장에 대한 정현의 주에서는 "'습(襲)'자는 '～따른다[因].'는 뜻이다. 대사(大事)인 경우에는 거북점을 치고, 소사(小事)인 경우에는 시초점을 친다."라고 했다. 이러한 말에 따른다면, 이곳 문장에 대한 주 내용과 일치하지 않게 되는데, 이것은 곧 '습'자에 두 가지 의미가 포함되어 있다는 것을 나타낸다. 따라서 두 문장에 대한 주석에서는 각각

145) 『춘추좌씨전』「희공(僖公) 4년」: 初, 晉獻公欲以驪姬爲夫人, 卜之, 不吉; 筮之, 吉. 公曰, "從筮."

146) 『예기』「표기(表記)」【639b～c】: 子言之, "昔三代明王, 皆事天地之神明, 無非卜筮之用, 不敢以其私褻事上帝. 是故不犯日月, 不違卜筮. 卜筮不相襲也.

그 중 하나의 뜻에 기준을 두어 기술한 것이다. 두 가지 의미 중 첫 번째는 대사와 소사에는 각각 점을 쳐야 하는 것이 있으니, 거북점을 통해서 소사에 대한 점을 칠 수 없고, 시초점을 통해서 대사에 대한 점을 칠 수 없다는 뜻이다. 두 번째 의미는 시초점의 결과가 불길하다고 나오면, 다시 거북점을 칠 수 없고, 거북점의 결과가 불길하다고 해서, 다시 시초점을 칠 수 없다는 뜻이다.

集解 愚謂: 爲日, 言爲行事求吉日也. 卜筮有占日·占事, 上文言"外事剛日, 內事柔日", 而此言命龜命筮之辭亦曰"爲日", 則皆主乎占日而言. 若爲事而占, 則當直擧所爲之事而命之也. 假, 借也. 曰泰, 尊之之辭. 言假借爾泰龜·泰筮之靈以問於神也. 有常, 言其斷吉凶不差忒, 可憑信也.

번역 내가 생각하기에, '위일(爲日)'이라는 말은 일을 시행하기 위하여, 길일을 선택하고자 한다는 뜻이다. 거북점과 시초점으로는 날짜에 대해 점을 치는 경우와 일 자체에 대해 점을 치는 경우가 있는데, 앞 문장에 "외사(外事)는 강일(剛日)에 시행하고, 내사(內事)는 유일(柔日)에 시행한다."라고 하였고, 이곳 문장에서 언급하고 있듯이, 거북껍질과 시초에게 명령하는 말에서도 또한 '날짜를 선택하기 위하여[爲日]'라고 하였으니, 이 모두는 날짜에 대해 점치는 것을 위주로 말한 것이다. 만약 일을 시행하기 위해서 점을 쳤다면, 마땅히 직접적으로 시행하려고 하는 일을 거론하여, 명령을 했을 것이다. '가(假)'자는 "빌린다[借]."라는 뜻이다. '태(泰)'자를 붙여서 부르고 있는데, '태'자는 존귀하게 높일 때 쓰는 말이다. 따라서 이 말은 그대 존귀한 거북껍질과 존귀한 시초에 있는 신령스러움을 잠시 빌려서, 신에게 묻고자 한다는 뜻이다. '유상(有常)'은 길흉을 판단하는데 있어서 착오가 생기지 않으므로, 믿고 신뢰할 수 있다는 뜻이다.

集解 愚謂: 卜·筮不過三, 言卜·筮不從者至於三則止, 不可以更卜·筮也. 春秋傳曰, "三卜, 禮也, 四卜, 非禮也", 是也. 襲, 重也. 卜·筮不相襲, 言卜·筮既從者不可以更卜·筮也. 書言"卜不襲吉", 是也. 此二者, 皆爲其瀆鬼神也.

번역 내가 생각하기에, "거북점과 시초점은 세 번을 초과하지 않는다."는 말은 거북점과 시초점을 친 결과가 불길하다고 나온 것이 세 차례나 계속된다면, 점치는 것을 멈추고, 다시 거북점이나 시초점으로 바꿔서 점을 칠 수 없다는 뜻이다. 『춘추전』에서 "세 번 점치는 것은 예법에 맞지만, 네 번 점치는 것은 예법에 맞지 않는다."[147]라고 한 말이 바로 이러한 사실을 가리킨다. '습(襲)'자는 '거듭[重]'이라는 뜻이다. 따라서 "거북점과 시초점은 서로 거듭되지 않는다."라는 말은 거북점과 시초점을 친 결과가 이미 길하다고 나온 경우에는 점치는 방법을 바꿔서 거북점이나 시초점을 다시 칠 수 없다는 뜻이다. 『서』에서 "점친 결과는 거듭 길하지 않다."[148]라고 한 말이 바로 이러한 사실을 가리킨다. 이 두 가지 것들은 모두 그 귀신을 욕보이게 만드는 행위가 된다.

集解 張子曰: 據儀禮惟有"筮遠日"之文, 不云"三筮". 筮日之禮, 止是二筮, 先筮近日, 後筮遠日, 不從則直用下旬遠日. 蓋亦足以致聽命鬼神之意, 而祭則不可廢.

번역 장자가 말하길, 『의례』의 기록에 따르면, 단지 "먼 어느 날에 대해서 시초점을 친다."[149]는 문장만 있고, "세 차례 시초점을 친다."라고는 언급하지 않았다. 따라서 날짜에 대해 시초점을 치는 예법은 단지 두 차례 시초점을 치는 데에서 그치니, 먼저 가까운 날에 대해서 시초점을 치고, 그 결과가 불길하다고 나오면, 단지 하순경의 먼 날에 대해서 점을 치는 것이다. 아마도 이러한 방법을 통해서도 귀신의 뜻을 받드는 일에 지극히 할 수 있었을 것이며, 제사 자체는 폐지할 수 없었을 것이다.

---

147) 『춘추공양전』「양공(襄公) 31년」: 夏, 四月, 四卜郊不從, 乃免牲, 猶三望, 曷爲或言三卜, 或言四卜, <u>三卜禮也. 四卜非禮</u>也

148) 『서』「우서(虞書)·대우모(大禹謨)」: 惟先蔽志, 昆命于元龜. 朕志先定, 詢謀僉同, 鬼神其依, 龜筮協從. <u>卜不習吉</u>. 禹拜稽首固辭.

149) 『의례』「특생궤식례(特牲饋食禮)」: 若不吉, 則<u>筮遠日</u>, 如初儀. 宗人告事畢.

集解 愚謂: 張子之言最得禮意. 先儒皆謂卜不吉則止不祭, 非也. 然特牲·少牢皆止二筮, 而春秋書卜郊有三卜四卜者, 傳曰"三卜, 禮也, 四卜, 非禮也." 然則二筮者大夫士之禮, 而三卜者人君之禮與. 士祭不諏日, 不吉卽於筮日更筮, 大夫則筮旬有一日, 不吉則及遠日又筮, 則人君之卜日亦宜有與大夫不同者矣.

번역 내가 생각하기에, 장자의 말이 가장 예의 뜻에 부합된다. 선대 유학자들은 모두 거북점의 결과가 불길하다고 나오면, 더 이상 점치는 것을 멈추며, 제사를 지내지 않는다고 하였는데, 이것은 잘못된 말이다. 『의례』「특생궤식례(特牲饋食禮)」편과 「소뢰궤식례(少牢饋食禮)」편에서는 모두 두 차례 시초점을 치는데 그쳤으며, 『춘추』에서도 교제사에 대해 거북점 치는 것을 기록하며, 세 차례 거북점을 치고, 네 차례 거북점을 쳤다고 하였는데, 『공양전』에서는 "세 번 점치는 것은 예법에 맞지만, 네 번 점치는 것은 예법에 맞지 않는다."라고 하였다. 그렇다면 두 차례 시초점을 치는 것은 대부나 사 계급에서 시행하던 예법이었을 것이고, 세 차례 거북점을 치는 것은 군주가 시행하는 예법이었을 것이다. 사가 지내는 제사에서는 날짜에 대해 의논하지 않으니, 점괘가 불길하다고 나오면, 날짜에 대해 시초점을 쳤던 그날에 다시 시초점을 치는 것이며, 대부의 경우에는 열흘 중의 어느 하루에 대해서 시초점을 치고, 점괘가 불길하다고 나오면, 한참이 지난 뒤에 다시 시초점을 치는 것이니, 군주가 거북점을 통해 날짜를 점쳤던 방법도 또한 마땅히 대부와는 다른 점이 있었을 것이다.

경문-42c 龜爲卜, 筴爲筮. 卜筮者, 先聖王之所以使民信時日, 敬鬼神, 畏法令也, 所以使民決嫌疑, 定猶與也. 故曰, "疑而筮之, 則弗非也, 日而行事, 則必踐之."

번역 거북껍질로는 거북점을 치고, 시초로는 시초점을 친다. 거북점과 시초점은 선대 성왕(聖王)이 이로써 백성들로 하여금 시간과 날짜를 믿게 한 것이고, 귀신을 공경하게 한 것이며, 법령을 두려워하게 했던 것이다. 그리고 거북점과 시초점을 이용하여, 백성들로 하여금 의심스러운 것을 결정하게 만들고, 주저하며 망설이는 일을 확정하게 했던 것이다. 그렇기 때문에 "의문스러우면 시초점을 치되, 그 결과를 부정해서는 안 되며, 점을 쳐서 날짜를 정하여, 그 일을 시행하기로 했다면, 반드시 그 일을 실천해야 한다."라고 한 것이다.

鄭注 弗非, 無非之者. 日, 所卜筮之吉日也. 踐讀曰善, 聲之誤也. 筴或爲著.

번역 '불비(弗非)'는 그것을 비난하는 자가 없다는 뜻이다. '일(日)'은 거북점과 시초점을 쳐서 나온 길일(吉日)이다. '천(踐)'자는 '선(善)'자로 풀이해야 하니, 소리가 서로 비슷한 데에서 발생한 오자이다. '협(筴)'자를 간혹 '시(著)'자로 기록하기도 한다.

孔疏 ●"龜爲"至"踐之". ○正義曰: 解卜筮所用也. 龜處筮後, 龜覆於筮. 筴爲筮者, 筮在龜前爲決也. 謂著爲筴者, 筴以謀筴爲義, 言用此物以謀於前事也.

번역 ●經文: "龜爲"~"踐之". ○이 문장은 거북점과 시초점의 효용성에 대해서 풀이한 내용이다. 거북점을 치는 시기가 시초점보다 뒤에 놓이는 것은 거북점의 결과가 시초점의 결과를 뒤집게 되기 때문이다. 시초로 시초점을 치는 이유는 시초점은 거북점보다 앞서서 쳐서, 해당 사안을 결정하기 때문이다. 시초를 '협(筴)'이라고 부르는 이유는 '협'에는 어떤 일을 도모하고 계획한다는 뜻이 있기 때문이니, 이 말은 곧 시초라는 사물을 이용해서, 어떤 일에 앞서서 도모한다는 뜻이다.

孔疏 ●"卜筮者, 先聖王之所以使民信時日"者, 解所以須卜筮之義也. "先聖王", 伏羲以來聖人爲天子者. 不直云先王, 又加聖字者, 夫王未必聖, 古來非一, 聖不必王, 孔子是也. 明造制卜筮, 必須聖位兼幷. 時者, 四時及一日十二時也. 日者, 甲乙之屬. 聖王制此卜筮, 使民擇愼而信時日與吉凶也.

번역 ●經文: "卜筮者, 先聖王之所以使民信時日". ○거북점과 시초점을 쳐야 하는 의미에 대해서 풀이한 말이다. '선성왕(先聖王)'은 복희(伏犧) 이래의 성인(聖人)들 중에서 천자가 된 자들을 뜻한다. 그런데 경문에서 단지 '선왕(先王)'이라 하지 않고, '성(聖)'자를 덧붙인 이유는 무릇 제왕들이 반드시 성인이었던 것은 아니니, 옛날이나 지금이나 제왕과 성인이 완전히 일치하지 않았으며, 성인 또한 반드시 제왕은 아니었으니, 공자와 같은 자가 바로 이러한 경우에 해당한다. 따라서 이 말은 곧 거북점과 시초점을 제정한 자는 반드시 성인이면서도 제왕의 지위를 모두 갖추고 있어야 한다는 사실을 나타낸다. '시(時)'라는 말은 사계절 및 하루의 12시간[150]을 뜻한다. '일(日)'이라는 말은 갑일(甲日), 을일(乙日)과 같은 부류이다. 성왕이 이러한 거북점과 시초점을 만들어서, 백성들로 하여금 선택하길 신중하게 하고, 때와 날 및 길흉을 믿게 했던 것이다.

孔疏 ●"敬鬼神"者, 乃擇吉而祭祀, 是"敬鬼神"也.

번역 ●經文: "敬鬼神". ○곧 길일(吉日)을 택해서 제사를 지내는 것이 바로 "귀신을 공경한다."라는 말에 해당한다.

孔疏 ●"畏法令"者, 法, 典則也. 令, 教訓也. 君行法令, 若依卜筮而爲之, 則民敬而畏之也.

번역 ●經文: "畏法令". ○'법(法)'자는 규범과 법칙을 뜻한다. '영(令)'자는 교화와 훈계를 뜻한다. 군주가 법령을 시행하며, 만약 거북점과 시초점의 결과에 따라서 그 일들을 시행한다면, 백성들이 공경하면서도 두려워하게 될 것이다.

孔疏 ●"所以使民決嫌疑"者, 事旣異, 故更云所以有嫌疑, 而卜筮決斷之也.

---

150) 고대에는 하루를 12지(支)로 배분하여, 12시간으로 구분했기 때문이다.

번역 ●經文: "所以使民決嫌疑". ○사안이 이미 달라졌기 때문에, 다시금 혐의스러운 일이 있어서, 거북점과 시초점으로 그 일들을 판결한다고 말한 것이다.

孔疏 ●"定猶與也"者, 說文云: "猶, 獸名. 玃屬." 與亦是獸名, 象屬. 此二獸皆進退多疑, 人多疑惑者似之, 故謂之"猶與".

번역 ●經文: "定猶與也". ○『설문해자(說文解字)』에서 말하길, "'유(猶)'는 짐승의 이름이다. 확(玃) 종류이다."라고 했다. '여(與)' 또한 짐승의 이름으로, 코끼리 종류이다. 이 두 짐승들은 모두 행동할 때 의심이 많은데, 사람들 중에 의심과 의혹이 많은 자도 이 짐승들의 행동과 비슷하게 행동하기 때문에, 의문을 품고 주저하는 것을 '유여(猶與)'라고 부른 것이다.

孔疏 ●"故曰疑而筮之, 則弗非也"者, 引舊語以結之. 卜筮所以定是非也. 若有疑而筮之, 則人無非之也. 不言卜者, 從可知也.

번역 ●經文: "故曰疑而筮之, 則弗非也". ○예전부터 전해 내려오던 말을 인용하여, 결론을 맺은 것이다. 거북점과 시초점은 시비를 판정하는 수단이다. 만약 의문이 생겨서 시초점을 쳤다면, 사람들은 그 일을 부정해서는 안 된다. 그런데 이 문장에서 거북점에 대해 언급하지 않은 이유는 단순히 글자를 생략한 것으로, 앞 문장을 통해서 거북점도 해당된다는 사실을 알 수 있기 때문이다.

孔疏 ●"日而行事, 則必踐之"者, 踐, 善也. 言卜得吉而行事, 必善也. 王云: "卜得可行之日, 必履而行之. 踐, 履也. 弗非, 無非之者也."

번역 ●經文: "日而行事, 則必踐之". ○'천(踐)'자는 '선(善)'자의 뜻이다. 즉 이 말은 거북점을 쳐서 길(吉)하다는 점괘를 얻고서 일을 시행하게 되면, 반드시 좋게 된다는 뜻이다. 왕숙(王肅)은 "거북점을 쳐서, 해당 사안을 시행할 수 있는 길일(吉日)을 얻었다면, 반드시 실천하여 그 일을 시행한다는 뜻이다. '천(踐)'자는 '실천한다[履].'는 뜻이다. '불비(弗非)'는 비난하는 자가 없다는 뜻이다."라고 했다.

大全 金華邵氏曰: 卜筮之事, 忽之者, 則以爲不足信, 泥之者, 則以爲不可不信. 記禮者, 慮夫人泥之也, 則曰不過三, 不相襲, 又慮夫人忽之也, 則曰信時日, 敬鬼神, 畏法令, 是又戒其忽也. 然則君子之於卜筮, 將如之何? 孔子曰, "敬鬼神而遠之", 以其爲無, 則在所當敬, 以其爲有, 則在所當遠, 惟處之於若有若無之間, 君子之於卜筮, 當如是而已.

번역 금화소씨[151]가 말하길, 거북점과 시초점을 치는 사안에 대해서 소홀히 하는 자라면, 이러한 점들을 믿을 것이 못 된다고 여기고, 그것에 빠진 자들이라면, 믿지 않아서는 안 된다고 여긴다. 『예기』를 기록한 자는 사람들이 점에 빠지는 것을 염려하였기 때문에, "세 번 이상 초과해서 점을 쳐서는 안 된다."라고 하고, "서로 연달아서 치지 않는다."라고 했던 것이며,[152] 또한 사람들이 점을 소홀히 여기는 것도 염려했기 때문에, "시간과 날짜를 믿게 하며, 귀신을 공경하게 하고, 법령을 두려워하게 한다."라고 말한 것이니, 이 말은 곧 점을 소홀히 하는 경우에 대해서도 경계한 것이다. 그렇다면 군자는 거북점과 시초점에 대해서 어떻게 해야 하는가? 공자가 말하길, "귀신을 공경하면서도 멀리 한다."[153]라고 하였으니, 귀신이 없다고 여기는 자들은 마땅히 공경해야 할 경우에 해당하는 것이며, 귀신이 있다고 맹신하는 자들은 마땅히 멀리해야 할 경우에 해당하는 것이다. 따라서 군자는 오직 있는 것

---

151) 금화소씨(金華邵氏, ? ~ ?) : =소연(邵淵)·소만종(邵萬宗). 남송(南宋) 때의 유학자이다. 이름은 연(淵)이고, 자(字)는 만종(萬宗)이다. 『주자문집(朱子文集)』에는 장사박사(長沙博士)로 기록되어 있다. 『예기』의 「곡례(曲禮)」, 「왕제(王制)」, 「악기(樂記)」, 「대학(大學)」, 「중용(中庸)」에 대해 해설하였다.

152) 『예기』「곡례상」【42b】: 曰, "爲日, 假爾泰龜有常", "假爾泰筮有常". 卜筮不過三, 卜筮不相襲.

153) 『논어』「옹야(雍也)」: 樊遲問知. 子曰, "務民之義, 敬鬼神而遠之, 可謂知矣." 問仁. 曰, "仁者先難而後獲, 可謂仁矣."

같기도 하고 없는 것 같기도 한 사이에서 대처를 해야 하는 것이니, 군자가 거북점과 시초점을 대하는 것도 마땅히 이와 같을 따름이다.

集解 吳氏澄曰: 卜·筮之用有二, 占日與占事也. 用以占日, 使民信時日, 用以占事, 使民決嫌疑.

번역 오징[154]이 말하길, 거북점과 시초점을 활용하는 경우는 두 종류가 있으니, 날짜를 점치는 경우와 어떤 사안에 대해 점치는 경우이다. 이 두 방법을 써서 날짜에 대해 점을 치는 것은 백성들로 하여금 그 때와 날짜를 믿게 하고자 함이고, 어떤 사안에 대해 점을 치는 것은 백성들로 하여금 의심스러운 일을 판결하게 하고자 함이다.

集解 愚謂: 時, 謂四時. 時不須占, 以日繫於月, 月繫於時, 故兼言時日耳. 古人卜筮日, 無占十二時者. 孔兼十二時言之, 非也. 信時日者, 卜·筮得吉日, 則人無不信其善也. 祭祀必擇日, 是敬鬼神也. 畏法令者, 擇日而誓戒之, 則人無敢不如期而赴事也. 嫌疑者, 是非之未決, 卜·筮以決之, 猶與者, 行止之未定, 卜·筮以定之. "信時日"三句, 言占日, "決嫌疑"二句, 言占事, "疑而筮之"二句, 證上決嫌疑之意, "日而行事"二句, 證上信時日之意.

번역 내가 생각하기에, '시(時)'자는 사계절을 뜻한다. 사계절에 대해서는 점을 칠 필요가 없지만, 하루하루는 달과 연관되고, 달은 계절과 연관되기 때문에, 함께 결부시켜 '시일(時日)'이라고 말했을 뿐이다. 고대인들은 거북점과 시초점을 이용해서 날에 대해 점치는 경우는 있었어도, 하루의 12시간에 대해서 점치는 경우는 없었다. 공영달이 하루의 12시간까지도 포함시켜서 설명한 것은 잘못된 주장이다. "날짜를 믿게 한다."는 말은 거북점과 시초점을 쳐서, 길일(吉日)을 얻게 된다면, 사람들 중에는 그 날이 좋은 날에 해당한

154) 오징(吳澄, A.D.1249 ~ A.D.1333) : =임천오씨(臨川吳氏)·오유청(吳幼淸)·초려오씨(草廬吳氏). 송원대(宋元代)의 유학자이다. 이름은 징(澄)이다. 자(字)는 유청(幼淸)이다. 저서로 『예기해(禮記解)』가 있다.

다는 사실을 믿지 않는 자가 없게 된다는 뜻이다. 제사를 지낼 때에는 반드시 길일을 택해서 지내야 하니, 이것이 바로 "귀신을 공경한다."는 말의 의미이다. "법령을 두려워한다."는 말은 길일을 택하고서, 그 일에 대해 훈계를 하게 된다면, 사람들 중에는 감히 그 기한을 어겨서 사안을 알리는 자가 없게 된다는 뜻이다. '혐의(嫌疑)'라는 말은 시비가 아직 가려지지 않은 일이니, 이러한 일에 대해서는 거북점과 시초점을 쳐서 결정을 하는 것이며, '유여(猶與)'라는 말은 시행할지 그만둘지를 아직 확정하지 않은 일이니, 이러한 일에 대해서는 거북점과 시초점을 쳐서 확정을 한다는 뜻이다. "날짜를 믿는다."는 말부터 그 이하의 세 구문은 날짜에 대해 점치는 의미를 풀이한 것이며, "혐의스러운 일을 판결한다."라는 말부터 그 이하의 두 구문은 사안에 대해 점치는 의미를 풀이한 것이고, "의문스러우면 시초점을 친다."는 말부터 그 이하의 두 구문은 앞서 혐의스러운 일을 판결한다는 뜻을 증명하는 것이고, "날을 정해서 일을 시행한다."는 말부터 그 이하의 두 구문은 앞서 날짜를 믿게 한다는 뜻을 증명한 것이다.

그림 2-1 ▣ 종묘(宗廟) 건물의 각부 명칭

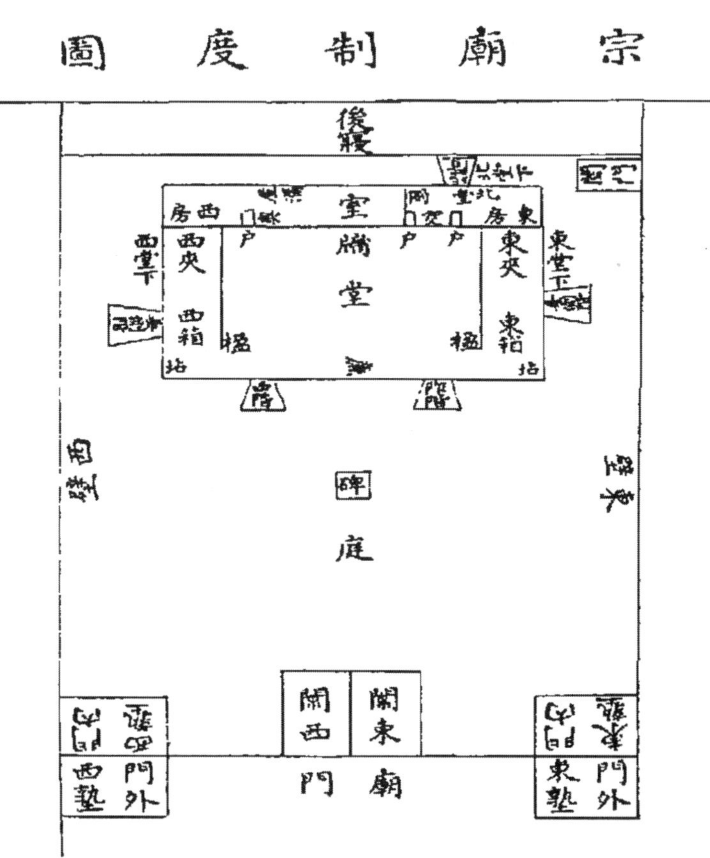

※ 출처: 『향당도고(鄕黨圖考)』 1권

그림 2-2 ▣ 거북점의 도구와 시초

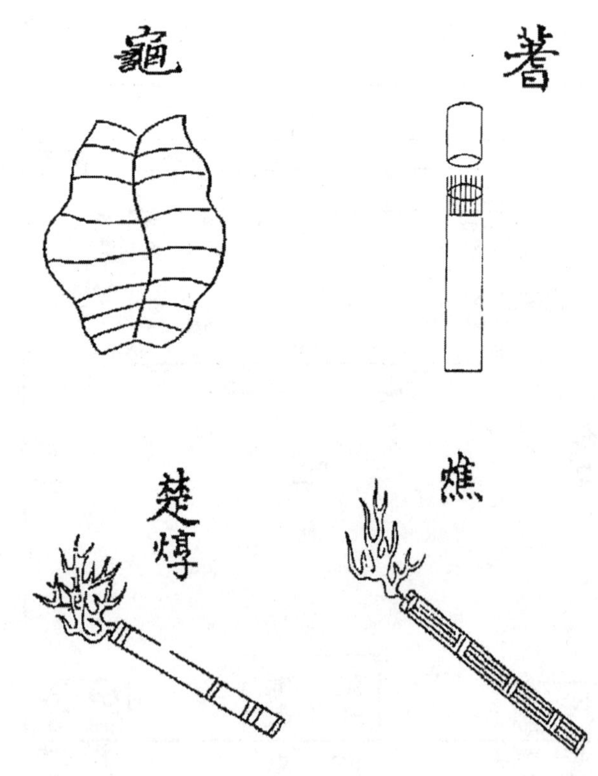

※ 출처: 『삼례도집주(三禮圖集注)』 17권

그림 2-3 ■ 현관(玄冠)

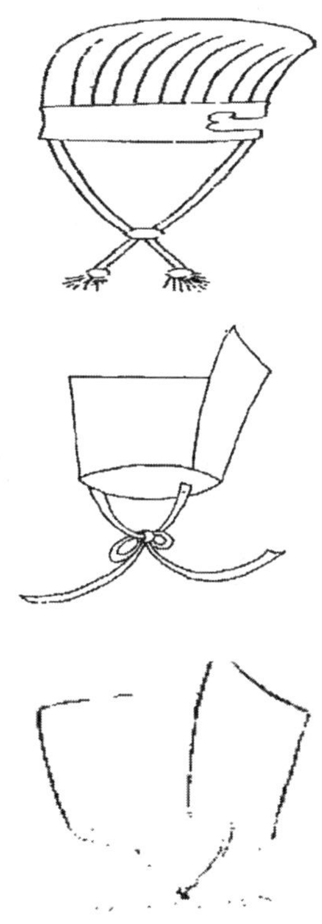

※ **출처**: 상단-『삼례도(三禮圖)』 2권
중단-『육경도(六經圖)』 8권
하단-『삼재도회(三才圖會)』「의복(衣服)」 1권

그림 2-4 ▣ 제후의 조복(朝服)

※ 출처: 『삼례도집주(三禮圖集注)』 1권

그림 2-5 ▣ 허리띠 : 대(帶)·혁대(革帶)·대대(大帶)

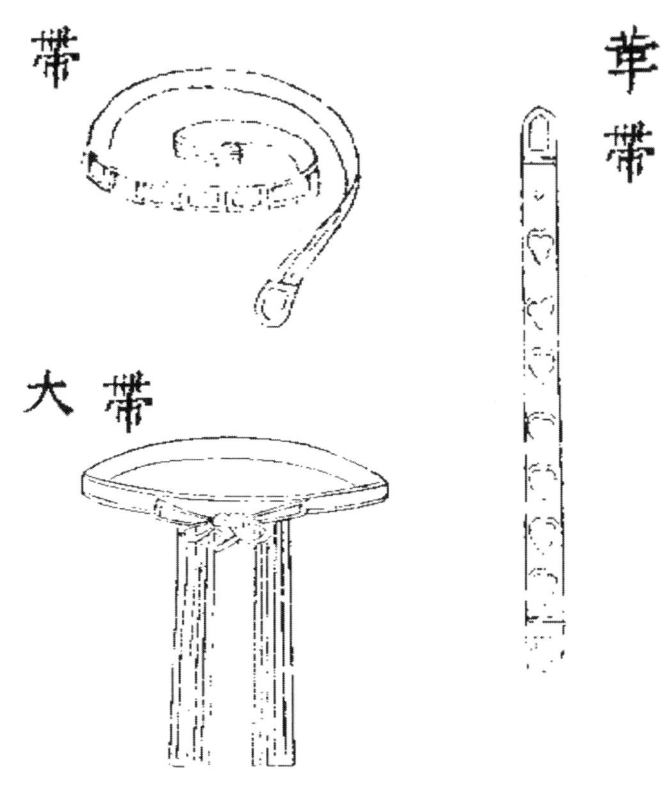

◎ 혁대(革帶): 가죽으로 만든 허리띠로, 대(帶)와 혁대는 옷과 연결하여 결속함

대대(大帶): 주로 예복(禮服)에 착용하는 것으로, 혁대에 결속함

※ **출처**: 『삼재도회(三才圖會)』「의복(衣服)」 2권

그림 2-6 ▣ 슬갑[韠: =韍·芾]

※ 출처: 『삼례도집주(三禮圖集注)』 8권

그림 2-7 ▣ 위모(委貌)

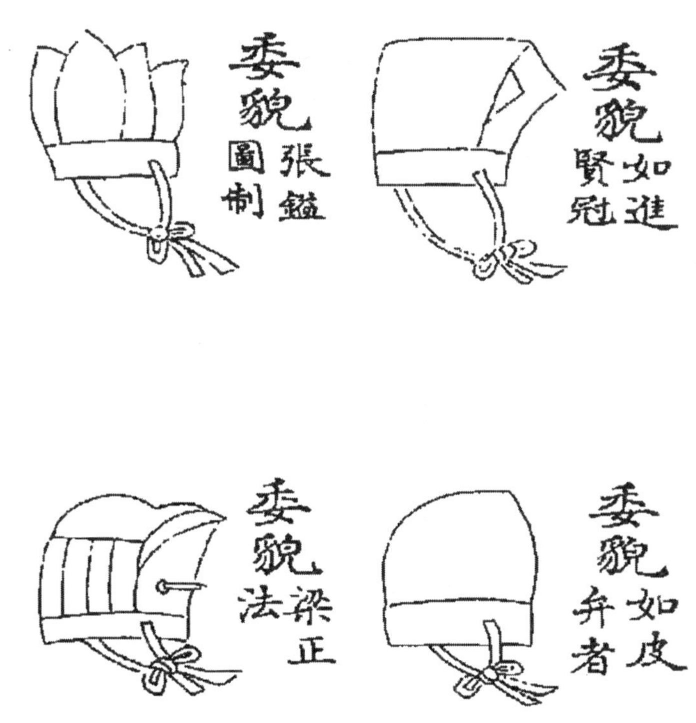

※ 출처: 『삼례도집주(三禮圖集注)』 3권

그림 2-8 ▣ 사의 현단복(玄端服)

※ 출처: 『삼례도집주(三禮圖集注)』 1권

• 제 3 절 •

조(阼) · 객위(客位) · 삼가(三加) · 자(字)의 의의

【689c】

故冠於阼, 以著代也. 醮於客位, 三加彌尊, 加有成也. 已冠而字之, 成人之道也.

직역 故로 阼에서 冠하여, 이로써 代를 著한다. 客位에서 醮하고, 三加하여 彌히 尊하니, 加에는 成이 有하다. 已히 冠하고 字하니, 成人의 道이다.

의역 그렇기 때문에 적자의 경우에는 동쪽 계단 쪽에서 관례(冠禮)를 치러서, 이를 통해 대를 계승한다는 사실을 드러낸다. 빈객의 위치에서 초(醮)를 하고, 세 차례 관(冠)을 씌워주어, 점진적으로 존귀하게 되니, 이처럼 세 차례 관(冠)을 더해주는 것에는 성인(成人)이 되어, 더욱 공경스럽게 대한다는 뜻이 포함된 것이다. 관례를 치른 뒤에는 그에게 자(字)를 지어주니, 성인의 도리에 해당한다.

集說 呂氏曰: 主人升立于序端西面, 贊者筵于東序少北西面, 將冠者卽筵而冠, 是位與主人同在阼也. 父老則傳之子, 所以著其傳付之意也. 酌而無酬酢曰醮, 醮于戶西南面, 賓位也. 以禮賓之禮禮其子, 所以爲成人敬也. 始加緇布冠, 再加皮弁, 次加爵弁, 三加而服彌尊, 亦所以爲成人敬也. 冠於阼, 醮於客位者, 適子也; 若庶子則冠于房外南面, 遂醮焉. 所以異者, 不著代也. 古者童子雖貴, 名之而已. 冠而後賓字之以成人之道, 故敬其名也.

번역 여씨가 말하길, 주인은 당상에 올라가 서단(序端)에서 서서 서쪽을 바라보고, 의례를 돕는 자는 동서(東序)에 자리를 깔고 북쪽으로 조금 물러서서 서쪽을 바라보며, 관례를 받게 되는 자는 자리에 나아가 관례를 치르게 되는데, 이때의 위치는 주인과 함께 동쪽 계단 쪽에 있게 된다. 부친이 연로하게 되면 자식에게 가사를 전수하니, 가계를 전수하여 세대가 교체되는 뜻을 드러내는 것이다. 술을 따라주지만 서로에게 술을 따라주는 절차가 없는 것을 '초(醮)'라고 부르며, 호(戶)의 서쪽 중 남쪽을 바라보는 곳에서 초(醮)를 하는데, 이것은 빈객의 위치가 된다. 빈객을 예우하는 예법으로 자식을 예우하는 것은 성인(成人)이 됨을 공경스럽게 대하기 위해서이다. 처음에는 치포관(緇布冠)을 씌워주고 두 번째는 피변(皮弁)을 씌워주며 그 다음으로 작변(爵弁)을 씌워주니, 세 차례 관(冠)을 씌워주어서 복식이 점차 존귀하게 되므로, 이 또한 성인이 됨을 공경스럽게 대하기 위해서이다. 동쪽 계단에서 관례를 치르고 빈객의 위치에서 초(醮)를 하는 것은 관례를 받는 자가 적자인 경우이며, 만약 서자인 경우라면 방(房) 밖의 남쪽을 바라보는 곳에서 관례를 치르고, 그 일이 끝나면 초(醮)를 하게 된다. 이러한 차이점을 두는 이유는 세대를 계승한다는 사실을 드러내지 않기 위해서이다. 고대에는 어린아이가 비록 존귀한 신분이라 하더라도, 그를 이름으로 불렀을 따름이다. 관례를 치른 뒤에야 빈객이 그에게 성인을 대하는 도리에 따라 자(字)를 지어준다. 그렇기 때문에 그 뒤로는 그의 이름을 공경스럽게 대하는 것이다.

大全 馬氏曰: 初加之辭曰: "令月吉日, 始加元服, 棄爾幼志, 順爾成德, 壽考維祺, 介爾景福." 再加曰: "吉日令辰, 乃申爾服, 敬爾威儀, 淑愼爾德, 眉壽萬年, 永受胡福." 三加曰: "以歲之正, 以月之令, 咸加爾服, 兄弟具在, 以成厥德, 黃耇無疆, 受天之慶." 棄爾幼志, 順爾成德, 脩其內而已. 敬爾威義, 淑愼爾德, 內外脩也. 以成厥德, 德之成也. 壽考維祺, 未有數也, 故次之以眉壽萬年, 眉壽萬年, 猶有數也, 故終之以黃耇無疆. 不唯服之加也, 而其德亦有加, 不唯德之加也, 而其壽亦有加, 故曰三加彌尊, 加有成也. 郊特牲曰: "醮於客位, 加有成也. 三加彌尊, 喩其志也." 志言其始, 成言其終. 已冠而字之, 尊其名也.

번역 마씨[1]가 말하길, 처음 관을 씌워줄 때에는 "좋은 달 길일에, 처음으로 원복(元服)[2]을 씌우니, 네가 가진 어렸을 때의 생각을 버리고, 네가 가진 성인으로서의 덕에 따라야 한다. 이처럼 한다면 장수를 누리는 상서로움을 받게 될 것이며, 너의 큰 복을 크게 만들 것이다."[3]라고 말하고, 두 번째 관을 씌워줄 때에는 "길일인 아무개 날에, 곧 너의 관을 거듭 씌워주니, 너의 위엄스러운 행동거지를 공경스럽게 하며, 너의 덕을 공손하고 신중하게 해야 한다. 이처럼 한다면 오래도록 장수할 것이며, 영원토록 큰 복을 받을 것이다."[4]라고 말하며, 세 번째 관을 씌워줄 때에는 "좋은 해와 길한 달에 관례를 치르며 이 모두를 너의 복장으로 더해주었다. 형제들이 모두 이곳에 모여 너의 덕을 이루어주었다. 누런 머리카락이 나고 검버섯이 생기더라도 무궁하게 장수를 누려 하늘의 축복을 받을 것이다."[5]라고 말한다. "네가 가진 어렸을 때의 뜻을 버리고 너의 덕 이룸을 따르라."라는 말은 자신의 내면을 수양하는 것일 따름이다. "네가 하는 위엄스러운 행동거지를 공경스럽게 하며 너의 덕을 공손하고 신중하게 하라."라는 말은 자신의 내면과 외면을 수양하는 것이다. "이로써 그 덕을 이룬다."는 말은 덕의 완성을 뜻한다. "오래토록 좋을 것이다."는 말은 아직은 자주 내리는 것이 아니다. 그렇기 때문에 그 다음에는 "오래토록 장수를 누리라."라고 말한 것인데, 오래토록 장수를 누리라는 말은 자주 내려지는 것이다. 그렇기 때문에 마지막에 "평생토록 장수를 누려라."라고 말한 것이다. 단지 복식을 더해주는 것만이 아니라 그 덕에 대해서도 또한 더해줌이 있는 것이고 단지 그 덕만을 더해주는 것이 아니라 그 수명에 대해서도 또한 더해줌이 있는 것이다. 그렇기 때문에 "세 차례 더해줌에 점점 존귀해지니, 더해줌에는 성인(成人)이 된다는 뜻이 포함된 것이다."라

---

1) 마희맹(馬晞孟, ? ~ ?) : =마씨(馬氏)·마언순(馬彦醇). 자(字)는 언순(彦醇)이다. 『예기해(禮記解)』를 찬술했다.

2) 원복(元服)은 관(冠)을 뜻한다. '원(元)'자는 머리[首]를 뜻하므로, 머리에 쓰는 관(冠)을 '원복'이라고 부르는 것이며, 주로 관례(冠禮)를 치를 때, 이 용어를 사용한다.

3) 『의례』「사관례(士冠禮)」: 始加, 祝曰, "令月吉日, 始加元服. 棄爾幼志, 順爾成德. 壽考惟祺, 介爾景福."

4) 『의례』「사관례(士冠禮)」: 再加曰, "吉月令辰, 乃申爾服. 敬爾威儀, 淑愼爾德. 眉壽萬年, 永受胡福."

5) 『의례』「사관례(士冠禮)」: 三加曰, "以歲之正, 以月之令, 咸加爾服. 兄弟具在, 以成厥德. 黃耈無疆, 受天之慶."

고 말한 것이다. 『예기』「교특생(郊特牲)」편에는 "빈객의 자리에서 초(醮)를 하니, 성인이 된 자에게 해당 예법을 더해주기 때문이다. 세 차례 관을 씌워줄 때에는 점진적으로 그 복식이 존귀한 것으로 바뀌니, 그 뜻을 확충하여 존귀한 복장에 걸맞게 함을 깨우쳐주기 위함이다."[6]라고 했다. '지(志)'자는 그 시작을 말한 것이고 '성(成)'자는 그 마침을 말한 것이다. 관례를 마치면 자(字)를 지어주니, 그의 이름을 존귀하게 대하는 것이다.

鄭注 阼, 謂主人之北也. 適子冠於阼. 若不醴, 則醮用酒於客位, 敬而成之也. 戶西爲客位. 庶子冠於房戶外, 又因醮焉, 不代父也. 冠者, 初加緇布冠, 次加皮弁, 次加爵弁. 每加益尊, 所以益成也. 字, 所以相尊也.

번역 '조(阼)'자는 주인이 서는 자리의 북쪽을 뜻한다. 적자는 조(阼)에서 관례를 치른다. 만약 예(醴)를 하지 않는다면, 초(醮)를 하며 빈객의 자리에서 술을 사용하게 되니, 공경스럽게 대하여 성인으로 대하는 것이다. 호(戶)의 서쪽은 빈객의 위치가 된다. 서자는 방(房)의 호(戶) 밖에서 관례를 치르고, 또한 그 사안에 따라서 초(醮)를 하는데, 부친의 지위를 계승하지 않기 때문이다. 관례를 치를 때에는 최초 치포관(緇布冠)을 씌워주고 두 번째 피변(皮弁)을 씌워주며 세 번째 작변(爵弁)을 씌워준다. 매번 관을 더해줄 때마다 더욱 존귀하게 되니, 그 완성을 증가시키는 방법이다. 자(字)를 지어주는 것은 서로를 존귀하게 높이기 위해서이다.

釋文 阼, 才故反. 著, 張慮反. 醮, 子笑反. 彌音迷. 適音嫡. 醴音禮.

번역 '阼'자는 '才(재)'자와 '故(고)'자의 반절음이다. '著'자는 '張(장)'자와 '慮(려)'자의 반절음이다. '醮'자는 '子(자)'자와 '笑(소)'자의 반절음이다. '彌'자의 음은 '迷(미)'이다. '適'자의 음은 '嫡(적)'이다. '醴'자의 음은 '禮(례)'이다.

---

6) 『예기』「교특생(郊特牲)」【335c】: 適子冠於阼, 以著代也. 醮於客位, 加有成也. 三加彌尊, 喩其志也. 冠而字之, 敬其名也.

孔疏 ●"故冠於阼, 以著代也"者, 言適子必加冠於阼. 阼是主人接賓之處. 今適子冠於阼階, 所以著明代父之義也.

번역 ●經文: "故冠於阼, 以著代也". ○적자의 경우에는 반드시 동쪽 계단에서 관을 씌워준다. 동쪽 계단은 주인이 빈객을 접대하던 장소이다. 현재 적자에 대해서 동쪽 계단에서 관례를 치러주는 것은 그가 부친의 지위를 계승하게 된다는 뜻을 드러내기 위해서이다.

孔疏 ●"醮於客位, 三加彌尊, 加有成也"者, 若依周禮適子"醴於客位", 今云"醮"者, 或因先代夏·殷之禮, 醮之用酒於客位, 室戶外之西. 必在賓客位者, 尊以成人, 若賓客待之. 三加, 初加緇布冠, 次加皮弁冠, 三加爵弁冠, 彌漸而尊. 故云"三加彌尊, 加有成也", 謂加益有成人之事矣.

번역 ●經文: "醮於客位, 三加彌尊, 加有成也". ○만약 주나라의 예법에 따른다면, 적자에 대해서는 "빈객의 자리에서 예(醴)를 하게 된다."라고 해야 하는데, 이곳 문장에서는 '초(醮)'라고 했으니, 이것은 어쩌면 그 이전 왕조인 하나라나 은나라 때의 예법에 따라서, 초(醮)를 하며 빈객의 자리에서 술을 사용한 것이니, 그 장소는 실(室)의 호(戶) 밖 서쪽에 해당할 것이다. 반드시 빈객의 자리에서 시행하는 것은 존귀하게 높여서 성인으로 대하는 것이니, 마치 빈객을 대우하는 것처럼 여긴 것이다. '삼가(三加)'는 최초 치포관(緇布冠)을 씌워주고 두 번째 피변관(皮弁冠)을 씌워주며 세 번째 작변관(爵弁冠)을 씌워주는 것인데, 점진적으로 수순을 밟아서 존귀하게 되는 것이다. 그렇기 때문에 "세 차례 관을 씌워주는 것은 점진적으로 존귀하게 되는 것이니, 관을 씌워줌에는 성인으로 대하는 도의가 포함되어 있다."라고 말한 것이니, 관을 씌워줄 때마다 성인으로써 시행해야 할 일들이 늘어난다는 뜻이다.

孔疏 ◎注"阼位"至"成也". ○正義曰: "阼, 謂主人之北也", 知者, 按士冠禮文也. 云"若不醴, 則醮用酒"者, 亦士冠禮文. 以周禮之法, 適子則以醴禮之, 庶子則以酒醮之. 若先代之禮, 雖適子皆以酒醮之. 其於周時, 或有舊俗行先代之禮, 雖適子亦用酒醮, 則因而行, 不必改也. 故鄭注士冠禮云"若不醴, 謂國有舊俗可行, 聖人用焉不改", 是也. 醮者, 醮盡之義, 故鄭注士冠禮云"酌而無酬酢曰醮", 是也. 云"庶子冠於房戶外, 又因醮焉"者, 皆士冠禮文也. 但此記之作, 是記儀禮·士冠禮之事, 士禮, 故三加也. 若大夫亦同. 士冠禮云: "無大夫冠禮." 古者五十而后爵, 何大夫冠禮之有? 是大夫雖冠, 用士禮. 若諸侯則有冠禮, 故左傳云: "公冠, 用祼享之禮行之, 金石之樂節之." 其加則四加, 而有玄冕也, 故大戴禮公冠四加也. 諸侯尙四加, 則天子亦當五加袞冕也.

번역 ◎鄭注: "阼位"~"成也". ○정현이 "'조(阼)'자는 주인이 서는 자리의 북쪽을 뜻한다."라고 했는데, 이러한 사실을 알 수 있는 이유는 『의례』「사관례(士冠禮)」편의 문장을 살펴보면 알 수 있다. 정현이 "만약 예(醴)를 하지 않는다면, 초(醮)를 하며 술을 사용한다."라고 했는데, 이 또한 「사관례」편에 나오는 문장이다. 주나라의 예법에 따르면 적자의 경우에는 예(醴)를 이용해서 예우하게 되고, 서자인 경우에는 주(酒)를 이용해서 초(醮)를 한다. 만약 그 이전 왕조의 예법이라면, 비록 적자라 하더라도 모두 주(酒)를 이용해서 초(醮)를 한다. 주나라 때에는 간혹 옛 습속에 따라서 이전 왕조의 예법을 시행하는 경우가 있었으니, 비록 적자라 하더라도 또한 주(酒)를 이용해서 초(醮)를 했던 것이고, 이곳의 기록도 그에 따라 시행한 것으로, 반드시 고칠 필요가 없었던 것이다. 그렇기 때문에 「사관례」편에 대한 정현의 주에서 "'만약 예(醴)를 하지 않는다.'는 말은 그 나라에는 시행할 수 있는 오래된 습속이 있어서, 성인은 그에 따르고 고치지 않은 것이다."[7]라고 한 말이 바로 이러한 사실을 나타낸다. '초(醮)'라는 것은 처음 술만 따라준다는 뜻이다. 그렇기 때문에 「사관례」편에 대한 정현의 주에서 "술을 따라주며, 타인에게 술을 권하며 따라주는 일이 없는 것을 초(醮)라고 부른다."[8]라고 한 말이 바로 이러한 사실을 나타낸다. 정현이 "서자는 방(房)의 호(戶) 밖에서 관례를 치르고,

---

7) 이 문장은 『의례』「사관례(士冠禮)」편의 "若不醴, 則醮用酒."라는 기록에 대한 정현의 주이다.

8) 이 문장은 『의례』「사관례(士冠禮)」편의 "若不醴, 則醮用酒."라는 기록에 대한 정현의 주이다.

또한 그 사안에 따라서 초(醮)를 한다."라고 했는데, 이 모두는 「사관례」편에 나오는 문장이다. 다만 이곳 『예기』의 기록은 『의례』「사관례」편에 나오는 사안을 기록한 것이니, 이것은 사 계급의 예에 해당하기 때문에 삼가(三加)를 하는 것이다. 만약 대부인 경우라면 또한 이와 동일하다. 「사관례」편에서는 "대부에게 관례가 없다."[9]라고 했는데, 고대에는 50세가 된 이후에야 대부의 작위를 받았는데, 어찌하여 대부에게 관례가 있겠는가? 이것은 대부가 비록 관례를 치르지만 사 계층의 예법에 따른다는 사실을 나타낸다. 만약 제후인 경우라면 제후에 대한 관례가 있다. 그렇기 때문에 『좌전』에서는 "군주가 관례를 치르는 경우라면, 술을 땅에 뿌려 강림을 시켜서 흠향을 드리는 예법을 사용하여 시행하고, 쇠나 돌로 된 악기를 연주하여 절도를 맞춘다."[10]라고 한 것이다. 그리고 제후에게 관을 씌워줄 때에는 4차례 관을 씌워주게 되니, 사 계급에 비해 현면(玄冕)이 추가된다. 그렇기 때문에 『대대례기』에서는 군주의 관례에 대해서 4차례 관을 씌워준다고 한 것이다.[11] 제후의 경우에도 오히려 4차례 관을 씌워준다면, 천자의 경우에는 또한 마땅히 5차례 관을 씌워주게 되어, 제후에 비해 곤면(袞冕)이 추가될 것이다.

孔疏 ●"已冠而字之"者, 此明冠畢加字·見母父兄弟, 及見君之節, 以其成人而見人也. 未冠之前, 以其名別之. 旣冠之後, 又改以字. 且人二十有爲父之道, 不可復言其名, 故冠而加字之, 成人之道也.

번역 ●經文: "已冠而字之". ○이 문장은 관례를 끝내고 자(字)를 지어주며, 부모와 형제를 찾아뵙고, 또 군주를 찾아뵙는 절차가 있는데, 이를 통해서 성인(成人)의 입장이 되어 타인을 찾아뵙는다는 뜻을 나타내고 있다. 아직 관례를 치르기 이전이라면 이름을 불러서 그를 다른 사람과 구별하게 된다. 관례를 치른 이후라면 또한 그를 부를 때 자(字)로 고쳐 부르게 된다. 또한

---

9) 『의례』「사관례(士冠禮)」: 無大夫冠禮, 而有其昏禮. 古者五十而後爵, 何大夫冠禮之有? 公侯之有冠禮也, 夏之末造也.

10) 『춘추좌씨전』「양공(襄公) 9년」: 武子對曰, "君冠, 必以祼享之禮行之, 以金石之樂節之, 以先君之祧處之. 今寡君在行, 未可具也, 請及兄弟之國而假備焉."

11) 『대대례기(大戴禮記)』「공부(公符)」: 公冠, 四加玄冕.

사람이 20세가 되면 부친이 되는 도리를 가지게 되니, 다시금 그를 이름으로 부를 수 없다. 그렇기 때문에 관례를 치르며 그에게 자(字)를 지어주는 것은 성인의 도리에 해당한다.

集解 愚謂: 阼, 阼階也. 著, 明也. 阼階乃主人之階, 冠於阼階之上, 明其將代父而爲主也. 酌而無酬酢曰醮. 客位, 戶牖間之位也. 用醴謂之醴, 用酒謂之醮. 冠禮或用醴, 或用醮, 醴質而醮文, 隨人之所用也. 獨言"醮於客位"者, 蓋周末文勝, 用醮者多, 故據而言之也. 冠禮三加, 始加緇布冠, 再加皮弁服, 三加爵弁服. 皮弁尊於緇布冠, 爵弁又尊於皮弁, 故曰三加彌尊. 旣三加, 則冠禮成於此矣, 故醮之於客位, 以尊異之也. 冠於阼, 醮於客位, 皆適子之禮也. 若庶子, 則冠於房外南面, 遂醮焉. 成人之道者, 幼時稱名, 成人則稱字也.

번역 내가 생각하기에, '조(阼)'자는 동쪽 계단을 뜻한다. '저(著)'자는 "나타낸다[明]."는 뜻이다. 동쪽 계단은 주인이 사용하는 계단인데, 이러한 동쪽 계단 위에서 관례를 치르는 것은 그가 장차 부친을 대신하여 집안의 주인이 됨을 드러내기 위해서이다. 술을 따라주지만 서로에게 술을 따라주는 절차가 없는 것을 '초(醮)'라고 부른다. '객위(客位)'는 호(戶)와 들창 사이의 자리를 뜻한다. 단술을 사용하게 되면 '예(醴)'라고 부르고, 삼주(三酒)[12]를 사용하

12) 삼주(三酒)는 상황에 따라 사용되는 세 가지 술을 뜻한다. 세 가지 술은 사주(事酒), 석주(昔酒), 청주(淸酒)를 가리킨다. 『주례』「천관(天官)·주정(酒正)」편에는 "辨三酒之物, 一曰事酒, 二曰昔酒, 三曰淸酒."라는 기록이 있다. 각 술들에 설명은 주석마다 약간의 차이를 보인다. 위의 기록에 대해서 정현의 주에서는 "鄭司農云, '事酒, 有事而飮也, 昔酒, 無事而飮也, 淸酒, 祭祀之酒.' 玄謂事酒, 酌有事者之酒, 其酒則今之醳酒也. 昔酒, 今之酋久白酒, 所謂舊醳者也. 淸酒, 今中山冬釀接夏而成."이라고 풀이했다. 즉 정사농(鄭司農)의 주장에 따르면, '사주'는 어떤 사안이 있어서 마시게 되는 술을 뜻하고, '석주'는 특별한 일이 없을 때 마시는 술을 뜻하며, '청주'는 제사를 지낼 때 쓰는 술을 뜻한다. 한편 정현의 주장에 따르면, '사주'는 일을 맡아본 자에게 따라주는 술을 뜻하는데, 그 술은 정현 시대의 역주(醳酒)에 해당하고, '석주'는 오래 숙성시킨 술로 백주(白酒)와 같은 것이며, '청주'는 중산(中山) 지역에서 겨울에 술을 담가서 여름쯤 다 익은 술을 뜻한다. 그리고 위의 기록에 대해서 손이양(孫詒讓)의 『정의(正義)』에서는 "三酒之中, 事酒較濁, 亦隨時釀之, 酋繹卽孰. 昔酒較淸, 則

게 되면 '초(醮)'라고 부른다. 관례에서는 간혹 예에 따를 때도 있고 초에 따를 때도 있는데, 예를 사용하는 것은 질박한 것이고 초를 사용하는 것은 화려한 것으로, 사람들이 주로 사용하는 방법에 따른다. 유독 "빈객의 자리에서 초를 한다."라고 말한 것은 주나라 말기에는 화려함이 지나쳐서 초의 방법에 따르는 자들이 많았다. 그렇기 때문에 많이 사용하는 것에 근거해서 말한 것이다. 관례를 치를 때 삼가를 하게 되는데, 처음에는 치포관을 씌워주고 그 다음으로 피변복을 더해주며, 그 다음으로 작변복을 더해준다. 피변은 치포관보다 존귀하고 작변은 또한 피변보다도 존귀하다. 그렇기 때문에 삼가에서는 점진적으로 존귀해진다고 했다. 이미 삼가를 했다면 관례는 이 절차에서 완성된다. 그렇기 때문에 빈객의 자리에서 초를 하는 것으로, 존귀함으로 인해 차이를 준 것이다. 동쪽 계단에서 관을 씌워주고 빈객의 자리에서 초를 하는 것은 모두 적자의 예법에 해당한다. 만약 서자의 경우라면 방문 밖의 서쪽을 바라보는 곳에서 관례를 치르고, 그 뒤에 초를 한다. 성인의 도라는 것은 어렸을 때에는 이름을 부르는데, 성인이 되면 자(字)로 부르게 됨을 뜻한다.

참고 구문비교

예기·관의 故冠於阼, 以著代也. 醮於客位, 三加彌尊, 加有成也. 已冠而字之, 成人之道也.

예기·교특생(郊特牲) 適子冠於阼, 以著代也. 醮於客位, 加有成也. 三加彌尊, 喩其志也. 冠而字之, 敬其名也.

冬釀春孰. 淸酒尤淸, 則冬釀夏孰."이라고 풀이했다. 즉 손이양의 주장에 따르면, '사주'는 비교적 탁한 술이며, 또한 수시로 빚은 술을 말하는데, 술독을 열어두어서 곧바로 숙성시키는 술을 뜻한다. '석주'는 비교적 맑은 술이며, 겨울에 빚어서 봄쯤에 다 익는 술을 뜻한다. '청주'는 더욱 맑은 술이며, 겨울에 빚어서 여름쯤에 익는 술을 뜻한다.

의례·사관례(士冠禮) 適子冠于阼, 以著代也. 醮于客位, 加有成也. 三加彌尊, 諭其志也. 冠而字之, 敬其名也.

공자가어·관송(冠頌) 子曰, 其禮如世子之冠. 冠於阼者, 以著代也, 醮於客位, 加其有成. 三加彌尊, 導喩其志, 冠而字之, 敬其名也.

참고 『의례』「사관례(士冠禮)」 기록

경문 主人之贊者, 筵于東序, 少北, 西面.

번역 주인의 의례진행을 돕는 자는 동쪽 서(序)에 자리를 까는데 조금 북쪽으로 두며 서쪽을 향하도록 설치한다.

鄭注 主人之贊者, 其屬中士若下士. 筵, 布席也. 東序, 主人位也. 適子冠於阼, 少北, 辟主人.

번역 '주인지찬(主人之贊)'은 주인 휘하에 있는 중사나 하사 등을 뜻한다. '연(筵)'자는 자리를 편다는 뜻이다. '동서(東序)'는 주인의 자리에 해당한다. 적자는 동쪽 계단에서 관례를 치르는데, 조금 북쪽에 두는 것은 주인의 자리를 피하기 위해서이다.

賈疏 ●"主人"至"西面". ◎注"主人"至"主人". ○釋曰: 云"主人之贊者, 其屬中士若下士"者, 以主人上士爲正, 故云其屬中士. 若主人是中士, 贊是其屬下士爲之. 賓與贊冠者同. 云"筵, 布席也"者, 謂布冠者席也. 云"東序, 主人位也"者, 引冠義云"適子冠於阼"爲證是也.

번역 ●經文: "主人"~"西面". ◎鄭注: "主人"~"主人". ○정현이 "'주인지찬(主人之贊)'은 주인 휘하에 있는 중사나 하사 등을 뜻한다."라고 했는데, 주인이 상사인 경우로 여긴 것이다. 그렇기 때문에 그 휘하에 있는 중사라고 말했다. 만약 주인이 중사의 경우라면 의례의 진행을 돕는 자는 그의 휘하에 있는 하사가 맡게 된다. 빈객과 관례의 진행을 돕는 자는 계급이 동일하다. 정현이 "'연(筵)'자는 자리를 편다는 뜻이다."라고 했는데, 관례를 치르는 자가 쓸 자리를 편다는 뜻이다. 정현이 "'동서(東序)'는 주인의 자리에 해당한다."라고 했는데, 이것은 「관의」편에서 "적자의 경우에는 동쪽 계단 쪽에서 관례를 치른다."라고 한 말을 인용하여 증거로 삼은 것이다.

경문 將冠者出房, 南面.

번역 관례를 치를 자는 방에서 나와 남쪽을 바라본다.

鄭注 南面立于房外之西, 待賓命.

번역 남쪽을 바라보며 방 밖의 서쪽에 서서 빈객의 명령을 기다리는 것이다.

賈疏 ●"將冠"至"南面". ◎注"南面"至"賓命". ○釋曰: 知在房外之西, 不在東者, 以房外之東南當阼階, 是知房外者皆在房外之西. 故昏禮"女出于母左", 母在房外之西, 故得出時在母左也. 云"待賓命"者, 以其下文有"賓揖將冠", 則賓有命也.

번역 ●經文: "將冠"~"南面". ◎鄭注: "南面"~"賓命". ○방밖의 서쪽에 있고 동쪽에 있지 않다는 사실을 알 수 있는 이유는 방밖의 동남쪽 방향은 동쪽 계단과 맞닿아 있으니, 방밖이라는 말이 모두 방밖의 서쪽에 해당한다는 사실을 알 수 있다. 그렇기 때문에 『의례』「사혼례(士昏禮)」편에서는 "딸은 모친의 좌측으로 나온다."[13]라고 했는데, 모친은 방밖의 서쪽에 있다. 그러므로 밖으로 나올 때 모친의 좌측에 있을 수 있다. 정현이 "빈객의 명령을 기다리는 것이다."라고 했는데, 아래문장에서 "빈객이 관례를 치를 자에게

---

13) 『의례』「사혼례(士昏禮)」: 父醴女而俟迎者. 母南面于房外. 女出于母左. 父西面戒之, 必有正焉, 若衣若笄. 母戒諸西階上, 不降.

읍을 한다."라고 했으니, 빈객이 명을 내리게 된다.

경문 贊者奠纚·笄·櫛于筵南端.

번역 빈객 중 의례진행을 돕는 자는 머리싸개·비녀·빗을 자리 남쪽 끝에 놓아둔다.

鄭注 贊者, 賓之贊冠者也. 奠, 停也. 古文櫛爲節.

번역 '찬자(贊者)'는 빈객 중 관례의 진행을 도와주는 자이다. '전(奠)'자는 놓아둔다는 뜻이다. 고문에서는 '즐(櫛)'자를 절(節)자로 기록했다.

賈疏 ●"贊者"至"南端". ◎注"贊者"至"爲節". ○釋曰: 前頍項已下六物同一篋, 陳於房, 今將用之, 故贊冠者取置于將冠之席南, 擬用. 若然, 六者俱用, 不言纓·紘等四物, 大略其實皆有, 可知. 不言櫛盛于簞, 今亦并簞將來置於席南端也. 服不將來置於席南者, 皆加冠訖, 宜房中隱處加服訖, 乃見容體也. 知贊者是其賓之贊冠者也者, 以其贊冠者主爲冠事而來, 故知取笄·纚是賓之贊冠者. 若非賓之贊者, 則云主人以別之, 故上云主人之贊者是也.

번역 ●經文: "贊者"～"南端". ◎鄭注: "贊者"～"爲節". ○앞서 규항(頍項)으로부터 그 이하의 여섯 가지 사물은 하나의 상자에 보관하여 방에 놓아둔다고 했는데, 지금 그것을 사용하려고 하기 때문에, 관례의 진행을 돕는 자가 그것을 가져다가 관례를 치르게 될 자의 자리 남쪽에 놓아두니, 쓰임에 대비한 것이다. 만약 그렇다면 여섯 가지 기물을 모두 사용하게 되는데, 영(纓)이나 굉(紘) 등의 네 사물을 언급하지 않은 것은 생략해서 그러한 것으로, 실제로는 모두 놓아두게 됨을 알 수 있다. 빗은 소쿠리에 담는다고 하지 않았는데, 이곳에서는 또한 소쿠리와 함께 자리의 남쪽 끝에 놓아둔다고 했다. 의복은 가져와서 자리 남쪽에 놓아두지 않는데, 이 모두는 관을 씌워주는 절차가 끝나면 방안의 어두운 곳으로 가서 의복을 입어야 하고 그것이 끝나야 옷 입은 모습을 볼 수 있다. 여기에서 말한 '찬자(贊者)'가 빈객 중 관례의 진행을 돕는 자임을 알 수 있는 이유는 관례의 진행을 돕는 자는 관을 씌워주는 일들을 담당하기 위해 찾아왔다. 그렇기 때문에 비녀나 머리싸개 등을 가져가는 것이 빈객 중 관례의 진행을 돕는 자에 해당한다는 사실을 알 수 있다. 만약 빈객 중 의례의 진행을 돕는 자가 아니라면 '주인(主人)'이라고 말해서 구별한다. 그렇기 때문에 앞에서는 '주인지찬자(主人之贊者)'라고 한 것이다.

경문 賓揖將冠者, 將冠者卽筵坐. 贊者坐, 櫛, 設纚.

번역 빈객이 관례를 치를 자에게 읍을 하면 관례를 치를 자는 자리로 나아가서 앉는다. 의례의 진행을 돕는 자는 앉아서 관례를 치를 자의 머리를 빗고 머리싸개를 감싸준다.

鄭注 卽, 就. 設, 施.

번역 '즉(卽)'자는 나아간다는 뜻이다. '설(設)'자는 입힌다는 뜻이다.

賈疏 ●"賓揖"至"設纚". ○釋曰: 此二者勞役之事, 故贊者爲之也.

번역 ●經文: "賓揖"~"設纚". ○이 두 가지는 수고로운 일에 해당하기 때문에, 의례의 진행을 돕는 자가 시행한다.

경문 賓降, 主人降. 賓辭, 主人對.

번역 빈객이 당하로 내려가면 주인도 내려간다. 빈객이 사양을 하면 주인은 괜찮다고 대답하고 내려간다.

鄭注 主人降, 爲賓將盥, 不敢安位也. 辭對之辭未聞.

번역 주인이 내려가는 것은 빈객이 손을 씻게 되어 감히 자기 자리에서 편안히 있을 수 없기 때문이다. 사양하고 대답하며 하는 말들에 대해서는 들어보지 못했다.

賈疏 ●"賓降"至"人對". ○釋曰: 云"辭對之辭未聞"者, 上筮賓·宿賓之時, 雖不言其辭, 下皆陳其辭. 此賓主之辭, 下皆不言, 故云未聞也.

번역 ●經文: "賓降"~"人對". ○정현이 "사양하고 대답하며 하는 말들에 대해서는 들어보지 못했다."라고 했는데, 앞에서는 빈객에 대해 시초점을 치고 빈객에게 알릴 때 비록 그 말을 언급하지 않았지만, 그 뒤에 모두 해당하는 말들을 기술했다. 이곳에서 빈객과 주인이 하는 말들에 대해서는 뒤에서도 모두 언급하지 않았다. 그렇기 때문에 들어보지 못했다고 했다.

경문 賓盥, 卒, 壹揖, 壹讓, 升. 主人升, 復初位.

번역 빈객이 손을 씻는데 그 일을 마치면 한 차례 읍을 하고 또 한 차례 사양을 하고서 당상으로 올라간다. 주인은 당상으로 올라가서 처음의 자리로 돌아간다.

鄭注 揖讓皆壹者, 降於初. 古文壹皆作一.

번역 읍과 사양을 모두 한 차례씩 하는 것은 처음 당상으로 올라갈 때보다 낮춘 것이다. 고문에서는 '일(壹)'자를 모두 일(一)자로 기록했다.

賈疏 ●"賓盥"至"初位". ○釋曰: 云"主人升復初位"者, 謂初升序端也.

번역 ●經文: "賓盥"~"初位". ○"주인이 당상으로 올라가서 처음의 자리로 돌아간다."라고 했는데, 최초 당상으로 올라가서 서(序)의 끝에 있었던 것을 뜻한다.

賈疏 ◎注"古文壹皆作一". ○釋曰: 一·壹得通用, 雖疊古文, 不破之也.

번역 ◎鄭注: "古文壹皆作一". ○'일(一)'자와 '일(壹)'자는 통용해서 사용할 수 있으니, 비록 고문과 겹치지만 파자하지 않은 것이다.

경문 賓筵前坐, 正纚, 興, 降西階一等. 執冠者升一等, 東面授賓.

번역 빈객은 관례를 치르는 자의 자리 앞에 앉아 머리싸개를 바로잡아주고 자리에서 일어나 서쪽 계단의 한 칸을 내려간다. 관을 들고 있는 자는 한 칸을 올라가서 동쪽을 바라보며 빈객에게 전달한다.

鄭注 正纚者, 將加冠, 宜親之. 興, 起也. 降, 下也. 下一等, 升一等, 則中等相授. 冠, 緇布冠也.

번역 머리싸개를 바로잡아주는 것은 관을 씌워주게 되므로 마땅히 직접 바로잡아주는 것이다. 흥(興)자는 일어난다는 뜻이다. '강(降)'자는 내려간다는 뜻이다. 한 칸을 내려가고 한 칸을 올라간다면 중간 계단에서 마주하여 건네는 것이다. '관(冠)'은 치포관을 뜻한다.

賈疏 ●"賓筵"至"授賓". ◎注"正纚"至"冠也". ○釋曰: 云"正纚者, 將加冠, 宜親之"者, 以其贊者前已設纚訖, 今賓復出正之者, 雖舊設已正, 以親加冠, 故纚亦宜親之也. 云"下一等, 升一等, 則中等相授"者, 按匠人天子之堂九尺, 賈·馬以爲傍九等爲階, 則諸侯堂宜七尺, 則七等階; 大夫堂宜五尺, 則五等階; 士宜三尺, 則三等階; 故鄭以中等解之也. 知冠是緇布冠者, 以下文有皮弁·爵弁, 故知此是緇布冠也.

번역 ●經文: "賓筵"~"授賓". ◎鄭注: "正纚"~"冠也". ○정현이 "머리싸개를 바로잡아주는 것은 관을 씌워주게 되므로 마땅히 직접 바로잡아주는 것이다."라고 했는데, 의례의 진행을 돕는 자는 앞서 이미 머리싸개를 감싸주었는데, 그것이 끝나자 지금은 빈객이 재차 나와서 그것을 바로잡아주는 것이다. 그 이유는 비록 이전에 이미 바르게 감싸주었더라도 직접 관을 씌워주게 되므로 머리싸개 또한 마땅히 직접 감싸주어야 하기 때문이다. 정현이

"한 칸을 내려가고 한 칸을 올라간다면 중간 계단에서 마주하여 건네는 것이다."라고 했는데, 『주례』「장인(匠人)」편을 살펴보면 천자의 당은 9척이라고 했고, 가의[14]와 마융[15]은 모두 그 측면에 9칸의 계단을 설치한다고 했으니, 제후의 당은 마땅히 7척이 되어 7칸의 계단을 만드는 것이고, 대부의 당은 5척이 되어 5칸의 계단을 만드는 것이며, 사는 마땅히 3척이 되어 3칸의 계단을 만드는 것이다. 그렇기 때문에 정현은 중간 계단이라고 풀이했다. 여기에서 말한 '관(冠)'이 치포관(緇布冠)에 해당한다는 사실을 알 수 있는 이유는 아래문장에 피변(皮弁)과 작변(爵弁)이 나오기 때문에, 이곳에서 말한 관이 치포관에 해당한다는 사실을 알 수 있다.

경문 賓右手執項, 左手執前, 進容, 乃祝. 坐如初, 乃冠. 興, 復位. 贊者卒.

번역 빈객은 우측 손으로 치포관의 뒷부분을 잡고 좌측 손으로 앞부분을 잡아 여유롭게 나아가며, 그 앞에 도달하게 되면 축하를 한다. 앉을 때에는 처음 관례를 치르는 자 앞에 앉았을 때처럼 하고 곧 관을 씌워준다. 그리고 일어나서 자신의 자리로 되돌아간다. 의례의 진행을 돕는 자는 관 씌워주는 일을 마무리한다.

鄭注 進容者, 行翔而前, 鶬焉, 至則立祝. 坐如初, 坐筵前. 興, 起也. 復位, 西序東面. 卒, 謂設缺項·結纓也.

---

14) 가의(賈誼, B.C.200 ~ B.C.168) : =가생(賈生)·가시중(賈侍中)·가장사(賈長沙)·가태부(賈太傅). 전한(前漢) 때의 유학자이다. 23세 때 박사(博士)가 되었고, 이후 태중대부(太中大夫)에 올랐다. 오행설(五行說)을 유학에 가미하여, 국가 및 예악(禮樂) 등에 대한 제도를 제정하였다. 저서로는 『신서(新書)』 등이 있다.

15) 마융(馬融, A.D.79 ~ A.D.166) : =마계장(馬季長). 후한대(後漢代)의 경학자(經學者)이다. 자(字)는 계장(季長)이며, 마속(馬續)의 동생이다. 고문경학(古文經學)을 연구하였으며, 『주역(周易)』, 『상서(尙書)』, 『모시(毛詩)』, 『논어(論語)』, 『효경(孝經)』 등을 두루 주석하고, 『노자(老子)』, 『회남자(淮南子)』 등도 주석하였지만 현재 전해지지 않는다.

번역 '진용(進容)'은 걸어갈 때 날개를 펼친 듯이 하여 앞으로 나아가는 것으로 재두루미처럼 걷는 것이고, 그 앞에 도착하게 되면 서서 축하를 한다. 앉을 때 처음처럼 한다는 말은 자리 앞에 앉았을 때처럼 한다는 뜻이다. '흥(興)'자는 일어난다는 뜻이다. 자리로 돌아간다는 것은 서쪽 서(序)에서 동쪽을 바라보는 자리를 뜻한다. '졸(卒)'은 결항(缺項)을 설치하고 갓끈을 묶어 주는 것을 뜻한다.

賈疏 ●"賓右"至"者卒". ◎注"進容"至"纓也". ○釋曰: 知"進容者, 行翔而前, 鶬焉"者, 曲禮云: "堂上不趨", "室中不翔", 則堂下固得翔矣. 又云"大夫濟濟·士蹌蹌", 注云: "皆行容止之貌." 此進容是士, 故知進容謂行翔而前鶬焉. 云"至則立祝"者, 以經祝下乃云坐如初, 故祝時立可知. 云"坐如初, 坐筵前"者, 上正纚時筵前坐, 是初坐也. 云"卒, 謂設缺項·結纓也"者, 下文皮弁, 贊者卒紘, 此謂緇布冠, 無笄紘, 直頍項, 青組纓屬於頍, 故卒者終頍項與結纓也. 若然, 經云"右手執項", 謂冠後爲項, 非頍項, 其下皮弁·爵弁無頍項, 皆云執項, 故知非頍項也.

번역 ●經文: "賓右"~"者卒". ◎鄭注: "進容"~"纓也". ○정현이 "'진용(進容)'은 걸어갈 때 날개를 펼친 듯이 하여 앞으로 나아가는 것으로 재두루미처럼 걷는 것이다."라고 했는데, 이 말이 사실임을 알 수 있는 이유는 『예기』「곡례(曲禮)」편에서 "당상에서는 공간이 좁으므로 종종걸음으로 걷지 않는다."라고 했고, "방안에서는 공간이 협소하므로 양팔을 벌려서 걷지 않는다."라고 했으니,[16] 당하에서라면 진실로 양팔을 벌려서 걸을 수 있다. 또 "대부는 꾸밈이 가지런하며 한결같고, 사는 날듯이 거동하여 느긋하고 여유롭다."[17]라고 했고, 정현의 주에서는 "이 모두는 이동할 때의 용모와 행동거지의 모습을 뜻한다."라고 했다. 여기에서 '진용(進容)'이라고 한 말은 사 계층에 해당

---

16) 『예기』「곡례상(曲禮上)」【19a】: 帷薄之外不趨, <u>堂上不趨</u>, 執玉不趨. 堂上接武, 堂下布武, <u>室中不翔</u>.

17) 『예기』「곡례하(曲禮下)」【58d】: 天子穆穆, 諸侯皇皇, <u>大夫濟濟, 士蹌蹌</u>, 庶人僬僬.

한다. 그렇기 때문에 '진용(進容)'이 걸을 때 양쪽 팔꿈치를 벌려서 걸으며 앞으로 나아가 재두루미처럼 걷는 것을 뜻한다는 사실을 알 수 있다. 정현이 "그 앞에 도착하게 되면 서서 축하를 한다."라고 했는데, 경문에서 '축(祝)'이라고 한 말 뒤에 곧바로 앉기를 처음처럼 한다고 했다. 그렇기 때문에 축하를 할 때 서서 하게 됨을 알 수 있다. 정현이 "앉을 때 처음처럼 한다는 말은 자리 앞에 앉았을 때처럼 한다는 뜻이다."라고 했는데, 앞에서 머리싸개를 바르게 해 줄 때 자리 앞에 앉는다고 했는데, 이것이 바로 초좌(初坐)에 해당한다. 정현이 "'졸(卒)'은 결항(缺項)을 설치하고 갓끈을 묶어주는 것을 뜻한다."라고 했는데, 아래문장에서 피변(皮弁)을 말할 때 의례의 진행을 돕는 자가 굉(紘) 매는 것을 마무리한다고 했고, 이곳에서 말한 것은 치포관인데, 치포관에는 비녀와 굉(紘)이 없으며 단지 규항(頍項)만을 두어 청색으로 꼰 갓끈을 규항에 연결한다. 그렇기 때문에 졸(卒)이라는 것이 규항을 설치하고 갓끈을 묶는 일임을 알 수 있다. 만약 그렇다면 경문에서 "우측 손으로 항(項)을 잡는다."라고 했는데, 이것은 관의 뒷면을 항(項)이라고 부른 것이지, 규항을 가리키는 것은 아니다. 아래문장에 나온 피변과 작변에는 규항이 없는데도 모두 항(項)을 잡는다고 했다. 그렇기 때문에 이것이 규항이 아니라는 사실을 알 수 있다.

경문 冠者興, 賓揖之. 適房, 服玄端爵韠. 出房, 南面.

번역 관례를 치르는 자가 일어나면 빈객이 읍을 한다. 방으로 가면 현단복을 입고 작필(爵韠)을 두른다. 방밖으로 나와서 남쪽을 바라본다.

鄭注 復出房南面者, 一加禮成, 觀衆以容體.

번역 재차 방밖으로 나와서 남쪽을 바라보는 것은 한 차례 관 씌워주는 의례가 끝나서 사람들에게 의관을 갖춘 모습을 보여주기 위해서이다.

賈疏 ●"冠者"至"南面". ◎注"復出"至"容體". ○釋曰: 言"復"者, 對前出房, 故云復. 前出爲待賓命, 此出爲觀衆以容體也. 按郊特牲論加冠之事, 云"加有成也", 故此鄭云"一加禮成"也. 云"觀衆以容體"者, 以其旣去緇布衣錦緣童子服, 著此玄端成人之服, 使衆觀知, 故云觀衆以容體也.

번역 ●經文: "冠者"~"南面". ◎鄭注: "復出"~"容體". ○'부(復)'라고 말했는데, 앞에서 방밖으로 나온다고 한 말과 대비를 했기 때문에 '부(復)'라고 말한 것이다. 앞에서 방밖으로 나온 것은 빈객의 명령을 기다리기 위해서인데, 이곳에서 방밖으로 나온 것은 사람들에게 모습을 보여주기 위해서이다. 『예기』「교특생(郊特牲)」편을 살펴보면 관 씌워주는 일을 논의하며, "성인이 된 자에게 해당 예법을 더해주기 때문이다."[18]라고 했다. 그렇기 때문에 이곳에서 정현이 "한 차례 관 씌워주는 의례가 끝났다."라고 했다. 정현이 "사람들에게 의관을 갖춘 모습을 보여주기 위해서이다."라고 했는데, 이미 치포로 만든 옷에 가선을 댄 어린아이의 복장을 제거하고 성인이 입는 현단복을 착용하여 사람들에게 인지하게끔 하는 것이다. 그렇기 때문에 "사람들에게 의관을 갖춘 모습을 보여주기 위해서이다."라고 했다.

경문 賓揖之, 卽筵坐. 櫛, 設笄. 賓盥, 正纚如初. 降二等, 受皮弁, 右執項, 左執前, 進祝, 加之如初, 復位. 贊者卒紘.

번역 빈객이 읍을 하면 관례를 치르는 자는 자리로 나아가 앉는다. 의례의 진행을 돕는 자는 빗질을 하고 비녀를 꼽아준다. 빈객은 손을 씻고 머리싸개를 바로잡아 주길 치포관을 씌워줄 때처럼 한다. 두 칸의 계단을 내려와서 피변을 받고, 우측 손으로 피변의 뒷부분을 잡고 좌측 손으로 앞부분을 잡고 나아가서 축하를 하며, 관을 씌워주는데 치포관을 씌워줄 때처럼 하고 자신의 자리로 돌아온다. 의례의 진행을 돕는 자는 굉(紘) 결속하는 것을 마무리 한다.

---

18) 『예기』「교특생(郊特牲)」【335c】: 適子冠於阼, 以著代也. 醮於客位, <u>加有成也</u>. 三加彌尊, 喩其志也. 冠而字之, 敬其名也.

鄭注 如初, 爲不見者言也. 卒紘, 謂繫屬之.

번역 '여초(如初)'라고 한 말은 경문에서 그 절차를 기록하지 않은 것으로 인해 말한 것이다. '졸굉(卒紘)'은 매어서 연결하는 것을 뜻한다.

賈疏 ●"賓揖"至"卒紘". ◎注"如初"至"屬之". ○釋曰: 此當第二加皮弁之節. 云"卽筵坐, 櫛"者, 坐訖, 當脫緇布冠, 乃更櫛也. 云"設笄"者, 凡諸設笄有二種: 一是紒內安髮之笄, 一是皮弁·爵弁及六冕固冠之笄. 今此櫛訖, 未加冠卽言設笄者, 宜是紒內安髮之笄也. 若安髮之笄, 則緇布冠亦宜有之, 前櫛訖不言設笄者, 以其固冠之笄. 緇布冠無笄, 而皮弁·爵弁有笄, 上文已陳訖. 今若緇布冠亦言設笄, 卽與皮弁·爵弁相亂, 故緇布冠不言設笄, 其實亦有也. 若然, 緇布冠不言設笄而言設纚, 皮弁冠言設笄不言設纚, 互見爲義, 明皆有也. 其於固冠之笄, 則於賓加弁之時自設之可知. 云"如初, 爲不見者言也"者, 上加緇布冠時, 有賓降主人降, 賓辭主人對, 賓盥卒一揖一讓升, 主人升復初位, 賓筵前坐之等相次, 此皆不見, 故設經省文如之而已, 故云爲不見者言也. 云"卒紘, 謂繫屬之"者, 卽上注云有笄者, 屈組以爲紘, 伸屬之左相, 繫定右相, ▼(糸+屈)繫, 擬解時易, 爲繫屬之也.

번역 ●經文: "賓揖"~"卒紘". ◎鄭注: "如初"~"屬之". ○이것은 두 번째로 피변을 씌워주는 절차에 해당한다. "관례를 치르는 자는 자리로 나아가 앉는다. 의례의 진행을 돕는 자는 빗질을 한다."라고 했는데, 앉는 일이 끝나면 치포관을 벗어야 하고, 그런 뒤에는 다시 빗질을 한다. "비녀를 꼽아준다."라고 했는데, 비녀를 꼽아줄 때에는 두 종류가 있으니, 첫 번째는 상투 안으로 꼽아서 머리카락을 고정시키는 비녀이고, 두 번째는 피변·작변 및 육면(六冕)[19] 등의 관을 고정시켜주는 비녀이다. 이곳에서는 빗질을 끝냈다고 했으

---

19) 육면(六冕)은 천자가 착용하는 여섯 종류의 면복(冕服)을 가리킨다. 호천(昊天) 및 오제(五帝)에게 제사지낼 때에는 대구(大裘)를 입고 면류관[冕]을 쓰며, 선왕(先王)에게 제사지낼 때에는 곤면(袞冕)을 착용하고, 선공(先公)에 대한 제사 및 향사례(饗射禮)를 시행할 때에는 별면(鷩冕)을 착용하며, 산천(山川) 등에 제사지낼 때에는 취면(毳冕)을 착용하고, 사직(社稷) 등에 제사지낼 때에

며, 아직 관을 씌워주지 않았는데 비녀를 꼽았다고 했으니, 이것은 상투 안으로 꼽아서 머리카락을 고정시키는 비녀가 된다. 머리카락을 고정시키는 비녀라면 치포관을 쓸 때에도 마땅히 있어야 하는데, 앞에서는 빗질을 끝낸 뒤에 비녀를 꼽아주었다는 말을 하지 않았다. 그 이유는 관을 고정시켜주는 비녀 때문이다. 치포관에는 관을 고정시켜주는 비녀가 없고, 피변과 작변에는 비녀가 포함되니 앞 문장에서 이미 진술했다. 그런데 치포관에 대해서도 비녀를 꼽는다고 말한다면 피변 및 작변의 내용과 혼란스럽게 된다. 그렇기 때문에 치포관을 설명할 때에는 비녀를 꼽는다는 말을 하지 않았으니, 실제로는 비녀를 꼽게 된다. 만약 그렇다면 치포관을 설명할 때 비녀를 꼽는다는 말은 하지 않았지만 머리싸개를 한다고 말했고, 피변관에 대해서는 비녀를 꼽는다고 말했지만 머리싸개를 한다고는 말하지 않았으니, 상호 그 뜻을 드러내도록 기록한 것이니, 둘 모두 포함된다는 사실을 나타낸다. 관을 고정시키는 비녀의 경우 빈객이 변을 씌워줄 때 직접 꼽아주게 된다는 사실을 알 수 있다. 정현이 "'여초(如初)'라고 한 말은 경문에서 그 절차를 기록하지 않은 것으로 인해 말한 것이다."라고 했는데, 앞에서 치포관을 씌워줄 때 빈객이 내려가고 주인이 내려가며, 빈객이 사양하고 주인이 응대하며, 빈객이 손을 씻고 그 일을 마치면 한 차례 읍을 하고 한 차례 사양을 하고서 당상으로 올라가고, 주인도 당상으로 올라와 최초의 자리로 되돌아가며, 빈객이 자리 앞으로 나아가 앉는다는 등의 설명을 순차적으로 했는데, 이곳에서는 이 모든 절차가 나타나지 않았다. 그렇기 때문에 경문을 작성하면서 이와 같이 문장을 생략했던 것이다. 그렇기 때문에 "경문에서 그 절차를 기록하지 않은 것으로 인해 말한 것이다."라고 했다. 정현이 "'졸굉(卒紘)'은 매어서 연결하는 것을 뜻한다."라고 했는데, 앞의 주에서는 비녀가 포함된 경우 끈을 접어서 굉(紘)을 만들고, 그 끝을 펴서 좌상에 연결하고 우상에 연결하여 고정하는데, 접고

는 희면(希冕: =絺冕)을 착용하며, 기타 여러 제사에는 현면(玄冕)을 착용한다. 『주례』「춘관(春官)·사복(司服)」편에는 "掌王之吉凶衣服, 辨其名物, 辨其用事. 王之吉服, 祀昊天上帝, 則服大裘而冕, 祀五帝亦如之. 享先王則袞冕. 享先公, 饗射則鷩冕. 祀四望山川則毳冕. 祭社稷五祀則希冕. 祭群小祀則玄冕."이라는 기록이 있다.

연결하는 것은 그것을 풀 때 쉽게 하고자 해서 매어서 연결하는 것이다.

경문 興, 賓揖之. 適房, 服素積素韠, 容, 出房, 南面.

번역 관례를 치르는 자가 일어나면 빈객은 그에게 읍을 한다. 방으로 가면 소적(素積)을 입고 소필(素韠)을 두른다. 복장을 갖춘 뒤에는 방밖으로 나와서 남쪽을 바라본다.

鄭注 容者, 再加彌成, 其儀益繁.

번역 '용(容)'은 두 번째 관을 써서 성인의 복장이 보다 더 갖춰진 것으로, 그 위엄스러운 거동이 더욱 융성하게 된다.

賈疏 ●"興賓"至"南面". ○釋曰: 興, 謂冠者加皮弁訖, 起待賓揖之也. 云"適房, 服素積素韠"者, 上陳服皮弁云緇帶素韠, 此不言緇帶者, 上唯有一帶, 不言可知, 故不言也.

번역 ●經文: "興賓"~"南面". ○'흥(興)'은 관례를 치르는 자가 피변 쓰는 일을 끝내면 일어나서 빈객이 읍하는 것을 기다린다는 뜻이다. "방으로 가면 소적(素積)을 입고 소필(素韠)을 두른다."라고 했는데, 앞에서 의복을 진열하며 피변에 대해서는 치대(緇帶)와 소필(素韠)을 언급했는데, 이곳에서는 치대를 언급하지 않았다. 그 이유는 그 위에 오직 하나의 허리띠만을 차게 되어 언급하지 않아도 알 수 있기 때문에 말하지 않은 것이다.

賈疏 ◎注"容者"至"益繁". ○釋曰: 此對上加緇布冠時, 直言出房南面, 不言容, 此則言容, 以再加彌成, 其儀益繁, 故言容, 其實彼出亦是容, 故鄭注云"觀衆以容體"也.

번역 ◎鄭注: "容者"~"益繁". ○이곳에서는 앞서 치포관을 씌워줄 때와 대비했으니, 위에서는 방밖으로 나와서 남쪽을 바라본다고만 하고 '용(容)'이라고 하지 않았는데, 이곳에서는 '용(容)'이라고 말하며 이를 통해 두 번째 관을 써서 성인의 복장이 보다 더 갖춰진 것으로, 그 위엄스러운 거동이 더욱 융성하게 된다고 했다. 그렇기 때문에 '용(容)'이라고 말했다면 실제로는 치포관을 씌워줄 때에도 방밖으로 나와서 이처럼 용(容)을 하는 것이다. 그래서 정현의 주에서는 "사람들에게 의관을 갖춘 모습을 보여주기 위해서이다."라고 말한 것이다.

경문 賓降三等, 受爵弁, 加之. 服纁裳靺韐. 其他如加皮弁之儀.

번역 빈객은 세 칸을 내려가서 작변을 받고 당상으로 올라가서 관례를 치르는 자에게 씌워준다. 관례를 치르는 자는 방으로 가서 훈상(纁裳)을 입고 매겹(靺韐)을 두른다. 다른 의례 절차는 피변을 씌워줄 때의 의례처럼 한다.

鄭注 降三等, 下至地. 他, 謂卒紘容出.

번역 세 칸을 내려가서 바닥까지 내려가는 것이다. '타(他)'자는 굉(紘) 결속하는 것을 마무리하는 것과 의복을 갖추고 방밖으로 나오는 것을 뜻한다.

賈疏 ●"賓降"至"之儀". ◎注"降三"至"容出". ○釋曰: 云"降三等, 下至地"者, 據士而言. 云"他, 謂卒紘容出"者, 以其自餘皆緇布冠見訖, 皮弁如之而已. 至卒紘容出, 唯皮弁有之, 故知他謂此二者也.

번역 ●經文: "賓降"~"之儀". ◎鄭注: "降三"~"容出". ○정현이 "세 칸을 내려가서 바닥까지 내려가는 것이다."라고 했는데, 이것은 사 계층을 기준으로 말한 것이다. 정현이 "'타(他)'자는 굉(紘) 결속하는 것을 마무리하는 것과 의복을 갖추고 방밖으로 나오는 것을 뜻한다."라고 했는데, 나머지 절차들은 모두 치포관을 설명할 때 나타났고, 피변을 씌워줄 때에도 그처럼 했을 따름이다. 그런데 굉 결속하는 것을 마무리하는 것과 의복을 갖추고 방밖으로 나오는 것은 오직 피변을 설명할 때에만 기술되어 있다. 그렇기 때문에 '타(他)'가 이러한 두 절차를 뜻한다는 사실을 알 수 있다.

경문 徹皮弁·冠·櫛·筵, 入于房.

번역 피변·치포관·빗·자리를 치워서 방안에 넣어둔다.

鄭注 徹者, 贊冠者主人之贊者爲之.

번역 '철(徹)'하는 것은 빈객 중 관례의 진행을 돕는 자와 주인의 의례진행을 돕는 자가 시행한다.

賈疏 ●"徹皮"至"于房". ◎注"徹者"至"爲之". ○釋曰: 冠卽緇布冠也, 不言緇布冠者, 可知故也. 皮弁具言者, 以有爵弁之嫌. 然不言爵弁者, 著之以受醴, 至見母兄弟姑姊訖乃易服, 故也. 云"徹者, 贊冠者主人之贊者爲之"者, 以其贊冠者奠櫛, 主人之贊者設筵, 故知還遣之也.

번역 ●經文: "徹皮"~"于房". ◎鄭注: "徹者"~"爲之". ○'관(冠)'은 치포관에 해당하는데, '치포관(緇布冠)'이라고 말하지 않은 것은 말하지 않아도 알 수 있기 때문이다. '피변(皮弁)'에 대해 언급한 것은 작변(爵弁)으로 오해할 수 있기 때문이다. 그렇다면 작변을 언급하지 않은 것은 그것을 착용한 상태에서 단술을 받으며, 모친 및 형제·고모·자매 등을 만나본 뒤에야 옷을 바꿔 입기 때문이다. 정현이 "'철(徹)'하는 것은 빈객 중 관례의 진행을 돕는 자와 주인의 의례진행을 돕는 자가 시행한다."라고 했는데, 빈객 중 관례의 진행을 돕는 자는 빗을 놓아두고, 주인의 의례진행을 돕는 자는 자리를 깔아두기 때문에, 다시 그들이 그 물건들을 치우게 됨을 알 수 있다.

참고 『의례』「사관례(士冠禮)」 기록

경문 筵于戶西, 南面.

번역 방문의 서쪽에 자리를 깔아두되 남쪽을 향하도록 편다.

鄭注 筵, 主人之贊者. 戶西, 室戶西.

번역 자리를 펴는 것은 주인의 의례진행을 돕는 자가 한다. '호서(戶西)'는 방문의 서쪽을 뜻한다.

賈疏 ●"筵于戶西南面". ◎注"筵主"至"戶西". ○釋曰: 知主人之贊者設筵者, 以上文筵于東序, 已遣主人之贊, 故知此亦主人之贊者也. 云"戶西, 室戶西"者, 以下記醮于客位在戶西, 醮禮同處, 故知戶西也.

번역 ●經文: "筵于戶西南面". ◎鄭注: "筵主"~"戶西". ○주인의 의례진행을 돕는 자가 자리를 까는 것을 알 수 있는 이유는 앞의 문장에서 동쪽의 서(序)에 자리를 편다고 했을 때 이미 주인의 의례진행을 돕는 자를 보내서 그 일을 시켰다. 그렇기 때문에 이곳에서도 주인의 의례진행을 돕는 자가 시행함을 알 수 있다. 정현이 "'호서(戶西)'는 방문의 서쪽을 뜻한다."라고 했는데, 아래 기문에서 빈객의 자리에서 초(醮)를 한다고 했을 때, 그곳은 방문의 서쪽에 해당하는데, 초(醮)와 예(醴)는 동일한 장소에 한다. 그렇기 때문에 방문의 서쪽에 해당함을 알 수 있다.

경문 贊者洗于房中, 側酌醴, 加柶, 覆之, 面葉.

번역 의례의 진행을 돕는 자는 방안에서 손과 술잔을 씻고 홀로 예제(醴齊)[20]를 따르고 숟가락을 올려서 덮는데 숟가락의 넓고 큰 부분이 앞을 향하도록 한다.

鄭注 洗, 盥而洗爵者. 昏禮曰房中之洗"在北堂, 直室東隅. 篚在洗東, 北面盥". 側酌者, 言無爲之薦者. 面, 前也. 葉, 柶大端. 贊酌者, 賓尊不入房. 古文葉爲擖.

20) 예제(醴齊)는 오제(五齊) 중 하나이다. 비교적 탁한 술에 해당한다. 술이 익고 나서 앙금을 한 차례 걸러낸 것으로 염주(恬酒)와 같은 술이다.

번역 '세(洗)'는 손을 씻고 술잔을 씻는다는 뜻이다. 『의례』「사혼례(士昏禮)」편에서는 방안에 설치하는 씻는 대야를 "북쪽 당에 있어 방의 동쪽 모퉁이와 닿는 곳이다. 광주리는 대야 동쪽에 두고 북쪽을 바라보고서 손을 씻는다."[21)]라고 했다. 혼자 따른다는 말은 대신 음식을 바칠 자가 없다는 뜻이다. '면(面)'자는 앞을 향한다는 뜻이다. '엽(葉)'은 숟가락의 넓고 큰 부분이다. 의례의 진행을 돕는 자가 술을 따르는 것은 빈객은 존귀하여 방안으로 들어가지 않기 때문이다. 고문에서는 '엽(葉)'자를 갈(擖)자로 기록했다.

賈疏 ●"贊者"至"面葉". ◎注"洗盥"至"爲擖". ○釋曰: 云"洗, 盥而洗爵"者, 凡洗爵者必先盥, 盥有不洗爵者. 此經直云洗, 明盥手乃洗爵, 故鄭云盥而洗爵. 引昏禮"房中之洗"至"北面盥"者, 證房中有洗之事. 若然, 前設洗于庭者, 不爲醴, 以房中有洗·醴尊也. 云"側酌者, 言無爲之薦"者, 謂無人爲之薦脯醢, 還是此贊者, 故下直言薦脯醢, 不言別有他人, 明還是贊者也. 昏禮贊醴婦是贊者自酌自薦, 經雖不言側酌, 側自明也. 云"葉, 柶大端"者, 謂扱醴之而柄細, 故以爲柶大端, 此與昏禮賓皆云"面葉"者, 此以賓尊, 不入戶, 贊者面葉授賓, 賓得面枋授冠者, 冠者得之面葉以扱醴而祭. 昏禮賓亦主人尊, 不入房, 贊者面葉以授主人, 主人面枋以授賓, 賓得面葉以扱祭. 至於聘禮禮賓, 宰夫實觶以醴, 加柶于觶, 面枋授公者, 凡醴皆設柶. 聘禮宰夫不訝授, 公側受醴, 則還面枋以授賓, 故面枋也.

번역 ●經文: "贊者"~"面葉". ◎鄭注: "洗盥"~"爲擖". ○정현이 "'세(洗)'는 손을 씻고 술잔을 씻는다는 뜻이다."라고 했는데, 술잔을 씻을 때에는 반드시 그보다 앞서 손을 씻게 되지만, 손을 씻을 때에는 술잔을 씻지 않는 경우도 포함된다. 이곳 경문에서는 단지 '세(洗)'라고만 했는데, 이것은 손을 씻고 난 뒤에 술잔을 씻는다는 사실을 나타낸다. 그렇기 때문에 정현이 "손을 씻고 술잔을 씻는다는 뜻이다."라고 했다. 정현이 『의례』「사혼례(士昏禮)」편을 인용하여 '방안의 세(洗)'라고 했고, "북쪽을 바라보며 손을 씻는다."라고

---

21) 『의례』「사혼례(士昏禮)」: 婦洗在北堂, 直室東隅. 篚在東. 北面盥.

했는데, 이것은 방안에 세(洗)가 있는 사안을 증명한 것이다. 만약 그렇다면 앞에서는 마당에 세(洗)를 설치한다고 하였지만, 이것은 예제를 따르기 위한 것이 아니니 방안에 세(洗)와 예제를 담은 술동이가 있기 때문이다. 정현이 "혼자 따른다는 말은 대신 음식을 바칠 자가 없다는 뜻이다."라고 했는데, 대신하여 육포와 젓갈을 바칠 자가 없으니, 다시금 의례의 진행을 돕는 자가 하게 됨을 나타낸다. 그렇기 때문에 아래문장에서는 단지 육포와 젓갈을 바친다고만 말하여 다른 사람임을 구별하여 언급하지 않았으니, 이것은 다시 의례의 진행을 돕는 자가 하게 됨을 나타낸다. 「사혼례」편에서는 의례의 진행을 돕는 자가 며느리에게 예제를 따라준다고 했는데, 이것은 의례의 진행을 돕는 자가 직접 술을 따르고 직접 음식을 바치는 것으로, 경문에서는 비록 측작(側酌)이라고 말하지 않았지만 혼자 술을 따른다는 사실이 자명해진다. 정현이 "'엽(葉)'은 숟가락의 넓고 큰 부분이다."라고 했는데, 예제를 담은 술잔에 숟가락을 꼽게 되면 그 자루는 가늘게 되어 있다. 그렇기 때문에 숟가락의 넓고 큰 부분이라고 여긴 것인데, 이것은 「사혼례」에서 대접을 할 때 모두 '면엽(面葉)'을 한다고 한 것과 차이를 보이니, 이곳의 기록은 빈객이 존귀하여 방문으로 들어가지 않아 의례의 진행을 돕는 자가 면엽을 해서 빈객에게 주어, 빈객은 숟가락의 자루를 앞으로 해서 관례를 치른 자에게 줄 수 있고, 관례를 치른 자는 그것을 받아 면엽을 해서 예제에 꼽고 제사를 지낸다. 「사혼례」편에서 대접을 할 때에도 주인은 존귀하므로 방으로 들어가지 않고 의례의 진행을 돕는 자가 면엽을 해서 주인에게 주고, 주인은 자루를 앞으로 해서 빈객에게 주어 빈객은 면엽을 해서 꼽고 제사를 지낼 수 있다. 『의례』「빙례(聘禮)」편에 이르면 빈객을 예우할 때 재부가 치(觶)에 예제를 담고 치에 숟가락을 올리며 자루를 앞으로 해서 공에게 주는데, 예제를 사용할 때에는 모두 숟가락을 올리게 되어 있다. 「빙례」편에서 재부는 건네는 것을 맞이하지 않고 공이 홀로 예제를 받는다면, 다시금 자루를 앞으로 해서 빈객에게 준다. 그렇기 때문에 자루를 앞으로 하는 것이다.

경문 賓揖, 冠者就筵, 筵西, 南面. 賓受醴于戶東, 加柶, 面枋, 筵前北面.

번역 빈객이 읍을 하면 관례를 치른 자는 자리로 나아가며 자리의 서쪽에서 남쪽을 바라본다. 빈객이 방문의 동쪽에서 예제를 받아 숟가락을 올리되 자루를 앞으로 하고 자리 앞에서 북쪽을 바라본다.

鄭注 戶東, 室戶東. 今文枋爲柄.

번역 '호동(戶東)'은 방문의 동쪽을 뜻한다. 금문에서는 '방(枋)'자를 병(柄)자로 기록했다.

賈疏 ●"賓揖"至"北面". ◎注"戶東"至"爲柄". ○釋曰: 知"室戶東"者, 以其冠者筵室戶西. 賓自至房戶取醴酌醴者, 出向西以授也.

번역 ●經文: "賓揖"~"北面". ◎鄭注: "戶東"~"爲柄". ○정현이 "방문의 동쪽을 뜻한다."라고 했는데, 이 말이 사실임을 알 수 있는 이유는 관례를 치른 자의 자리는 방문의 서쪽에 있기 때문이다. 빈객은 이곳으로부터 방문으로 와서 예제를 가져다가 술잔에 예제를 따르고, 나와서 서쪽을 향해 가서 술잔을 건넨다.

경문 冠者筵西拜受觶, 賓東面答拜.

번역 관례를 치른 자는 자리의 서쪽에서 절을 하고 술잔인 치(觶)를 받고, 빈객은 동쪽을 향하여 답배를 한다.

鄭注 筵西拜, 南面拜也. 賓還答拜於西序之位. 東面者, 明成人與爲禮, 異於答主人.

번역 자리의 서쪽에서 절을 하는 것은 남쪽을 바라보며 절을 하는 것이다. 빈객이 다시 답배를 할 때에는 서쪽 서(序)의 자리에서 한다. 동쪽을 바라보는 것은 그가 성인이 되어 함께 의례를 시행할 수 있음을 드러내는 것으로, 주인에게 답배를 할 때와는 차이를 둔다.

賈疏 ●"冠者"至"答拜". ◎注"筵西"至"主人". ○釋曰: 云"筵西拜, 南面拜也"者, 上云冠者筵西南面, 知受觶拜還南面也. 知賓東面在西序者, 以上文與主人相對, 本位於西序也. 云"東面者, 明成人與爲禮, 異於答主人"者, 按鄕飮酒·鄕射, 賓於西階北面答主人拜, 今此於西序東面拜, 故云異於答主人. 又昏禮禮賓·聘禮禮賓皆云"拜送", 此云"答拜", 不云拜送者, 彼醴是主人之物, 故云拜送, 此醴非賓物, 故云答拜也.

번역 ●經文: "冠者"~"答拜". ◎鄭注: "筵西"~"主人". ○정현이 "자리의 서쪽에서 절을 하는 것은 남쪽을 바라보며 절을 하는 것이다."라고 했는데, 앞에서 관례를 치른 자는 자리의 서쪽에서 남쪽을 바라본다고 했으니, 술잔을 받고 절을 할 때에는 다시 남쪽을 바라보게 됨을 알 수 있다. 빈객이 동쪽을 바라볼 때 서쪽의 서(序)에 있게 되는 사실을 알 수 있는 이유는 앞의 문장은 주인에 대한 것과 서로 대비가 되어, 본래의 자리는 서쪽 서(序)에 있기 때문이다. 정현이 "동쪽을 바라보는 것은 그가 성인이 되어 함께 의례를 시행할 수 있음을 드러내는 것으로, 주인에게 답배를 할 때와는 차이를 둔다."라고 했는데, 『의례』「향음주례(鄕飮酒禮)」와 「향사례(鄕射禮)」편을 살펴보면 빈객은 서쪽 계단에서 북쪽을 바라보며 주인이 절한 것에 답배를 하는데, 이곳에서는 서쪽 서(序)에서 동쪽을 바라보며 절을 한다고 했다. 그렇기 때문에 "주인에게 답배를 할 때와는 차이를 둔다."고 했다. 또 『의례』「사혼례(士昏禮)」편에서 빈객을 예우하거나 『의례』「빙례(聘禮)」편에서 빈객을 예우할 때에는 모두 "절을 하고 보낸다."라고 했는데, 이곳에서는 "답배를 한다."라고 하여 "절을 하고 보낸다."는 말을 하지 않았다. 그 문헌들에 나오는 예제는 주인의 물건이기 때문에 절을 하고 보낸다고 말한 것이며, 이곳에서 말한 예제는 빈객의 물건이 아니기 때문에 답배를 한다고 말했다.

경문 薦脯醢.

번역 육포와 젓갈을 놓아둔다.

鄭注 贊冠者也.

번역 빈객 중 관례의 진행을 돕는 자가 시행한다.

賈疏 ●"薦脯醢". ◎注"贊冠者也". ○釋曰: 上文云"贊側酌醴", 是贊冠者, 明此薦亦是贊冠者也.

번역 ●經文: "薦脯醢". ◎鄭注: "贊冠者也". ○앞의 문장에서는 "의례의 진행을 돕는 자가 홀로 예제를 따른다."라고 했는데, 이것은 빈객 중 관례의 진행을 돕는 자에 해당하니, 이곳에서 음식을 놓아두는 자 또한 빈객 중 관례의 진행을 돕는 자임을 나타낸다.

경문 冠者卽筵坐, 左執觶, 右祭脯醢, 以柶祭醴三, 興. 筵末坐, 啐醴, 建柶, 興. 降筵, 坐奠觶, 拜. 執觶興. 賓答拜.

번역 관례를 치른 자는 자리로 나아가 앉고 좌측 손으로 술잔을 잡고 우측 손으로 육포와 젓갈로 제사를 지내는데, 숟가락으로 예제를 세 차례 떠서 제사를 지내고 일어난다. 자리의 끝에 가서 앉고 예제를 맛보고 숟가락을 꼽고 일어난다. 자리에서 내려와 바닥에 앉아 술잔을 놓아두고 절을 한다. 술잔을 들고 일어난다. 빈객이 답배를 한다.

鄭注 建柶, 扱柶於醴中. 其拜皆如初. 古文啐爲呼.

번역 '건사(建柶)'는 예제를 담은 술잔에 숟가락을 꼽는다는 뜻이다. 절을 할 때에는 모두 처음에 했던 것처럼 한다. 고문에서는 '쵀(啐)'자를 호(呼)자로 기록했다.

賈疏 ●"冠者"至"答拜". ○釋曰: 云"祭醴三興"者, 三祭者一, 如昏禮始扱一祭, 又扱再祭也. 云"筵末坐啐醴, 建柶興. 降筵", 此啐醴不拜旣爵者, 以其不卒爵, 故不拜也.

번역 ●經文: "冠者"~"答拜". ○"예제를 세 차례 떠서 제사를 지내고 일어난다."라고 했는데, 세 차례 제사지내는 것이 한 번이 되니, 『의례』「사혼례(士昏禮)」편에서 처음 숟가락을 꼽았을 때 한 번의 제사 절차가 되고 재차 숟가락을 꼽았을 때 두 번의 제사 절차가 되는 것과 같다. "자리의 끝에 가서 앉고 예제를 맛보고 숟가락을 꼽고 일어난다. 자리에서 내려온다."라고 했는데, 여기에서는 예제를 맛보며 술잔에 대해 절을 하지 않았는데, 술잔을 비우는 것이 아니기 때문에 절을 하지 않는 것이다.

참고 『의례』「사관례(士冠禮)」 기록

경문 賓降, 直西序, 東面, 主人降, 復初位.

번역 빈객이 내려가서 서쪽 서(序)가 있는 곳으로 가서 동쪽을 바라보면, 주인이 내려가서 처음의 자리로 되돌아간다.

鄭注 初位, 初至階讓升之位.

번역 '초위(初位)'는 처음 계단에 당도하여 사양을 하며 당상으로 올라갔던 자리를 뜻한다.

賈疏 ●"賓降"至"初位". ○釋曰: 此將欲與冠者造字而迎之位也.

번역 ●經文: "賓降"~"初位". ○이것은 장차 관례를 치른 자에게 자(字)를 지어주기 위해 맞이하는 자리를 뜻한다.

賈疏 ◎注"初位"至"之位". ○釋曰: 云"初位, 初至階讓升之位"者, 謂初迎賓至階讓升之位, 其賓直西序則非初讓升之位, 主人直東序西者, 欲迎其事, 聞字之言故也.

번역 ◎鄭注: "初位"~"之位". ○정현이 "'초위(初位)'는 처음 계단에 당도하여 사양을 하며 당상으로 올라갔던 자리를 뜻한다."라고 했는데, 처음 빈객을 맞이하여 계단에 이르러 사양하며 당상으로 올라갔던 자리를 뜻하는데, 빈객은 서쪽 서(序)가 있는 곳에 있으니, 처음 사양을 하며 당상으로 올라갔던 자리가 아니고, 주인은 동쪽 서(序)의 서쪽에 있으며 그 사안을 맞이하고자 한 것이니, 자(字)를 지어주는 말을 듣고자 했기 때문이다.

경문 冠者立于西階東, 南面, 賓字之, 冠者對.

번역 관례를 치른 자는 서쪽 계단의 동쪽에 서서 남쪽을 바라보며, 빈객이 자(字)를 지어주면 관례를 치른 자가 대답을 한다.

鄭注 對, 應也. 其辭未聞.

번역 '대(對)'자는 대답을 한다는 뜻이다. 그 말에 대해서는 들어보지 못했다.

賈疏 ●"冠者"至"者對". ◎注"對應"至"未聞". ○釋曰: 云"賓字之"者, 卽下文有字辭·又有某甫之字, 若孔子云尼父之字是也. 云"其辭未聞"者, 下有賓祝辭, 不見冠者應辭, 故云未聞也. 按禮記·冠義云"旣冠而字之, 成人之道也". 見於母, 母拜之, 據彼則字訖乃見母. 此文先見乃字者, 此文見母是正見. 彼見母在下者, 記人以下有兄弟之等皆拜之, 故退見母於下, 使與兄弟拜, 文相近也. 若然, 未字先見母, 字訖乃見兄弟之等者, 急於母, 緩於兄弟也.

번역 ●經文: "冠者"~"者對". ◎鄭注: "對應"~"未聞". ○"빈객이 자(字)를 지어준다."라고 했는데, 아래문장에 자(字)를 지어줄 때의 말이 기록되어 있고, 또 아무개 보(甫)라는 자(字)가 나오니, 마치 공자에 대해서 니보(尼父)라는 자(字)를 부르는 것과 같다. 정현이 "그 말에 대해서는 들어보지 못했다."라고 했는데, 아래문장에는 빈객이 하는 축사가 기록되어 있지만, 관례를 치른 자가 응답하는 말은 나타나지 않는다. 그렇기 때문에 들어보지 못했다고 했다. 『예기』「관의」편을 살펴보면 "관례를 치른 뒤에는 그에게 자(字)를 지어주니, 성인의 도리에 해당한다."라고 했다. 모친을 찾아뵈면 모친이 그에게 절을 하는데, 「관의」편의 기록에 따르면 자(字)를 지어준 이후에 모친을 찾아뵙게 된다. 그런데 이곳 기록에서는 먼저 모친을 찾아뵙고 나서야 자(字)를 지어준다. 이곳 문장에서 모친을 찾아뵙는다고 한 것은 정식으로 찾아뵙는 절차에 해당한다. 「관의」편에서 모친을 찾아뵙는 것이 자(字)를 지어준 뒤에 나오는 것은 『예기』를 기록한 자가 그 뒤에 형제 등에 대해서 모두 절을 한다고 했기 때문에 모친을 찾아뵙는다는 내용을 뒤로 물려 형제들에게 절을 한다는 내용과 문장이 서로 연접하도록 만든 것이다. 만약 그렇다면 아직 자(字)를 짓지 않았을 때 먼저 모친을 찾아뵙는 것이고, 자(字)를 짓는 일이 끝나면 형제 등을 만나보게 되니, 모친에 대해서는 빨리 시행하는 것이고 형제에 대해서는 다소 느긋하게 시행하기 때문이다.

참고 『의례』「사관례(士冠禮)」 기록

경문 若不醴, 則醮用酒.

번역 만약 예(醴)를 하지 않는다면 초(醮)를 하며 주(酒)를 사용한다.

鄭注 若不醴, 謂國有舊俗可行, 聖人用焉不改者也. 曲禮曰: "君子行禮, 不求變俗. 祭祀之禮, 居喪之服, 哭泣之位, 皆如其國之故, 謹修其法而審行之", 是. 酌而無酬酢曰醮. 醴亦當爲禮.

번역 예(醴)를 하지 않는 것은 나라에 오래전부터 시행되어 온 관습이 있어서 성인이 그에 따르며 그 관습을 고치지 않는 경우를 뜻한다. 『예기』「곡례(曲禮)」편에서는 "군자가 의례를 시행함에 있어서 그의 선조가 살았던 이전 나라의 오래된 풍속을 바꾸기를 원해서는 안 된다. 제사를 시행하는 예법, 상을 치르면서 입게 되는 상복, 곡읍을 할 때의 위치 등 모든 경우에 있어서도 그 이전 나라의 오래된 예법대로 따르며, 그 예법을 조심스럽게 살펴서 신중하게 시행한다."[22]라고 했다. 술을 따를 때 서로 술을 따라주지 않는 것을 '초(醮)'라고 부른다. '예(醴)'자 또한 마땅히 예(禮)자가 되어야 한다.

賈疏 ●"若不"至"用酒". ◎注"若不"至"爲禮". ○釋曰: 自此已上說周禮冠子之法, 自此已下至"取籩脯以降如初", 說夏殷冠子之法. 云"若不醴, 則醮用酒"者, 按上文適子冠於阼, 三加訖一醴於客位是周法. 今云"若不醴, 則醮用酒" 非周法, 故知先王法矣. 故鄭云"若不醴, 謂國有舊俗可行, 聖人用焉不改者也", 云"聖人"者, 卽周公制此儀禮, 用舊俗則夏殷之禮是也. 云"曲禮曰"已下者, 是下曲禮文也. 云"君子行禮, 不求變俗"者, 與下文爲目, 謂君子所住之國, 不求變彼國之俗, 若衛居殷墟者也. 云"祭祀之禮"者, 若郊特牲云: "殷人先求諸陽, 周人先求諸陰." 求諸陽者, 先合樂乃灌地降神也; 求諸陰者, 謂先灌地乃合樂. 若衛居殷地用殷禮, 則先合樂乃灌也. 云"居喪之服"者, 謂若檀弓周之諸侯絶旁期降上下, 殷之諸侯服旁期不降上下, 衛居殷墟亦不降上下也. 云"哭泣之位"者, 殷禮無文, 亦應有異也. 云"皆如其國之故"者, 謂上所云皆如其故國之俗而行之. 云"是"者, 依先王舊俗而行不改之事. 向來所解引曲禮, 據人君施化之法, 不改彼國舊俗, 證此醮用酒, 舊俗之法也. 故康誥周公戒康叔, 居殷墟當用殷法, 是以云"茲殷罰有倫", 使用殷法. 故所引曲禮, 皆據不變彼國之俗. 但君子行禮, 不求變俗有二途, 若據曲禮之文云"君子行禮不求變俗", 鄭注云: "求, 猶務也. 不務變其故俗, 重本也. 謂去先祖之國居他國." 又云: "祭祀之禮, 居喪之服, 哭泣之位皆如其國之故, 謹修其法而審行之." 注: "其法謂其先祖之制度若夏殷"者, 謂若杞宋之人居鄭衛, 鄭衛之人居杞宋. 若據彼注, 謂臣去己國居他國, 不變己國之俗. 是以定四年祝佗云, 殷人六族, 在魯啓以商政. 亦不變本國之俗, 故開商政示之. 皆據當身居他國, 不變己國之俗. 與此注引不同者, 不求變俗, 義得兩合, 故各據一邊而言也. 云"酌而無酬酢曰醮"者, 鄭解無酬酢曰醮, 唯據此文而言. 所以然者, 以周法用醮, 無酬酢

22) 『예기』「곡례하(曲禮下)」【48d~49a】: 君子行禮, 不求變俗. 祭祀之禮, 居喪之服, 哭泣之位, 皆如其國之故, 謹修其法而審行之.

曰醮. 按曲禮云"長者擧未釂", 鄭注云: "盡爵曰釂." 是醮不專於無酬酢者. 若然, 醴亦無酬酢不爲醮名者, 但醴大古之物, 自然質無酬酢. 此醮用酒, 酒本有酬酢, 故無酬酢得名醮也. 云"醴亦當爲禮"者, 亦上請醴賓之醴, 故破之也.

번역 ●經文: "若不"~"用酒". ◎鄭注: "若不"~"爲禮". ○이 구문 앞의 내용들은 주나라의 예법에 따라 자식에게 관례를 치르는 법도를 설명한 것이고, 이 구문으로부터 "변(籩)에 담긴 육포를 들고 내려가서 처음처럼 한다."라는 구문까지는 하나라와 은나라 때 자식에게 관례를 치르는 법도를 설명한 것이다. "만약 예(醴)를 하지 않는다면 초(醮)를 하며 주(酒)를 사용한다."라고 했는데, 앞의 문장에서 적자는 동쪽 계단에서 관례를 치른다고 했으며, 삼가(三加)를 마치면 빈객의 자리에서 한 차례 예제를 따라서 준다고 했는데, 이것은 주나라의 예법이다. 이곳에서는 "만약 예를 하지 않는다면 초를 하며 주를 사용한다."라고 했는데, 이것은 주나라의 예법이 아니다. 그렇기 때문에 이전 왕조의 예법임을 알 수 있다. 그래서 정현은 "예(禮)를 하지 않는 것은 나라에 오래전부터 시행되어 온 관습이 있어서 성인이 그에 따르며 그 관습을 고치지 않는 경우를 뜻한다."라고 말한 것이다. 정현이 '성인(聖人)'이라고 했는데, 이것은 주공이 『의례』를 제정한 것을 뜻하며, 옛 관습을 따른 것은 하나라와 은나라의 예법에 해당한다. 정현이 '곡례왈(曲禮曰)'이라고 하여 그 문장을 인용했는데, 이것은 『예기』「곡례하(曲禮下)」편의 기록이다. "군자가 의례를 시행함에 있어서 그의 선조가 살았던 이전 나라의 오래된 풍속을 바꾸기를 원해서는 안 된다."라고 했는데, 아래문장의 표제가 되니, 군자는 거주하고 있는 나라에 대해 그 나라에서 지켜오던 이전 관습을 바꾸려고 원해서는 안 되니, 위(衛)나라가 이전 은나라의 옛 터전에 있었던 것 등에 해당한다. '제사지례(祭祀之禮)'라고 했는데, 마치 『예기』「교특생(郊特牲)」편에서 "은나라 때에는 우선적으로 양(陽)에서 신을 찾았고, 주나라 때에는 우선적으로 음(陰)에서 신을 찾았다."[23]라고 한 부류와 같다. 양에서 신을 찾았다는

---

23) 『예기』「교특생(郊特牲)」【341a】: 魂氣歸于天, 形魄歸于地, 故祭求諸陰陽之義也. <u>殷人先求諸陽, 周人先求諸陰</u>. 詔祝於室, 坐尸於堂, 用牲於庭, 升首於室. 直祭祝於主, 索祭祝於祊. 不知神之所在, 於彼乎, 於此乎? 或諸遠人乎? 祭于

말은 먼저 음악을 합주한 뒤에야 땅에 술을 부어 신을 강림시키는 것을 뜻하며, 음에서 신을 찾았다는 말은 먼저 땅에 술을 부어 신을 강림시킨 뒤에야 음악을 합주한 것을 뜻한다. 위나라와 같은 경우 은나라의 터전에 있었으므로 은나라의 예법에 따랐으니, 먼저 음악을 합주하고 나서 땅에 술을 부은 것이다. '거상지복(居喪之服)'이라고 했는데, 『예기』「단궁(檀弓)」편에서 주나라 때의 제후는 방계 친족 중 기년복에 해당하는 자에 대해서 관계를 끊고 위아래를 낮춘다고 했고, 은나라 때의 제후는 방계 친족 중 기년복에 해당하는 자에 대해 관계를 끊지 않아 위아래를 낮추지 않는다고 한 것과 같으니, 위나라는 은나라의 터전에 있었으므로 또한 위아래를 낮추지 않았다. '곡읍지위(哭泣之位)'라고 했는데, 은나라의 예법에 대해서는 관련 기록이 없지만 마땅히 이러한 부분에 있어서도 차이가 있었을 것이다. "모든 경우에 있어서도 그 이전 나라의 오래된 예법대로 따른다."라고 했는데, 앞에서 말한 것들은 모두 이전 나라의 오래된 관습에 따라 시행한 것을 뜻한다. '시(是)'라고 한 말은 선왕이 이전의 관습에 따라 시행하며 고치지 않았던 일을 가리킨다. 이전의 해석에서는 「곡례」편을 인용했는데, 이것은 군주가 교화를 펼치는 법도에 근거하여, 그 나라의 오래된 관습을 고치지 않은 것으로, 이곳에서 초를 하며 주를 쓰는 것이 오래된 관습에 따른 법도임을 증명한 것이다. 그러므로 『서』「강고(康誥)」편에서는 주공이 강숙에게 주의를 주며 은나라의 터전에 있으므로 은나라의 법도에 따르라고 한 것이다. 이러한 까닭으로 "이 은나라의 형벌에 조리가 있다."[24]라고 하여 은나라의 법도에 따르게끔 한 것이다. 그래서 「곡례」편을 인용했는데, 이것은 모두 그 나라의 관습을 바꾸려고 하지 않는 것을 기준으로 한 말이다. 다만 군자가 예법을 시행했을 때 이전의 관습을 바꾸려고 하지 않는 데에는 두 가지 길이 있다. 「곡례」편의 기록에 따른다면 "군자가 의례를 시행함에 있어서 그의 선조가 살았던 이전 나라의 오래된 풍속을 바꾸기를 원해서는 안 된다."라고 했고, 정현의 주에서는 "'구(求)'자는 힘쓴다는 뜻이다. 옛 나라의 풍속 바꾸기를 힘쓰지 않는 것

祊, 尙曰求諸遠者與.

24) 『서』「주서(周書)·강고(康誥)」: 王曰, 外事, 汝陳時臬, 司師茲殷罰有倫.

은 근본을 중시하기 때문이다. 선조들이 살았던 나라를 떠나서 다른 나라에 거주하는 경우를 뜻한다."라고 했다. 또 "제사를 시행하는 예법, 상을 치르면서 입게 되는 상복, 곡읍을 할 때의 위치 등 모든 경우에 있어서도 그 이전 나라의 오래된 예법대로 따르며, 그 예법을 조심스럽게 살펴서 신중하게 시행한다."라고 했고, 주에서는 "'기법(其法)'이라는 말은 그의 선조들이 따르던 제도를 뜻하니, 마치 하나라와 은나라 때의 예법과 같은 것들이다."라고 했다. 즉 기나라나 송나라의 사람들이 정나라나 위나라에 거주할 경우나 정나라와 위나라의 사람들이 기나라나 송나라에 거주하는 경우를 뜻한다. 그 주석에 근거한다면 신하가 자신의 나라를 떠나 다른 나라에 거주할 경우, 자기 나라에서 지켜오던 관습을 바꾸지 않아야 한다는 뜻이다. 이러한 까닭으로 정공 4년에 축타는 은나라의 여섯 부족이 노나라에 있어서 은나라의 정치로 그들을 인도하였다고 했다. 이 또한 본국의 관습을 바꾸지 않았던 것이다. 그래서 은나라의 정치로 인도하여 그들에게 보여준 것이다. 이 모두는 본인이 다른 나라에 거주할 때 자기 나라의 습속을 바꾸지 않는 것에 기준을 두고 있다. 따라서 이곳 주석에서 인용한 것과는 동일하지 않으니, 옛 관습을 바꾸지 않는다는 것은 둘 모두 그 뜻이 부합된다. 그렇기 때문에 각각 한 측면을 들어 말한 것이다. 정현이 "술을 따를 때 서로 술을 따라주지 않는 것을 '초(醮)'라고 부른다."라고 했는데 이것은 정현이 서로 술을 따라주지 않는 것을 초(醮)라고 부른다는 뜻으로 풀이한 것이니, 단지 이곳 기록에 근거해서 한 말이다. 그러한 이유는 주나라의 예법에서 초(醮)를 사용하게 되는데, 서로 술을 따라주지 않는 것을 '초(醮)'라고 부르기 때문이다. 「곡례」편을 살펴보면 "연장자가 술잔을 들었는데 그 술잔을 모두 비우지 않았다."[25]라고 했고, 정현은 "술잔을 모두 비우는 것을 '조(釂)'라고 부른다."라고 했다. 이것은 초(醮)가 단지 서로 술을 권하는 절차가 없는 것에만 한정되지 않음을 나타낸다. 만약 그렇다면 예(醴)에서도 서로 술을 권하는 절차가 없는데도 이것을 초(醮)라고 부르지 않는 것은 단지 예제는 태고 때의 술이니 자연이

25) 『예기』「곡례상(曲禮上)」【29a】: 侍飮於長者, 酒進則起, 拜受於尊所. 長者辭, 少者反席而飮. 長者擧未釂, 少者不敢飮.

질박한 예법에 맞춰 서로 술을 권하는 절차가 없는 것이다. 이곳에서 초를 하며 주를 사용한다고 했는데, 주를 쓸 때에는 본래 서로 술을 권하는 절차가 있다. 그렇기 때문에 술을 권하는 절차가 없는 것을 초(醮)라고 부를 수 있는 것이다. 정현이 "'예(醴)'자 또한 마땅히 예(禮)자가 되어야 한다."라고 했는데, 앞에서 '청례빈(請醴賓)'이라고 할 때의 예(醴)와 같은 경우이기 때문에 파자를 한 것이다.

참고 『의례』「사관례(士冠禮)」 기록

경문 若庶子, 則冠于房外, 南面, 遂醮焉.

번역 만약 관례를 치르는 자가 서자인 경우라면 방밖에서 남쪽을 바라보는 자리에서 관을 씌워주고 뒤이어 초(醮)를 한다.

鄭注 房外, 謂尊東也. 不於阼階, 非代也. 不醮於客位, 成而不尊.

번역 방밖은 존귀한 자의 동쪽을 뜻한다. 동쪽 계단에서 하지 않는 것은 부친의 지위를 계승하지 않기 때문이다. 빈객의 자리에서 초(醮)를 하지 않는 것은 성인으로 여기지만 존귀하게 높이지는 않기 때문이다.

賈疏 ●"若庶"至"醮焉". ○釋曰: 上已言三代適子冠禮訖, 此經論庶子加冠法也. 周公作經, 於三代之下言之, 則三代庶子冠禮皆於房外同用醮矣, 但不知三代庶子各用幾醮耳. 今於周之適子三加一醴, 夏殷適子三加三醮, 是以下文祝辭三醴一而醮三, 皆爲三代而爲言. 至於三代, 庶子皆不見別辭, 則周之庶子宜依適子用一醮, 夏殷庶子亦依三醮. 三代適子有祝辭, 言庶子則無, 故下文注云: "凡醮者不祝."

번역 ●經文: "若庶"~"醮焉". ○앞의 기록에서는 이미 삼대 때 적자에게 관례를 치러주는 설명을 마쳤기 때문에, 이곳 경문에서는 서자에게 관을 씌워주는 예법을 논의하였다. 주공이 『의례』의 경문을 작성했을 때 삼대에 대한 기록 뒤에 언급하였으니, 삼대 때 서자에 대한 관례는 모두 방밖에서 시행하며 동일하게 초(醮)의 방법에 따랐던 것이다. 다만 삼대 때 서자에 대해서 각각 몇 차례의 초를 했는지는 알 수 없을 따름이다. 현재 주나라에서 적자에게 삼가를 하며 한 차례 예제를 따라주었다고 했고, 하나라와 은나라 때에는 적자에게 삼가를 하며 세 차례 초를 했다고 했다. 이러한 까닭으로 아래문장에서 축사를 세 차례 할 때 예는 한 번 하고 초는 세 번 했던 것이니, 이 모두는 삼대 때의 예법을 설명하면서 말한 것이다. 삼대의 예법에 있어서 서자에 대한 경우 모두 별다른 말이 나타나지 않으니, 주나라 때 서자에게 관례를 치러주었던 것도 마땅히 적자의 예법에 따르며 한 차례 초를 사용했던 것이고, 하나라와 은나라 때에는 서자에 대해서 또한 세 차례 초를 했던 것이다. 삼대 때 적자에 대해서는 축사를 했는데, 서자의 경우를 말할 때에는 이러한 언급이 없다. 그렇기 때문에 아래문장에 대한 주석에서는 "초를 할 때에는 축사를 하지 않는다."라고 했다.

賈疏 ◎注"房外"至"不尊". ○釋曰: 知"房外, 謂尊東也"者, 上陳尊在房戶之間, 按鄉飮酒賓東則東, 則尊東明, 此亦於尊東也. 云"不於阼階, 非代也"者, 按下記云: "適子冠於阼, 以著代也." 明庶子不於阼, 非代故也. 云"不醮於客位, 成而不尊"者, 下記云: "醮於客位, 加有成也." 是適子於客位, 成而尊之, 此則成而不尊, 故因冠之處遂醮焉.

번역 ◎鄭注: "房外"~"不尊". ○정현이 "방밖은 존귀한 자의 동쪽을 뜻한다."라고 했는데, 이 말이 사실임을 알 수 있는 이유는 앞 문장에서 술동이는 방과 방문 사이에 놓아둔다고 했고, 『의례』「향음주례(鄕飮酒禮)」편을 살펴보면 빈객의 동쪽을 동쪽이라고 했으니, 존귀한 자의 동쪽이 됨이 분명하다. 따라서 이곳에서도 존귀한 자의 동쪽에서 했을 것이다. 정현이 "동쪽 계단에서 하지 않는 것은 부친의 지위를 계승하지 않기 때문이다."라고 했는데, 아래 기문을 살펴보면 "적자가 동쪽 계단에서 관례를 치르는 것은 부친을 대신하게 됨을 드러내기 위해서이다."라고 했다. 따라서 서자에 대해 동쪽 계단에서 하지 않는 것은 부친을 대신하지 않기 때문임을 나타낸다. 정현이 "빈객의 자리에서 초(醮)를 하지 않는 것은 성인으로 여기지만 존귀하게 높이지는 않기 때문이다."라고 했는데, 아래 기문에서는 "빈객의 자리에서 초를 하는 것은 성인이 된 자에게 해당 예법을 더해주기 때문이다."라고 했다. 이것은 적자에 대해서는 빈객의 자리에서 술을 따라주어 성인으로 대하며 존귀하게 높여주는 것이다. 따라서 이곳의 경우는 성인으로는 대하지만 존귀하게 높여주지 않는다. 그렇기 때문에 관례를 치른 장소에서 초를 하는 것이다.

참고 『의례』「사관례(士冠禮)」 기록

경문 始加, 祝曰: "令月吉日, 始加元服."

번역 빈객은 첫 번째 관을 씌워주면서 축하를 해주니, "좋은 달 길일에 처음으로 원복을 씌운다."라고 한다.

鄭注 令·吉, 皆善也. 元, 首也.

번역 '영(令)'자와 '길(吉)'자는 모두 좋다는 뜻이다. '원(元)'자는 머리를 뜻한다.

賈疏 ◎注"令吉"至"首也". ○釋曰: "元, 首", 左傳曰先軫入狄師而死之, 狄人歸先軫之元. 是元爲首. 又尙書云: "君爲元首." 亦是元爲首也.

번역 ◎鄭注: "令吉"~"首也". ○정현이 "'원(元)'자는 머리를 뜻한다."라고 했는데, 『좌전』에서는 선진이 적의 군대로 돌진하여 적인이 그를 죽였고, 적인은 선진의 원(元)을 돌려보냈다고 했다. 이것은 원(元)자가 머리를 뜻한다는 사실을 나타낸다. 또 『상서』에서는 "군은 원수(元首)이다."라고 했으니,

이 또한 원(元)자가 머리를 뜻한다는 사실을 나타낸다.

경문 "棄爾幼志, 順爾成德. 壽考惟祺, 介爾景福."

번역 계속하여 빈객은 "네가 가진 어렸을 때의 생각을 버리고, 네가 가진 성인으로서의 덕에 따라야 한다. 이처럼 한다면 장수를 누리는 상서로움을 받게 될 것이며, 너의 큰 복을 크게 만들 것이다."라고 한다.

鄭注 爾, 女也. 旣冠爲成德. 祺, 祥也. 介·景, 皆大也. 因冠而戒, 且勸之. 女如是則有壽考之祥, 大女之大福也.

번역 '이(爾)'자는 너를 뜻한다. 이미 관례를 치렀다면 성인의 덕을 갖춘 것이다. '기(祺)'자는 상서롭다는 뜻이다. '개(介)'자와 '경(景)'자는 모두 크다는 뜻이다. 관례를 치르는 것에 따라 주의를 주고 또한 권면하는 것이다. 네가 이와 같다면 장수하는 상서로움을 받게 될 것이고, 너의 큰 복을 크게 만들 것이라는 뜻이다.

賈疏 ◎注"爾女"至"福也". ○釋曰: 云"旣冠爲成德"者, 按冠義, 旣冠責以父子君臣長幼之禮, 皆成人之德. 云"祺, 祥也"者, 祺訓爲祥, 祥又訓爲善也. 云"因冠而戒"者, 則經"棄爾幼志, 順爾成德", 是也. 云"且勸之"者, 卽經云"壽考惟祺, 介爾景福", 是也.

번역 ◎鄭注: "爾女"~"福也". ○정현이 "이미 관례를 치렀다면 성인의 덕을 갖춘 것이다."라고 했는데, 「관의」편을 살펴보면 관례를 치른 자에 대해서 부자·군신·장유관계에서 지켜야 하는 예법으로 책무를 주니, 이 모두는 성인의 덕에 해당한다. 정현이 "'기(祺)'자는 상서롭다는 뜻이다."라고 했는데, '기(祺)'자를 상(祥)자로 풀이한 것이며, '상(祥)'자는 또한 선(善)자로도 풀이한다. 정현이 "관례를 치르는 것에 따라 주의를 준다."라고 했는데, 경문에서 "네가 가진 어렸을 때의 생각을 버리고, 네가 가진 성인으로서의 덕에 따라야 한다."라고 한 말에 해당한다. 정현이 "또한 권면하는 것이다."라고 했는데, 경문에서 "장수를 누리는 상서로움을 받게 될 것이며, 너의 큰 복을 크게 만들 것이다."라고 한 말에 해당한다.

경문 再加, 曰: "吉月令辰, 乃申爾服."

번역 빈객은 두 번째 관을 씌워주면서 축하를 해주니, "좋은 달 길일에 너의 관을 거듭 씌워준다."라고 한다.

鄭注 辰, 子丑也. 申, 重也.

번역 '진(辰)'은 자·축 등의 12지이다. '신(申)'자는 거듭이라는 뜻이다.

賈疏 ●"再加"至"爾服". ◎注"辰子"至"重也". ○釋曰: 上云"令月吉日", 此云"吉月令辰", 互見其言, 是作文之體, 無義例也. 云"辰, 子丑也"者, 以十幹配十二辰, 直云辰子丑, 明有幹, 可知卽甲子·乙丑之類, 略言之也.

번역 ●經文: "再加"~"爾服". ◎鄭注: "辰子"~"重也". ○앞에서는 '영월길일(令月吉日)'이라고 했고, 이곳에서는 '길월령진(吉月令辰)'이라고 했는데, 상호 그 말의 뜻을 드러내도록 한 것이니, 이것은 문장을 기록하는 방식으로 의미에 따른 범례는 아니다. 정현이 "'진(辰)'은 자·축 등의 12지이다."라고 했는데, 10간을 12진에 짝한 것으로, 단지 "'진(辰)'은 자·축 등의 12지이다."라고 말한다면 10간이 있는 것을 나타내므로, 갑자일이나 을축일 등의 부류에 해당함을 알 수 있다. 그렇기 때문에 생략해서 설명한 것이다.

경문 "敬爾威儀, 淑愼爾德, 眉壽萬年, 永受胡福."

번역 계속하여 빈객은 "너의 위엄스러운 행동거지를 공경스럽게 하며, 너의 덕을 공손하고 신중하게 해야 한다. 이처럼 한다면 오래도록 장수할 것이며, 영원토록 큰 복을 받을 것이다."라고 한다.

鄭注 胡猶遐也·遠也, 遠無窮. 古文眉作麋.

번역 '호(胡)'자는 하(遐)자나 원(遠)자와 같은 뜻으로, 원대하여 끝이 없다는 뜻이다. 고문에서는 '미(眉)'자를 미(麋)자로 기록했다.

경문 三加, 曰: "以歲之正, 以月之令, 咸加爾服①. 兄弟具在, 以成厥德②. 黃耇無疆, 受天之慶③."

번역 빈객은 세 번째 관을 씌워주면서 축하를 해주니, "좋은 해와 길한 달에 관례를 치르며 이 모두를 너의 복장으로 더해주었다. 형제들이 모두 이곳에 모여 너의 덕을 이루어주었다. 누런 머리카락이 나고 검버섯이 생기더라도 무궁하게 장수를 누려 하늘의 축복을 받을 것이다."라고 한다.

鄭注-① 正猶善也. 咸, 皆也. 皆加女之三服, 謂緇布冠·皮弁·爵弁也.

번역 '정(正)'자는 좋다는 뜻이다. '함(咸)'자는 모두라는 뜻이다. 모두 너에게 세 차례 관을 씌워준 것으로, 치포관(緇布冠)·피변(皮弁)·작변(爵弁)을 뜻한다.

鄭注-② 厥, 其.

번역 '궐(厥)'자는 기(其)자의 뜻이다.

鄭注-③ 黃, 黃髮也. 耇, 凍梨也. 皆壽徵也. 疆, 竟.

번역 '황(黃)'자는 누런 머리카락을 뜻한다. '구(耇)'자는 검버섯을 뜻한다. 이 모두는 장수의 징조이다. '강(疆)'자는 지경을 뜻한다.

賈疏 ◎注"黃黃"至"疆竟". ○釋曰: 爾雅云"黃髮齯齒", 故以黃爲黃髮也. 云"耇, 凍梨"者, 爾雅云"耇·老, 壽也". 此云耇凍黎者, 以其面似凍黎之色故也.

번역 ◎鄭注: "黃黃"~"疆竟". ○『이아』에서는 '황발(黃髮)·예치(齯齒)'라고 했다. 그렇기 때문에 황(黃)자를 황발로 여긴 것이다. 정현이 "'구(耇)'자는 검버섯을 뜻한다."라고 했는데, 『이아』에서는 "구(耇)와 노(老)는 수(壽)자의 뜻이다."라고 했다.[26] 이곳에서는 "'구(耇)'자는 검버섯을 뜻한다."라고 했는데, 얼굴에 언 배와 같은 색깔이 나타나기 때문이다.

참고 『의례』「사관례(士冠禮)」 기록

경문 字辭曰: "禮儀旣備, 令月吉日, 昭告爾字."

번역 빈객은 자(字)를 지어주면서 "예법과 의례가 이미 갖춰졌으니, 좋은 달 길일에 너의 자(字)를 밝게 일러주겠다."라고 한다.

鄭注 昭, 明也.

번역 '소(昭)'자는 밝힌다는 뜻이다.

賈疏 ●"字辭"至"爾字". ○釋曰: 此字文在三代之下而言, 則亦遂三代字辭同. 此辭賓直西序東面, 與子爲字時言之也.

번역 ●經文: "字辭"~"爾字". ○이곳에서 자(字)에 대한 기록은 삼대에 대한 기록 뒤에서 언급했으니, 또한 삼대 때 자(字)를 지어주며 했던 말이 동일한 것이다. 이 말은 빈객이 서쪽 서(序)에서 동쪽을 바라보며 주인의 자식에게 자(字)를 지어줄 때 하는 말이다.

경문 "爰字孔嘉, 髦士攸宜①. 宜之于假, 永受保之, 曰伯某甫." 仲·叔·季, 唯其所當②.

---

26) 『이아』「석고(釋詁)」: 黃髮·齯齒·鮐背·耇·老, 壽也.

번역 계속하여 빈객은 "자(字)는 매우 아름다우니, 빼어난 선비에게 어울리는 바이다. 마땅하게 하는 것이 중요하니, 받아서 영원토록 보존해야 할 것이다. 너의 자는 '백 아무개 보(甫)'라 짓는다."라고 한다. 관례를 치르는 자의 형제 서열이 중(仲)·숙(叔)·계(季)에 해당한다면 해당하는 바에 따른다.

鄭注-① 爰, 於也. 孔, 甚也. 髦, 俊也. 攸, 所也.

번역 '원(爰)'자는 어(於)자의 뜻이다. '공(孔)'자는 매우라는 뜻이다. '모(髦)'자는 빼어나다는 뜻이다. '유(攸)'자는 소(所)자의 뜻이다.

鄭注-② 于猶爲也. 假, 大也. 宜之是爲大矣. 伯·仲·叔·季, 長幼之稱. 甫是丈夫之美稱. 孔子爲尼甫, 周大夫有嘉甫, 宋大夫有孔甫, 是其類. 甫, 字或作父.

번역 '우(于)'자는 위(爲)자와 같다. '가(假)'자는 크다는 뜻이다. 마땅하게 하는 것이 중요하다는 뜻이다. 백(伯)·중(仲)·숙(叔)·계(季)는 형제 서열에 대한 칭호이다. '보(甫)'는 남자에 대한 미칭이다. 공자의 자(字)는 니보(尼甫)이고, 주나라 대부 중에는 자(字)를 가보(嘉甫)로 지은 자가 있고, 송나라 대부 중에는 자(字)를 공보(孔甫)라 지은 자가 있으니, 바로 그 부류에 해당한다. '보(甫)'자는 그 자형을 보(父)자로도 기록한다.

賈疏 ●"宜之"至"所當". ○釋曰: 云"伯某甫"者, 某若云嘉也. 但設經不得定言人字, 故言甫爲且字, 是以禮記諸侯薨, 復曰"皐某甫復". 鄭云: "某甫且字." 以臣不名君, 且爲某之字呼之. 旣此, 某甫立爲且字. 言"伯·仲·叔·季"者, 是長幼次第之稱. 若兄弟四人, 則依次稱之. 夏殷質則積仲, 周文則積叔, 若管叔·霍叔之類是也. 云"唯其所當"者, 二十冠時與之作字, 猶孔子生三月名之曰丘, 至二十冠而字之曰仲尼. 有兄曰伯, 居第二則曰仲. 但殷質, 二十爲字之時, 兼伯·仲·叔·季呼之; 周文, 二十爲字之時, 未呼伯·仲, 至五十乃加而呼之. 故檀弓云"五十以伯仲, 周道也." 是呼伯仲之時, 則兼二十字而言. 若孔子生於周代, 從周禮呼尼甫, 至五十去甫以尼配仲, 而呼之曰仲尼是也. 若然, 二十冠而字之, 未呼伯·仲·叔·季. 今於二十加冠而言者, 一則是殷家冠時, 遂以二十字呼之; 二則見周家若不死, 至五十乃加而呼之. 若二十已後死, 雖未滿五十, 卽得呼伯仲. 知義然者, 見慶父乃是莊公之弟, 桓六年莊公生, 至閔公二年慶公死, 時莊公未滿五十, 慶父乃是莊公之弟, 時未五十, 慶父死, 號曰共仲. 是其死後雖未五十, 得呼仲叔季. 故二十冠時, 則以伯·仲·叔·季當擬之, 故云"唯其所當"也.

번역 ●經文: "宜之"~"所當". ○'백모보(伯某甫)'라고 했는데, '아무개[某]'라는 것은 가보(嘉甫)로 지을 때의 '가(嘉)'와 같은 것이다. 다만 경문을 기록할 때 사람의 자(字)를 확정할 수 없었기 때문에 '보(甫)'라고 했으니 차자(且字)[27]가 된다. 이러한 까닭으로 『예기』에서는 제후가 죽었을 때 초혼을 하며 "아아 아무개 보(甫)여 돌아오소서."[28]라고 했고, 정현은 "모보(某甫)는 차자이다."라고 했다. 신하는 군주의 이름을 부를 수 없어서 군주에 대해 또한 아무개 자(字)로 부르는 것이다. 이와 같기 때문에 아무개 보라는 말은 차자가 된다. '백(伯)·중(仲)·숙(叔)·계(季)'라고 했는데, 이것은 나이에 따른 서열의 칭호이다. 형제가 4명인 경우라면 이러한 순서에 따라 부른다. 하나라와 은나라는 질박하였으므로 중(仲)이라 칭했고, 주나라는 화려하였으므로 숙(叔)이라 칭했으니, 관숙(管叔)이나 곽숙(霍叔)과 같은 부류가 여기에 해당한다. "해당하는 바에 따른다."라고 했는데, 20세가 되어 관례를 치르고 그에게 자(字)를 지어주는데, 공자는 태어난 후 3개월이 지나서 이름을 구(丘)라고 지었고, 20세가 되어 관례를 치르고 나서 자(字)를 지어 중니(仲尼)라고 한 것과 같다. 형인 경우에는 백(伯)이라 짓고, 둘째라면 '중(仲)'이라 짓는다. 다만 은나라는 질박하여서 20세가 되어 자(字)를 지을 때 백(伯)·중(仲)·숙

---

27) 차자(且字)는 자(字)의 일종이다. 남자의 경우 관례(冠禮)를 치른 뒤에 자(字)를 받게 되는데, 주(周)나라의 제도에 따르면 20세로부터 50세까지는 이름 대신 자(字)를 붙여서 '아무개 보(甫)'라고 불렀으니, 이것을 '차자'라고 부른다. 50세를 넘기게 되면 형제서열에 따라서 '아무개 백(伯)'이나 '아무개 중(仲)' 등으로 부르게 된다.

28) 『예기』「곡례하(曲禮下)」【58c】: 臨祭祀, 內事曰孝子某侯某, 外事曰曾孫某侯某. 死曰薨, 復曰<u>某甫復</u>矣.

(叔)·계(季)를 모두 사용해서 불렀는데, 주나라는 화려하였으므로 20세가 되어 자(字)를 지을 때 백(伯)이나 중(仲)으로는 부르지 않았고, 50세가 되어서야 이 글자를 붙여서 불렀다. 그렇기 때문에 『예기』「단궁(檀弓)」편에서는 "50세가 넘어가게 되면 백씨(伯氏)나 중씨(仲氏) 등으로 부르니, 이것은 주나라의 도이다."[29]라고 했다. 이것은 백(伯)이나 중(仲)으로 부를 때 20세 때 지은 자(字)까지도 함께 부르게 됨을 말한다. 공자의 경우 주나라 때 태어나서 주나라의 예법에 따라 니보(尼甫)라고 불렀고, 50세가 되자 보(甫)자를 제거하고 니(尼)자를 중(仲)자에 짝하여 '중니(仲尼)'라고 부른 것과 같다. 만약 그렇다면 20세 때 관례를 치르며 자(字)를 지어줄 때에는 아직까지 백(伯)·중(仲)·숙(叔)·계(季) 등으로 부르지 않는다. 그런데 이곳에서는 20세에 관례를 치러주며 이것을 언급했는데, 첫 번째는 은나라에서 관례를 치를 때에는 이것으로 20세 때 짓는 자(字)를 지어 불렀고, 두 번째는 주나라 때에는 그 사람이 죽지 않았고 50세가 되면 곧 이러한 말을 붙여서 불렀던 것이다. 만약 20세에 관례를 치른 이후 죽었다면 비록 50세를 채우지 못했더라도 곧바로 백(伯)이나 중(仲) 등으로 부를 수 있다. 이와 같은 사실을 알 수 있는 이유는 경보(慶父)는 장공의 동생으로, 환공 6년에 장공이 태어났고, 민공 2년에 경보가 죽었다. 당시 장공은 아직 50세를 채우지 못했고, 경보는 장공의 동생이니 당시 아직 50세가 되지 못했다. 그런데 경보가 죽자 그를 '공중(共仲)'으로 불렀다. 이것은 그가 죽은 시기가 비록 50세를 채우지 못했지만 중(仲)·숙(叔)·계(季) 등으로 부를 수 있음을 나타낸다. 그렇기 때문에 20세에 관례를 치를 때에는 백(伯)·중(仲)·숙(叔)·계(季)로 서열에 견주어서 짓는다. 그래서 "해당하는 바에 따른다."라고 했다.

賈疏 ◎注"干猶"至"作父". ○釋曰: 知"甫是丈夫之美稱"者, 以其人之賢愚, 皆以爲字, 故隱元年, "公及邾儀父盟于蔑". 穀梁傳云: "儀, 字也. 父猶傅也, 男子之美稱也", 是也. 云"孔子爲尼甫"者, 哀十六年, 孔丘卒, 哀公誄之曰: "哀哉, 尼甫!" 因字號謚曰尼甫也. 云"周大夫有嘉甫"者, 桓公十五年, "天王

---

29) 『예기』「단궁상(檀弓上)」【90b】: 幼名, 冠字, 五十以伯仲, 死謚, 周道也.

使嘉甫來求車", 是也. 云"宋大夫有孔甫, 是其類"者, 按左氏傳桓二年"孔父嘉爲司馬", 是也. 鄭引此者, 證有冠而爲此字之意, 故云是其類也. 又甫字或作父者, 字亦通, 或尼甫·嘉甫·孔甫等, 見爲父字者也.

번역 ◎鄭注: "干猶"~"作父". ○정현이 "'보(甫)'는 남자에 대한 미칭이다."라고 했는데, 그 사람이 현명한지 그렇지 못한지에 따라 모두 이것을 자(字)로 삼는다. 그렇기 때문에 은공 1년에 "은공이 주의보와 멸에서 맹약을 맺었다."[30]라고 했고, 『곡량전』에서는 "의(儀)는 자(字)에 해당한다. 보(父)자는 부(傅)자와 같으니 남자에 대한 미칭이다."[31]라고 했다. 정현이 "공자의 자(字)는 니보(尼甫)이다."라고 했는데, 애공 16년에 공자가 죽었고, 애공은 그의 뇌(誄)[32]를 하며 "슬프도다, 니보여!"[33]라고 했다. 이것은 자(字)에 따라 시호를 붙여서 '니보(尼甫)'라고 한 것이다. 정현이 "주나라 대부 중에는 자(字)를 가보(嘉甫)로 지은 자가 있다."라고 했는데, 환공 15년에는 "천자가 가보를 시켜 와서 수레를 요구하였다."[34]라고 했다. 정현이 "송나라 대부 중에는 자(字)를 공보(孔甫)라 지은 자가 있으니, 바로 그 부류에 해당한다."라고 했는데, 『좌씨전』을 살펴보면 환공 2년에 "공보가가 사마가 되었다."[35]라고 했다. 정현이 이 문장을 인용한 것은 관례를 치른 자 중에 이러한 자(字)를 지은 경우가 있다는 뜻을 증명하기 위해서이다. 그렇기 때문에 "그 부류에 해당한다."라고 했다. 정현은 또한 "'보(甫)'자는 그 자형을 보(父)자로도 기록한다."라고 했는데, 그 글자는 통용되니, 니보(尼甫)·가보(嘉甫)·공보(孔

---

30) 『춘추』「은공(隱公) 1년」: 三月, 公及邾儀父盟于蔑.

31) 『춘추곡량전』「은공(隱公) 1년」: 及者何, 內爲志焉爾, 儀, 字也, 父, 猶傅也, 男子之美稱也, 其不言邾子, 何也, 邾之上古微, 未爵命於周也, 不日, 其盟渝也. 昧, 地名也.

32) 뇌(誄)는 죽은 자의 행적들을 열거하여, 그 기록들을 읽으며, 시호(諡號)를 짓는 것을 뜻한다. '뇌'자는 "묶는다[累]."는 뜻이다. 즉 죽은 자의 행적을 하나로 엮는다는 의미이다.

33) 『춘추좌씨전』「애공(哀公) 16년」: 夏四月己丑, 孔丘卒. 公誄之曰, "旻天不弔, 不憖遺一老, 俾屛余一人以在位, 煢煢余在疚. 嗚呼哀哉尼父! 無自律."

34) 『춘추』「환공(桓公) 15년」: 十有五年, 春, 二月, 天王使家父來求車.

35) 「춘추좌씨전」「환공(桓公) 2년」: 孔父嘉爲司馬, 督爲大宰, 故因民之不堪命, 先宣言曰, "司馬則然."

甫) 등에 있어서 보(甫)자를 보(父)자로 기록한 것도 있다는 뜻이다.

참고 『예기』「교특생(郊特牲)」 기록

경문-335c] 適子冠於阼, 以著代也. 醮於客位, 加有成也. 三加彌尊, 喻其志也. 冠而字之, 敬其名也.

번역 적장자의 경우 동쪽 계단에서 관례를 치르니, 이를 통해서 부친의 대를 계승한다는 사실을 드러낸다. 그리고 관을 모두 씌워주면, 빈객의 자리에서 초(醮)를 하니, 성인이 된 자에게 해당 예법을 더해주기 때문이다. 세 차례 관을 씌워줄 때에는 점진적으로 그 복식이 존귀한 것으로 바뀌니, 그 뜻을 확충하여 존귀한 복장에 걸맞게 함을 깨우쳐주기 위함이다. 관례를 치른 뒤에는 그에게 자(字)를 지어주니, 그의 이름을 공경하기 때문이다.

鄭注 東序少北, 近主位也. 每加而有成人之道也, 成人則益尊, 醮於客位尊之也. 始加緇布冠, 次皮弁, 次爵弁, 冠益尊則志益大也. 重以未成人之時呼之.

번역 동서(東序)에서 조금 북쪽으로 떨어진 곳으로, 주인의 자리와 가까운 곳이다. 매번 관을 씌워주게 되고, 이러한 절차에는 성인의 도가 포함되어 있으니, 성인이 된다면 더욱 존귀해진 것으로, 빈객의 위치에서 초(醮)를 하여, 그를 존귀하게 대우하는 것이다. 처음에는 치포관을 씌워주고, 그 다음으로 피변을 씌워주며, 그 다음으로 작변을 씌워주니, 관이 더욱 존귀해진다면 그 뜻 또한 더욱 커지는 것이다. 자(字)를 지어주는 이유는 아직 성인이 되지 않았을 때처럼 그를 이름으로 부르기 어렵기 때문이다.

孔疏 ●"三加彌尊, 喻其志也". ○言"三加"者, 初加緇布冠, 次加皮弁, 是益尊. 至三加爵弁, 是彌尊. 所以尊者, 曉喻其冠者之志意, 令其志意益大. 初加緇布冠, 欲其尚質重古. 次加皮弁, 欲其行三王之德. 後加爵弁, 欲其行敬事神明, 是志益大也.

번역 ●經文: "三加彌尊, 喩其志也". ○'삼가(三加)'라고 말한 것은 처음 치포관(緇布冠)을 씌워주고, 그 다음으로 피변(皮弁)을 씌워주어서, 점진적으로 존귀한 복식이 된다. 그리고 세 번째 작변(爵弁)을 씌워주는 단계에 이르게 되면, 더욱 존귀하게 된다. 존귀하게 대하는 이유는 관례를 치르는 자의 뜻을 깨우쳐주어서, 그가 가진 뜻을 더욱 크게 만들고자 해서이다. 최초 치포관을 씌워주는 것은 질박함을 숭상하고 고대의 예법을 중시하게끔 하고자 해서이다. 그 다음으로 피변을 씌워주는 것은 삼왕의 덕을 시행하게끔 하고자 해서이다. 이후에 작변을 씌워주는 것은 신명을 공경스럽게 섬기게끔 하고자 해서이니, 이것은 그 뜻이 더욱 커진 것에 해당한다.

大全 嚴陵方氏曰: 冠者, 成人之服, 阼者, 主人之階, 成人則將代父而爲之主, 故冠於阼, 以著代. 著則所以明之也. 醮則以酒澤之也. 每一加則一醮, 蓋酒所以饗賓客之物, 故醮於客位. 冠於阼, 則是以主道期之也. 醮於客位, 則是以賓禮崇之也. 以其有成人之道, 故以是禮加之, 故曰加有成也. 然緇布之粗, 不若皮弁之精, 皮弁之質, 不若爵弁之文, 故曰三加彌尊. 服彌尊則志宜彌大, 故曰喩其志也. 以冠禮考之, 非特冠彌尊, 而衣也屨也, 亦彌尊, 非特衣屨彌尊, 至於祝辭醮辭亦然, 所以喩其志則一而已.

번역 엄릉방씨가 말하길, '관(冠)'이라는 것은 성인이 착용하는 복식이고, 동쪽 계단은 주인이 사용하는 계단이니, 성인이 되었다면, 장차 부친을 대신하게 되어, 주인의 역할을 수행하게 된다. 그렇기 때문에 동쪽 계단에서 관례를 치름으로써, 세대를 계승한다는 사실을 드러내는 것이다. '저(著)'는 그 사실을 드러내는 것이다. 초(醮)는 술을 이용해서 은혜를 베푸는 것이다. 매번 한 차례 관을 씌워주게 되면, 한 차례 초(醮)를 하니, 무릇 술은 빈객을 대접하는 사물이기 때문에, 빈객의 자리에서 초(醮)를 하는 것이다. 동쪽 계단에서 관례를 치른다면, 주인의 도리로써 기약을 하는 것이다. 빈객의 자리에서 초(醮)를 한다면, 빈객에 대한 예법으로써 그를 존숭하는 것이다. 그에게는 성인이 되는 도리가 포함되어 있기 때문에, 이러한 예법을 그에게 더해주는 것이다. 그래서 '가유성(加有成)'이라고 말한 것이다. 그런데 치포(緇布)처럼 거친 것은 피변(皮弁)처럼 촘촘한 것만 같지 못하고, 피변(皮弁)처럼 질박한 것은 작변(爵弁)처럼 화려한 것만 같지 못하다. 그렇기 때문에 "세 차례 관을 씌워주면서 점진적으로 존귀한 복식을 더해준다."라고 말한 것이다. 복식이 점진적으로 존귀하게 된다면, 그 뜻 또한 마땅히 점진적으로 커져야 한다. 그렇기 때문에 "그 뜻에 대해서 깨우쳐주다."라고 말한 것이다. 관례를 통해 고찰해보면, 단지 관만 더욱 존귀해지는 것이 아니며, 옷과 신발 또한 더욱 존귀해지며, 옷이나 신발만 더욱 존귀해지는 것이 아니라, 축사(祝辭)나 초사(醮辭)에 있어서도 또한 그러한데, 그 뜻을 깨우쳐준다는 측면에서는 동일할 따름이다.

集解 適子冠於阼階之上, 士冠禮"筵於東序少北", 是也. 著, 明也. 阼階, 主人之位, 適子冠於此, 明其有代父之義也. 冠禮用醴曰醴, 用酒曰醮. 客位, 謂戶牖之間, 賓客之位也. 醮於客位, 謂旣冠則筵於賓客之位, 而酌酒以禮之, 士冠禮"筵於戶西, 南面", 是也. 冠禮用醴, 則三加之後總一醴之; 用酒, 則每一加則一醮. 加有成者, 謂每加則醮之, 以表其禮之有成也. 蓋冠禮雖有醴與醮二禮, 然醴質而醮文, 周世尚文, 用醮禮者多, 故此及冠義篇皆言"醮於客位"也. 三加彌尊者, 初加緇布冠, 次加皮弁, 次加爵弁, 皮弁尊於冠, 爵弁又尊於皮弁也. 喩其志者, 服彌尊則當思所以稱之, 曉喩冠者之志意務令充大以稱其服也. 名者, 所受於父母, 旣冠而字之, 敬其名而不敢稱也.

번역 적자(適子)는 동쪽 계단 위에서 관례를 치르는데, 『의례』「사관례(士冠禮)」편에서 "동서에서 조금 북쪽으로 떨어진 자리에 자리를 깐다."라고 한 말이 바로 이러한 사실을 나타낸다. '저(著)'자는 "드러내다[明]."는 뜻이다. 동쪽 계단은 주인의 자리에 해당하고, 적자의 경우 이 장소에서 관례를 치르니, 부친을 대신하게 된다는 뜻이 그에게 포함되어 있음을 드러내는 것이다. 관례를 치를 때 단술을 사용하는 것을 '예(醴)'라고 부르며, 술을 사용하는 것을 '초(醮)'라고 부른다. '객위(客位)'는 호(戶)와 들창 사이를 뜻하니,

빈객이 위치하는 장소이다. "빈객의 위치에서 초(醮)를 한다."는 말은 관례를 끝냈다면, 빈객의 자리에 자리를 깔고, 술을 따라서 그를 예우한다는 뜻이니, 「사관례」편에서 "호(戶)의 서쪽에 자리를 깔고, 남면을 한다."라고 한 말이 바로 이러한 사실을 나타낸다. 관례를 치르며, 예(醴)를 사용한다면, 삼가(三加)를 한 이후에 총괄적으로 한 차례 단술을 따라주는 것이며, 주(酒)를 사용한다면, 매번 한 차례 관을 씌워줄 때마다 한 차례 술을 따라주는 것이다. '가유성(加有成)'이라는 말은 매번 관을 씌워줄 때마다 한 차례 술을 따라주어서, 그 예법이 완성된다는 사실을 나타낸다는 뜻이다. 무릇 관례를 하게 되면, 비록 예(醴)와 초(醮)를 하는 두 가지 예법이 포함되지만, 예(醴)는 질박한 것에 해당하고, 초(醮)는 화려한 것에 해당한다. 주나라는 화려함을 숭상한 국가였고, 초(醮)를 하는 예법을 사용하는 자들이 많았기 때문에, 이곳 문장 및 『예기』「관의」편에서는 모두 "빈객의 위치에서 초(醮)를 한다."라고 말한 것이다. '삼가미존(三加彌尊)'이라는 말은 처음 치포관(緇布冠)을 씌워주고, 그 다음으로 피변(皮弁)을 씌워주며, 그 다음으로 작변(爵弁)을 씌워주는데, 피변은 치포관보다 존귀한 것이고, 작변은 또한 피변보다도 존귀한 것이라는 뜻이다. '유기지(喩其志)'라는 말은 복식이 더욱 존귀하게 된다면, 마땅히 생각도 그에 걸맞게 해야 하므로, 관례를 치르는 자의 뜻을 깨우쳐서, 그 뜻을 확충하는데 힘써서, 자신이 착용하는 복식에 걸맞도록 한다는 뜻이다. 이름은 부모에게서 받은 것이고, 관례를 끝내고 그에게 자(字)를 지어주는 것은 그 이름을 공경하여, 감히 이름을 지칭하지 않는 것이다.

참고 『의례』「사관례(士冠禮)」 기록

기문 適子冠於阼, 以著代也. 醮於客位, 加有成也①. 三加彌尊, 諭其志也②.

번역 적자는 동쪽 계단에서 관례를 치르니, 이를 통해 부친을 대신하게 됨을 나타낸다. 빈객의 자리에서 초(醮)를 하니, 관을 씌워줄 때마다 높이고 공경하여 성인이 되도록 하는 것이다. 세 차례 관을 씌워주게 되면 더욱 존귀하게 높이며, 그의 덕이 진전되도록 그의 뜻을 깨우쳐준다.

鄭注-① 醮, 夏·殷之禮, 每加於阼階, 醮之於客位, 所以尊敬之, 成其爲人也.

번역 '초(醮)'는 하나라와 은나라 때의 예법으로, 동쪽 계단에서 매번 관을 씌워주고, 빈객의 자리에서 초(醮)를 하니, 존귀하게 높이고 공경하여 그가 성인이 되도록 해주는 것이다.

鄭注-② 彌猶益也. 冠服後加益尊. 諭其志者, 欲其德之進也.

번역 '미(彌)'자는 더욱[益]이라는 뜻이다. 관과 의복을 갖춘 이후에는 더욱 존귀하게 높인다. 그 뜻을 깨우친다는 말은 그의 덕을 진전시키고자 하기 때문이다.

賈疏 ●"適子"至"成也". ◎注"醮夏"至"人也". ○釋曰: 此記人說夏·殷法, 可兼于周. 以其於阼及三加皆同, 唯醮醴有異, 故知擧二以見一也.

번역 ●記文: "適子"~"成也". ◎鄭注: "醮夏"~"人也". ○이곳 기문을 기록한 자는 하나라와 은나라의 예법을 논의하여 주나라의 예법과 겸비해서 쓸 수 있음을 설명하였다. 동쪽 계단에서 시행하고 삼가(三加)를 하는 절차들이 모두 동일한데, 오직 초(醮)를 하느냐 예(醴)를 하느냐에 따른 차이만 있을 뿐이다. 그렇기 때문에 이 두 가지를 제시하여 한 가지를 드러냈음을 알 수 있다.

기문 冠而字之, 敬其名也.

번역 관례를 치른 뒤에 자(字)를 지어주니, 그의 이름을 공경하기 때문이다.

鄭注 名者, 質, 所受於父母, 冠成人, 益文, 故敬之也. 今文無之.

번역 이름은 질박한데 부모에게서 받은 것이고, 관례를 치러서 성인이 되었다면 더욱 문식을 꾸미게 된다. 그렇기 때문에 공경하는 것이다. 금문에는 '지(之)'자가 없다.

賈疏 ●"冠而"至"名也". ◎注"名者"至"無之". ○釋曰: 按內則云, 子生三月父名之, 不言母. 今云"受於父母"者, 夫婦一體, 受父卽是受於母, 故兼言也. 云"冠成人, 益文"者, 對名是受於父母, 爲質, 字者受於賓, 爲文. 故君父之前稱名, 至於他人稱字也. 是敬定名也.

번역 ●記文: "冠而"~"名也". ◎鄭注: "名者"~"無之". ○『예기』「내칙(內則)」편을 살펴보면 자식이 태어난 후 3개월이 지나면 부친이 그에게 이름을 지어준다고 하여,[36] 모친에 대해서는 언급하지 않았다. 그런데 이곳에서는 "부모에게서 받았다."라고 했다. 그 이유는 남편과 부인은 일심동체이니, 부친에게서 받은 것은 곧 모친에게서 받은 것이다. 그렇기 때문에 함께 언급한 것이다. 정현이 "관례를 치러서 성인이 되었다면 더욱 문식을 꾸미게 된다."라고 했는데, 이름은 부모에게서 받아 질박한 것이 된다는 것을 대비하면, 자(字)는 빈객에게서 받아 화려한 것이 된다. 그렇기 때문에 군주와 부친 앞에서는 자신의 이름을 대고 다른 사람과 대화를 나눌 때에는 자(字)를 대는 것이다. 이것이 본래 정해진 이름을 공경하는 것이다.

참고 『공자가어』「관송(冠頌)」 기록

원문 邾隱公旣卽位, 將冠, 使大夫因孟懿子問禮於孔子. 子曰, "其禮如世子之冠. 冠於阼者, 以著代也①. 醮於客位, 加其有成②. 三加彌尊, 導喩其志③. 冠而字之, 敬其名也. 雖天子之元子, 猶士也, 其禮無變, 天下無生而貴者

36) 『예기』「내칙(內則)」【365c】: 姆先相曰, "母某敢用時日, 祗見孺子." 夫對曰, "欽有帥." 父執子之右手, 咳而名之. 妻對曰, "記有成." 遂左還授師, 子師辯告諸婦諸母名, 妻遂適寢.

故也. 行冠事必於祖廟, 以祼享之禮以將之④, 以金石之樂節之, 所以自卑而尊先祖, 示不敢擅也."

번역 주나라 은공이 즉위를 마치고 관례를 치르려고 하여 대부인 맹의자를 통해 공자에게 관련 예법을 묻게 했다. 공자는 "그 예법은 세자의 관례와 동일하게 치른다. 동쪽 계단에서 관례를 치르는 것은 부친을 대신하게 됨을 드러내기 위해서이다. 빈객의 자리에서 초(醮)를 하는 것은 관을 씌워주며 공경하여 성인으로 만들어주는 것이다. 세 차례 관을 씌워주며 더욱 존중하여, 그 뜻을 깨우치고 인도한다. 관례를 치르고서 자(字)를 지어주는 것은 그 이름을 공경하기 때문이다. 비록 천자의 원자라 하더라도 사의 예법처럼 치르니, 그 예법에는 변화가 없다. 그 이유는 천하에는 태어나면서부터 존귀한 자가 없기 때문이다. 관례를 치를 때 반드시 조묘에서 하며, 관향(祼享)의 예법으로 그 절차를 시행하고, 쇠나 돌로 된 악기를 연주하여 절도를 맞추는 것은 스스로를 낮추고 선조를 존귀하게 높여서, 감히 제멋대로 하지 않는다는 뜻을 보이기 위해서이다."라고 했다.

王注-① 阼, 主人之階, 以明其代父.

번역 '조(阼)'는 주인이 사용하는 계단이니, 이를 통해 그가 부친을 대신하게 됨을 드러낸다.

王注-② 冠於阼, 若不醴, 則醮用酒於客位, 敬而成之. 戶西爲客位. 醮子肖反.

번역 동쪽 계단에서 관례를 치르는데 만약 예(醴)를 하지 않는다면, 초(醮)를 하여 빈객의 자리에서 술을 따라주게 되니, 공경하여 성인으로 만들어주는 것이다. 방문의 서쪽은 빈객의 자리가 된다. '醮'자는 '子(자)'자와 '肖(초)'자의 반절음이다.

王注-③ 喩其志, 使加彌尊宜敬式. 始緇布, 次皮弁, 次爵弁.

번역 그 뜻을 깨우쳐서 더욱 존중하여 공경스러운 법식에 합당하게 하게끔 만드는 것이다. 처음에는 치포관을 씌워주고, 그 다음에는 피변을 씌워주며, 그 다음에는 작변을 씌워준다.

王注-④ 祼, 灌鬯也. 灌鬯以享神. 享, 獻, 將, 行也. 鬯, 丑亮反.

번역 '관(祼)'은 울창주를 땅에 뿌리는 것이다. 울창주를 땅에 뿌려서 신을 흠향시킨다. '향(享)'은 바친다는 뜻이며, '장(將)'은 시행한다는 뜻이다. '鬯'자는 '丑(축)'자와 '亮(량)'자의 반절음이다.

王注-⑤ 金石者, 鍾磬也.

번역 '금석(金石)'이라는 것은 종과 석경을 뜻한다.

그림 3-1 ▣ 계(笄)와 리(纚)

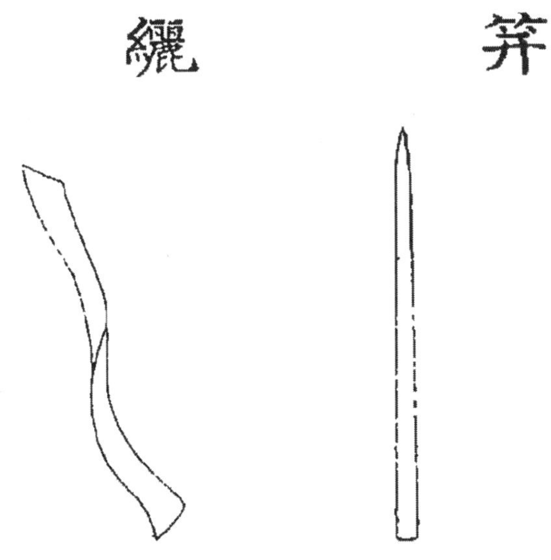

※ 출처: 『삼례도집주(三禮圖集注)』 3권

그림 3-2 ■ 규항(頍項)

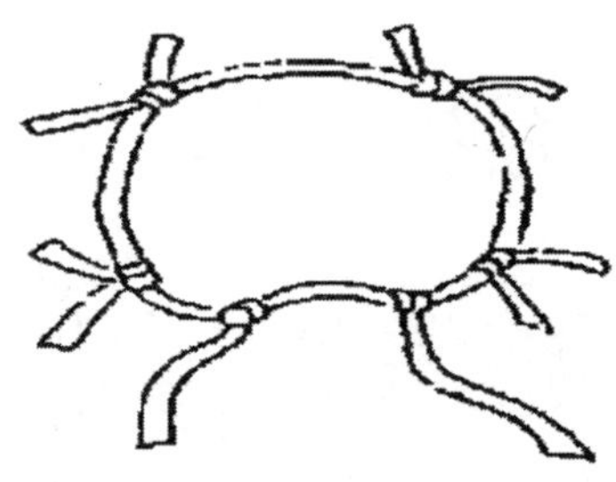

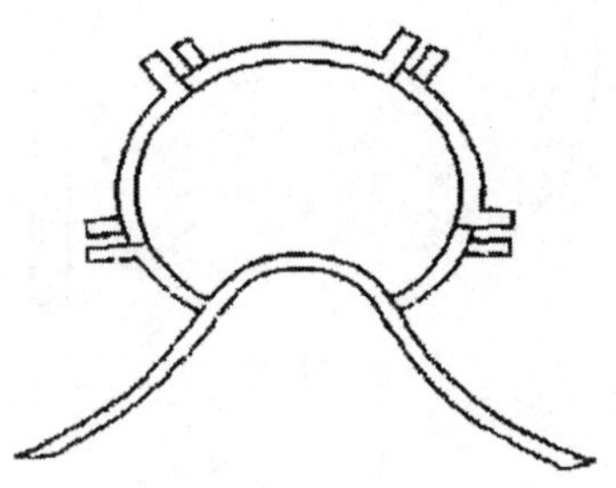

※ 출처: 상단-『삼례도집주(三禮圖集注)』 3권
하단-『육경도(六經圖)』 9권

그림 3-3 ■ 치(觶)

※ 출처: 좌-『삼재도회(三才圖會)』「기용(器用)」 1권
상우-『삼례도집주(三禮圖集注)』 12권 ; 하우-『육경도(六經圖)』 9권

• 제4절 •

현(見)과 지(摯)의 의의

【690a】

見於母，母拜之；見於兄弟，兄弟拜之，成人而與爲禮也．玄冠玄端，奠摯於君，遂以摯見於鄕大夫·鄕先生，以成人見也．

직역 母에게 見하면, 母가 拜하고; 兄弟에게 見하면, 兄弟가 拜하니, 成人이어서 與하여 禮를 爲함이다. 玄冠하고 玄端하며, 君에게 摯를 奠하며, 遂히 摯로써 鄕大夫와 鄕先生을 見하니, 成人으로써 見함이다.

의역 관례를 치른 자가 모친을 찾아뵙게 되면 모친은 그에게 절을 하고, 형제를 찾아뵙게 되면 형제들은 그에게 절을 하니, 그가 이제 성인(成人)이 되었으므로 그와 함께 예를 시행하는 것이다. 현관(玄冠)과 현단복(玄端服)을 착용하고 군주 앞에 선물로 가져간 꿩을 내려놓으며, 끝으로 이러한 선물을 가지고 향대부(鄕大夫) 및 향선생(鄕先生)을 찾아뵙는 것은 성인의 자격으로 찾아뵙는 것이다.

集說 母之拜子，先儒疑焉．疏以爲脯自廟中來，故拜受，非拜子也．呂氏以爲母有從子之義，故屈其庸敬以伸斯須之敬．方氏從疏義，皆非也．此因成人而與爲禮一句，似乎凡冠者皆然，故啓讀者之疑．惟石梁王氏云："記者不知此禮爲適長子代父承祖者，與祖爲正體，故禮之異於衆子也．" 斯言盡之矣．玄冠，齊冠也．玄端服，天子燕居之服，諸侯及卿大夫士之齊服也．摯用雉．鄕先生，鄕之年德俱高者，或致仕之人也．

번역 모친이 자식에게 절을 하는 것에 대해서 선대 학자들은 의심했다.

공영달의 소에서는 포(脯)가 묘(廟) 안에서 이곳으로 왔기 때문에 절을 하며 받는 것이니, 자식에게 절을 하는 것이 아니라고 여겼다. 여씨는 모친에게는 남편이 죽었을 때 자식을 따르게 되는 도의가 포함되어 있기 때문에, 평상시 자신의 공경스러움을 낮춰서 잠시 자식에 대한 공경함을 펼친다고 여겼다. 방씨도 소의 주장에 따랐는데 이 모두는 잘못된 주장이다. 이러한 주장들은 "성인이 되어서 그와 더불어 예를 시행한다."라는 한 구문에서 연유한 것으로, 아마도 모든 관례를 치른 자들에 대해서는 모두 이처럼 했던 것으로 해석될 수 있다. 그렇기 때문에 이 구문을 풀이하는 자들로 하여금 의문이 들도록 했던 것이다. 다만 석량왕씨[1]만은 "『예기』를 기록한 자는 여기에서 말하는 예법이 적장자가 부친을 대신하여 조부의 뒤를 계승하는 경우 조부와 한 몸이 되므로, 예법에 따라서 나머지 아들들과는 달리한다는 점을 알지 못했기 때문이다."라고 했는데, 이 말이 그 뜻을 모두 나타낸 것이다. '현관(玄冠)'은 재계를 할 때 쓰는 관이다. 현단복(玄端服)은 천자가 편안하게 거처할 때 착용하는 복장이며, 제후 및 경·대부·사에게 있어서는 재계를 할 때 착용하는 복장이다. 선물에는 꿩을 사용한다. '향선생(鄕先生)'은 그 마을에서 나이와 덕이 모두 높은 자를 뜻하며, 혹은 관직에서 퇴임한 자를 가리키기도 한다.

大全 石林葉氏曰: 母·兄弟雖在所親, 而比於父, 則有所屈, 故於其爲禮, 則拜之, 而不及父, 則是父不可屈也. 天道始於此, 故冠與衣皆用玄. 鄕大夫也, 先生也, 雖在所尊, 而比於君, 則在所後, 故其奠摯, 則先於君, 是不可後也. 孔子曰: "入則事父兄, 出則事公卿", 於冠可以見之矣.

번역 석림섭씨가 말하길, 모친과 형제들은 비록 친근하게 여기는 대상들이지만, 부친과 비교해보면 굽히게 되는 점이 있다. 그렇기 때문에 해당 의례를 시행하게 되면 그에게 절을 하는 것이고, 부친에게까지는 미치지 않으니, 이것은 부친은 굽힐 수가 없기 때문이다. 하늘의 도는 여기에서 시작된다. 그렇기 때문에 관과 의복을 모두 검은색으로 된 것을 사용한다. 향대부(鄕大

1) 석량왕씨(石梁王氏, ? ~ ?) : 자세한 이력이 남아 있지 않다.

夫)와 마을의 선생들은 비록 존귀하게 여기는 대상이지만, 군주와 비교해보면 뒤에 있게 된다. 그렇기 때문에 선물을 내려놓게 될 때에는 군주에게 먼저 전달하는 것이니, 군주에 대해서 뒤로 미룰 수 없기 때문이다. 공자는 "집에 들어가서는 부친과 형을 섬기고, 밖으로 나와서는 군주와 경을 섬긴다."[2]라고 했는데, 관례를 통해서도 이러한 점을 확인할 수 있다.

鄭注 鄉先生, 同鄉老而致仕者. 服玄冠·玄端, 異於朝也.

번역 '향선생(鄕先生)'은 같은 고을에 있는 나이가 많으면서도 벼슬에서 물러난 자를 뜻한다. 현관(玄冠)과 현단(玄端)을 착용하는 것은 조회를 할 때와 차이를 두기 위해서이다.

釋文 見, 賢遍反, 下皆同. 摯, 本亦作贄, 同音至. "鄉大夫鄉先生", 並音香, 注同. 朝, 直遙反.

번역 '見'자는 '賢(현)'자와 '遍(편)'자의 반절음이며, 아래문장에 나오는 글자들도 모두 그 음이 이와 같다. '摯'자는 판본에 따라서 또한 '贄'자로도 기록하는데, 두 음은 모두 '至(지)'이다. '鄕大夫鄕先生'에서의 '鄕'자는 그 음이 모두 '香(향)'이고, 정현의 주에 나오는 글자도 그 음이 이와 같다. '朝'자는 '直(직)'자와 '遙(요)'자의 반절음이다.

孔疏 ●"見於母, 母拜之", 故不拜也. 今唐禮, 母見子, 但起立不拜也. 按儀禮, 廟中冠子, 以酒脯奠廟訖, 子持所奠酒脯以見於母, 母拜其酒脯, 重從尊者處來, 故拜之, 非拜子也.

번역 ●經文: "見於母, 母拜之". ○일부러 절을 하지 않는 것이다. 현재 당나라 예법에 따르면, 모친은 자식을 보고 단지 일어나서 서 있기만 하며

2) 『논어』「자한(子罕)」: 子曰, "出則事公卿, 入則事父兄, 喪事不敢不勉, 不爲酒困, 何有於我哉?"

절을 하지 않는다. 『의례』를 살펴보면, 묘(廟) 안에서 자식에게 관례를 치러주며, 술과 포(脯)를 묘에 바치는데, 그것이 끝나면 자식은 진설했던 술과 포를 가지고 모친을 찾아뵙게 되며, 모친은 그가 가져온 술과 포에 대해서 절을 하니, 존귀한 자가 거처하던 곳으로부터 온 것에 대해 중시하기 때문에 절을 하는 것이지, 자식에게 절을 하는 것은 아니다.

孔疏 ●"玄冠玄端, 奠摯於君"者, 此"玄冠玄端", 則異於朝服之衣. 但玄端, 上士則玄裳, 中士則黃裳, 下士則雜裳. 以其初成人, 故著玄端, 異於朝服也. 若朝服則素裳奠摯, 奠之於君也.

번역 ●經文: "玄冠玄端, 奠摯於君". ○이곳 구문에서 "현관(玄冠)과 현단(玄端)을 착용한다."라고 했다면, 조복(朝服)을 착용할 때의 복식과 차이를 둔 것이다. 다만 현단(玄端)의 경우 상사(上士)는 검은색의 하의를 착용하고, 중사(中士)는 황색의 하의를 착용하며, 하사(下士)는 색깔이 섞인 하의를 착용한다. 그는 이제야 비로소 성인(成人)이 되었기 때문에 현단(玄端)을 착용하니, 조복과는 차이를 두기 위해서이다. 만약 조복인 경우라면 흰색의 하의를 착용하며 선물을 들고 찾아가서 군주 앞에 놓아두게 된다.

孔疏 ●"遂以摯見於鄉大夫·鄉先生"者, 以摯, 謂以雉也. 故士相見禮冬用雉, 夏用腒.

번역 ●經文: "遂以摯見於鄉大夫·鄉先生". ○선물을 가져간다는 말은 꿩을 들고 간다는 뜻이다. 그렇기 때문에 『의례』「사상견례(士相見禮)」편에서는 겨울에는 꿩을 사용하고 여름에는 말린 꿩고기를 사용한다고 했다.[3)]

孔疏 ●"見於鄉大夫", 謂在朝之鄉大夫也. "鄉先生", 謂鄉老而致仕也.

번역 ●經文: "見於鄉大夫". ○조정에 몸담고 있는 향대부(鄉大夫)를 찾

---

3) 『의례』「사상견례(士相見禮)」: 士相見之禮. 摯, 冬用雉, 夏用腒, 左頭奉之.

아뵙는다는 뜻이다. '향선생(鄕先生)'은 같은 고을에 있는 사람 중 나이가 들어서 벼슬에서 물러난 자를 뜻한다.

訓纂 鄭注士冠禮曰: 婦人於丈夫, 雖其子猶俠拜.

번역 『의례』「사관례(士冠禮)」편에 대한 정현의 주에서 말하길, 부인은 남자에 대해서 비록 그가 자식이라 하더라도 여전히 협배(俠拜)[4]를 한다.

訓纂 劉氏台拱曰: 陸氏釋文, "鄕大夫, 音香." 案士冠禮及冠義, 皆當作"卿大夫", 作鄕誤也. 卿大夫, 謂見爲卿大夫者. 鄕先生, 謂已爲卿大夫而致仕者. 徧見卿大夫, 如國語趙文子冠, 徧見六卿, 是也. 孔疏云, "見於卿大夫, 謂在朝之卿大夫也." 孔以"在朝"對"致仕", 文義甚明, 而今本正義亦竝改作鄕.

번역 유태공[5]이 말하길, 육덕명의 『경전석문』에서는 "'鄕大夫'에서의 '鄕'자는 그 음이 '香(향)'이다."라고 했다. 살펴보니 『의례』「사관례(士冠禮)」편 및 「관의」편의 이 기록은 모두 '경대부(卿大夫)'라고 기록해야 하며, '향(鄕)'자로 기록한 것은 잘못된 것이다. '경대부(卿大夫)'는 경과 대부인 자를 찾아뵙는다는 뜻이다. '향선생(鄕先生)'은 경과 대부였던 자 중 관직에서 물러난 자를 뜻한다. 경과 대부를 두루 찾아뵙는 것은 『국어』에서 조문자가 관례를 치르고 육경(六卿)[6]을 두루 찾아보았던 것과 같다.[7] 공영달의 소에

4) 협배(俠拜)는 고대에 절을 하는 방법 중의 하나이다. 여자가 먼저 남자에게 절을 하면, 남자는 답배를 하게 되고, 여자는 재차 절을 하는데, 이것을 '협배'라고 부른다.

5) 유태공(劉台拱, A.D.1751 ~ A.D.1805) : 청(淸)나라 때의 경학자이다. 천문학(天文學), 율려학(律呂學), 문자학(文字學) 등에 조예가 깊었다.

6) 육경(六卿)은 여섯 명의 경(卿)을 가리키는데, 주로 여섯 명의 주요 관직자들을 뜻한다. 각 시대마다 해당하는 관직명과 담당하는 영역에는 차이가 있었다. 『서』「하서(夏書)·감서(甘誓)」편에는 "大戰于甘, 乃召六卿."이라는 기록이 있고, 이에 대한 공안국(孔安國)의 전(傳)에서는 "天子六軍, 其將皆命卿."이라고 풀이했다. 즉 천자는 6개의 군(軍)을 소유하고 있는데, 각 군의 장수를 '경(卿)'으로 임명하였기 때문에, 이들 육군(六軍)의 수장을 '육경'이라고 부른다는 뜻이다. 이 기록에 따르면 하(夏)나라 때에는 육군의 장수를 '육경'으로 불렀다는

서는 "경과 대부를 찾아뵙는다는 것은 조정에 몸담고 있는 경과 대부를 찾아뵙는다는 뜻이다."라고 했다. 공영달은 '재조(在朝)'라는 말을 '치사(致仕)'라는 말과 대비시켰으니, 문맥과 그 뜻이 매우 분명한데 현재의 『정의본』에서는 이 모두를 '향(鄕)'자로 고쳐서 기록했다.

訓纂 彬按: 衛氏集說作"卿大夫, 在朝之卿大夫."

번역 내가 살펴보니, 위씨의 『집설』에서는 공영달의 소를 '경대부재조지경대부(卿大夫, 在朝之卿大夫)'라고 기록했다.

集解 士冠禮冠者旣醴, "取脯", "見於母, 母拜受, 子拜送, 母又拜", 旣字, "見於兄弟, 兄弟再拜, 冠者答拜." 以母兄之尊, 而先拜子弟者, 重其爲成人之始而敬之也. 敬之之深, 正所以明其望之之重, 責之之備, 而冠者益不可不思所以稱其服矣.

번역 『의례』「사관례(士冠禮)」편에서는 예(醴)를 마치면 "포를 든다."라고 했고, "모친을 찾아뵈면 모친은 절을 하면서 받고 자식은 절을 하면서 보내며 모친은 재차 절을 한다."라고 했다. 그리고 자(字) 짓는 일이 끝나면 "형제를 찾아가면 형제가 재배를 하고 관례를 치른 자는 답배를 한다."라고 했다. 모친이나 형은 존귀한 자인데도 먼저 자식이나 동생에게 절을 하는 것은 처음으로 성인이 된 것을 중시하여 그를 공경스럽게 대하기 때문이다. 공경스럽게 대함이 심한 것은 바로 기대함이 크고 성인으로 갖춰야 할 것들에 책무를 준다는 사실을 밝히고 관례를 치른 자가 자신이 착용한 의복에

결론이 도출된다. 한편 『주례(周禮)』의 체제에 따르면, 주(周)나라에서는 여섯 개의 관부를 설치하였고, 이들 관부의 수장을 '경'으로 임명하였다. 따라서 천관(天官)의 총재(冢宰), 지관(地官)의 사도(司徒), 춘관(春官)의 종백(宗伯), 하관(夏官)의 사마(司馬), 추관(秋官)의 사구(司寇), 동관(冬官)의 사공(司空)이 '육경'에 해당한다. 『한서(漢書)·백관공경표상(百官公卿表上)』편에는 "夏殷亡聞焉, 周官則備矣. 天官冢宰, 地官司徒, 春官宗伯, 夏官司馬, 秋官司寇, 冬官司空, 是爲六卿, 各有徒屬職分, 用於百事."라는 기록이 있다.

7) 이 일화는 『국어(國語)』「진어육(晉語六)」편에 나온다.

어울릴 수 있는 방도를 생각하지 않을 수 없게 하기 위해서이다.

集解 呂氏大臨曰: 孔疏, "冠子, 以酒·脯奠廟, 子持所奠脯以見母, 母以脯從廟來, 故拜之, 非拜子也." 此說未然. 冠禮所薦脯·醢, 爲醴子設, 非奠廟也. 蓋禮有斯須之敬, 母雖尊, 有從子之道, 故當其冠也, 以成人之禮禮之. 若謂"脯自廟來, 拜而受之", 則子拜送之後, 母又拜, 何居?

번역 여대림이 말하길, 공영달의 소에서는 "자식에게 관례를 치러주면 술과 포를 묘에 진설하고, 자식이 진설해둔 포를 들고서 모친을 찾아뵈면 모친은 그 포가 종묘로부터 온 것이기 때문에 절을 하는 것이지 자식에게 절을 하는 것이 아니다."라고 했다. 그러나 이 설명은 적절하지 못하다. 관례에서 포와 젓갈을 설치하는 것은 자식에게 예(醴)를 하기 위한 것이니 종묘에 진설하는 것이 아니다. 예에서는 잠시 공경을 드러내야 할 경우가 있으니, 모친은 비록 존귀한 신분이지만 남편이 죽었을 때 자식을 따라야 하는 도를 가지고 있다. 그렇기 때문에 관례를 치르게 되면 성인에 대한 예법으로 그를 예우한다. 만약 "포가 종묘로부터 와서 절을 하며 받는다."라고 한다면 자식이 절을 하며 물건을 보낸 이후 모친은 재차 절을 하게 되니, 이것은 무슨 연유인가?

集解 賈氏公彦曰: 易服者, 爵弁, 助祭之服, 不可服見君及鄉大夫等也. 初冠服玄端, 爲緇布冠, 服以緇布冠, 冠而敝之, 故易玄冠配玄端也. <士冠禮注疏.>

번역 가공언[8]이 말하길, 의복을 갈아입는 이유는 작변은 제사를 도울 때 착용하는 복장이니, 이것을 착용하고 군주 및 향대부 등을 찾아뵐 수 없기 때문이다. 처음 관례를 치른 자는 현단을 착용하고 치포관을 쓰게 되는데,

---

8) 가공언(賈公彦, ? ~ ?) : 당(唐)나라 때의 유학자이다. 정현(鄭玄)을 존숭하였다. 예학(禮學)에 조예가 깊었다. 『주례소(周禮疏)』, 『의례소(儀禮疏)』 등의 저서를 남겼으며, 이 저서들은 『십삼경주소(十三經注疏)』에 포함되었다.

치포관을 쓰게 되면 관을 쓴 뒤에 벗어서 보관한다. 그렇기 때문에 현관으로 바꿔서 현단복에 짝을 맞춘다. <『의례』「사관례(士冠禮)」편의 주에 대한 소에 나온다.>

集解 敖氏繼公曰: 見於君, 不朝服, 以其未仕也. 所見者亦玄端見之. 鄕大夫, 鄕之異爵者. 或曰, "卽主治一鄕者." 未知孰是. 先生, 齒·德俱尊者也. 士相見禮曰, "士見於大夫, 終辭其摯, 於其入也, 一拜其辱." 見於先生之禮, 亦宜如之.

번역 오계공[9]이 말하길, 군주를 찾아뵐 때 조복을 착용하지 않는 것은 아직 관직에 나아가지 않았기 때문이다. 만나보는 자 또한 현단복을 착용하고 그를 만난다. '향대부(鄕大夫)'는 그 고을에서 높은 작위를 가진 자이다. 혹자는 "그 고을을 다스리는 자이다."라고 했다. 그러나 누구의 주장이 옳은지는 잘 모르겠다. '선생(先生)'은 나이와 덕이 모두 높은 자를 뜻한다. 『의례』「사상견례(士相見禮)」편에서는 "사가 대부를 찾아뵙게 되면 끝내 그 예물을 사양하고, 사가 대문으로 들어오면 그가 욕되이 찾아온 것에 대해 한 차례 절을 한다."[10]라고 했다. 선생을 찾아뵙는 예 또한 마땅히 이처럼 해야 한다.

集解 愚謂: 君子敬其事, 則命以始. 冠者始見於君, 必不用冠之餘日, 蓋別擇日以見之. 表記言"日月以見君", 此亦其一端與. 冠者見於母及兄弟, 皆用三加之爵弁服, 見於君則易服者, 蓋爵弁乃助祭於君之服, 冠時暫服之耳. 母及兄弟, 以冠日見, 用冠服可也; 旣冠見君, 則易服玄端也. 奠摯, 謂奠置於地而不敢授, 臣見於君之禮也. 以成人見者, 以其爲成人之始, 故見之也. 國語趙文子冠, 徧見六卿, 皆有戒諭之辭. 凡冠而見鄕大夫·鄕先生者, 其禮皆如此與.

---

9) 오계공(敖繼公, ? ~ ?) : 원(元)나라 때의 학자이다. 자(字)는 군선(君善)·군수(君壽)이다. 이름이 계옹(繼翁)이었다고 하기도 한다. 저서로는 『의례집설(儀禮集說)』 등이 있다.

10) 『의례』「사상견례(士相見禮)」 : <u>士見於大夫, 終辭其摯. 於其入也, 一拜其辱也</u>. 賓退, 送再拜.

번역 내가 생각하기에, 군자가 그 일을 공경스럽게 대하면 처음에 명령을 내린다.[11] 관례를 치른 자가 처음으로 군주를 찾아뵙게 되면, 반드시 관례를 치르고 난 뒤의 남은 시간을 이용하지 않는다. 따라서 아마도 별도의 날을 택해서 찾아뵈었을 것이다. 『예기』「표기(表記)」편에서는 "날과 달을 가려서 군을 찾아뵙는다."[12]라고 했는데, 이것이 그 단서가 될 것이다. 관례를 치른 자가 모친 및 형제를 찾아볼 때에는 모두 삼가(三加)를 끝냈을 때의 작변복 차림인데, 군주를 찾아뵙게 되면 복장을 바꾼다. 아마도 작변은 군주의 제사를 도울 때 착용하는 복장이니, 관례를 치렀을 때 잠시 이 복장을 착용하는 것일 뿐이다. 모친과 형제는 관례를 치른 당일에 찾아보게 되니 관례를 치를 때의 복장을 착용한 상태라도 괜찮은 것이다. 그러나 관례를 이미 마친 상태에서 군주를 찾아뵙게 되면 현단복으로 갈아입는다. 예물을 진열하는 것은 바닥에 진열하여 감히 직접 건네지 않으니, 신하가 군주를 찾아뵐 때의 예법에 해당한다. 성인으로서 찾아뵙는다는 것은 그가 처음으로 성인이 되었기 때문에 찾아뵙는다는 뜻이다. 『국어』에서 조문자가 관례를 치르고 육경을 두루 만나보았는데, 모든 사람들이 경계하고 깨우치는 말들을 했다. 무릇 관례를 치른 자가 향대부나 향선생을 찾아뵙게 되면 그 예법이 모두 이와 같았을 것이다.

참고 구문비교

예기·관의 見於母, 母拜之

의례·사관례(士冠禮) 冠者奠觶于薦東, 降筵, 北面坐取脯, 降自西階, 適東壁, 北面見于母. 母拜受, 子拜送, 母又拜.

---

11) 『춘추좌씨전』「민공(閔公) 2년」: 故敬其事, 則命以始; 服其身, 則衣之純; 用其衷, 則佩之度.

12) 『예기』「표기(表記)」【623d】: 子曰, "齊戒以事鬼神, 擇日月以見君, 恐民之不敬也."

참고 구문비교

예기·관의 見於兄弟, 兄弟拜之.

의례·사관례(士冠禮) 冠者見於兄弟, 兄弟再拜, 冠者答拜.

참고 구문비교

예기·관의 玄冠玄端, 奠摯於君, 遂以摯見於鄉大夫·鄉先生, 以成人見也.

의례·사관례(士冠禮) 乃易服, 服玄冠·玄端·爵韠, 奠摯見于君. 遂以摯見於鄉大夫·鄉先生.

참고 『의례』「사관례(士冠禮)」 기록

경문 冠者奠觶于薦東, 降筵, 北面坐取脯, 降自西階, 適東壁, 北面見于母.

번역 관례를 치르는 자는 음식이 놓인 곳 동쪽에 치(觶)를 내려놓고 자리에서 내려오며 북쪽을 향하여 자리에 앉아 육포를 들고, 서쪽 계단을 통해 내려간다. 그리고 동쪽 벽으로 가서 북쪽을 바라보며 모친을 찾아뵙는다.

鄭注 薦東, 薦左. 凡奠爵, 將擧者於右, 不擧者於左. 適東壁者, 出闈門也. 時母在闈門之外, 婦人入廟由闈門.

번역 '천동(薦東)'은 음식이 차려진 곳 좌측을 뜻한다. 술잔을 내려놓을 때 다시 들어야 하는 것은 우측에 놓고 다시 들지 않는 것은 좌측에 놓는다. 동쪽 벽으로 갔다는 것은 위문(闈門)[13]으로 나갔다는 뜻이다. 당시 모친은 위문 밖에 있게 되니, 부인은 종묘로 들어갈 때 위문을 통하기 때문이다.

賈疏 ●"冠者"至"於母". ◎注"薦東"至"闈門". ○釋曰: 云"薦東, 薦左"者, 據南面爲正, 故云薦左也. 云"凡奠爵, 將擧者於右"者, 謂若鄕飮酒·鄕射是也. 此文及昏禮贊醴婦是不擧者, 皆奠之於左也. 云"適東壁者, 出闈門也"者, 宮中之門曰闈門. 母旣冠子無事, 故不在門外. 今子須見母, 故知出闈門也. 云"婦人入廟由闈門"者, 雜記云夫人奔喪"入自闈門, 升自側階", 鄭注云: "宮中之門曰闈門, 爲相通者也", 是也.

번역 ●經文: "冠者"～"於母". ◎鄭注: "薦東"～"闈門". ○정현이 "'천동(薦東)'은 음식이 차려진 곳 좌측을 뜻한다."라고 했는데, 남쪽을 바른 방향으로 삼는 것에 기준하였기 때문에 "음식이 차려진 곳 좌측이다."라고 했다. 정현이 "술잔을 내려놓을 때 다시 들어야 하는 것은 우측에 놓는다."라고 했는데, 『의례』「향음주례(鄕飮酒禮)」편과 「향사례(鄕射禮)」편의 내용이 이러한 경우에 해당한다. 이곳 기록과 『의례』「사혼례(士昏禮)」편에서 의례의 진행을 돕는 자가 며느리에게 예(醴)를 할 때에는 다시 들지 않으니, 둘 모두 좌측에 놓아두게 된다. 정현이 "동쪽 벽으로 갔다는 것은 위문(闈門)으로 나갔다는 뜻이다."라고 했는데, 건물 안에 있는 문을 '위문(闈門)'이라고 부른다. 모친은 자식이 관례를 치를 때 담당하는 일이 없기 때문에 문밖에 있지 않는다. 현재 자식이 모친을 뵈어야 했기 때문에 위문으로 나간다는 사실을 알 수 있다. 정현이 "부인은 종묘로 들어갈 때 위문을 통한다."라고 했는데, 『예기』「잡기(雜記)」편에서는 부인이 분상(奔喪)[14]을 할 때 "위문을 통해서 들어가고, 측면의 계단을 통해서 당상으로 올라간다."[15]라고 했고, 정현의

13) 위문(闈門)은 궁실(宮室)이나 종묘(宗廟)의 측면에 있는 작은 문을 뜻한다.

14) 분상(奔喪)은 타지에 있다가 상(喪)에 대한 소식을 듣고, 급히 되돌아오는 예법(禮法)을 말한다. 『예기』「분상(奔喪)」편에 대해, 공영달(孔穎達)은 "案鄭目錄云, 名曰奔喪者, 以其居他國, 聞喪奔歸之禮."라고 풀이했다.

15) 『예기』「잡기하(雜記下)」【519a】: 婦人非三年之喪, 不踰封而弔; 如三年之喪, 則君夫人歸. 夫人其歸也, 以諸侯之弔禮. 其待之也, 若待諸侯然. <u>夫人至, 入自闈門, 升自側階</u>, 君在阼. 其他如奔喪禮然.

주에서는 "건물 안에 있는 문을 '위문(闈門)'이라고 부르니, 건물 사이로 오가기 위한 것이다."라고 했다.

경문 母拜受, 子拜送, 母又拜.

번역 모친은 절을 하고 육포를 받고 자식은 절을 하고 육포를 건네며, 모친은 재차 절을 한다.

鄭注 婦人於丈夫, 雖其子猶俠拜.

번역 부인은 남자에 대해 비록 그 대상이 자식이라 하더라도 협배(俠拜)를 한다.

賈疏 ●"母拜"至"又拜". ◎注"婦人"至"俠拜". ○釋曰: 鄭云"婦人於丈夫, 雖其子猶俠拜"者, 欲見禮子之體例, 但是婦人於丈夫皆使俠拜, 故擧子以見義也.

번역 ●經文: "母拜"~"又拜". ◎鄭注: "婦人"~"俠拜". ○정현이 "부인은 남자에 대해 비록 그 대상이 자식이라 하더라도 협배(俠拜)를 한다."라고 했는데, 자식을 예우하는 범례를 드러내고자 한 것이다. 다만 부인은 남자에 대해서 모두 협배를 하게 된다. 그렇기 때문에 자식에 대한 경우를 제시하여 그 의의를 드러낸 것이다.

참고 『의례』「사관례(士冠禮)」 기록

경문 冠者見於兄弟, 兄弟再拜, 冠者答拜. 見贊者, 西面拜, 亦如之.

번역 관례를 치른 자가 형제를 찾아가 만나보면 형제는 재배를 하고 관례를 치른 자는 답배를 한다. 빈객 중 관례의 진행을 도운 자를 찾아뵐 때에는 서쪽을 향해서 절을 하며 또한 형제를 만나볼 때처럼 한다.

鄭注 見贊者西面拜, 則見兄弟東面拜, 贊者後賓出.

번역 관례의 진행을 도운 자를 만나볼 때 서쪽을 바라보며 절을 한다면 형제를 만나볼 때에는 동쪽을 향해서 절을 하는 것으로, 빈객 중 관례의 진행을 도운 자는 빈객보다 뒤에 나가기 때문이다.

賈疏 ●"冠者"至"如之". ◎注"見贊"至"賓出". ○釋曰: 兄弟位在東方, 此贊冠者則賓之類, 故贊者東面也. 言贊者先拜, 冠者答之也. 知贊者後賓出者, 文於見兄弟下始見之, 明贊者後賓出也, 出亦當就次待禮之也.

번역 ●經文: "冠者"~"如之". ◎鄭注: "見贊"~"賓出". ○형제들의 자리는 동쪽에 있게 되는데, 여기에서 관례의 진행을 돕는 자라고 한 사람은 빈객의 부류가 된다. 그렇기 때문에 관례의 진행을 도운 자는 동쪽을 바라보게 된다. 빈객 중 관례의 진행을 도운 자가 먼저 절을 하고 관례를 치른 자가 답배를 한다. 관례의 진행을 도운 자가 빈객보다 뒤에 나가게 된다는 사실을 알 수 있는 이유는 관련 기록이 형제를 찾아가 만나보는 내용 뒤에 비로소 드러나니, 이것은 관례의 진행을 도운 자가 빈객보다 뒤에 나가게 됨을 나타낸다. 나가게 되면 빈객처럼 묘문 밖의 임시막사 자리인 차(次)로 나아가서 단술로 노고를 위로하는 절차를 기다린다.

경문 入見姑姊, 如見母.

번역 관례를 치른 자는 침문(寢門)[16]으로 들어가 고모와 누이를 찾아가

16) 침문(寢門)은 침문(寑門)이라고도 부른다. 노문(路門)을 가리킨다. '노문'은 궁실(宮室)의 건축물 중에서도 가장 안쪽에 있었던 정문을 뜻하는데, 여러 문들 중에서도 노침(路寢)과 가장 가까운 위치에 있었기 때문에, '노문'이라는 명칭이 생겼다. '침문'이라는 용어 또한 '노침'에 가까이 있었기 때문에 붙여진 명칭이다. 한편 가장 안쪽에 있었던 정문이었으므로, '침문'을 내문(內門)이라고도 부른다.

만나보니, 모친을 찾아뵐 때처럼 한다.

鄭注 入, 入寢門也. 廟在寢門外. 如見母者, 亦北面, 姑與姊亦俠拜也. 不見妹, 妹卑.

번역 '입(入)'은 침문으로 들어간다는 뜻이다. 묘는 침문 밖에 있다. "모친을 찾아뵐 때처럼 한다."라고 했는데, 또한 북쪽을 바라보며 고모와 누이 또한 협배를 한다. 여동생을 만나보지 않는 것은 여동생은 미천하기 때문이다.

賈疏 ●"入見"至"見母". ◎注"入入"至"妹卑". ○釋曰: 男子居外, 女子居內. 廟在寢門外, 入見, 入寢門可知, 不見父與賓者, 蓋冠畢則已見也. 不言者, 從可知也. 云"不見妹, 妹卑"者, 以其妹卑於姑姊, 故不見也.

번역 ●經文: "入見"~"見母". ◎鄭注: "入入"~"妹卑". ○남자는 외채에 거처하고 여자는 내채에 거처한다. 묘는 침문 밖에 있어서, 들어가서 만나본다는 것이 침문으로 들어가는 것임을 알 수 있고, 부친과 빈객을 만나보는 것이 아님을 알 수 있으니, 관례를 마쳤다면 이미 만나보았기 때문이다. 정현이 "여동생을 만나보지 않는 것은 여동생은 미천하기 때문이다."라고 했는데, 여동생은 고모나 누이보다 미천하기 때문에 만나보지 않는 것이다.

참고 『의례』「사관례(士冠禮)」 기록

경문 乃易服, 服玄冠·玄端·爵韠, 奠摯見于君. 遂以摯見於鄕大夫·鄕先生.

번역 곧 복장을 바꿔서 현관·현단·작필을 착용하고, 찾아가 예물을 바닥에 진설하고 군주를 알현한다. 최종적으로 예물을 가지고 찾아가서 향대부와 향선생을 찾아뵙는다.

鄭注 易服不朝服者, 非朝事也. 摯, 雉也. 鄉先生, 鄉中老人爲卿大夫致仕者.

번역 복장을 바꾸며 조복을 착용하지 않는 것은 조정에 대한 사안이 아니기 때문이다. '지(摯)'는 꿩을 뜻한다. '향선생(鄉先生)'은 고을 안의 노인들 중 경이나 대부에 올랐다가 관직에서 물러난 자를 뜻한다.

賈疏 ●"乃易"至"先生". ◎注"易服"至"仕者". ○釋曰: 云"易服"者, 爵弁旣助祭之服, 不可服見君與先生等, 故易服, 服玄端也. 云"易服不朝服者, 非朝事也"者, 此乃因加冠以成人之禮, 見君非正服之節, 故不朝服. 經直云玄端, 則兼玄冠矣. 今更云玄冠者, 以初冠時服玄端爲緇布冠服, 緇布冠非常著之冠而弊之. 易服宜服玄冠配玄端, 故兼云玄冠也. 朝服與玄端同, 玄端則玄裳·黃裳·雜裳·黑屨, 若朝服玄冠·玄端雖同, 但裳以素而屨色白也. 以其但正幅, 故朝服亦得端名. 然六冕皆正幅, 故亦名端. 是以樂記云魏文侯"端冕而聽古樂", 又論語云"端章甫", 鄭云: "端, 玄端, 諸侯視朝之服." 則玄端不朝, 得名爲玄端也. 云"摯, 雉也"者, 士執雉是其常, 故知摯是雉也. 云"鄉先生, 鄉中老人爲卿大夫致仕者"者, 此卽鄉飮酒與鄉射記"先生", 及書傳"父師"皆一也. 先生亦有士之少師, 鄭不言者, 經云鄉大夫不言士, 故先生亦略不言, 其實亦當有士也.

번역 ●經文: "乃易"~"先生". ◎鄭注: "易服"~"仕者". ○"복장을 바꾼다."라고 했는데, 작변은 제사를 도울 때의 복장이므로, 이 복장을 착용하고서 군주나 선생 등을 만나볼 수 없다. 그렇기 때문에 복장을 바꿔서 현단으로 갈아입는다. 정현이 "복장을 바꾸며 조복을 착용하지 않는 것은 조정에 대한 사안이 아니기 때문이다."라고 했는데, 이것은 곧 관을 씌워주며 성인의 예법으로 시행한 것에 따라 군주를 찾아뵙는 것이지 정규 복장에 따른 절차가 아니다. 그렇기 때문에 조복을 착용하지 않는다. 경문에서 단지 '현단(玄端)'이라고만 했다면, 현관(玄冠)도 착용하게 됨을 나타낸다. 그런데 이곳에서 재차 '현단(玄端)'이라고 말한 것은 최초 관례를 치를 때 현단을 착용한 것은 치포관을 쓸 때의 복장이 되는데, 치포관은 일상적으로 착용하는 관이 아니므로 관을 쓴 뒤에는 곧 치워서 보관한다. 복장을 바꾸게 된다면 마땅히 현관을 착용하여 현단에 짝이 되도록 해야 한다. 그렇기 때문에 '현관(玄冠)'까지도 함께 말한 것이다. 조복과 현단은 동일한데, 현단의 경우에는 현색의 하의·황색의 하의·잡색의 하의가 있고 흑색의 신발을 착용하게 된다. 반면 조복의 경우 현관과 현단은 동일하지만 하의의 경우 흰색으로 하며 신발의 색깔도 백색으로 한다. 정폭으로 만들기 때문에 조복 또한 '단(端)'자를 붙여서 부를 수 있다. 그러므로 육면(六冕)은 모두 정폭으로 만들기 때문에 '단(端)'자를 붙여서 부른다. 이러한 까닭으로 『예기』「악기(樂記)」편에서는 위문후에 대해 "단면(端冕)[17]을 하고 고대의 음악을 듣는다."[18]라고 했고, 또 『논어』에서는 "단(端)을 입고 장보관을 쓴다."[19]라고 했는데 정현은 "단(端)은 현단을 뜻하니, 제후가 조정에 참관할 때의 복장이다."라고 했다. 따라서 현단으로는 조회에 참여하지 않지만 '현단(玄端)'이라고는 부를 수 있다. 정현이 "'지(摯)'는 꿩을 뜻한다."라고 했는데, 사는 예물로 꿩을 들고 가는 것이 일상적인 예법이다. 그렇기 때문에 지(摯)가 꿩을 뜻한다는 사실을 알 수 있다. 정현이 "'향선생(鄕先生)'은 고을 안의 노인들 중 경이나 대부에 올랐다가 관직에서 물러난 자를 뜻한다."라고 했는데, 이것은 『의례』「향음주례(鄕飮酒禮)」와 「향사례(鄕射禮)」편의 기문에서 '선생(先生)'이라고 한 자에 해당하니, 『서전』에서 '부사(父師)'라고 한 자들도 모두 동일한 대상을 가리킨다. 선생 중에는 또한 사의 소사(少師)도 포함되는데 정현이 언급하지 않은 것은

17) 단면(端冕)은 검은색의 옷과 면류관을 뜻한다. 즉 현면(玄冕)을 의미한다. '단(端)'자는 검은색의 옷을 뜻하는데, 면복(冕服)에 대해서, '단'자로 지칭하는 것은 면복 자체가 정폭(正幅)으로 제작되기 때문에, '단'자를 붙여서 부르는 것이다. 『예기』「악기(樂記)」편에서는 "吾端冕而聽古樂, 則唯恐臥; 聽鄭衛之音, 則不知倦."이라는 기록이 있는데, 이에 대한 정현의 주에서는 "端, 玄衣也."라고 풀이했고, 공영달(孔穎達)의 소(疏)에서는 "云'端, 玄衣也'者, 謂玄冕也. 凡冕服, 皆其制正幅, 袂二尺二寸, 袪尺二寸, 故稱端也."라고 풀이했다.

18) 『예기』「악기(樂記)」【477d~478a】: 魏文侯問於子夏曰, "吾端冕而聽古樂, 則唯恐臥; 聽鄭衛之音, 則不知倦. 敢問古樂之如彼何也? 新樂之如此何也?" 子夏對曰, "今夫古樂, 進旅退旅, 和正以廣, 弦匏笙簧, 會守拊鼓, 始奏以文, 復亂以武, 治亂以相, 訊疾以雅. 君子於是語, 於是道古, 修身及家, 平均天下, 此古樂之發也."

19) 『논어』「선진(先進)」: 赤! 爾何如?" 對曰, "非曰能之, 願學焉. 宗廟之事, 如會同, 端章甫, 願爲小相焉.

경문에서 향대부라고만 말하고 사는 언급하지 않았기 때문이다. 그래서 선생에 대해서도 생략하여 언급하지 않았던 것인데, 실제로는 사 또한 포함된다.

참고 『논어』「학이(學而)」 기록

경문 子曰, "出則事公卿, 入則事父兄, 喪事不敢不勉, 不爲酒困, 何有於我哉?"

번역 공자는 "밖으로 나와서 군주와 경을 섬기고, 집으로 들어가서 부친과 형을 섬기며, 상사에서 감히 열심히 하지 않음이 없고, 술로 인해 문란하게 되지 않는 것에 있어서 어떤 것이 나에게 있겠는가?"라고 했다.

何注 馬曰: 困, 亂也.

번역 마씨가 말하길, '곤(困)'자는 문란하다는 뜻이다.

邢疏 ●"子曰: 出則事公卿, 入則事父兄, 喪事不敢不勉, 不爲酒困, 何有於我哉?". ○正義曰: 此章記孔子言忠順孝悌哀喪愼酒之事也. 困, 亂也. 言出仕朝廷, 則盡其忠順以事公卿也; 入居私門, 則盡其孝悌以事父兄也; 若有喪事, 則不敢不勉力以從禮也, 未嘗爲酒亂其性也. 他人無是行於我, 我獨有之, 故曰: 何有於我哉.

번역 ●經文: "子曰: 出則事公卿, 入則事父兄, 喪事不敢不勉, 不爲酒困, 何有於我哉?". ○이 문장은 공자가 충심과 순종 효와 공손 상사에 애통해하는 것 술에 대해 조심하는 것을 설명한 사안을 기록한 것이다. '곤(困)'자는 문란하다는 뜻이다. 출사하여 조정에 들어가게 되면 충심과 순종을 다하여 군주와 경을 섬기고, 자신의 집으로 들어와 머물 때에는 효와 공손을 다하여 부친과 형을 섬긴다. 상사의 경우라면 감히 힘을 다하여 예법에 따르지 않는 경우가 없고, 일찍이 술로 인해 본성을 잃는 지경에 이르지 않았다는 뜻이다. 다른 사람이 나에게 이처럼 행동한 일이 없지만 나만 홀로 이러한 행실을 지니고 있기 때문에 "어떤 것이 나에게 있겠는가?"라고 했다.

集註 說見第七篇, 然此則其事愈卑而意愈切矣.

번역 이 설명은 제 7편에 나온다. 그러나 이곳 문장은 그 사안이 더욱 천근하면서도 그 의미는 더욱 간절하다.

참고 『의례』「사상견례(士相見禮)」 기록

경문 士相見之禮. 摯, 冬用雉, 夏用腒. 左頭奉之, 曰, "某也願見, 無由達. 某子以命命某見."

번역 사 계층이 서로 만나볼 때의 예법이다. 예물의 경우 겨울에는 꿩을 사용하고 여름에는 말린 꿩고기를 사용한다. 꿩의 머리를 좌측으로 향하도록 받들고서 "아무개는 찾아뵙기를 원하지만 소식을 통할 경로가 없습니다. 아무개께서는 주인의 명령이라 칭하여 아무개에게 찾아뵈라고 명하였습니다." 라고 한다.

鄭注 摯, 所執以至者, 君子見於所尊敬, 必執摯以將其厚意也. 士摯用雉者, 取其耿介, 交有時, 別有倫也. 雉必用死者, 爲其不可生服也. 夏用腒, 備腐臭也. 左頭, 頭, 陽也. 無由達, 言久無因緣以自達也. 某子, 今所因緣之姓名也. 以命者, 稱述主人之意. 今文頭爲脰.

번역 예물은 받들고 찾아가는 것으로, 군자는 자신이 존경하는 자를 만나볼 때 반드시 예물을 받들고 가서 돈독한 뜻을 전한다. 사가 예물로 꿩을 사용하는 것은 정직하여 굽히지 않는 뜻을 취한 것으로, 꿩은 교미를 함에 정해진 시기가 있고 떨어져 있을 때에도 질서가 있다. 꿩의 경우 반드시 죽은 것을 사용하는 이유는 살아있는 상태로는 복종시킬 수 없기 때문이다. 여름에 말린 꿩고기를 사용하는 것은 부패하여 냄새가 날 것을 대비하기 위해서이다. 머리를 좌측으로 둔다고 했는데, 머리는 양에 해당하기 때문이다. '무유달(無由達)'은 오래도록 연고가 없어 직접 찾아뵐 수 없었다는 뜻이다. '모자(某子)'는 현재 소개시켜준 자의 성과 이름이다. '이명(以命)'은 주인의 뜻이라 칭하여 말한다는 의미이다. 금문에서는 '두(頭)'자를 두(脰)자로 기록했다.

賈疏 ●"士相見"至"某見". ○釋曰: 自此至"送于門外再拜", 論士與士相見之事也. 云"某也願見, 無由達"者, 謂新升爲士, 欲見舊爲士者, 謂久無紹介中間之人達彼此之意, 雖願見, 無由得與主人通達相見也. 云"某子以命命某見"者, 某子是紹介中間之人姓名, 以主人之命命某, 是賓之名命某來見主人也. 按少儀"始見君子者, 辭曰: 某固願聞名於將命"者, 謂以卑見尊法. 彼又云"敵者曰: 某固願見"於將命者, 此兩士相見, 亦是敵者. 不言願見於將命者者, 此旣言願見, 無由達見敵者始欲相見. 按下文及還摯者, 皆云於將命者, 明此亦有願見於將命者, 不言者, 文不具也.

번역 ●經文: "士相見"~"某見". ○이곳 구문으로부터 "문밖에서 전송하며 재배를 한다."라는 구문까지는 사와 사가 서로 만나보는 사안을 논의하고 있다. "아무개는 찾아뵙기를 원하지만 소식을 통할 경로가 없습니다."라고 했는데, 새로 승진하여 사 계층이 된 자가 오래전에 사가 된 자를 만나보고자 하는 경우로, 오래도록 중간에 소개시켜줄 자가 없어 이러한 뜻을 전달할 수 없었으니, 비록 만나보고자 하더라도 주인과 의사를 소통하여 서로 만나볼 수 없었다는 뜻이다. "아무개께서는 주인의 명령이라 칭하여 아무개에게 찾아뵈라고 명하였습니다."라고 했는데, '모자(某子)'는 중간에 소개시켜준 사람의 성과 이름으로, 주인의 명령으로 아무개인 나에게 명령을 한다는 것이니, 빈객의 이름으로 아무개에게 명하여 찾아가 주인을 만나보라고 명했다는 뜻이다. 『예기』「소의(少儀)」편을 살펴보면 "처음 군자를 뵙는 자는 말을 전하며 '아무개는 진실로 명령을 전달하는 자에게 제 이름이 전해지기를 원합니다.'"라고 했으니, 이것은 미천한 자가 존귀한 자를 찾아뵙는 예법에 해당한다. 「소의」편에서는 또한 명령을 전달하는 자에 대해서 "만약 신분이 대등한 자의 경우라면, '아무개는 진실로 명령을 전달하는 자를 만나보기를 원합니다.'라고 말한다."라고 했다.[20] 이곳에서는 두 사 계층이 서로 만나본다고 했으니 이 또한 신분이 대등한 경우에 해당한다. 그런데 명령을 전달하는 자에 대해서 만나보기를 원한다고 말하지 않은 것은 이곳에서는 이미 만나보기를 원한다고 했고, 신분이 대등한 자를 만나보는 것이지만 소식을 전할 경로가 없었으니 처음으로 서로 만나보는 경우에 해당한다. 아래문장과 예물을 돌려준다는 내용을 살펴보면, 모두 "명령을 전달하는 자에게 한다."고 했으니, 이곳에서도 명령을 전달하는 자에게 만나보기를 원한다고 해야 함을 나타낸다. 그런데도 이 사실을 언급하지 않은 것은 문장을 생략해서 기록했기 때문이다.

賈疏 ◎注"摯所"至"爲脰". ○釋曰: 云"摯, 所執以至"者, 摯得訓爲至, 升爲士者(元缺一字)彼人相見, 欲相尊敬, 必執禽鳥始得至, 故云摯所執以至者也. 云"士摯用雉"者, 對大夫已上所執羔·鴈不同也. 云"取其耿介, 交有時, 別有倫也"者, 倫, 類也. 交接有時, 至於別後, 則雄雌不雜, 謂春交秋別也. 士之義亦然, 義取耿介不犯於上也. 云"雉必用死者, 爲其不可生服也"者, 經直云冬用雉, 知用死雉者, 尙書云: "三帛·二牲·一死摯." 則雉, 義取耿介, 爲君致死也. 云"夏用腒, 備腐臭也"者, 按周禮·庖人云: "春行羔豚, 夏行腒鱐." 鄭云: "腒, 乾雉. 鱐, 乾魚." 腒鱐暵熱而乾, 乾則不腐臭, 故此取不腐臭也. 冬時雖死, 形體不異, 故存本名, 稱曰雉. 夏爲乾腒, 形體異, 故變本名稱曰腒也. 云"左頭, 頭, 陽也"者, 曲禮云"執禽者左首", 雉與羔·鴈同是合生執之物, 以不可生服, 故殺之雖死, 猶尙左以從陽也. 云"某子, 今所因緣之姓名也"者, 謂紹介之姓名. 云"以命者, 稱述主人之意"者, 言紹介之人稱述主人之辭意傳來賓也. 云"今文頭爲脰"者, 鄭不從今文者, 以其脰, 項也, 項不得爲頭, 故不從也. 但此

---

20) 『예기』「소의(少儀)」【431a】 <u>聞始見君子者辭, 曰: "某固願聞名於將命者."</u> 不得階主. <u>適者曰: "某固願見."</u> 罕見曰: "聞名", 亟見曰: "朝夕", 瞽曰: "聞名".

云某子以命命某見, 謂舊未相見, 今始來見主人, 故須某子傳通, 孺悲欲見孔子, 不由紹介, 故孔子辭以疾. 且經云某子, 鄭云某子, 今所因緣之姓名. 按鄕飮酒云"某子受酬", 注云: "某者, 衆賓姓." 又鄕射云"某酬某子", 注云: "某子者, 氏也." 與此注某子爲姓名不同者. 彼旅酬下爲上, 尊敬在上, 以公羊傳: "名不若字, 字不若子." 故下者稱姓, 以配子, 彼對面語, 故不言名. 此非對面之言, 於彼遙稱紹介之意, 若不言名, 直稱姓是何人, 故鄭以姓名解之也. 若然, 特牲云"皇祖某子", 注爲伯子·仲子者, 以孫不宜云父祖姓, 故以伯子·仲子言之, 望經爲義, 故注有殊. 若然, 注宜有名, 無者誤也.

번역 ◎鄭注: "摯所"~"爲脰". ○정현이 "예물은 받들고 찾아가는 것이다."라고 했는데, 지(摯)자는 지(至)자로 풀이할 수 있으니, 승진되어 사가 된 자의 경우 상대와 서로 만나볼 때 상호 존경하고자 하여 반드시 짐승 등을 가지고서 처음 찾아가게 된다. 그렇기 때문에 "예물은 받들고 찾아가는 것이다."라고 했다. 정현이 "사는 예물로 꿩을 사용한다."라고 했는데, 이것은 대부 이상의 계층이 새끼양이나 기러기 등 각기 다른 것을 예물로 가지고 간 것과 대비한 것이다. 정현이 "정직하여 굽히지 않는 뜻을 취한 것으로, 꿩은 교미를 함에 정해진 시기가 있고 떨어져 있을 때에도 질서가 있다."라고 했는데, '윤(倫)'자는 무리[類]라는 뜻이다. 교미할 때에는 정해진 시기가 있고 서로 떨어지게 되면 암컷과 수컷이 뒤섞이지 않으니, 봄에 교미를 했다가 가을에 서로 떨어지는 것을 뜻한다. 사의 도 또한 이러하니, 정직하여 굽히지 않으며 윗사람을 범하지 않는다는 의미를 취한 것이다. 정현이 "꿩의 경우 반드시 죽은 것을 사용하는 이유는 살아있는 상태에서 복종시킬 수 없기 때문이다."라고 했는데, 경문에서는 단지 겨울에는 꿩을 사용한다고 했음에도 죽은 꿩을 사용한다는 사실을 알 수 있는 이유는 『상서』에서 '3가지 비단과 2가지 희생물과 1가지 죽은 예물'[21]이라고 했기 때문이니, 꿩은 정직하여 굽히지 않는다는 뜻을 취한 것으로, 군주를 위해 목숨을 바친다는 의미가 된다. 정현

21) 『서』「우서(虞書)·순전(舜典)」: 歲二月, 東巡守至于岱宗, 柴, 望秩于山川, 肆覲東后, 協時月正日, 同律度量衡, 修五禮, 五玉, 三帛, 二生, 一死贄, 如五器, 卒乃復.

이 "여름에 말린 꿩고기를 사용하는 것은 부패하여 냄새가 날 것을 대비하기 위해서이다."라고 했는데, 『주례』「포인(庖人)」편에서는 "봄에는 새끼양과 새끼돼지를 조리해서 바치고 여름에는 말린 꿩고기와 말린 물고기를 조리해서 바친다."[22]라고 했고, 정현은 "'거(腒)'는 말린 꿩고기이다. '숙(鱐)'은 말린 물고기이다."라고 했다. 거와 숙은 말려서 건조시키니, 건조시킨다면 부패하여 냄새가 나지 않는다. 그렇기 때문에 부패하여 냄새가 나지 않는 점을 따른 것이다. 겨울에는 비록 죽은 꿩을 사용하더라도 그 형체에 있어서는 살아있을 때와 차이가 없기 때문에 본래의 명칭을 그대로 사용하여 '치(雉)'라고 부른다. 그런데 여름에는 마른 꿩고기를 사용하여 형체가 달라졌기 때문에 본래의 명칭을 바꿔 '거(腒)'라고 부른다. 정현이 "머리를 좌측으로 둔다고 했는데, 머리는 양에 해당하기 때문이다."라고 했는데, 『예기』「곡례(曲禮)」편에서는 "새를 바칠 때에는 새를 잡고서 머리를 좌측 방향으로 해서 바친다."[23]라고 했는데, 꿩·새끼양·기러기는 모두 살아있는 상태로 바치는 예물과 동일하지만 살아있는 상태로는 복종시킬 수 없기 때문에 죽이는데, 비록 죽은 상태라 하지만 여전히 좌측을 높이니 양에 따르기 때문이다. 정현이 "'모자(某子)'는 현재 소개시켜준 자의 성과 이름이다."라고 했는데, 소개시켜준 자의 성과 이름을 뜻한다. 정현이 "'이명(以命)'은 주인의 뜻이라 칭하여 말한다는 의미이다."라고 했는데, 소개시켜준 사람이 주인의 말과 그 뜻을 진술하여 빈객에게 전했다는 뜻이다. 정현이 "금문에서는 '두(頭)'자를 두(脰)자로 기록했다."라고 했는데, 정현은 금문에 따르지 않았는데, 그 이유는 두(脰)자는 목을 뜻하고 목은 머리가 될 수 없기 때문에 따르지 않은 것이다. 다만 이곳 구문에서는 "아무개께서는 주인의 명령이라 칭하여 아무개에게 찾아뵈라고 명하였습니다."라고 했는데, 이것은 오래도록 서로 만나보지 못했다가 지금이 되어서야 비로소 주인을 만나보게 된 것이다. 그렇기 때문에 소개시켜준 자가 말을 전해 소식을 통할 필요가 있었으니, 유비는 공자를 만나보고자 했지만 소개시켜줄 자를 통하지 않았기 때문에 공자가 질병을

22) 『주례』「천관(天官)·포인(庖人)」: 凡用禽獻, 春行羔豚, 膳膏香; 夏行腒鱐, 膳膏臊; 秋行犢麛, 膳膏腥; 冬行鮮羽, 膳膏羶.

23) 『예기』「곡례상(曲禮上)」【33a】: 執禽者, 左首.

핑계로 사양했던 것이다.[24] 또 경문에서는 '모자(某子)'라고 했는데, 정현은 "'모자(某子)'는 현재 소개시켜준 자의 성과 이름이다."라고 했다. 『의례』「향음주례(鄕飮酒禮)」편을 살펴보면 "모자(某子)는 권한 술잔을 받는다."[25]라고 했고, 정현의 주에서는 "모(某)는 여러 빈객 무리들의 성(姓)이다."라고 했다. 또 『의례』「향사례(鄕射禮)」편에서는 "모(某)가 모자(某子)에게 술을 따라 권한다."[26]라고 했고, 정현의 주에서는 "모자(某子)는 씨(氏)이다."라고 했다. 이것은 이곳의 주석에서 모자(某子)를 성과 이름으로 풀이한 것과 동일하지 않다. 그 이유는 「향음주례」편과 「향사례」편에서는 여수(旅酬)[27]를 하며 밑에 사람이 위에 있는 사람에게 권한 것으로, 위에 있는 사람을 존경하는 것이다. 『공양전』에서는 "이름은 자(字)만 못하고, 자(字)는 자(子)만 못하다."[28]라고 했다. 그러므로 밑에 있는 자에 대해서는 성(姓)을 칭하여 자(子)에 짝했으니, 그 기록은 서로 대면하면서 말하는 것이기 때문에 이름을 말하지 않는 것이다. 이곳의 상황은 얼굴을 대면한 상태에서 한 말이 아니며, 그가 소개시켜준 뜻을 말하며 이름을 말하지 않고 단지 성만 말하게 된다면 이 사람이 어떤 사람인지 알 수 없다. 그렇기 때문에 정현은 성과 이름으로 풀이한 것이다. 만약 그렇다면 『의례』「특생궤식례(特牲饋食禮)」편에서 '황조모자(皇祖某子)'[29]라고 했고, 주에서는 백자(伯子)나 중자(仲子)라고 했으니, 손자는 부친과 조부의 성을 불러서는 안 되기 때문이라고 했다. 그래서 백자나 중자로 말한 것이니, 경문을 살펴 그 의미를 풀이한 것이다. 그래서 주에 있어서도 차이가 있다. 만약 그렇다면 주에서는 마땅히 이름에 대한

---

24) 『논어』「양화(陽貨)」: 孺悲欲見孔子, 孔子辭以疾. 將命者出戶, 取瑟而歌, 使之聞之.

25) 『의례』「향음주례(鄕飮酒禮)」: 司正升相旅, 曰, "某子受酬."

26) 『의례』「향사례(鄕射禮)」: 司正升自西階相旅, 作受酬者, 曰, "某酬某子."

27) 여수(旅酬)는 본래 제사가 끝난 후에, 제사에 참가했던 친족 및 빈객(賓客)들이 술잔을 들어 술을 마시고, 서로 공경의 예(禮)를 표하며, 잔을 권하는 의례(儀禮)이다. 연회에서도 서로에게 술을 권하는 절차를 '여수'라고 부른다.

28) 『춘추공양전』「장공(莊公) 10년」: 州不若國, 國不若氏, 氏不若人, 人不若名, 名不若字, 字不若子.

29) 『의례』「특생궤식례(特牲饋食禮)」: 命曰, "孝孫某, 筮來日某, 諏此某事, 適其皇祖某子, 尙饗."

설명이 있어야 하니, 이 말이 없는 것은 잘못되었다.

참고 『의례』「사상견례(士相見禮)」 기록

경문 士見於大夫, 終辭其摯. 於其入也, 一拜其辱也. 賓退, 送, 再拜.

번역 사가 대부를 찾아뵙게 되면 끝내 그 예물을 사양하고, 사가 대문으로 들어오면 그가 욕되이 찾아온 것에 대해 한 차례 절을 한다. 빈객이 물러나면 전송하며 재배를 한다.

鄭注 終辭其摯, 以將不親答也. 凡不答而受其摯, 唯君於臣耳. 大夫於士, 不出迎. 入一拜, 正禮也. 送再拜, 尊賓.

번역 끝내 그 예물을 사양하는 것은 장차 직접 답례를 할 수 없기 때문이다. 답례를 하지 않고 예물을 받는 것은 군주와 신하의 관계에서만 그렇게 할 따름이다. 대부와 사의 관계에서는 대부가 문밖으로 나와서 맞이하지 않는다. 사가 문으로 들어가서 한 차례 절을 하는 것은 정규 예법이다. 전송하며 재배를 하는 것은 빈객을 존귀하게 대하기 때문이다.

賈疏 ●"士見於大夫"至"再拜". ◎注"終辭"至"尊賓". ○釋曰: 云"以將不親答也"者, 事未至謂之將, 如上士相見賓來見士, 後將親答就士家, 則辭而受其摯. 此則以將不親答, 終不受也. 若然, 經直云"終辭其摯", 不言一辭·再辭, 亦有可知, 但略而不言也. 又少儀云始見君子曰"願聞名" 此不言願聞, 亦文不具也. 云"凡不答而受其摯, 唯君於臣耳"者, 見下文"他邦之人則使擯者還其摯", 見己君不言還摯. 又文有三辭: 初辭·中辭·終辭. 初辭之時, 則云"使某", 中辭云"命某", 以辭在中者, 傳言而已, 故云"命某". 然使某者是尊君卑臣之義, 其心重. 若云"命某"者, 尊君卑臣, 稍淺漸輕之義, 故鄭云或言命某傳言耳. 必知有此義者, 按僖九年左傳曰: "天子有事於文武, 使孔賜伯舅胙. 以伯舅耋老, 加勞賜一級, 無下拜", 是尊君. 稱使傳言, 云命有輕重之義也.

번역 ●經文: "士見於大夫"~"再拜". ◎鄭注: "終辭"~"尊賓". ○정현이 "장차 직접 답례를 할 수 없기 때문이다."라고 했는데, 그 사안이 아직 도달하지 않은 것을 '장(將)'이라고 하니, 앞에서 사가 서로 만나본다고 했을 때 빈객이 찾아와 사를 만나보는 것으로, 이후 직접 사의 집으로 찾아간다면 사양을 하고 난 뒤에 그 예물을 받는다. 이곳의 경우는 장차 직접 답례를 하지 않으므로 끝내 받지 않는 것이다. 만약 그렇다면 경문에서는 단지 "끝내 그 예물을 사양한다."라고만 말하여 한 차례 사양을 하거나 재차 사양을 한다는 말을 하지 않았지만, 여기에서도 이러한 절차를 하게 됨을 알 수 있다. 다만 문장을 생략하여 언급하지 않은 것이다. 또 『예기』「소의(少儀)」편에서는 처음으로 군자를 알현하게 될 때 "제 이름이 전해지기를 원합니다."[30]라고 말했는데, 이곳에서는 알려지기를 원한다고 말하지 않았으니, 이 또한 문장을 자세히 기록하지 않았기 때문이다. 정현이 "답례를 하지 않고 예물을 받는 것은 군주와 신하의 관계에서만 그렇게 할 따름이다."라고 했는데, 아래문장에서 "다른 나라의 사람이라면 의례의 진행을 돕는 자로 하여금 그 예물을 돌려준다."라고 했고, 자기 군주를 찾아뵐 때에는 예물을 돌려준다고 말하지 않았다. 또 문장 기록에 따르면 세 차례 사양하는 것이 있으니 초사(初辭)·중사(中辭)·종사(終辭)이다. 초사를 할 때에는 "아무개를 시킨다."라고 했고, 중사를 할 때에는 "아무개에게 명했다."라고 하여, 사양함이 두 번째에 해당한다면 그 말을 전달하는 것일 뿐이다. 그렇기 때문에 "아무개에게 명했다."라고 했다. 그렇다면 아무개를 시킨다고 한 것은 군주를 높이고 신하를 낮추는 도의에 해당하니, 그 마음이 중대한 것이다. 만약 "아무개에게 명했다."라고 한다면 군주를 높이고 신하를 낮추는 것에 있어서는 보다 얕고 보다 가벼운 도의에 해당한다. 그렇기 때문에 정현은 혹자는 명모(命某)는 말을 전달하는 것일 뿐이라고 말한다고 했다. 이러한 도의가 포함되어 있다는 사실을 분명히 알 수 있는 이유는 희공 9년에 대한 『좌전』의 기록을 살펴보면 "천자

30) 『예기』「소의(少儀)」【431a】: 曰, "某固願聞名於將命者." 不得階主. 適者曰, "某固願見." 罕見曰, "聞名", 亟見曰, "朝夕", 瞽曰, "聞名".

께서 문왕과 무왕에게 제사를 지내어 공을 보내 이성(異姓)의 제후에게 제사 지낸 고기를 하사하셨습니다. 백구는 나이가 많고 공로까지 있으므로 한 등급을 올려주니 내려와서 절을 하지 말도록 하셨습니다."[31]라고 했다. 이것은 군주를 존귀하게 높이는 것이다. 사신을 일컬으며 말을 전달하기 때문에 명령에는 경중의 뜻이 있다고 말한 것이다.

참고 『춘추좌씨전』 민공(閔公) 2년 기록

전문 狐突歎曰: "時, 事之徵也①; 衣, 身之章也②; 佩, 衷之旗也③. 故敬其事, 則命以始④; 服其身, 則衣之純⑤; 用其衷, 則佩之度⑥. 今命以時卒, 閟其事也⑦; 衣之尨服, 遠其躬也⑧; 佩以金玦, 棄其衷也. 服以遠之, 時以閟之; 尨, 涼; 冬, 殺; 金, 寒; 玦, 離. 胡可恃也⑨! 雖欲勉之, 狄可盡乎?"

번역 호돌은 탄식을 하며, "시령은 일의 징조이고, 의복은 몸을 꾸미는 격식이며, 패물은 속마음을 드러내는 것이다. 그러므로 그 일을 공경한다면 처음에 명령을 내리고, 몸에 옷을 걸친다면 순색의 옷으로 입히며, 속마음에 따른다면 일상적인 법도에 따라 패옥을 차게 하는 것이다. 그런데 지금은 시령을 한 해가 끝나는 때에 내렸으니 그 일을 막는 것이고, 잡색의 옷을 입혔으니 태자를 멀리 대하는 것이며, 금으로 된 결(玦)을 채웠으니 속마음을 버린 것이다. 잡색의 옷을 입혀서 멀리 대하고 한 해의 끝에 명령을 내려서 막히게 했는데, 잡색은 서늘함을 뜻하고 겨울은 숙살함을 뜻하며, 금은 차가움을 뜻하고 결은 떨어짐을 뜻한다. 그러니 어찌 믿을 수 있겠는가! 비록 노력하고자 하더라도 적인을 모조리 없앨 수 있겠는가?"라고 했다.

31) 『춘추좌씨전』「희공(僖公) 9년」: 王使宰孔賜齊侯胙, 曰, "天子有事于文·武, 使孔賜伯舅胙." 齊侯將下·拜. 孔曰, "且有後命, 天子使孔曰, '以伯舅耋老, 加勞, 賜一級, 無下拜!'"

杜注-① 歎, 以先友爲不知君心.

번역 탄식한 것은 선우가 군주의 마음을 몰랐기 때문이다.

杜注-② 章貴賤.

번역 신분의 귀천을 드러내는 것이다.

杜注-③ 旗, 表也, 所以表明其中心.

번역 '기(旗)'는 드러낸다는 뜻으로, 속마음을 드러내는 것이다.

杜注-④ 賞以春夏.

번역 상은 봄과 여름에 내린다는 뜻이다.

杜注-⑤ 必以純色爲服.

번역 반드시 순색의 천으로 의복을 만든다는 뜻이다.

杜注-⑥ 衷, 中也. 佩玉者, 士君子常度.

번역 '충(衷)'은 속마음을 뜻한다. 옥을 차는 것은 사나 군자의 일상적인 법도이다.

杜注-⑦ 冬十二月, 閟盡之時.

번역 겨울 12월은 닫히고 다하는 때에 해당한다.

杜注-⑧ 尨, 雜色.

번역 '방(尨)'은 잡색을 뜻한다.

杜注-⑨ 寒·凉·殺·離, 言無溫潤. 玦如環而缺, 不連.

번역 차가움·서늘함·숙살함·떨어짐은 온정과 은택이 없다는 뜻이다. 결(玦)은 둥근 환(環)과 같지만 중간이 끊어져 있어서 이어지지 않는다.

참고 『예기』「표기(表記)」 기록

경문-623d 子曰, "齊戒以事鬼神, 擇日月以見君, 恐民之不敬也."

번역 공자가 말하길, "재계를 하여 귀신을 섬기고, 날과 달을 가려서 군자를 찾아뵙는 것은 백성들이 공경하지 못할까를 염려하기 때문이다."라고 했다.

鄭注 "擇日月以見君", 謂臣在邑竟者.

번역 "날과 달을 가려서 군주를 뵙는다."라고 했는데, 신하들 중 식읍의 변경에 나가 있는 자를 뜻한다.

孔疏 ◎注"擇日月以見君, 謂臣在邑竟者". ○正義曰: 知者, 以其經云"擇日月以見君", 若朝廷之臣則每日朝君, 何得云"擇日月"? 據此故知邑竟, 或擇日出使在外, 或食邑別都, 見君之時, 須"擇日月"也.

번역 ◎鄭注: "擇日月以見君, 謂臣在邑竟者". ○이러한 사실을 알 수 있는 것은 경문에서 "날과 달을 가려서 군주를 뵙는다."라고 했기 때문이다. 만약 조정에 소속된 신하의 경우라면, 매일 군주를 조회하게 되는데, 어떻게 "날과 달을 가린다."라고 말할 수 있겠는가? 이러한 사실에 근거했기 때문에 식읍의 변경에 있는 자들은 간혹 날짜를 택해서 사신으로 국경을 벗어나 외지에 있거나 혹은 식읍이 도읍과 동떨어져 있어서 군주를 뵐 때에는 날과 달을 택해야만 한다는 사실을 알 수 있다.

大全 石林葉氏曰: 事鬼神則致敬於幽者也, 故主齊戒. 見君則致敬於明者也, 故主擇日月.

번역 석림섭씨가 말하길, 귀신을 섬기는 경우라면, 그윽한 저 세상에 대해서 공경함을 지극히 하는 것이다. 그렇기 때문에 재계함을 위주로 한다. 군주를 찾아뵙는 경우라면, 밝은 인간 세상에 대해서 공경함을 지극히 하는 것이다. 그렇기 때문에 날짜를 가리는 것을 위주로 한다.

大全 嚴陵方氏曰: 玉藻言將適公所, 宿齊戒, 則見君者, 非不齊戒. 周官言祭祀, 前期十日, 帥執事而卜日, 遂戒, 則事鬼神者, 非不擇日月. 而此於鬼神言齊戒, 於君言日月者, 蓋齊戒在人, 日月在天, 神道至幽, 故主言在人者以明之, 君道至明, 故主言在天者以神之, 亦各有所當也.

번역 엄릉방씨가 말하길, 『예기』「옥조(玉藻)」편에서는 "군주가 계신 장소로 가게 되면, 하루 전에 재계를 한다."[32]라고 했으니, 군주를 찾아뵐 때에는 재계를 하지 않는 경우가 없다. 『주례』에서는 "제사를 지내게 되면, 기약된 날짜보다 10일 이전에 일을 맡아보는 자들을 이끌고서 날짜에 대해 거북점을 치고, 곧 재계를 시킨다."[33]라고 했으니, 귀신을 섬길 때에도 날짜를 가리지 않는 경우가 없다. 그런데도 이곳에서는 귀신에 대해 재계를 한다고 했고, 군주에 대해서는 날짜를 가린다고 했다. 그 이유는 재계를 하는 것은 사람에게 달린 것이고, 날짜는 하늘에 달려 있는 것인데, 신의 도는 지극히 그윽하기 때문에 사람에게 달린 것을 말하여 밝힌 것이고, 군주의 도는 지극히 밝기 때문에 하늘에 달린 것을 말하여 신성시한 것이니, 또한 각각에 마땅한 점이 있다.

---

32) 『예기』「옥조(玉藻)」【375b】: 將適公所, 宿齊戒, 居外寢, 沐浴. 史進象笏, 書思對命.

33) 『주례』「천관(天官)·대재(大宰)」: 祀五帝, 則掌百官之誓戒, 與其具脩. 前期十日, 帥執事而卜日, 遂戒.

그림 4-1 ■ 각종 예물: 훈(纁)·현(玄)·황(黃), 고(羔)·안(鴈)·치(雉)

※ **출처**: 『삼재도회(三才圖會)』「문사(文史)」 2권

• 제 5 절 •

관례(冠禮)를 중시하는 이유

【690c】

成人之者, 將責成人禮焉也. 責成人禮焉者, 將責爲人子·爲人弟·爲人臣·爲人少者之禮行焉. 將責四者之行於人, 其禮可不重與! 故孝弟忠順之行立, 而后可以爲人; 可以爲人, 而后可以治人也. 故聖王重禮. 故曰: 冠者禮之始也, 嘉事之重者也. 是故古者重冠, 重冠故行之於廟; 行之於廟者, 所以尊重事; 尊重事, 而不敢擅重事; 不敢擅重事, 所以自卑而尊先祖也.

직역 成人의 者는 將히 成人의 禮를 責한다. 成人의 禮를 責한 者는 將히 人子로 爲하며, 人弟로 爲하고 人臣으로 爲하며 人少로 爲한 者의 禮를 行하도록 責한다. 將히 人에게 四者를 行하도록 責하니, 그 禮가 可히 不重與아! 故로 孝弟忠順의 行이 立한, 后에야 可히 人이 爲하며; 可히 人이 爲한 后에 可히 人을 治라. 故로 聖王이 禮를 重이라. 故로 曰, 冠者는 禮의 始이며, 嘉事의 重者이다. 是故로 古者에는 冠을 重하고, 冠을 重한 故로 廟에서 行하며; 廟에서 行한 者는 重事를 尊하는 所以이고; 重事를 尊하되, 敢히 重事을 擅하길 不하며; 敢히 重事를 擅하길 不함은 自히 卑하고 先祖를 尊하는 所以이다.

의역 성인(成人)이 된 자에게는 장차 성인으로서 시행해야 할 예(禮)를 요구하게 된다. 장차 성인으로서 시행해야 할 예를 요구하는 것은 장차 자식된 자로서 따라야 하는 예, 동생이 된 자로서 따라야 하는 예, 신하된 자로서 따라야 하는 예, 젊은이가 된 자로서 따라야 하는 예를 시행하도록 요구하는 것이다. 그 사람에 대해서 이러한 네 가지 예의 시행을 요구하게 된다면, 관례(冠禮)에 대해서 중시하지 않을 수 있겠는가! 그렇기 때문에 효(孝)·제(弟)·충(忠)·순(順)의 행실이 확립된 이후에야 사람답게 될 수 있는 것이고, 사람답게 될 수 있은 이후에야 다른 사람을 다스릴 수 있는 것이다. 그러므로 성왕(聖王)은 예를 중시했던 것이다. 또 이러한 이유 때문에 "관례라는 것은 예의 시작이자 경사스러운 일 중에서도 중대사에 해당한다."라고 말한 것이다. 그리고 이러한 까닭으로 고대에는 관례를 중시했으니, 관례 자체를 중시했기 때문에 묘(廟)에서 시행했던 것이고, 묘에서 관례를 시행했던 것은 중대한 사안에 대해서 존귀하게 여기는 방법이 되며, 중대한 일을 존귀하게 여기면서도 감히 제멋대로 처리하지 않았고, 감히 중대사에 대해 제멋대로 처리하지 않았던 것은 스스로를 낮추며 선조를 높이는 방법이다.

集說 呂氏曰: 所謂成人者, 非謂四體膚革異於童稚也, 必知人倫之備焉. 親親·貴貴·長長, 不失其序之謂備, 此所以爲人子·爲人弟·爲人臣·爲人少者之禮行, 孝弟忠順之行立也. 有諸己, 然後可以責諸人, 故成人然後可以治人也. 古者重事必行之廟中, 昏禮納采至親迎, 皆主人筵几於廟. 聘禮, 君親拜迎於大門之外而廟受. 爵有德, 祿有功, 君親策命于廟. 喪禮, 旣啓則朝廟, 皆所以示有所尊而不敢專也. 冠禮者, 人道之始, 所不可後也. 孝子之事親也, 有大事, 必告而後行, 沒則行諸廟, 猶是義也. 故大孝終身慕父母者, 非終父母之身, 終其身之謂也.

번역 여씨가 말하길, 이른바 '성인(成人)'이라는 것은 사지나 피부가 어린 아이와 다르다는 것을 뜻함이 아니니, 인륜(人倫)을 갖춰야 함을 분명히 아는 것이다. 친근한 자를 친근하게 대하고, 존귀한 자를 존귀하게 대하며, 연장자를 연장자로 우대하여, 그 질서를 잃지 않는 것을 "갖췄다[備]."라고 말하는 것이며, 이것은 자식된 자로서의 입장, 동생이 된 자로서의 입장, 신하가 된 자로서의 입장, 젊은이가 된 자로서의 입장에 따른 예를 시행하여, 효(孝)·제(弟)·충(忠)·순(順)의 행실을 확립하는 방법이 된다. 자신에게 갖춰진 이후에야 남에 대해서도 책망할 수 있는 것이다. 그렇기 때문에 성인이 된 이후에야 다른 사람들을 다스릴 수 있다. 고대에는 중대한 사안에 대해서 반드시 묘(廟) 안에서 시행했으니, 혼례(昏禮)에 있어서 납채(納采)[1]로부터 친영(親迎)[2]에 이르기까지, 모든 절차에 있어서 주인은 묘에 대자리와 안석을 설치하게 된다. 또한 빙례(聘禮)에 있어서도 군주는 직접 대문 밖에서 빈객을 맞이하며 절을 하고 묘에서 빙문을 받는다. 작위를 가진 자는 그에 걸맞은 덕이 있는 것이며, 녹봉을 받는 자는 그에 걸맞은 공적이 있는 것이니, 군주는 직접 묘에서 그에게 관직과 작위를 수여하게 된다. 상례(喪禮)에 있어서도 가매장했던 빈소를 열었다면, 조묘(朝廟)[3]를 했으니, 이 모두는 존귀하게 여겨야 할 대상이 있어서 감히 제 마음대로 할 수 없다는 뜻을 드러내는 방법이다. '관례(冠禮)'라는 것은 인도(人道)의 시작이 되니 뒤로 미룰 수 없다. 자식이 부모를 섬기는 일에 있어서, 중대한 일이 있다면 반드시 아뢴 이후에야 시행하고, 부모가 돌아가셨을 때에는 묘에서 아뢰는 절차를 시행하니, 여전히 이러한 도의가 포함된 것이다. 그렇기 때문에 큰 효도라는 것은 종신토록 부모를 그리워하는 것이니,[4] 이 말은 부모가 돌아가셨을 때를 뜻하는 말이 아니라 본인이 죽을 때까지를 뜻한다.

大全 馬氏曰: 成人禮者, 爲人子則孝, 爲人弟則弟, 爲人臣則忠, 爲人少則順, 責之以四者之行, 此禮之所以重也. 尊重事者, 不忘其先也. 不敢擅重事者, 事不專於己也. 不專於己, 所以自卑, 不忘其本, 所以尊先祖也.

번역 마씨가 말하길, 성인(成人)으로써 따라야 하는 예(禮)라는 것은 자식된 자의 입장에서는 효(孝)가 되며, 동생된 자의 입장에서는 제(悌)가 되고,

---

1) 납채(納采)는 혼인과 관련된 육례(六禮) 중 하나이다. 청원을 하며 여자 집안에 예물을 보내는 일을 뜻한다.

2) 친영(親迎)은 혼례(婚禮)에서 시행하는 여섯 가지 예식(禮式) 중 하나이다. 사위될 자가 여자 집에 가서 혼례를 치르고, 자신의 집으로 데려오는 예식을 뜻한다.

3) 조묘(朝廟)는 종묘(宗廟)에 전제(奠祭)를 지낸다는 뜻이다. 또 『춘추』「문공(文公) 6년」 경문(經文)에는 "閏月不告月, 猶朝于廟."라는 기록이 있고, 이에 대한 두예(杜預)의 주에서는 "諸侯每月必告朔聽政, 因朝宗廟."라고 풀이했다. 즉 제후들은 매월 반드시 고삭(告朔)을 하며 정사(政事)를 돌보게 되는데, 이것에 연유하여 종묘에서 전제사를 지낸다. 또한 '조묘'는 상례(喪禮)를 치르며 영구를 조묘로 이동시켜서, 장차 장지로 떠나게 됨을 아뢰는 의식이기도 하다.

4) 『맹자』「만장상(萬章上)」: 人少, 則慕父母, 知好色, 則慕少艾, 有妻子, 則慕妻子, 仕則慕君, 不得於君則熱中. 大孝終身慕父母. 五十而慕者, 予於大舜見之矣.

신하된 자의 입장에서는 충(忠)이 되며, 젊은이의 입장에서는 순(順)이 되는데, 이러한 네 가지 덕목의 시행을 그에게 요구하니, 이것이 바로 예를 중시하는 이유이다. 중대한 일을 존귀하게 여기는 것은 선조를 잊지 못하기 때문이다. 중대사에 대해 감히 제멋대로 하지 않는 것은 그 사안이 자기에게만 국한된 것이 아니기 때문이다. 자기 마음대로 하지 않는 것은 스스로를 낮추는 방법이며, 근본이 되는 선조를 잊지 않는 것은 선조를 존귀하게 높이는 방법이다.

大全 廬陵胡氏曰: 前責以三行者, 責成人之漸, 此責以四行者, 責成人之備. 孟子曰: "不得乎親, 不可以爲人." 故必四行立而後, 可以爲人也. 曰可以者, 亦猶所謂事親若曾子者可也. 蓋臣子之身所能爲者, 皆所當爲也, 故但曰可而已, 不以曾子之孝爲有餘也. 嘉事, 謂嘉會足以合禮, 傳曰: "嘉事不體, 何以能久?"

번역 여릉호씨[5]가 말하길, 앞에서는 세 가지 행실을 요구했는데, 이것은 성인(成人)으로서의 책무를 점진적으로 주는 것이고, 이곳에서는 네 가지 행실을 요구했는데, 이것은 성인으로서의 책무를 완벽하게 갖추도록 하는 것이다. 『맹자』에서는 "부모를 기뻐하도록 만들 수 없다면 사람이라 할 수 없다."[6]라고 했다. 그렇기 때문에 반드시 네 가지 행실을 확립한 이후에야 사람답게 될 수 있는 것이다. '가이(可以)'라고 언급한 것은 또한 이른바 부모를 섬길 때 증자(曾子)처럼 하는 것이 옳다는 뜻이다.[7] 무릇 신하나 자식된 자가 할 수 있는 것들은 모두 마땅히 시행해야 하는 것들이다. 그렇기 때문에 단지 '가(可)'라고 말한 것일 뿐이니, 증자가 시행했던 효(孝)를 지나친 것으로 여긴 것이 아니다. '가사(嘉事)'는 모임을 아름답게 하여 족히 예(禮)에

---

5) 호전(胡銓, A.D.1102 ~ A.D.1180) : =여릉호씨(廬陵胡氏)·호방형(胡邦衡). 남송(南宋) 때의 정치가이자 문학가이다. 자(字)는 방형(邦衡)이고, 호(號)는 담암(澹庵)이다. 충신으로 명성이 높았다.

6) 『맹자』「이루상(離婁上)」 : 天下大悅而將歸己, 視天下悅而歸己, 猶草芥也, 惟舜爲然. 不得乎親, 不可以爲人, 不順乎親, 不可以爲子.

7) 『맹자』「이루상(離婁上)」 : 若曾子, 則可謂養志也. 事親若曾子者, 可也.

합치시킨다는 뜻이니,[8] 『좌전』에서는 "가사(嘉事)를 맞게 하지 못하니, 어떻게 오래도록 살 수 있겠는가?"[9]라고 했다.

鄭注 言責人以大禮者, 己接之不可以苟. 嘉事, 嘉禮也. 宗伯掌五禮: 有吉禮, 有凶禮, 有賓禮, 有軍禮, 有嘉禮. 而冠屬嘉禮, 周禮曰: "以昏冠之禮, 親成男女也".

번역 대례(大禮)로써 남에게 책무를 주는 경우, 본인이 그를 접하며 구차하게 할 수 없다는 뜻이다. '가사(嘉事)'는 가례(嘉禮)[10]를 뜻한다. 종백(宗伯)은 오례(五禮)를 담당하는데, 오례(五禮)에는 길례(吉禮), 흉례(凶禮), 빈례(賓禮), 군례(軍禮), 가례(嘉禮)가 있고, 관례(冠禮)는 가례(嘉禮)에 해당한다. 『주례』에서는 "혼례(昏禮)와 관례(冠禮)로써 직접 남자와 여자를 성인으로 만들어준다."[11]라고 했다.

釋文 少, 詩照反. 之行, 下孟反, 下同. 與音餘. 弟音悌. 治, 直吏反. 擅, 市戰反.

번역 '少'자는 '詩(시)'자와 '照(조)'자의 반절음이다. '之行'에서의 '行'자는 '下(하)'자와 '孟(맹)'자의 반절음이며, 아래문장에 나오는 글자도 그 음이 이와 같다. '與'자의 음은 '餘(여)'이다. '弟'자의 음은 '悌(제)'이다. '治'자는 '直(직)'자와 '吏(리)'자의 반절음이다. '擅'자는 '市(시)'자와 '戰(전)'자의 반절음이다.

---

8) 『역』「건괘(乾卦)·문언전(文言傳)」: 君子體仁足以長人, 嘉會足以合禮, 利物足以和義, 貞固足以幹事.

9) 『춘추좌씨전』「정공(定公) 15년」: 今正月相朝, 而皆不度, 心已亡矣. 嘉事不體, 何以能久?

10) 가례(嘉禮)는 오례(五禮) 중 하나로, 결혼식을 치르거나, 잔치 등을 베풀 때의 예제(禮制)를 뜻한다. 경사스러운 일이라는 뜻에서 가(嘉)자를 붙여서 '가례'라고 부르는 것이다.

11) 『주례』「춘관(春官)·대종백(大宗伯)」: 以嘉禮親萬民. 以飮食之禮親宗族兄弟. 以婚冠之禮親成男女. 以賓射之禮親故舊朋友. 以饗燕之禮親四方之賓客. 以脤膰之禮親兄弟之國. 以賀慶之禮親異姓之國.

孔疏 ●"成人之者", 此明加冠成人之義. 必"成人"者, "將責成人禮焉". 冠責以成人之事, 若成人事立, 可以治人也. 是冠者爲治之本, 故先王重之, 行之於廟, 士行之於禰廟, 故士冠禮注"廟謂禰廟". 旣在"禰廟", 此云"尊先祖"者, 尊禰卽尊先祖之義. 且下士祖禰共廟, 其諸侯則冠於太祖之廟, 故左傳云"先君之祧以處之", 聘禮"不腆先君之祧", 鄭注以爲始祖之廟, 則天子當冠於始祖廟也. 服虔注左傳"先君之祧處之", 以爲曾祖廟者, 以左傳魯襄公冠於衛成公之廟. 衛成公則當今衛君獻公曾祖, 服虔望時解之, 故以"祧"爲"曾祖", 非鄭義也.

번역 ●經文: "成人之者". ○이 문단은 관을 씌워주어서 성인(成人)이 된다는 뜻을 나타내고 있다. 기어코 '성인(成人)'이라고 말한 것은 "장차 성인으로서 따라야 하는 예를 요구한다."는 뜻 때문이다. 관례는 성인으로서 따라야 하는 일들에 대해 요구하는 것이니, 만약 성인으로서 따라야 하는 일들을 확립한다면 다른 사람을 다스릴 수 있는 것이다. 이것이 바로 관례가 다스림의 근본이 되는 이유이다. 그렇기 때문에 선왕도 관례를 중시하여 묘(廟)에서 시행하도록 했던 것이니, 사의 경우에는 녜묘(禰廟)[12]에서 시행한다. 그렇기 때문에 『의례』「사관례(士冠禮)」편에 대한 정현의 주에서는 "묘(廟)는 녜묘를 뜻한다."[13]라고 한 것이다. 이미 '녜묘'에서 시행한다고 했는데 이곳 문장

---

12) 녜묘(禰廟)는 부친의 묘(廟)를 뜻한다. 따라서 부묘(父廟)라고도 부른다. 한편 죽은 부친을 뜻하는 고(考)자를 붙여서 '고묘(考廟)'라고도 부른다. 『춘추좌씨전』「양공(襄公) 12년」편에는 "凡諸侯之喪, 異姓臨於外, 同姓臨於宗朝。同宗於祖廟, 同族於禰廟."라는 기록이 있는데, 이에 대한 두예(杜預)의 주에서는 "父廟也."라고 풀이했다. 또한 『춘추좌씨전』「양공(襄公) 13년」편에는 "所以從先君於禰廟者."라는 기록이 있는데, 이에 대한 공영달(孔穎達)의 소(疏)에서는 "祭法云, 諸侯立五廟, 曰考廟·王考廟·皇考廟·顯考廟·祖考廟. 此云禰廟, 卽彼考廟也. …… 禰, 近也. 於諸廟, 父最爲近也."라고 풀이했다. 즉 『예기』「제법(祭法)」편의 기록에 따르면, 제후(諸侯)의 경우 5개의 묘(廟)를 세우게 되는데, 고묘(考廟)·왕고묘(王考廟: 조부의 묘)·황고묘(皇考廟: 증조부의 묘)·현고묘(顯考廟: 고조부의 묘)·조고묘(祖考廟: 시조의 묘)이다. '녜묘'라는 것은 곧 '고묘'에 해당한다. '녜(禰)'자는 "가깝다[近]."는 뜻으로, 제후에게 있어서, 조상들 중 부친이 가장 가까운 존재이기 때문에, 부친의 묘를 '녜묘'라고 부르는 것이다.

13) 이 문장은 『의례』「사관례(士冠禮)」편의 "士冠禮. 筮于廟門."라는 기록에 대한

에서 "선조를 존귀하게 높인다."라고 말한 이유는 부친을 존귀하게 받드는 것은 곧 선조를 존귀하게 받드는 도의에 해당하기 때문이다. 또한 하사(下士)의 경우에는 조부와 부친에 대해서 모두 하나의 묘에서 섬기고, 제후인 경우에는 태조의 묘에서 관례를 시행한다. 그렇기 때문에 『좌전』에서는 "선군(先君)의 조(祧)에서 시행한다."[14]라고 했던 것이고, 『의례』「빙례(聘禮)」편에서는 "선군의 조(祧)가 변변치 못합니다."[15]라고 했던 것인데, 정현의 주에서는 시조(始祖)의 묘로 여겼으니, 천자의 경우에는 마땅히 시조의 묘에서 관례를 치르는 것이다. 『좌전』에서 "선군(先君)의 조(祧)에서 시행한다."라고 했던 말에 대해, 복건[16]의 주에서는 증조부의 묘(廟)로 여겼는데, 『좌전』에 기록에 따르면 노(魯)나라 양공(襄公)은 위(衛)나라 성공(成公)의 묘에서 관례를 치렀기 때문이다. 즉 위나라 성공은 당시 위나라 군주인 헌공(獻公)에 대해 증조부에 해당하므로, 복건은 당시의 상황을 살펴보고 이처럼 풀이한 것이다. 그래서 '조(祧)'자를 증조부로 여겼던 것이니, 정현이 주장하는 바를 가리키는 것은 아니다.

集解 愚謂: 爲人弟, 專以事兄言之. 爲人少, 則凡在宗族而屬之尊於我, 在鄕黨而齒之長於我, 在朝廷而德位之先於我, 皆我爲之少, 而當事之者也. 四者之行重, 故必重其禮而後可以責之也.

번역 내가 생각하기에, 사람의 동생이 된다는 말은 전적으로 형을 섬긴다는 뜻으로 말한 것이다. 사람 중 젊은이가 된다는 말은 종족에 있을 때에는 나보다 존귀한 자가 있게 되고, 향당에 있을 때에는 나보다 나이가 많은 자가

정현의 주이다.

14) 『춘추좌씨전』「양공(襄公) 9년」: 君冠, 必以祼享之禮行之, 以金石之樂節之, 以先君之祧處之.

15) 『의례』「빙례(聘禮)」: 主人曰, "不腆先君之祧, 既拚以俟矣."

16) 복건(服虔, ? ~ ?) : 후한대(後漢代)의 유학자이다. 자(字)는 자신(子愼)이다. 초명은 중(重)이었으며, 기(祇)라고도 불렀다. 후에 이름을 건(虔)으로 고쳤다. 『춘추좌씨전(春秋左氏傳)』에 주석을 남겼지만, 산일되어 전해지지 않는다. 현재는 『좌전가복주집술(左傳賈服注輯述)』로 일집본이 편찬되었다.

있게 되며, 조정에 있을 때에는 나보다 덕과 지위가 높은 자가 있게 되니, 이 모든 경우에 있어서 나는 그들보다 낮고 어린 자가 되므로 마땅히 그들을 섬겨야 한다는 뜻이다. 이러한 네 가지 행실은 중대하기 때문에 반드시 그 예법을 중시한 이후에야 책무를 줄 수 있다.

集解 愚謂: 孝於親, 弟於兄, 忠於君, 順於長, 則於人道無不盡, 而可以謂之成矣. 能爲人子, 然後可以爲人父, 能爲人弟, 然後可以爲人兄; 能爲人臣, 然後可以爲人君; 能爲人幼, 然後可以爲人長, 故成人然後可以治人. 嘉禮之別有六, 而冠爲成人之始, 其禮爲重, 他如飮食·慶賀之類, 視冠禮則爲輕矣.

번역 내가 생각하기에, 부모에게 효를 다하고 형제에게 공손하게 행동하며 군주에게 충심을 다하고 연장자에게 순종한다면 인간의 도리에 있어서 다하지 않는 바가 없으니 이것을 “완성하다[成].”라고 부를 수 있다. 자식된 자로서 행동할 수 있은 뒤에야 남의 부모가 될 수 있고, 동생된 자로서 행동할 수 있은 뒤에야 남의 형이 될 수 있으며, 신하로서 행동할 수 있은 뒤에야 남의 군주가 될 수 있고, 어린자로서 행동할 수 있은 뒤에야 남의 어른이 될 수 있다. 그렇기 때문에 성인(成人)이 된 이후에야 남을 다스릴 수 있다. 가례(嘉禮)에는 별도로 여섯 가지 세부 항목이 있는데, 관례는 성인이 되는 처음이 되므로 그 예법은 중대하며, 다른 것들은 음식이나 경하하는 일과 관련된 부류이므로, 관례와 비교해보면 상대적으로 가벼운 것이 된다.

集解 愚謂: 冠禮行於廟, 有二義. 一則尊重事, 一則不敢擅重事. 尊重事者, 所以明成人之禮之重, 所以厚責其子, 不敢擅重事者, 以明重禮必成於禰, 又所以尊敬其父也.

번역 내가 생각하기에, 관례를 묘에서 시행하는 데에는 두 가지 의미가 있다. 첫 번째는 중대한 일을 존중하기 때문이며, 두 번째는 중대한 일을 감히 제멋대로 할 수 없기 때문이다. 중대한 일을 존중하는 것은 성인의 예가 중대하다는 사실을 나타내고, 자식에게 무거운 책무를 주기 위해서이며, 중대한 일을 감히 제멋대로 하지 않는 것은 중대한 예는 반드시 녜묘에서 치르며 완성해야 함을 밝히고, 또 이것을 통해 부친을 존경하는 것이다.

참고 구문비교

예기·관의 是故古者重冠, 重冠故行之於廟; 行之於廟者, 所以尊重事; 尊重事, 而不敢擅重事; 不敢擅重事, 所以自卑而尊先祖也.

공자가어·관송(冠頌) 行冠事必於祖廟, 以祼享之, 禮以將之, 以金石之樂節之, 所以自卑而尊先祖, 示不敢擅.

참고 『공자가어』「관송(冠頌)」 기록
*제3절 참고자료

참고 『맹자』「만장상(萬章上)」 기록

경문 人少則慕父母, 知好色則慕少艾, 有妻子則慕妻子, 仕則慕君, 不得於君則熱中①. 大孝, 終身慕父母, 五十而慕者, 予於大舜見之矣②.

번역 사람은 어렸을 때 부모를 그리워하지만 여색을 좋아할 줄 알게 되면 젊고 예쁜 여자를 그리워하고, 처와 자식을 두게 되면 처와 자식을 그리워하게 되며, 벼슬하게 되면 군주를 그리워하게 되는데, 군주에게 신임을 얻지 못한다면 마음에 열망이 생기며 두려워하게 된다. 큰 효도라는 것은 종신토록 부모를 그리워하는 것이니, 50세가 되어도 부모를 그리워하는 것을 나는 순임금에게서 보았다.

趙注-① 慕, 思慕也. 人少, 年少也. 艾, 美好也. 不得於君, 失意於君也. 熱中, 心熱恐懼也. 是乃人之情.

번역 '모(慕)'자는 사모한다는 뜻이다. '인소(人少)'는 나이가 어리다는 뜻이다. '애(艾)'는 아름답고 좋다는 뜻이다. 군주에게서 얻지 못했다는 것은 군주에 대해 그 뜻을 잃었다는 뜻이다. '열중(熱中)'은 마음에 열망이 생겨 두려워한다는 뜻이다. 이러한 것은 곧 사람의 감정에 해당한다.

孫疏 ◎注"慕, 思慕"至"人之情". ○正義曰: 云"少, 年少也. 艾, 美好也"者, 蓋世之傳孟子者, 以少女爲少艾也. 按說文云: "艾, 老也, 長也." 又按禮記云: "五十曰艾." 是則艾誠老長之稱也, 謂之少艾, 安可乎? 是則云艾·美好也者, 又不知何據爲之誤也. 殆亦未可知.

번역 ◎趙注: "慕, 思慕"~"人之情". ○"소(少)는 나이가 어리다는 뜻이다. '애(艾)'는 아름답고 좋다는 뜻이다."라고 했는데, 대대로 『맹자』를 전수했던 경사들은 '소녀(少女)'를 '소애(少艾)'로 여겼다. 『설문』을 살펴보면 "애(艾)자는 늙었다는 뜻이며 장성하다는 뜻이다."라고 했다. 또 『예기』를 살펴보면 "50세가 되면 머리가 희끗희끗해져서 마치 쑥 잎처럼 되기 때문에 애(艾)라고 부른다."[17]라고 했다. 이것은 '애(艾)'자가 진실로 늙고 장성한 자를 뜻한다는 사실을 나타내는데, '소애(少艾)라고 부르는 것이 어찌 가능하겠는가? 이곳에서는 "'애(艾)'는 아름답고 좋다는 뜻이다."라고 했는데, 어떠한 기록에 근거하여 이처럼 잘못된 해석을 했는지 알 수 없으니, 이 부분에 대해서는 명확히 알 수 없다.

趙注-② 老萊子七十而慕, 衣五綵之衣, 爲嬰兒匍匐於父母前也. 我於大舜見五十而尙慕父母. 書曰: "舜生三十徵庸, 三十在位." 在位時尙慕, 故言五十也.

---

17) 『예기』「곡례상(曲禮上)」【12b】: 人生十年曰幼, 學. 二十曰弱, 冠. 三十曰壯, 有室. 四十曰强, 而仕. 五十曰艾, 服官政. 六十曰耆, 指使. 七十曰老, 而傳. 八十九十曰耄, 七年曰悼, 悼與耄, 雖有罪, 不加刑焉. 百年曰期, 頤.

번역 노래자는 70세가 되어서도 부모를 그리워하여 다섯 가지 채색의 색동옷을 입고 아이처럼 굴며 부모 앞에서 땅바닥을 기었다고 했다. 나는 순임금을 통해서 50세가 되어서도 여전히 부모를 그리워함을 보았다. 『서』에서는 "순임금은 30세 때 부름을 받아 등용되어 30세에 제위에 올랐다."[18]라고 했다. 제위에 있을 때에도 여전히 그리워했기 때문에 50세라고 말한 것이다.

孫疏 ◎注"老萊子七十而慕"至"書曰: 舜生三十徵庸, 三十在位". ○正義曰: 云老萊子者, 按高士傳云: "老萊子, 楚人, 少以孝行, 養親極甘脆, 年七十, 父母猶存, 萊子服荊蘭之衣, 爲嬰兒戲親前, 言不稱老, 爲親取食上堂, 足跌而偃, 因爲嬰兒啼, 誠至發中. 楚室方亂, 乃隱耕於蒙山之陽, 著書號萊子, 莫知所終." 又云老萊著五綵五色斑斕之衣, 出列女傳, 文今不載.

번역 ◎趙注: "老萊子七十而慕"~"書曰: 舜生三十徵庸, 三十在位". ○노래자에 대해서 언급했는데, 『고사전』을 살펴보면 "노래자는 초나라 사람으로 어렸을 때부터 효행에 뛰어나서 부모를 봉양할 때 맛있고 씹기 편한 것을 지극히 갖췄고, 나이가 70이 되었을 때 부모가 여전히 생존해 계셨는데 노래자는 화려한 의복을 입고 아이처럼 굴어 부모 앞에서 재롱을 떨었고 말을 할 때에는 늙었다는 말을 하지 않았다. 그리고 부모를 위해 음식을 가져가다가 당상으로 올라갈 때 발을 잘못 내딛어 넘어졌는데, 그 기회를 통해 어린아이처럼 울었으니, 진실로 지극한 마음이 드러난 것이다. 초나라가 혼란스럽게 되자 몽산의 양지 바른 곳에 은둔하여 농사를 지었고 책을 저술하여 『내자』라고 불렀는데, 어떻게 생을 마감했는지는 알 수 없다."라고 했다. 또 노래자가 오채색의 화려한 옷을 입었다는 말은 『열녀전』에도 나오는데, 그 기록을 여기에서는 수록하지 않는다.

集註 言常人之情, 因物有遷, 惟聖人爲能不失其本心也. 艾, 美好也. 楚辭·

---

18) 『서』「우서(虞書)·순전(舜典)」: 舜生三十徵庸, 三十在位. 五十載, 陟方乃死. 帝釐下土, 方設居方, 別生分類, 作汨作, 九共, 九篇, 槀飫.

戰國策所謂幼艾, 義與此同. 不得, 失意也. 熱中, 躁急心熱也. 言五十者, 舜攝政時年五十也. 五十而慕, 則其終身慕可知矣.

번역 일반인들의 감정은 사물에 따라 변하게 되는데, 성인만은 본래의 마음을 잃지 않을 수 있다고 말한 것이다. '애(艾)'자는 아름답고 좋다는 뜻이다. 『초사』와 『전국책』에서는 '유애(幼艾)'라고 했는데, 그 의미가 이곳의 말과 같다. 얻지 못했다는 것은 뜻을 잃었다는 의미이다. '열중(熱中)'은 조급하여 마음에 열망이 생겨난다는 뜻이다. 50세라고 말했는데, 순임금은 섭정을 했을 때의 나이가 50세였다. 50세가 되어서도 사모했다면 종신토록 사모했다는 사실을 알 수 있다.

集註 此章言舜不以得衆人之所欲爲己樂, 而以不順乎親之心爲己憂. 非聖人之盡性, 其孰能之?

번역 이 문장은 순임금은 많은 사람들이 바라는 것을 얻는 것으로 자신의 즐거움으로 삼지 않았고, 부모에게 순종하지 못하는 마음을 자신의 근심으로 삼았다는 뜻이다. 성인처럼 본성을 다할 수 있는 자가 아니라면 그 누가 이처럼 할 수 있겠는가?

참고 『맹자』「이루상(離婁上)」 기록

경문 孟子曰, "天下大悅而將歸己, 視天下悅而歸己猶草芥也, 惟舜爲然①. 不得乎親, 不可以爲人. 不順乎親, 不可以爲子. 舜盡事親之道, 而瞽瞍底豫. 瞽瞍底豫, 而天下化. 瞽瞍底豫, 而天下之爲父子者定. 此之謂大孝②."

번역 맹자가 말하길, "천하 사람들이 크게 기뻐하며 자신에게 귀의하려고 하는데, 천하 사람들이 기뻐하며 자신에게 귀의하려는 것을 보며 마치 풀과 티끌처럼 하찮게 여긴 것은 오직 순임금만이 그렇게 하셨다. 부모를 기쁘게 할 수 없다면 사람이라 여길 수 없다. 부모에게 순종하지 못한다면 자식이라 여길 수 없다. 따라서 순임금은 부모 섬기는 도를 다하여 고수를 기쁘게 만들었다. 고수가 기뻐하게 되자 천하 사람들이 교화되었다. 고수가 기뻐하자 천하 사람들 중 부자관계를 이룬 자들이 안정되었다. 이것을 두고 '대효(大孝)'라고 부른다."라고 했다.

趙注-① 舜不以天下將歸己爲樂, 號泣于天.

번역 순임금은 천하 사람들이 자신에게 귀의하려는 것을 즐거움으로 삼지 않았고, 하늘을 부르며 울부짖었다.[19)]

趙注-② 舜以不順親意爲非人子. 厎, 致也. 豫, 樂也. 瞽瞍, 頑父也. 盡其孝道, 而頑父致樂, 使天下化之, 爲父子之道者定也.

번역 순임금은 부모에게 순종하지 못하면 자식된 자가 아니라고 여겼다. '지(厎)'자는 이룬다는 뜻이다. '예(豫)'자는 즐거워한다는 뜻이다. 고수는 우둔하면서도 난폭한 부친이었다. 효도를 지극히 하여 우둔하면서도 난폭한 부친이 즐거워하도록 만들었으니, 천하 사람들로 하여금 그것을 보고 교화되도록 만들어 부자관계에서의 도리를 확정했던 것이다.

孫疏 ◎注"瞽瞍頑父也". ○正義曰: 瞽瞍者, 按孔安國尙書傳云: "無目曰瞽." 舜父有目, 不能分別好惡, 故時人謂之瞽. 配字曰瞍, 瞍, 無目之稱. 頑者, 左傳云: "心不則德義之經爲頑."

번역 ◎趙注: "瞽瞍頑父也". ○고수에 대해서 공안국의 『상서』에 대한 전문을 살펴보면 "눈동자가 없는 것을 고(瞽)라고 부른다."라고 했다. 순임금

---

19) 『맹자』「만장상(萬章上)」: 萬章問曰, "舜往于田, 號泣于旻天, 何爲其號泣也?" 孟子曰, "怨慕也."

의 부친은 눈동자가 있었지만 좋아함과 싫어함을 분별할 수 없었다. 그렇기 때문에 당시 사람들이 '고(瞽)'라고 불렀던 것이다. 그 글자에 짝하여 '수(瞍)'라고 불렀는데, '수(瞍)'자 또한 눈동자가 없다는 뜻이다. '완(頑)'에 대해서 『좌전』에서는 "마음이 덕의의 법도를 본받지 못하는 것을 완(頑)이라고 한다."[20]라고 했다.

孫疏 ●"孟子曰"至"此之謂大孝". ○正義曰: 此章指言以天下富貴爲不若得意於親也.

번역 ●經文: "孟子曰"~"此之謂大孝". ○이 문장은 천하에서 부귀하게 되는 것은 부모로부터 그 뜻을 얻는 것만 못함을 말하고 있다.

孫疏 ●"孟子曰: 天下大悅而將歸己, 視天下悅而歸己猶草芥也, 惟舜爲然"者, 孟子言天下之人皆大悅樂而將歸嚮己, 視天下悅而歸己但若一草芥, 不以爲意者, 惟大舜爲能如此也.

번역 ●經文: "孟子曰: 天下大悅而將歸己, 視天下悅而歸己猶草芥也, 惟舜爲然". ○맹자는 천하의 사람들이 모두 매우 기뻐하여 나에게 귀의하려고 하더라도 천하 사람들이 기뻐하며 나에게 귀의하는 것을 마치 일개의 초개처럼 여기니, 이러한 것에 의미를 두지 않는 것은 오직 순임금만이 이처럼 할 수 있다고 말했다.

孫疏 ●"不得乎親, 不可以爲人. 不順乎親, 不可以爲子"至"此之謂大孝"者, 孟子又言人若不得事親之道, 則不可以爲人; 若得事親之道, 而不能順事親之志, 故不可以爲人之子. 惟舜能盡其事父母之道, 而瞽瞍頑嚚, 且亦致樂. 瞽瞍旣以致樂而先天下, 而天下亦從而化之. 瞽瞍致樂, 故天下父子者親親之

---

20) 『춘추좌씨전』「희공(僖公) 24년」: 耳不聽五聲之和爲聾, 目不別五色之章爲昧, 心不則德義之經爲頑, 口不道忠信之言爲嚚.

道定, 此所以爲舜之大孝矣. 故曰此之謂大孝.

번역 ●經文: "不得乎親, 不可以爲人. 不順乎親, 不可以爲子"~"此之謂大孝". ○맹자는 재차 다음과 같이 말했으니, 사람들이 만약 부모 섬기는 도리를 얻지 못한다면 사람이라 여길 수 없고, 만약 부모 섬기는 도리를 얻었더라도 부모를 섬기는 뜻에 따를 수 없기 때문에 사람의 자식으로 여길 수 없다. 오직 순임금만이 부모 섬기는 도를 다하여 고수와도 같이 우둔하면서도 난폭한 자 또한 기쁘하게 만들 수 있었다. 고수가 이미 기뻐하였으니 천하 사람들에 대한 것보다 먼저 한 것이며, 천하 사람들 또한 그에 따라 교화되었다. 고수가 기뻐하였기 때문에 천하에 부모와 자식의 관계에 있는 자들은 친근한 자를 친애하는 도가 안정되었으니, 이것은 순임금의 대효가 된다. 그렇기 때문에 "이것을 두고 '대효(大孝)'라고 부른다."라고 했다.

集註 言舜視天下之歸己如草芥, 而惟欲得其親而順之也. 得者, 曲爲承順以得其心之悅而已. 順則有以諭之於道, 心與之一而未始有違, 尤人所難也. 爲人蓋泛言之, 爲子則愈密矣.

번역 순임금은 천하가 자신에게 귀의하는 것을 초개처럼 여겼고 오직 부모의 뜻을 얻어 그 뜻에 따르고자 했다는 뜻이다. '득(得)'자는 곡진하게 받들고 따라서 그 마음을 기쁘하게 만드는 것이다. '순(順)'은 부모를 도를 통해 깨우쳐서 마음과 하나가 되도록 만들어 일찍이 위배됨이 없도록 하는 것이니 사람들이 따르기가 더욱 어려운 것이다. '위인(爲人)'은 범범하게 말한 것이고, '위자(爲子)'는 더욱 밀접하게 말한 것이다.

集註 瞽瞍, 舜父名. 厎, 致也. 豫, 悅樂也. 瞽瞍至頑, 嘗欲殺舜, 至是而厎豫焉. 書所謂"不格姦, 亦允若", 是也. 蓋舜至此而有以順乎親矣. 是以天下之爲子者, 知天下無不可事之親, 顧吾所以事之者未若舜耳. 於是莫不勉而爲孝, 至於其親亦厎豫焉, 則天下之爲父者, 亦莫不慈, 所謂化也. 子孝父慈, 各止其所, 而無不安其位之意, 所謂定也. 爲法於天下, 可傳於後世, 非止一身一家之孝而已, 此所以爲大孝也.

번역 '고수(瞽瞍)'는 순임금의 부친 이름이다. '지(底)'자는 이룬다는 뜻이다. '예(豫)'자는 기뻐하고 즐거워한다는 뜻이다. 고수는 지극히 우둔하면서도 난폭하여 일찍이 순임금을 죽이려고 했는데, 이 시기에 이르게 되자 기뻐하게 되었다. 『서』에서 "간악한 데에 이르지 않게 했다."[21]라고 했고, "고수 또한 믿고 따랐다."[22]라고 한 말이 이러한 사실을 나타낸다. 순임금은 이 시기에 이르러서도 부모에게 순종할 수 있었기 때문이다. 이러한 까닭으로 천하 사람들 중 자식의 입장에 있는 자들은 천하에 섬길 수 없는 부모가 없다는 사실을 알았고, 자신이 부모를 섬기는 방법이 순임금만 못하기 때문임을 돌아보게 되었다. 이에 힘써 효를 실천하지 않는 자가 없어서 그 부모 또한 기뻐하도록 만드는 경지에 이르렀으니, 천하 사람들 중 부친의 입장에 있는 자들은 자애롭지 않은 자가 없게 되었다. 이것이 바로 '화(化)'라는 것이다. 자식이 효를 다하고 부모가 자애롭게 하여 각각 자신의 자리에 멈추고 그 자리에서 편안히 여기지 않음이 없다는 뜻이 바로 '정(定)'이다. 천하의 모범이 되어 후세에 전할 수 있었으니, 단지 자기 자신이나 자기 집안에만 국한된 효가 아니다. 이것이 대효(大孝)가 되는 이유이다.

集註 李氏曰: 舜之所以能使瞽瞍厎豫者, 盡事親之道, 共爲子職, 不見父母之非而已. 昔羅仲素語此云, "只爲天下無不是底父母." 了翁聞而善之曰, "惟如此而後天下之爲父子者定. 彼臣弑其君·子弑其父者, 常始於見其有不是處耳."

번역 이씨가 말하길, 순임금이 고수가 기뻐하도록 만들 수 있었던 것은 부모 섬기는 도를 다하고 공손히 자식의 직무를 실천하여 부모의 잘못을 보지 않았기 때문이다. 옛날 나중소는 이것을 두고 "단지 천하에는 옳지 못한

---

21) 『서』「우서(虞書)·요전(堯典)」: 岳曰, 瞽子, 父頑, 母嚚, 象傲, 克諧以孝, 烝烝乂, 不格姦.

22) 『서』「우서(虞書)·대우모(大禹謨)」: 日號泣于旻天, 于父母. 負罪引慝, 祇載見瞽瞍, 夔夔齋慄, 瞽亦允若.

부모는 없다고 여겼기 때문이다."라고 했다. 요옹은 그 말을 칭찬하며 "오직 이처럼 할 수 있은 뒤에야 천하 사람들 중 부모와 자식관계에 속한 자들이 안정될 수 있다. 신하가 군주를 시해하고 자식이 부모를 시해하는 일들은 항상 부모나 군주의 옳지 못한 것을 살피는 데에서 비롯될 따름이다."라고 했다.

참고 『맹자』「이루상(離婁上)」 기록

경문 曾子養曾晳, 必有酒肉. 將徹, 必請所與. 問, "有餘?" 必曰, "有." 曾晳死, 曾元養曾子, 必有酒肉. 將徹, 不請所與. 問, "有餘?" 曰, "亡矣." 將以復進也. 此所謂養口體者也. 若曾子, 則可謂養志也. 事親若曾子者可也.

번역 증자가 증석을 봉양할 때에는 반드시 술과 고기를 챙겼다. 밥상을 치우려고 할 때에는 반드시 남은 것을 누구에게 줄까를 청해서 물었다. 증석이 "남은 것이 있느냐?"라고 물으면 증자는 반드시 "있습니다."라고 대답했다. 증석이 죽고 증원이 증자를 봉양했는데, 증원도 반드시 술과 고기를 챙겼다. 밥상을 치우려고 할 때 남은 것을 누구에게 줄까를 청해 묻지 않았다. 증자가 "남은 것이 있느냐?"라고 물으면 증원은 "없습니다."라고 대답했으니, 남은 것을 다음 식사 때 다시 올리려고 했기 때문이다. 이것을 두고 부모의 입과 몸만을 봉양한다고 부른다. 증자의 경우는 부모의 뜻을 봉양한다고 평할 수 있다. 부모를 섬길 때에는 증자처럼 하는 것이 옳다.

趙注 將徹, 請所與, 問曾晳所欲與子孫所愛者也. 必曰有, 恐違親意也, 故曰養志. 曾元曰"無", 欲以復進曾子也, 不求親意, 故養口體也. 事親之道, 當如曾子之法, 乃爲至孝.

번역 밥상을 치우려고 할 때 남은 것에 대해 청해 물었다는 말은 증석에게 남은 것을 자손들 중 어여삐 여기는 자에게 주고 싶어 하는지를 묻는 것이다. 반드시 있다고 대답한 것은 부모의 뜻을 어기게 될까를 염려했기 때문이다. 그렇기 때문에 "부모의 뜻을 봉양한다."라고 부른다. 증원의 경우 "없습니다."라고 대답했는데, 남은 것을 다시 증자에게 바치기 위해서이니, 부모의 뜻을 살피지 않은 것이다. 그렇기 때문에 부모의 입과 몸만을 봉양하는 것이다. 부모를 섬기는 도에 있어서는 마땅히 증자의 법도처럼 해야만 지극한 효가 된다.

孫疏 ●"曾子養曾晳"至"事親若曾子可也"者, 孟子又言昔日曾子奉養其父曾晳, 必有酒肉, 將欲徹去, 曾子必請所欲與者, 如曾晳問復有餘剩, 曾子必應曰有餘剩. 曾晳已死, 曾元奉養其曾子, 曾元, 曾子之子也, 必有酒肉, 將欲徹去, 曾元不請所欲與者, 如曾子復問有餘剩, 曾元乃應之曰無矣, 遂將以酒食復進曾子也, 如此, 是謂養其父之口體而已. 必若曾子之養父, 乃可謂養其父之志也. 如事其親, 若曾子之事親, 則可矣. 蓋曾子知父欲有餘者與之所愛之子孫, 故徇而請其所與, 問有餘, 故復應之曰有. 是其遂其親之志意, 而不違者也, 故曰養志也. 曾元反此, 蓋有違逆其親之志意, 但爲養口體者也, 非養志者也. 故孟子所以言事親若曾子, 則可以爲之孝子.

번역 ●經文: "曾子養曾晳"~"事親若曾子可也". ○맹자는 또한 다음과 같이 말한 것이니, 예전 증자가 자기 부친인 증석을 봉양할 때 반드시 술과 고기를 챙겼고, 그것을 치우려고 할 때 증자는 반드시 남은 것을 누구에게 주고 싶어 하는지를 청해서 물었다. 만약 증석이 남은 것이 있냐고 물어보면 증자는 반드시 남은 것이 있다고 대답했다. 증석이 죽은 뒤 증원이 증자를 봉양했는데, 증원은 증자의 아들이며, 반드시 술과 고기를 챙겼고, 밥상을 치우려고 할 때 증원은 남은 것을 누구에게 줄 것인지 청해 묻지 않았다. 만약 증자가 남은 것이 있냐고 물으면 증원은 없다고 대답했다. 이것은 남은 술과 고기를 증자에게 다시 바치고자 한 것인데, 이처럼 한다면 부모의 입과 몸만을 봉양하는 것일 뿐이라고 평할 수 있다. 반드시 증자가 자기 부친을 봉양하는 것처럼 해야만 부모의 뜻을 봉양한다고 평할 수 있다. 따라서 자기 부모를 섬길 때 증자가 부모를 섬기는 것처럼 한다면 옳다. 증자는 부친이 남은 것을 친애하는 자손들에게 주고자 함을 알았기 때문에 그에 따라 남은 것을 누구에게 줄 것인지를 청해 물었던 것이고, 남은 것이 있냐고 물어보았기 때문에 재차 있다고 대답한 것이다. 이것은 자기 부모의 뜻에 따르며 어기지 않는 것이다. 그렇기 때문에 "뜻을 봉양한다."고 부른다. 증원은 이와 반대로 했으니, 부모의 뜻을 어기고 거스르는 점이 있는 것이다. 따라서 단지 입과 몸을 봉양하는 것이 되며 뜻을 봉양하는 것은 아니다. 그렇기 때문에 맹자가 부모를 섬길 때에 증자처럼 한다면 효자라 평할 수 있다고 말한 것이다.

集註 此承上文事親言之. 曾晳, 名點, 曾子父也. 曾元, 曾子子也. 曾子養其父, 每食必有酒肉. 食畢將徹去, 必請於父曰, "此餘者與誰?" 或父問此物尙有餘否? 必曰, "有." 恐親意更欲與人也. 曾元不請所與, 雖有言無. 其意將以復進於親, 不欲其與人也. 此但能養父母之口體而已. 曾子則能承順父母之志, 而不忍傷之也.

번역 이것은 앞 문장에서 부모를 섬긴다고 했던 내용을 이어서 말한 것이다. '증석(曾晳)'은 이름이 점(點)이고 증자의 부친이다. '증원(曾元)'은 증자의 아들이다. 증자가 자기의 부친을 섬길 때에는 매번 식사를 준비할 때 반드시 술과 고기를 챙겼다. 식사를 마치고 밥상을 치우려고 할 때에는 반드시 부친에게 청해서 물었으니, "남아있는 것을 누구에게 주시겠습니까?"라고 했다. 혹은 부친이 이 음식은 여전히 남은 것이 있냐고 물어보면 반드시 있다고 대답했다. 이것은 부친의 의중이 이것을 남에게 주고자 함을 헤아렸기 때문이다. 증원은 남은 것을 누구에게 줄 것인지 청해 묻지 않았고, 비록 남은 것이 있어도 없다고 대답했다. 그의 생각은 남은 것을 다시 부모에게 올리고자 해서 남에게 주고 싶지 않았던 것이다. 이것은 단지 부모의 입과 몸만을 봉양할 수 있을 뿐이다. 증자의 경우는 부모의 뜻을 받들 수 있어서 차마 상심하시도록 할 수 없었던 것이다.

集註 言當如曾子之養志, 不可如曾元但養口體. 程子曰, "子之身所能爲者, 皆所當爲, 無過分之事也. 故事親若曾子可謂至矣, 而孟子止曰可也, 豈以曾子之孝爲有餘哉?"

번역 마땅히 증자가 부모의 뜻을 봉양한 것처럼 해야 하며, 증원이 단지 부모의 입과 몸만을 봉양했던 것처럼 해서는 안 된다. 정자는 "자식이 몸으로 할 수 있는 것이라면 모두 마땅히 해야 할 것이며, 분수에 지나친 일이 없도록 해야 한다. 그렇기 때문에 부모를 섬길 때 증자처럼 해야만 지극하다고 평할 수 있는데, 맹자가 단지 가(可)라고만 말했으니, 어찌 증자의 효를 넉넉한 것이라 할 수 있겠는가?"라고 했다.

참고 『역』「건괘(乾卦)」 기록

전문 文言曰: 元者善之長也, 亨者嘉之會也, 利者義之和也, 貞者事之幹也. 君子體仁足以長人, 嘉會足以合禮, 利物足以和義, 貞固足以幹事. 君子行此四德者, 故曰, "乾, 元·亨·利·貞."

번역 「문언전」에서 말하길, 원(元)은 선 중에서도 으뜸이며, 형(亨)은 아름다운 것이 모인 것이고, 이(利)는 의로움이 조화로운 것이며, 정(貞)은 사물의 근간이다. 군자는 인(仁)을 체득하여 남의 수장이 되기에 충분하며, 모임을 아름답게 하여 예에 합치시키기에 충분하고, 사물을 이롭게 하여 의로움을 화합시키기에 충분하며, 곧음을 바르게 하여 사물의 근간이 되기에 충분하다. 군자는 이러한 네 가지 덕을 시행하기 때문에 "건은 크고 형통하며 이롭고 곧다."고 부른다.

孔疏 ●"文言曰"至"乾元亨利貞". ○正義曰: 文言者, 是夫子第七翼也. 以乾·坤其易之門戶邪, 其餘諸卦及爻, 皆從乾、坤而出, 義理深奧, 故特作文言以開釋之. 莊氏云: "文謂文飾, 以乾·坤德大, 故特文飾, 以爲文言." 今謂夫子但贊明易道, 申說義理, 非是文飾華彩, 當謂釋二卦之經文, 故稱文言. 從此至

“元亨利貞”, 明乾之四德, 爲第一節; 從“初九曰潛龍勿用”至“動而有悔”, 明六爻之義, 爲第二節; 自“潛龍勿用”下至“天下治也”, 論六爻之人事, 爲第三節; 自“潛龍勿用, 陽氣潛藏”至“乃見天則”, 論六爻自然之氣, 爲第四節; 自“乾元者”至“天下平也”, 此一節復說“乾元”之“四德”之義, 爲第五節; 自“君子以成德爲行”至“其唯聖人乎”, 此一節更廣明六爻之義, 爲第六節. 今各依文解之. 此第一節論乾之四德也.

번역 ●傳文: “文言曰”~“乾元亨利貞”. ○‘문언(文言)’은 공자가 저술한 십익 중 일곱 번째 전문이다. 건괘(乾卦☰)와 곤괘(坤卦☷)는 『역』으로 들어가는 문이 되며, 나머지 괘와 효들은 모두 건괘와 곤괘로부터 나오니, 의리가 심오하기 때문에 특별히 「문언전」을 지어서 그 의미를 풀이한 것이다. 장씨는 “문(文)자는 문식을 꾸민다는 뜻으로, 건괘와 곤괘의 덕이 크기 때문에 특별히 문식을 꾸며서 ‘문언(文言)’이라고 한 것이다.”라고 했다. 그런데 공자는 단지 『역』의 도를 드러내는 것을 도와 의리를 거듭 설명했으며 문식을 꾸며 화려하게 나타낸 것이 아니니, 이것은 두 괘의 경문을 풀이했기 때문에 ‘문언(文言)’이라고 부른 것이다. 이곳 구문으로부터 “크고 형통하며 이롭고 곧다.”라는 구문까지는 건괘의 네 가지 덕을 나타낸 것으로 제 1절이 된다. “초구에서 잠겨있는 용이니 쓰지 말아야 한다고 했다.”[23]라는 구문부터 “움직이면 후회가 있다.”[24]라는 구문까지는 여섯 효의 뜻을 나타낸 것으로 제 2절이 된다. “잠겨있는 용이니 쓰지 말아야 한다.”라는 구문부터 “천하가 다스려진다.”라는 구문[25]까지는 여섯 효와 관련된 인사(人事)를 논의했으니 제 3절이 된다. “잠겨있는 용은 쓰지 말아야 한다는 것은 양의 기운이 잠겨 감추어짐이다.”라는 구문부터 “하늘의 법칙을 보는 것이다.”라는 구문[26]까지는

23) 『역』「건괘(乾卦)·문언전(文言傳)」: 初九曰“潛龍勿用”, 何謂也? 子曰, “龍德而隱者也. 不易乎世, 不成乎名, 遯世无悶, 不見是而无悶, 樂則行之, 憂則違之, 確乎其不可拔, ‘潛龍’也.”

24) 『역』「건괘(乾卦)·문언전(文言傳)」: 上九曰“亢龍有悔”, 何謂也? 子曰, “貴而无位, 高而无民, 賢人在下位而无輔, 是以動而有悔也.”

25) 『역』「건괘(乾卦)·문언전(文言傳)」: “潛龍勿用”, 下也, “見龍在田”, 時舍也, “終日乾乾”, 行事也, “或躍在淵”, 自試也, “飛龍在天”, 上治也, “亢龍有悔”, 窮之災也, 乾元“用九”, 天下治也.

여섯 효에 대한 자연의 기를 논의한 것이니 제 4절이 된다. '건원(乾元)은'이라는 구문부터 "천하가 화평해진다."라는 구문[27]까지는 제 1절에 해당하는 "건은 크고"라고 했을 때의 네 가지 덕에 나타난 의미를 재차 설명한 것으로 제 5절이 된다. "군자는 덕을 이루는 것을 행실로 삼는다."[28]라는 구문부터 "오직 성인일 것이다."[29]라는 구문까지는 제 1절에서 논의한 여섯 효의 뜻을 폭넓게 나타낸 것으로 제 6절이 된다. 지금은 각각의 문장에 따라서 풀이하겠다. 이 문장은 제 1절에 해당하는 것으로 건괘의 네 가지 덕을 논의하였다.

孔疏 ●"元者善之長也", 此已下論乾之"四德", 但乾之爲體, 是天之用. 凡天地運化, 自然而爾, 因無而生有也, 無爲而自爲. 天本無心, 豈造"元亨利貞"之德也? 天本無名, 豈造"元亨利貞"之名也? 但聖人以人事託之, 謂此自然之功, 爲天之四德, 垂敎於下, 使後代聖人法天之所爲, 故立天"四德"以設敎也. 莊氏云: "第一節'元者善之長'者, 謂天之體性, 生養萬物, 善之大者, 莫善施生, 元爲施生之宗, 故言'元者善之長'也. '亨者嘉之會'者, 嘉, 美也. 言天能通暢萬物, 使物嘉美之會聚, 故云'嘉之會'也. '利者義之和'者, 言天能利益庶物, 使物各得其宜而和同也. '貞者事之幹'者, 言天能以中正之氣, 成就萬物, 使物皆得幹濟." 莊氏之意, 以此四句明天之德也, 而配四時. "元"是物始, 於時配春, 春爲發生, 故下云"體仁", 仁則春也. "亨"是通暢萬物, 於時配夏, 故下云"合禮", 禮則夏也. "利"爲和義, 於時配秋, 秋旣物成, 各合其宜. "貞"爲事幹, 於時配冬, 冬旣收藏, 事皆幹了也. 於五行之氣, 唯少土也. 土則分王四季, 四氣之行, 非土不載, 故不言也.

---

26) 『역』「건괘(乾卦)·문언전(文言傳)」: "潛龍勿用", 陽氣潛藏, "見龍在田", 天下文明, "終日乾乾", 與時偕行, "或躍在淵", 乾道乃革, "飛龍在天", 乃位乎天德, "亢龍有悔", 與時偕極, 乾元"用九", 乃見天則.

27) 『역』「건괘(乾卦)·문언전(文言傳)」: "乾元"者, 始而亨者也, "利, 貞"者, 性情也. 乾始能以美利利天下, 不言所利, 大矣哉! 大哉乾乎! 剛健中正, 純粹精也, 六爻發揮, 旁通情也, 時乘六龍, 以御天也, 雲行雨施, 天下平也.

28) 『역』「건괘(乾卦)·문언전(文言傳)」: 君子以成德爲行, 日可見之行也. "潛"之爲言也, 隱而未見, 行而未成, 是以君子弗用也.

29) 『역』「건괘(乾卦)·문언전(文言傳)」: "亢"之爲言也, 知進而不知退, 知存而不知亡, 知得而不知喪, 其唯聖人乎! 知進退存亡, 而不失其正者, 其唯聖人乎!

번역 ●傳文: "元者善之長也". ○이곳 구문으로부터 그 이하의 내용은 건괘의 네 가지 덕을 논의한 것이다. 다만 건괘의 몸체는 하늘의 작용이 된다. 천지가 운용하고 변화되는 것은 자연히 그러할 따름이며, 무(無)를 통해서 유(有)를 생산하고 무위(無爲)이나 자위(自爲)가 된다. 하늘은 본래 마음이 없는데 어떻게 "크고 형통하며 이롭고 곧다."는 덕을 만들어낼 수 있는가? 하늘은 본래 이름이 없는데 어떻게 원(元)·형(亨)·이(利)·정(貞)이라는 명칭을 지어낼 수 있는가? 다만 성인이 인간에 대한 일로 의탁을 했으니, 이처럼 자연스러운 공덕이 하늘의 네 가지 덕이 되어 밑으로 그 가르침을 내려주어 후대 성인으로 하여금 하늘의 행위를 본받도록 했다는 뜻이다. 그렇기 때문에 하늘에 대한 네 가지 덕을 세워서 교화를 펼쳤다. 장씨는 "제 1절에서 '원(元)은 선 중에서도 으뜸이다.'라고 했는데, 하늘의 본체와 본성은 만물을 생겨나게 하고 길러주니 선 중에서도 큰 것은 생겨나게 해주는 것보다 좋은 것이 없고, 원(元)은 생겨나게 하는 종주가 된다. 그렇기 때문에 '원(元)은 선 중에서도 으뜸이다.'라고 했다. '형(亨)은 아름다운 것이 모인 것이다.'라고 했는데, 가(嘉)는 아름답다는 뜻이다. 하늘은 만물을 두루 통하게 하여 사물로 하여금 아름다움을 모을 수 있도록 만든다. 그렇기 때문에 '아름다운 것이 모인 것이다.'라고 했다. '이(利)는 의로움이 조화로운 것이다.'라고 했는데, 하늘은 만물을 이롭게 하고 늘려줄 수 있어서, 사물로 하여금 각각 마땅한 것을 얻어 조화롭고 동화되도록 만든다는 뜻이다. '정(貞)은 사물의 근간이다.'라고 했는데, 하늘은 중정한 기운으로 만물을 성취시킬 수 있어서 사물로 하여금 성취하도록 만든다는 뜻이다."라고 했다. 장씨의 견해는 이러한 네 구문을 통해 하늘의 덕을 밝히려는 것이고, 사계절에 배열하였다. '원(元)'은 만물의 시작이니, 계절에 따르면 봄에 짝하고, 봄은 만물을 발생시킨다. 그렇기 때문에 아래문장에서 "인을 체득한다."라고 말한 것이니 인(仁)은 곧 봄에 해당한다. '형(亨)'은 만물을 두루 통하게 하는 것이니 계절에 따르면 여름에 짝한다. 그렇기 때문에 "예에 합치시킨다."라고 했는데, 예(禮)는 곧 여름에 해당한다. 이(利)는 의로움을 화합시키는 것이니 계절에 따르면 가을에 짝한다. 가을이 되면 이미 만물이 완성되어 각각 마땅함에 합치된다. 정(貞)은 사물의 근간이 되니 계절에 따르면 겨울에 짝한다. 겨울이 되면 이미 거둬서 보관하게 되므로 사안에 있어서도 모두 사리가 결정된다. 오행의 기운에 있어서 토만이 적다. 토는 사계절 중 각 끝 달에 분배되어 있고, 네 기운의 운행은 토가 아니라면 실어주지 않는다. 그렇기 때문에 언급하지 않은 것이다.

孔疏 ●"君子體仁足以長人"者, 自此已下, 明人法天之行此"四德", 言君子之人, 體包仁道, 汎愛施生, 足以尊長於人也. 仁則善也, 謂行仁德, 法天之"元"德也.

번역 ●傳文: "君子體仁足以長人". ○이곳 구문으로부터 그 이하의 내용은 하늘이 이와 같은 네 가지 덕을 운행하는데 사람이 그것을 본받는 것을 나타내고 있다. 즉 군자는 인(仁)의 도를 체득하고 포함하여 널리 사랑하고 태어나게 하여 사람들 중에서도 존장자가 되기에 충분하다. 인하다면 선한 것이니, 인의 덕을 시행하여 하늘의 원(元)이라는 덕을 본받았다는 뜻이다.

孔疏 ●"嘉會足以合禮"者, 言君子能使萬物嘉美集會, 足以配合於禮, 謂法天之"亨"也.

번역 ●傳文: "嘉會足以合禮". ○군자는 만물을 아름답게 하고 모여들게 하여 예에 짝하도록 하기에 충분하다는 뜻이다. 즉 하늘의 형(亨)이라는 덕을 본받았다는 뜻이다.

孔疏 ●"利物足以和義"者, 言君子利益萬物, 使物各得其宜, 足以和合於義, 法天之"利"也.

번역 ●傳文: "利物足以和義". ○군자는 만물을 이롭게 하여 만물로 하여금 각각 마땅함을 얻게 하니, 의로움에 화합시키기에 충분하다는 뜻이다. 즉 하늘의 이(利)라는 덕을 본받은 것이다.

孔疏 ●"貞固足以幹事"者, 言君子能堅固貞正, 令物得成, 使事皆幹濟, 此法天之"貞"也. 施於王事言之, 元則仁也, 亨則禮也, 利則義也, 貞則信也. 不論智者, 行此四事, 並須資於知. 且乾鑿度云: "水土二行, 兼信與知也." 故略而不言也.

번역 ●傳文: "貞固足以幹事". ○군자는 견고하고 곧고 바르게 해서 사물들로 하여금 완성이 되도록 만들고 사안으로 하여금 모두 성취되도록 만들 수 있다는 뜻이니, 이것은 하늘의 정(貞)이라는 덕을 본받은 것이다. 천자의 일에 적용해서 말한 것으로 원(元)은 인(仁)에 해당하고, 형(亨)은 예(禮)에 해당하며, 이(利)는 의(義)에 해당하고, 정(貞)은 신(信)에 해당한다. 지(智)를 논의하지 않았는데, 이러한 네 가지 사안을 시행할 때에는 모두 지(知)에 바탕을 두어야 한다. 또 『건착도』에서는 "수토의 두 기운이 운행할 때에는 신(信)과 지(知)를 겸한다."라고 했다. 그렇기 때문에 생략해서 언급하지 않은 것이다.

孔疏 ●"君子行此四德者, 故曰: 乾, 元亨利貞", 以君子之人, 當行此四種之德. 是以文王作易, 稱"元亨利貞"之德, 欲使君子法之. 但行此"四德", 則與天同功, 非聖人不可. 唯云"君子"者, 但易之爲道, 廣爲垂法. 若限尙聖人, 恐不逮餘下. 故總云"君子", 使諸侯公卿之等, 悉皆行之. 但聖人行此"四德", 能盡其極也. 君子行此"四德", 各量力而爲, 多少各有其分. 但乾卦象天, 故以此"四德"皆爲天德. 但陰陽合會, 二象相成, 皆能有德, 非獨乾之一卦. 是以諸卦之中亦有"四德", 但餘卦"四德"有劣於乾, 故乾卦直云"四德", 更無所言, 欲見乾之"四德", 無所不包. 其餘卦"四德"之下, 則更有餘事, 以"四德"狹劣, 故以餘事繫之, 卽坤卦之類是也. 亦有"四德"之上, 卽論餘事, 若革卦云"已日乃孚, 元亨利貞, 悔亡"也. 由"乃孚"之後有"元亨利貞", 乃得"悔亡"也. 有"四德"者, 卽乾·坤·屯·臨·隨·无妄·革七卦是也. 亦有其卦非善, 而有"四德"者, 以其卦凶, 故有"四德"乃可也. 故隨卦有"元亨利貞, 乃得无咎"是也. "四德"具者, 其卦未必善也. 亦有三德者, 卽離·咸·萃·兌·渙·小過. 凡六卦就三德之中, 爲文不一, 或總稱三德於上, 更別陳餘事於下, 若離、咸之屬是也. 就三德之中, 上下不一, 離則云"利貞亨". 由利貞乃得亨也. 亦有先云"亨", 更陳餘事, 乃始云"利貞"者, 以有餘事, 乃得利貞故也. 有二德者, 大有·蠱·漸·大畜·升·困·中孚凡七卦. 此二德或在事上言之, 或在事後言之, 由後有事, 乃致此二德故也. 亦有一德者, 若蒙·師·小畜·履·泰·謙·噬嗑·賁·復·大過·震·豊·節·旣濟·未濟凡十五卦, 皆一德也, 並是"亨"也. 或多在事上言之, 或在事後言. 履卦云: "履虎尾, 不咥人, 亨." 由有事乃得亨. 以前所論德者, 皆於經文挺然特明德者乃言之也. 其有因事相連而言德者, 則不數之也. 若需卦云: "需, 有孚, 光亨貞吉." 雖有亨·貞二德, 連事起文, 故不數也. 遯卦云: "亨, 小利貞." 雖有三德, 亦不數也. 旅卦云: "旅, 小亨. 旅, 貞吉." 雖有亨·貞二德, 亦連他事, 不數也. 比卦云: "原筮, 元永貞, 无咎." 否卦云: "否之匪人, 不利君子貞." 雖有"貞"字, 亦連他文言之, 又非本卦德, 亦不數之. 同人云: "同人於野, 亨." 坎卦云: "有孚, 維心亨." 損卦云: "无咎可貞." 此等雖有一德, 皆連事而言之, 故亦不數, 所以然者, 但易含萬象, 事義非一, 隨時曲變, 不可爲典要故也. 其有意義, 各於卦下詳之. 亦有卦善而德少者, 若泰與謙、復之類, 雖善, 唯一德也. 亦有全無德者, 若豫·觀·剝·晉·蹇·解·夬·姤·井·艮·歸妹凡十一卦也. 大略唯有凶卦無德者, 若剝·蹇·夬·姤之屬是也. 亦有卦善而无德者, 晉·解之屬是也. 各於卦下詳之. 凡"四德"者, 亨之與貞, 其德特行, 若元之與利, 則配連他事. 其意以元配亨, 以利配貞, 雖配他事爲文, 元是元大也, 始首也; 利是利益也, 合和也. 以當分言之, 各是其一德也. 唯配亨·貞, 俱爲四德. 元雖配亨, 亦配他事, 故比卦云"元永貞", 坤·六五"黃裳元吉"是也. 利亦非獨利貞, 亦所利餘事多矣, 若"利涉大川", "利建侯", "利見大人", "利君子貞". 如此之屬, 是利字所施處廣, 故諸卦謂他事之利, 不數以爲德也. 此"四德"非唯卦下有之, 亦於爻下有之, 但爻下其事稍少. 故"黃裳元吉"及"何天之衢亨", "小貞吉, 大貞凶", 此皆於爻下言之, 其利則諸爻皆有.

번역 ●傳文: "君子行此四德者, 故曰: 乾, 元亨利貞". ○군자라는 사람은 마땅히 이러한 네 종류의 덕을 시행해야 한다. 이러한 까닭으로 문왕은 『역』을 지을 때 원(元)·형(亨)·이(利)·정(貞)이라는 덕을 일컬었으니, 군자로 하여금 그것을 본받도록 하고자 해서이다. 다만 이러한 네 가지 덕을 시행한다면 하늘과 공덕이 같아야 하니 성인이 아니라면 불가능하다. 단지 '군자(君子)'라고 말한 것은 『역』의 도를 넓혀 법도로 내려주기 때문이다. 만약 성인으로 제한한다면 그 밑에까지 미치지 못할 것을 염려한 것이다. 그렇기 때문에 총괄적으로 '군자(君子)'라고만 말하여 제후나 공·경 등으로 하여금 모두가 이것을 실천토록 한 것이다. 다만 성인은 이러한 네 가지 덕을 시행할 때 지극함을 다 발휘할 수 있다. 군자가 이러한 네 가지 덕을 시행한다면 각각 그 재량을 헤아려서 시행하니 각각 제한되는 점이 있다. 건괘는 하늘을 형상화한 것이다. 그렇기 때문에 네 가지 덕은 모두 하늘의 덕이 된다. 음과 양은 합하고 이상(二象)이 서로 완성시켜주니 모두 덕을 가질 수 있으므로 건괘 하나에만 국한되는 것은 아니다. 이러한 까닭으로 여러 궤 안에도 또한 네 가지 덕이 있는 것이다. 다만 다른 괘들이 가지고 있는 네 가지 덕에는 건괘보다 열악한 점이 있다. 그렇기 때문에 건괘에 대해서는 단지 네 가지 덕에 대해서만 말하고 별다른 말을 하지 않았으니, 건괘의 네 가지 덕은 포함하지 않는 것이 없음을 드러내고자 한 것이다. 나머지 괘들에서는 네 가지 덕을 기술하고 그 뒤에 재차 여러 사안들을 기록하였으니, 그것들이 가진 네 가지 덕에는 협소하거나 열악한 점이 있다. 그렇기 때문에 다른 사안들을 결부시킨 것으로 곤괘의 경우가 여기에 해당한다.[30] 또한 네 가지 덕을 기술한 것 앞에도 여러 사안들을 논의하였으니, 혁괘(革卦䷰)에서 "시일이 지나야 믿을 것이니 크게 형통하고 바름이 이로워 뉘우침이 없다."[31]라고 한 경우와 같다. "믿을 것이다."라고 한 말 뒤에 "크게 형통하고 바름이 이롭다."라는 말이 있어야만 "뉘우침이 없다."가 될 수 있다. 이러한 네 가지 덕을 가진 것은 건괘(乾卦䷀)·곤괘(坤卦䷁)·준괘(屯卦䷂)·임괘(臨卦䷒)·수괘(隨卦䷐)·무망괘(无妄卦䷘)·혁괘 등 7개의 괘가 여기에 해당한다. 또한 이러한 괘에는 선하지 못한 점이 있는데도 네 가지 덕이 있는데, 괘가 흉하기 때문에 이러한 네 가지 덕이 있어야만 괜찮게 된다. 그렇기 때문에 수괘에서는 "크게 형통하니, 곧게 하는 것이 이롭고 허물이 없다."[32]라고 말한 것이다. 네 가지 덕을

---

30) 『역』「곤괘(坤卦)」: 坤, 元, 亨, 利牝馬之貞. 君子有攸往, 先迷, 後得主, 利. 西南得朋, 東北喪朋. 安貞吉.

31) 『역』「혁괘(革卦)」: 革, 已日乃孚, 元亨, 利貞, 悔亡.

모두 갖추고 있더라도 그 괘가 반드시 선한 것은 아니다. 또한 세 가지 덕을 가진 것도 있으니 리괘(離卦䷝)·함괘(咸卦䷞)·췌괘(萃卦䷬)·태괘(兌卦䷹)·환괘(渙卦䷺)·소과괘(小過卦䷽) 등이 여기에 해당한다. 이러한 6개의 괘에서는 세 가지 덕에 대해 문장을 기록한 것이 동일하지 않아서 어떤 것은 앞에서 세 가지 덕을 총괄적으로 지칭하고 다시 그 뒤에서 여러 사안들을 별도로 기술하였으니, 리괘와 함괘의 부류가 여기에 해당한다. 세 가지 덕에 대해서 앞뒤가 동일하지 않은 것도 있으니, 리괘의 경우 "곧음이 이로우니 형통하다."[33]라고 했다. 곧음이 이로운 것을 통해서 형통하게 되는 것이다. 또 먼저 "형통하다."라고 말하고 다시 여러 사안들을 진술한 뒤에야 비로소 "곧음이 이롭다."라고 했는데, 다른 사안들을 갖춰야만 곧음이 이로울 수 있기 때문이다. 두 가지 덕을 가진 것이 있으니 대유괘(大有卦䷍)·고괘(蠱卦䷑)·점괘(漸卦䷴)·대축괘(大畜卦䷙)·승괘(升卦䷭)·곤괘(困卦䷮)·중부괘(中孚卦䷼) 등 총 7개의 괘이다. 이들이 가진 두 가지 덕에 대해서 어떤 것은 사안 앞에 기술하기도 하고 어떤 것은 사안 뒤에 기술하기도 하니, 뒤에 언급한 사안들을 갖추어야만 이러한 두 가지 덕을 이룰 수 있기 때문이다. 또한 한 가지 덕을 가진 것도 있으니 몽괘(蒙卦䷃)·사괘(師卦䷆)·소축괘(小畜卦䷈)·이괘(履卦䷉)·태괘(泰卦䷊)·겸괘(謙卦䷎)·서합괘(噬嗑卦䷔)·분괘(賁卦䷕)·복괘(復卦䷗)·대과괘(大過卦䷛)·진괘(震卦䷲)·풍괘(豐卦䷶)·절괘(節卦䷻)·기제괘(旣濟卦䷾)·미제괘(未濟卦䷿) 등 총 15개의 괘인데, 이들은 모두 한 가지 덕을 가지고 있으며 모두 형(亨)이라고 했다. 대체로 사안 앞에 기술하는데 어떤 것은 사안 뒤에 기술하기도 한다. 이괘에서는 "호랑이 꼬리를 밟는데도 사람을 물지 않으니, 형통하다."[34]라고 했는데, 사안을 갖춰야만 형통할 수 있기 때문이다. 앞에서 논의한 덕은 모두 경문 중에서도 특별하게 빼어난 덕을 말한 것이다. 여러 사안과 서로 연접해서 덕을 말한 것들은 셈하지 않았다. 마치 수괘(需卦䷄)에서 "밝게 형통하고 곧아서 길하다."[35]라고 한 경우,

---

32) 『역』「수괘(隨卦)」: 隨, 元亨, 利貞, 无咎.
33) 『역』「리괘(離卦)」: 離, 利貞, 亨, 畜牝牛吉.
34) 『역』「이괘(履卦)」: 履虎尾, 不咥人, 亨.
35) 『역』「수괘(需卦)」: 需, 有孚, 光亨, 貞吉, 利涉大川.

비록 형통하고 곧다는 두 가지 덕을 가지고 있지만 사안과 연계되어 문장이 기록된 것이기 때문에 셈하지 않았다. 또 돈괘(遯卦䷠)의 경우 "형통하니 조금 바르게 함이 이롭다."[36]라고 했는데, 비록 세 가지 덕을 가지고 있지만 이 또한 셈하지 않았다. 려괘(旅卦䷷)의 경우 "려(旅)는 조금 형통하니, 나그네가 곧아 길하다."[37]라고 했는데, 비록 형통함과 곧음이라는 두 가지 덕을 가지고 있지만 이 또한 다른 사안과 연접해 있어서 셈하지 않았다. 비괘(比卦䷇)의 경우 "근원하여 점치되 크고 영원하고 곧으면 허물이 없다."[38]라고 했고, 비괘(否卦䷋)의 경우 "비는 바른 사람이 아니니 군자의 곧음에 이롭지 않다."[39]라고 하여 비록 정(貞)자가 기록되어 있지만 이 또한 다른 문장과 연결해서 말했고 또한 본래의 괘가 가진 덕이 아니기 때문에 셈하지 않았다. 동인괘(同人卦䷌)의 경우 "들에서 사람들과 함께 하면 형통하다."[40]라고 했고, 감괘(坎卦䷜)의 경우 "정성이 있어서 마음 때문에 형통하다."[41]라고 했으며, 손괘(損卦䷨)의 경우 "허물이 없어서 곧게 할 수 있다."[42]라고 했는데, 이러한 괘들은 비록 한 가지 덕이 있지만 이 모두는 그 사안과 연결해서 말했기 때문에 셈하지 않았다. 이처럼 한 이유는『역』은 모든 상을 포함하고 있어서 사안과 뜻이 일치하지 않으며 시기에 따라 여러모로 변하여 불변의 법칙으로 삼을 수 없기 때문이다. 의미를 가지고 있는 것들에 대해서는 각각 해당 괘사에서 상세히 설명하였다. 또 괘가 선한데도 덕이 작은 경우가 있으니, 태괘·겸괘·복괘의 부류가 여기에 해당하며, 비록 선하지만 단지 한 가지 덕만 가지고 있다. 또 전혀 덕을 가지고 있지 않은 것도 있으니 예괘(豫卦䷏)·관괘(觀卦䷓)·박괘(剝卦䷖)·진괘(晉卦䷢)·건괘(蹇卦䷦)·해괘(解卦䷧)·쾌괘(夬卦䷪)·구괘(姤卦䷫)·정괘(井卦䷯)·간괘(艮卦䷳)·귀매괘(歸妹卦䷵) 등 총 11개 괘이다. 이러한 괘들은 대체적으로 흉한 괘이며 덕이 없는데, 박괘·건괘·쾌

36) 『역』「돈괘(遯卦)」: 遯, 亨, 小利貞.
37) 『역』「려괘(旅卦)」: 旅, 小亨, 旅貞吉.
38) 『역』「비괘(比卦)」: 比, 吉. 原筮, 元永貞, 无咎. 不寧方來, 後夫凶.
39) 『역』「비괘(否卦)」: 否之匪人, 不利, 君子貞, 大往小來.
40) 『역』「동인괘(同人卦)」: 同人于野, 亨, 利涉大川, 利君子貞.
41) 『역』「감괘(坎卦)」: 習坎, 有孚, 維心亨, 行有尙.
42) 『역』「손괘(損卦)」: 損, 有孚, 元吉, 无咎, 可貞, 利有攸往. 曷之用? 二簋可用享.

괘·구괘가 여기에 해당한다. 또 괘의 선함은 있지만 덕이 없는 경우도 있으니 진괘·해괘가 여기에 해당한다. 각각 해당 괘사에서 상세히 설명하였다. 네 가지 덕에 있어서 형(亨)과 정(貞)은 그 덕이 홀로 시행되는데, 원(元)과 이(利)의 경우라면 다른 사안과 짝하게 된다. 그 의미는 원(元)을 형(亨)에 짝하고 이(利)를 정(貞)에 짝한 것으로 비록 다른 사안과 짝하여 문장이 기록되어 있더라도 원(元)은 본래 큰 것이니 처음이 되고, 이(利)는 이익이 되니 합치하고 조화로운 것이다. 구분해서 말을 한다면 각각 하나의 덕에 해당한다. 다만 형(亨)과 정(貞)에 짝해야만 네 가지 덕을 모두 갖추게 된다. 원(元)은 비록 형(亨)에 짝한다 하더라도 또한 다른 일에도 짝하게 된다. 그렇기 때문에 비괘에서는 "크고 영원하고 곧다."[43]라고 말한 것이고, 곤괘 육오 효사에서는 "황색치마이면 크게 길하다."[44]라고 한 것이다. 이(利) 또한 단지 곧음이 이롭다는 것에 한정되지 않으니 다른 사안을 이롭게 하는 것도 많다. 마치 "큰 내를 건넘이 이롭다."[45]라고 말하고, "제후를 세움이 이롭다."[46]라고 말하며, "대인을 보는 것이 이롭다."[47]라고 말하고, "군자의 곧음이 이롭다."[48]라고 한 경우와 같다. 이와 같은 부류들은 이(利)가 다른 여러 사안에 폭넓게 적용된 것이다. 그렇기 때문에 여러 괘에서도 다른 사안의 이로움을 말한 것이니, 이것은 덕으로 셈하지 않았다. 이러한 네 가지 덕은 단지 괘사에만 있는 것이 아니며 또한 효사에도 있다. 다만 효사에서 기록된 그 사안은 보다 작은 것에 해당한다. 그렇기 때문에 "황색치마이면 크게 길하다."라고 했고, "어찌 그리 하늘의 거리와 같은가? 형통하다."[49]라고 했으며, "작은 일에는 곧으면 길하고 큰일에는 곧아도 흉하다."[50]라고 한 것이니, 이것들은 모두 효사 밑에서 말한 것이며, 이러한 이(利)는 여러 효들이 모두 가지고 있다.

---

43) 『역』「비괘(比卦)」 : 比, 吉. 原筮, 元永貞, 无咎. 不寧方來, 後夫凶.
44) 『역』「곤괘(坤卦)」 : 六五, 黃裳, 元吉.
45) 『역』「수괘(需卦)」 : 需, 有孚, 光亨, 貞吉, 利涉大川.
46) 『역』「준괘(屯卦)」 : 屯, 元亨, 利貞, 勿用有攸往, 利建侯.
47) 『역』「손괘(巽卦)」 : 巽, 小亨, 利有攸往, 利見大人.
48) 『역』「동인괘(同人卦)」 : 同人于野, 亨, 利涉大川, 利君子貞.
49) 『역』「대축괘(大畜卦)」 : 上九, 何天之衢, 亨.
50) 『역』「준괘(屯卦)」 : 九五, 屯其膏. 小貞, 吉, 大貞, 凶.

程傳 他卦, 彖象而已, 獨乾坤, 更設文言, 以發明其義. 推乾之道, 施於人事, 元亨利貞乾之四德在人, 則元者, 衆善之首也, 亨者, 嘉美之會也, 利者, 和合於義也, 貞者, 幹事之用也.

번역 다른 괘들은 「단전」과 「상전」만 있을 뿐인데, 유독 건괘와 곤괘에만 「문언전」이 기록되어 이를 통해 그 뜻을 드러내었다. 건괘의 도를 미루어서 인사에 시행하니, 원(元)·형(亨)·이(利)·정(貞)이라는 건괘의 네 가지 덕이 사람에게 있게 되면, 원(元)은 뭇 선들 중에서도 으뜸이 되고, 형(亨)은 아름다움의 모임이 되며, 이(利)는 의로움에 화합하는 것이고, 정(貞)은 일의 근간을 세울 때의 쓰임이다.

程傳 體法於乾之仁, 乃爲君長之道, 足以長人也. 體仁, 體元也, 比而效之, 謂之體.

번역 건괘의 인(仁)을 체득하고 본받는다면 군주의 도가 되니, 사람들의 우두머리가 되기에 충분하다. 인(仁)을 체득한다는 것은 원(元)을 체득한다는 뜻으로, 견주어보고 본받는 것을 '체(體)'라고 부른다.

程傳 得會通之嘉, 乃合於禮也. 不合禮, 則非理, 豈得爲嘉? 非理, 安有亨乎?

번역 회통하는 아름다움을 얻은 이후에야 예에 합치될 수 있다. 예에 합치되지 못한다면 이치가 아닌데 어떻게 아름다울 수 있겠는가? 이치가 아니면 어떻게 형통함이 있겠는가?

程傳 和於義, 乃能利物, 豈有不得其宜而能利物者乎?

번역 의로움에 화합해야만 만물을 이롭게 할 수 있으니, 어찌 마땅함을 얻지 못하고서 만물을 이롭게 할 수 있는 자가 있겠는가?

程傳 貞固, 所以能幹事也.

번역 정고(貞固)는 일의 근간을 세울 수 있는 것이다.

程傳 行此四德, 乃合於乾也.

번역 이러한 네 가지 덕을 시행해야만 건괘의 도에 합치될 수 있다.

本義 此篇申彖傳象傳之意, 以盡乾坤二卦之蘊, 而餘卦之說, 因可以例推云.

번역 「문언전」은 「단전」과 「상전」의 뜻을 거듭 밝혀서 건괘와 곤괘라는 두 괘의 온축된 뜻을 다 드러내었으니, 다른 괘에 기록된 말들도 이를 통해 미루어볼 수 있다.

本義 元者, 生物之始, 天地之德, 莫先於此, 故於時爲春, 於人則爲仁而衆善之長也. 亨者, 生物之通, 物至於此, 莫不嘉美, 故於時爲夏, 於人則爲禮而衆美之會也. 利者, 生物之遂, 物各得宜, 不相妨害, 故於時爲秋, 於人則爲義而得其分之和. 貞者, 生物之成, 實理具備, 隨在各足, 故於時爲冬, 於人則爲智而爲衆事之幹. 幹, 木之身而枝葉所依以立者也.

번역 원(元)은 사물을 낳는 시작이 되니 천지의 덕 중에서 이보다 우선되는 것은 없다. 그렇기 때문에 사계절에 있어서는 봄이 되고, 사람에게 있어서는 인(仁)이 되어 뭇 선들 중에서도 으뜸이 된다. 형(亨)은 사물 낳는 것을 두루 통하게 하는 것으로 사물이 여기에 이르게 되면 아름답지 않은 것이 없게 된다. 그렇기 때문에 사계절에 있어서는 여름이 되고, 사람에게 있어서는 예(禮)가 되어 뭇 아름다움이 모인 것이 된다. 이(利)는 사물 낳는 것을 이룬 것으로 사물들이 각각 마땅함을 얻어 서로를 방해하거나 해를 끼치지 않는다. 그렇기 때문에 사계절에 있어서는 가을이 되고, 사람에게 있어서는 의(義)가 되어 본분의 조화로움을 얻게 된다. 정(貞)은 사물 낳는 것을 완성한 것이니, 실리가 모두 갖춰져 있는 곳에 따라 각각 풍족하게 된다. 그렇기 때문에 사계절에 있어서는 겨울이 되고, 사람에게 있어서는 지(智)가 되어 모든 일들의 근간이 된다. '간(幹)'은 나무의 몸통으로 가지와 잎이 의지하여

붙어 있게 되는 것이다.

本義 以仁爲體, 則无一物不在所愛之中, 故足以長人. 嘉其所會, 則无不合禮. 使物各得其所利, 則義无不和. 貞固者, 知正之所在而固守之, 所謂知而弗去者也, 故足以爲事之幹.

번역 인(仁)을 본체로 삼는다면 하나의 사물도 사랑하는 대상에 포함되지 않는 것이 없다. 그렇기 때문에 사람들의 우두머리가 되기에 충분하다. 모이는 것을 아름답게 한다면 예(禮)에 합치되지 않는 것이 없다. 사물로 하여금 각각 이로운 바를 얻게 하면 의(義)에 있어서 조화롭지 않은 것이 없게 된다. 정고(貞固)는 올바름이 있는 곳을 알아서 굳게 지키는 것이니, 이른바 알아서 버리지 않는다는 뜻이다. 그렇기 때문에 사물의 근간이 되기에 충분하다.

本義 非君子之至健, 无以行此, 故曰乾元亨利貞.

번역 군자의 지극한 굳셈이 아니라면 이것을 시행할 수 없다. 그렇기 때문에 건괘는 원(元)하고 형(亨)하며 이(利)하고 정(貞)하다.

本義 此第一節, 申彖傳之意. 與春秋傳所載穆姜之言不異, 疑古者已有此語, 穆姜稱之, 而夫子亦有取焉, 故下文別以子曰, 表孔子之辭, 蓋傳者欲以明此章之爲古語也.

번역 이것은 제 1절로 「단전」의 뜻을 거듭 밝힌 것이다. 『춘추전』에 수록된 목강의 말과 차이가 없는데 아마도 옛날에 이미 이러한 말이 있었던 것이고, 목강이 그 말을 지칭했으며 공자 또한 그 말을 취한 것이다. 그렇기 때문에 아래문장에서는 별도로 '자왈(子曰)'이라고 기록하여 공자의 말임을 표시하였다. 그 이유는 전문을 작성한 자가 이 문장이 옛 말에 해당한다는 뜻을 나타내고자 했기 때문이다.

참고 『춘추좌씨전』 정공(定公) 15년 기록

전문 十五年, 春, 邾隱公來朝①. 子貢觀焉. 邾子執玉高, 其容仰; 公受玉卑, 其容俯②.

번역 15년 봄에 주나라 은공이 찾아와서 조회를 했다. 자공이 의례의 진행을 살펴보았다. 주나라 자작은 예물로 가지고 온 옥을 너무 높이 올려 그 모습이 위를 향하는 것처럼 되었고, 정공이 옥을 받을 때에는 자세를 너무 낮춰서 그 모습이 밑으로 숙인 것처럼 되었다.

杜注-① 邾子益.

번역 주나라 은공은 주나라 자작 익(益)이다.

杜注-② 玉, 朝者之贄.

번역 옥은 조회로 찾아온 자가 가지고 온 예물이다.

孔疏 ◎注"玉朝者之贄". ○正義曰: 曲禮云, "凡摯, 天子鬯." 天子尊無與敵者, 故執其鬯酒以對神. "諸侯珪", 是謂玉爲贄也. 周禮·典瑞云, "公執桓圭, 侯執信圭, 伯執躬圭, 子執穀璧, 男執蒲璧, 以朝覲宗遇會同于王. 諸侯相見, 亦如之." 是朝必執玉也.

번역 ◎杜注: "玉朝者之贄". ○『예기』「곡례(曲禮)」편에서는 "예물의 경우 천자는 창주를 사용한다."라고 했다. 천자는 존귀하여 대적할 자가 없다. 그렇기 때문에 창주를 들어 신과 마주하는 것이다. 또 "제후는 규(珪)를 사용한다."라고 했는데,[51] 이것은 옥이 예물로 사용됨을 나타낸다. 『주례』「전서(典瑞)」편에서는 "공작은 환규(桓圭)[52]를 잡고 후작은 신규(信圭)[53]를 잡으

51) 『예기』「곡례하(曲禮下)」【66b~c】: 凡摯, 天子鬯, 諸侯圭, 卿羔, 大夫鴈, 士雉, 庶人之摯匹. 童子委摯而退. 野外軍中無摯, 以纓·拾·矢, 可也.

며 백작은 궁규(躬圭)[54]를 잡고 자작은 곡벽(穀璧)[55]을 잡으며 남작은 포벽(蒲璧)[56]을 잡고서 천자에 대해 조(朝)·근(覲)·종(宗)·우(遇)·회(會)·동(同)을 한다.[57] 제후들이 서로 만나볼 때에도 이처럼 한다."[58]라고 했다. 이것은 조회를 할 때 반드시 옥을 들게 됨을 나타낸다.

---

52) 환규(桓圭)는 조회 때 천자 및 각 신하들이 잡게 되는 육서(六瑞) 중의 하나이다. 공작이 잡던 규(圭)이다. 한 쌍의 기둥을 '환(桓)'이라고 부르는데, 이 무늬를 '규'에 새겼기 때문에, '환규'라고 부른다. '규'의 길이는 9촌(寸)으로 만들었다.

53) 신규(信圭)는 신규(身圭)이다. '신(信)'자와 '신(身)'자의 소리가 비슷하기 때문에 잘못 전이된 것이다. '신규'는 후작이 들게 되는 규(圭)이다. 사람의 형상을 새겨 넣었기 때문에 '신규'라고 부르는 것이며, 그 무늬는 궁규(躬圭)에 비해 세밀하다. 신중하게 행동하여 자신의 몸을 잘 보호하고자 이러한 형상을 새겨 넣은 것이다. 그리고 '신규'의 길이는 7촌(寸)이 된다. 『주례』「춘관(春官)·대종백(大宗伯)」편에는 "侯執信圭. 伯執躬圭."라는 기록이 있고, 이에 대한 정현의 주에서는 "信當爲身, 聲之誤也. 身圭·躬圭, 蓋皆象以人形爲瑑飾, 文有麤縟耳. 欲其愼行以保身. 圭皆長七寸."이라고 풀이했다.

54) 궁규(躬圭)는 백작이 들게 되는 규(圭)이다. 사람의 형상을 새겨 넣었기 때문에 '궁규'라고 부르는 것이며, 그 무늬는 신규(信圭)에 비해 거칠다. 신중하게 행동하여 자신의 몸을 잘 보호하고자 이러한 형상을 새겨 넣은 것이다. 그리고 '궁규'의 길이는 7촌(寸)이 된다. 『주례』「춘관(春官)·대종백(大宗伯)」편에는 "侯執信圭. 伯執躬圭."라는 기록이 있고, 이에 대한 정현의 주에서는 "信當爲身, 聲之誤也. 身圭·躬圭, 蓋皆象以人形爲瑑飾, 文有麤縟耳. 欲其愼行以保身. 圭皆長七寸."이라고 풀이했다.

55) 곡벽(穀璧)은 조회 때 천자 및 각 신하들이 잡게 되는 육서(六瑞) 중의 하나이다. 자작이 잡던 벽(璧)이다. 곡식을 무늬로 새겨 넣었기 때문에 '곡(穀)'자를 붙여서 '곡벽'이라고 부르는 것이다. '벽'의 지름은 5촌(寸)이었다.

56) 포벽(蒲璧)은 조회 때 천자 및 각 신하들이 잡게 되는 육서(六瑞) 중의 하나이다. 남작이 잡던 벽(璧)이다. '포(蒲)'는 자리를 짜는 왕골을 뜻하는데, 왕골이 만개하여 꽃을 피운 모습을 무늬로 새겨 넣었기 때문에 '포벽'이라고 부르는 것이다. '벽'의 지름은 5촌(寸)이었다.

57) 봄에 천자를 찾아뵙는 것을 조(朝)라고 하였으며, 여름에 찾아뵙는 것을 종(宗)이라고 하였고, 가을에 찾아뵙는 것을 근(覲)이라고 하였으며, 겨울에 찾아뵙는 것을 우(遇)라고 하였다. 또한 제후들이 천자를 찾아뵐 때에는 본래 각각의 제후들마다 정해진 기간이 있었는데, 정해진 기간 외에 찾아뵙는 것을 회(會)라고 하였고, 정해진 기간에 찾아뵙는 것을 동(同)이라고 하였다.

58) 『주례』「춘관(春官)·전서(典瑞)」: 公執桓圭, 侯執信圭, 伯執躬圭, 繅皆三采三就, 子執穀璧, 男執蒲璧, 繅皆二采再就, 以朝覲宗遇會同于王. 諸侯相見亦如之.

전문 子貢曰, "以禮觀之, 二君者, 皆有死亡焉. 夫禮, 死生存亡之體也, 將左右周旋, 進退俯仰, 於是乎取之. 朝·祀·喪·戎, 於是乎觀之. 今正月相朝, 而皆不度①, 心已亡矣. 嘉事不體, 何以能久②? 高仰, 驕也; 卑俯, 替也. 驕近亂, 替近疾. 君爲主, 其先亡乎③."

번역 자공은 "예법에 따라 살펴보니, 두 군주는 모두 죽을 것이다. 예는 생사와 존망의 본체이니 좌우로 움직이고 몸을 돌리며 나아가고 물러나며 숙이고 펴는 행동예절을 통해서 그 생사의 여부를 가늠할 수 있다. 조회·제사·상례·전쟁에 대한 예법을 통해서는 그 존망을 살펴볼 수 있다. 지금 정월이 되어 서로 조회를 하는 것은 모두 법도에 맞지 않으니, 마음을 이미 잃은 것이다. 아름다운 일을 예법에 맞게 할 수 없으니 어찌 오래 살 수 있겠는가? 자세를 높게 잡는 것은 교만한 것이고, 너무 낮게 한 것은 태만한 것이다. 교만함은 난리에 가깝고 태만함은 질병에 가깝다. 정공은 조회의 주인이 되니 아마도 먼저 죽을 것이다."라고 했다.

杜注-① 不合法度.

번역 법도에 합치되지 않았다는 뜻이다.

杜注-② 嘉事, 朝禮.

번역 '가사(嘉事)'는 조회하는 예법을 뜻한다.

杜注-③ 爲此年公薨·哀七年以邾子益歸傳.

번역 이 해에 정공이 죽고, 애공 7년에 주나라 자작 익을 잡아서 되돌아온 전문의 발단이 된다.

참고 『주례』「춘관(春官)·대종백(大宗伯)」 기록

경문 以昏冠之禮, 親成男女.

번역 혼례(昏禮)와 관례(冠禮)로써 직접 남자와 여자를 성인으로 만들어준다.

鄭注 親其恩, 成其性.

번역 그 은정을 친근하게 만들고, 본성을 완성시켜주는 것이다.

賈疏 ●"以昏"至"男女". ○釋曰: 此一節陳昏姻冠笄之事, 上句直言昏冠, 專據男而言, 亦有姻笄, 故下句兼言男女也. 若然, 則昏姻之禮, 所以親男女, 使男女相親, 三十之男, 二十之女, 配爲夫妻是也. 冠笄之禮, 所以成男女, 男二十而冠, 女子許嫁十五而笄, 不許亦二十而笄, 皆責之以成人之禮也.

번역 ●經文: "以昏"~"男女". ○이곳 문단은 혼인과 관례 및 계례의 사안을 진술하고 있는데, 앞의 구문에서는 단지 '혼관(昏冠)'이라고만 말하여 전적으로 남자를 기준으로 언급했지만, 여기에는 또한 혼인과 계례도 포함된다. 그렇기 때문에 뒤의 구문에서는 '남녀(男女)'를 함께 언급한 것이다. 만약 그렇다면 혼인(昏姻)의 예법이란 남녀를 친근하게 대하여 남녀가 서로를 친근하게 여기도록 만드니, 30세의 남자와 20세의 여자가 짝을 이루어 남편과 아내가 되는 것이다. 관례와 계례의 예법은 남녀를 이루어주는 것이니, 남자는 20세가 되면 관례를 치르고 여자는 혼인이 결정되면 15세에 계례를 치르고 혼인이 결정되지 않으면 또한 20세에 계례를 치르는데, 이 모두는 성인으로 따라야 하는 예법으로 책무를 주는 것이다.

賈疏 ◎注"親其恩, 成其性". ○釋曰: 按昏義, 婿親迎, 御輪三周, 是婿親之. 親之也者, 使之親己, 是親其恩也. 云"成其姓"者, 冠義云: 禮始於冠, 旣冠,責以爲人父·爲人子·爲人臣之禮. 又內則云: 二十敦行孝弟. 是成其性也.

번역 ◎鄭注: "親其恩, 成其性" ○『예기』「혼의(昏義)」편을 살펴보면, 남편 될 자가 친영(親迎)을 하여 수레를 직접 몰아서 수레바퀴가 3바퀴 굴러가도록 한다고 했는데,[59] 이것은 남편이 친근하게 대하는 것이다. 친근하게 대하는 것은 상대로 하여금 자신을 친근하게 대하도록 만드는 것이니, 이것은 은정을 친근하게 만드는 것이다. 정현이 "본성을 완성시켜주는 것이다."라고 했는데, 「관의」편에서는 예는 관례에서 시작되니, 관례를 마치게 되면 부친·자식·신하로서 따라야 하는 예법으로 책무를 준다고 했다. 또 『예기』「내칙(內則)」편에서는 20세가 되면 효제(孝悌)의 도리를 돈독히 실천한다고 했다.[60] 이것은 본성을 완성시키는 것이다.

59) 『예기』「혼의(昏義)」【692a】: 父親醮子而命之迎, 男先於女也. 子承命以迎, 主人筵几於廟, 而拜迎於門外. 壻執雁入, 揖讓升堂, 再拜奠雁, 蓋親受之於父母也. 降, 出御婦車, 而壻授綏, 御輪三周, 先俟于門外. 婦至, 壻揖婦以入. 共牢而食, 合巹而酳, 所以合體同尊卑以親之也.

60) 『예기』「내칙(內則)」【368d】: 二十而冠, 始學禮, 可以衣裘帛, 舞大夏, 惇行孝弟, 博學不敎, 內而不出.

그림 5-1 ▣ 연(筵)

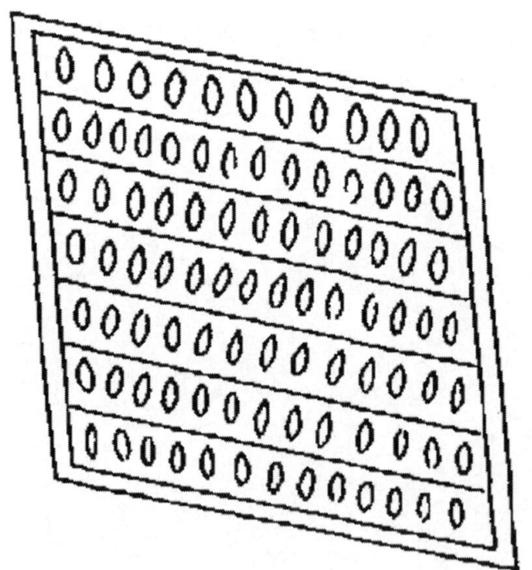

※ **출처**: 『삼례도집주(三禮圖集注)』 8권

그림 5-2 ▣ 궤(几)

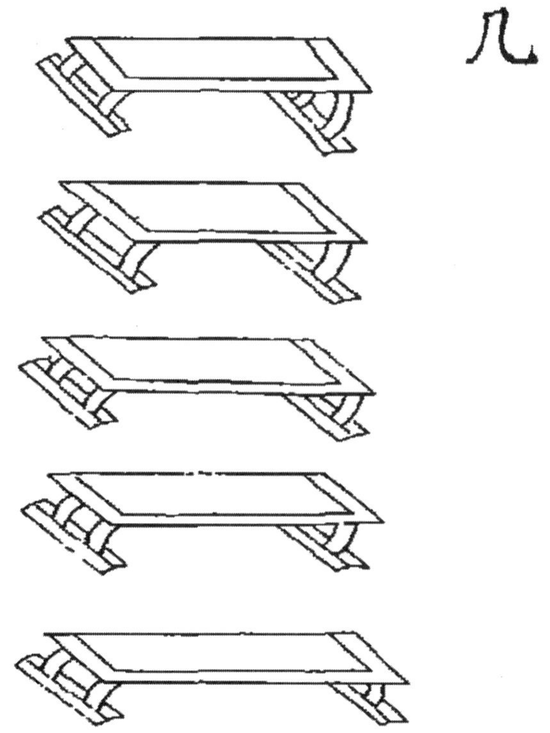

※ 출처: 『삼례도집주(三禮圖集注)』 8권

그림 5-3 ▣ 오옥(五玉) : 황(璜)·벽(璧)·장(璋)·규(珪)·종(琮)

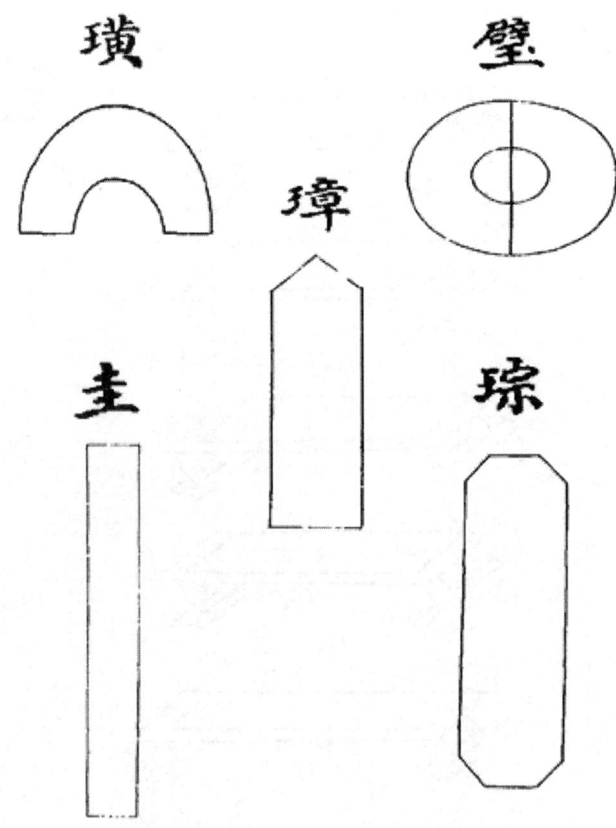

※ 출처: 『주례도설(周禮圖說)』 하권

그림 5-4 ▣ 환규(桓圭)·신규(信圭)·궁규(躬圭)

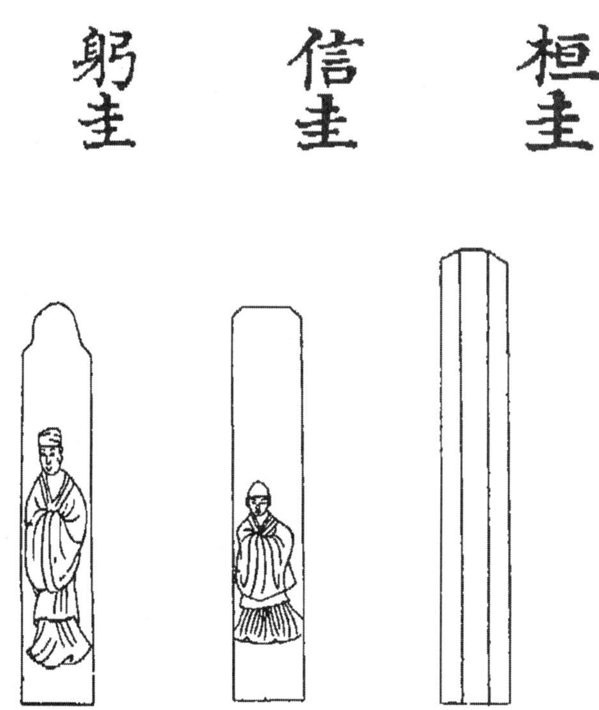

◎ 공작의 환규, 후작의 신규, 백작의 궁규

※ **출처**: 『삼례도집주(三禮圖集注)』 10권

그림 5-5 ▣ 곡벽(穀璧)과 포벽(蒲璧)

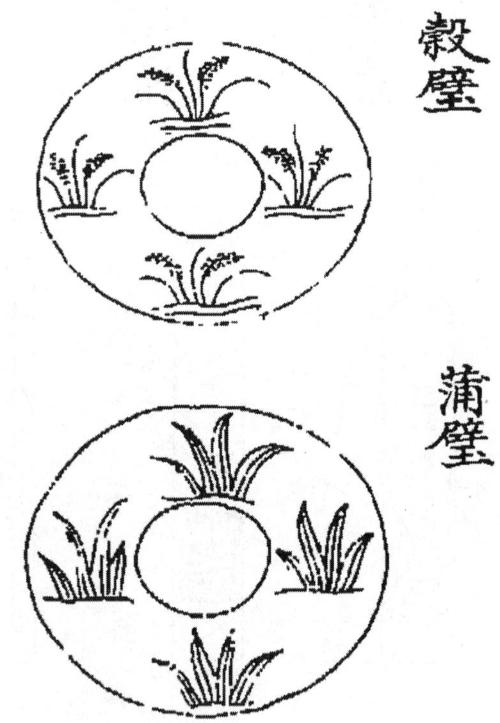

◎ 자작의 곡벽, 남작의 포벽

※ **출처**: 『삼례도집주(三禮圖集注)』 10권

冠義 人名 및 用語 辭典

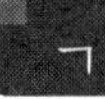

ㄱ

◎ **가공언(賈公彥, ? ~ ?)** : 당(唐)나라 때의 유학자이다. 정현(鄭玄)을 존숭하였다. 예학(禮學)에 조예가 깊었다. 『주례소(周禮疏)』, 『의례소(儀禮疏)』 등의 저서를 남겼으며, 이 저서들은 『십삼경주소(十三經注疏)』에 포함되었다.

◎ **가례(嘉禮)** : '가례'는 오례(五禮) 중 하나로, 결혼식을 치르거나, 잔치 등을 베풀 때의 예제(禮制)를 뜻한다. 경사스러운 일이라는 뜻에서 가(嘉)자를 붙여서 '가례'라고 부르는 것이다.

◎ **가의(賈誼, B.C.200 ~ B.C.168)** : =가생(賈生)·가시중(賈侍中)·가장사(賈長沙)·가태부(賈太傅). 전한(前漢) 때의 유학자이다. 23세 때 박사(博士)가 되었고, 이후 태중대부(太中大夫)에 올랐다. 오행설(五行說)을 유학에 가미하여, 국가 및 예악(禮樂) 등에 대한 제도를 제정하였다. 저서로는 『신서(新書)』 등이 있다.

◎ **가정본(嘉靖本)** : 『가정본(嘉靖本)』에는 간행한 자의 정보가 기록되어 있지 않다. 『십삼경주소(十三經注疏)』의 판본이다. 20권으로 구성되어 있으며, 각 권의 뒤편에는 경문(經文)과 그에 따른 주(注)를 간략히 기록하고 있다. 단옥재(段玉裁)는 이 판본이 가정(嘉靖) 연간에 송본(宋本)을 모방하여 간행된 것이라고 여겼다.

◎ **각(刻)** : '각'은 시간의 단위이다. 고대에는 물통에 작은 구멍을 내서, 물

이 떨어진 양을 보고 시간을 헤아렸다. 하루를 100'각'으로 나누었는데, 한(漢)나라 애제(哀帝) 건평(建平) 2년(-5년) 때에는 20'각'을 더해서, 하루의 길이를 총 120'각'으로 정하였다. 『한서(漢書)』「애제기(哀帝紀)」편에는 "漏刻以百二十爲度."라는 기록이 있는데, 이에 대한 안사고(顔師古)의 주에서는 "舊漏晝夜共百刻, 今增其二十."이라고 풀이하였다. 그리고 남북조(南北朝) 시기 양(梁)나라 무제(武帝)는 8'각'을 1진(辰)으로 정하여, 낮과 밤의 길이를 각각 12'진' 96'각'으로 정하였다.

◎ **감본(監本)** : 『감본(監本)』은 명(明)나라 국자감(國子監)에서 간행한 『십삼경주소(十三經注疏)』의 판본이다.

◎ **개성석경(開成石經)** : 『개성석경(開成石經)』은 당(唐)나라 만들어진 석경(石經)을 뜻한다. 돌에 경문(經文)을 새겼기 때문에, '석경'이라고 부른다. 당나라 때 만들어진 '석경'은 대화(大和) 7년(A.D.833)에 만들기 시작하여, 개성(開成) 2년(A.D.837)에 완성되었기 때문에, '개성석경'이라고도 부르는 것이다.

◎ **견거(遣車)** : '견거'는 장례(葬禮)를 치를 때 사용되는 수레이다. 장례 때에는 장지(葬地)에서 제사를 지내기 위해 희생물을 가져가게 된다. '견거'는 바로 희생물의 몸체를 싣고 가는 수레를 뜻한다.

◎ **고(孤)** : '고'는 고대의 작위이다. 천자에게 소속된 '고'는 삼공(三公) 밑의 서열에 해당하며, 육경(六卿)보다 높았다. 고대에는 소사(少師)·소부(少傅)·소보(少保)를 삼고(三孤)라고 불렀다.

◎ **고문송판(考文宋板)** : 『고문송판(考文宋板)』은 일본 학자 산정정(山井鼎) 등이 출간한 『칠경맹자고문보유(七經孟子考文補遺)』에 수록된 『예기정의(禮記正義)』를 뜻한다. 산정정은 『예기정의』를 수록할 때, 송(宋)나라 때의 판본을 저본으로 삼았다.

◎ **곡벽(穀璧)** : '곡벽'은 조회 때 천자 및 각 신하들이 잡게 되는 육서(六瑞) 중의 하나이다. 자작이 잡던 벽(璧)이다. 곡식을 무늬로 새겨 넣었기 때문에 '곡(穀)'자를 붙여서 '곡벽'이라고 부르는 것이다. '벽'의 지름은 5촌(寸)이었다.

◎ **공사(公士)** : '공사'는 제후의 조정에 속한 사이다. 제후의 조정 및 관부를 '공가(公家)'라고 부르기 때문에, '공사'라고 부른다.

◎ **공영달(孔穎達, A.D.574 ~ A.D.648)** : =공씨(孔氏). 당대(唐代)의 경학자이다. 자(字)는 중달(仲達)이고, 시호(謚號)는 헌공(憲公)이다. 『오경정

의(五經正義)』를 찬정(撰定)하는데 중심적인 역할을 했다.

◎ **공자가어(孔子家語)** : 『공자가어(孔子家語)』는 공자(孔子)의 언행 및 제자들과의 일화를 기록한 문헌이다. 전한(前漢) 초기에 공안국(孔安國)이 이 책을 편집했다는 학설도 있지만, 현존하는 『공자가어』는 일반적으로 왕숙(王肅)의 위작으로 인식된다.

◎ **곽경순(郭景純)** : **=곽박(郭璞)**

◎ **곽박(郭璞, A.D.276 ~ A.D.324)** : =곽경순(郭景純). 진(晉)나라 때의 학자이다. 자(字)는 경순(景純)이다. 저서로는 『이아주(爾雅注)』, 『방언주(方言注)』, 『산해경주(山海經注)』 등이 있다.

◎ **관(祼)** : '관'은 육향(六享)의 첫 번째 제사에 속하는 것으로, 울창주를 땅에 부어 강신제를 한다는 뜻으로, 처음 시동에게 술을 따라 신이 강림하길 바라는 때를 의미한다.

◎ **관향(祼享)** : '관향'은 종묘(宗廟)의 제례 절차 중 하나이다. 땅에 향기로운 술을 뿌려 신(神)을 강림시키는 의식을 뜻한다.

◎ **광안유씨(廣安游氏, ? ~ ?)** : =유계(游桂)·유원발(游元發). 남송(南宋) 때의 학자이다. 이름은 계(桂)이고, 자(字)는 원발(元發)이며, 호(號)는 사재(思齋)이다. 자세한 행적은 남아 있지 않다.

◎ **교감기(校勘記)** : 『교감기(校勘記)』는 완원(阮元)이 학자들을 모아서 편차했던 『십삼경주소교감기(十三經註疏校勘記)』를 뜻한다.

◎ **교기(校記)** : 『교기(校記)』는 손이양(孫詒讓)이 지은 『십삼경주소교기(十三經注疏校記)』를 뜻한다.

◎ **구수(九數)** : '구수'는 고대의 아홉 가지 계산 방법이다. 방전(方田), 속미(粟米), 차분(差分), 소광(少廣), 상공(商功), 균수(均輸), 방정(方程), 영부족(贏不足), 방요(旁要)를 뜻한다. 『주례』「지관(地官)·보씨(保氏)」편에는 "六曰九數."라는 기록이 있는데, 이에 대한 정현의 주에서는 정중(鄭衆)의 주장을 인용하여, "九數, 方田·粟米·差分·少廣·商功·均輸·方程·贏不足·旁要."라고 풀이했다.

◎ **궁규(躬圭)** : '궁규'는 백작이 들게 되는 규(圭)이다. 사람의 형상을 새겨 넣었기 때문에 '궁규'라고 부르는 것이며, 그 무늬는 신규(信圭)에 비해 거칠다. 신중하게 행동하여 자신의 몸을 잘 보호하고자 이러한 형상을 새겨 넣은 것이다. 그리고 '궁규'의 길이는 7촌(寸)이 된다. 『주례』「춘관(春官)·대종백(大宗伯)」편에는 "侯執信圭. 伯執躬圭."라는 기록이 있고,

이에 대한 정현의 주에서는 "信當爲身, 聲之誤也. 身圭·躬圭, 蓋皆象以人形爲瑑飾, 文有麤縟耳. 欲其愼行以保身. 圭皆長七寸."이라고 풀이했다.

◎ **금화소씨(金華邵氏, ? ~ ?)** : =소연(邵淵)·소만종(邵萬宗). 남송(南宋) 때의 유학자이다. 이름은 연(淵)이고, 자(字)는 만종(萬宗)이다. 『주자문집(朱子文集)』에는 장사박사(長沙博士)로 기록되어 있다. 『예기』의 「곡례(曲禮)」, 「왕제(王制)」, 「악기(樂記)」, 「대학(大學)」, 「중용(中庸)」에 대해 해설하였다.

◎ **남송석경(南宋石經)** : 『남송석경(南宋石經)』은 송(宋)나라 고종(高宗) 때 돌에 새긴 『십삼경주소(十三經注疏)』의 판본이다. 그러나 『예기(禮記)』에 대해서는 「중용(中庸)」 1편만을 기록하고 있다.

◎ **남전여씨(藍田呂氏, A.D.1040 ~ A.D.1092)** : =여대림(呂大臨)·여씨(呂氏)·여여숙(呂與叔). 북송(北宋) 때의 학자이다. 이름은 대림(大臨)이고, 자(字)는 여숙(與叔)이며, 호(號)는 남전(藍田)이다. 장재(張載) 및 이정(二程)형제에게서 수학하였다. 저서로는 『남전문집(藍田文集)』 등이 있다.

◎ **납채(納采)** : '납채'는 혼인과 관련된 육례(六禮) 중 하나이다. 청원을 하며 여자 집안에 예물을 보내는 일을 뜻한다.

◎ **내사(內事)** : '내사'는 외사(外事)와 상대되는 말이다. 본래 교내(郊內)에서 시행하는 모든 일들을 총칭하는 말이지만, 주로 제사를 가리키며, 특히 종묘(宗廟)에서 지내는 제사를 뜻한다. 『예기』「곡례상(曲禮上)」편에는 "外事以剛日, 內事以柔日."이라는 기록이 있는데, 이에 대한 공영달(孔穎達)의 소(疏)에서는 "內事, 郊內之事也. 乙丁己辛癸五偶爲柔也."라고 풀이했고, 손희단(孫希旦)의 『집해(集解)』에서는 "內事, 謂祭內神."이라고 풀이했다.

◎ **내신(內神)** : '내신'은 외신(外神)과 상대되는 말이다. 종묘(宗廟) 등에서 지내는 제사 대상을 '내신'이라고 부른다. 『예기』「곡례하(曲禮下)」편에 대한 손희단(孫希旦)의 『집해(集解)』에서는 오징(吳澄)의 주장을 인용하여, "宗廟所祭者, 一家之神, 內神也, 故曰內事. 郊·社·山川之屬, 天下一國之神, 皆外神也, 故曰外事."라고 설명하였다. 즉 종묘에서 제사를 지내는 대상은 한 집안의 신(神)으로 '내신'이라고 부르며, 그 제사들을

내사(內事)라고 부른다. 또 교(郊), 사(社) 및 산천(山川) 등에 지내는 제사는 그 대상이 천하 및 한 국가의 신들이기 때문에, 그들을 '외신'이라고 부르며, 그 제사를 외사(外事)라고 부른다.

◎ **내조(內朝)** : '내조'는 천자 및 제후가 정사를 처리하고 휴식을 취하던 장소이다. 외조(外朝)에 상대되는 말이다. '내조'에는 두 종류가 있었는데, 그 중 하나는 노문(路門) 밖에 위치하던 곳으로, 천자 및 제후가 정사를 처리하던 장소이며, 치조(治朝)라고도 불렀다. 다른 하나는 노문 안에 위치하던 곳으로, 천자 및 제후가 정사를 처리한 이후, 휴식을 취하던 장소이며, 연조(燕朝)라고도 불렀다.

◎ **녜묘(禰廟)** : '녜묘'는 부친의 묘(廟)를 뜻한다. 따라서 부묘(父廟)라고도 부른다. 한편 죽은 부친을 뜻하는 고(考)자를 붙여서 '고묘(考廟)'라고도 부른다. 『춘추좌씨전』「양공(襄公) 12년」편에는 "凡諸侯之喪, 異姓臨於外, 同姓臨於宗朝。同宗於祖廟, 同族於禰廟."라는 기록이 있는데, 이에 대한 두예(杜預)의 주에서는 "父廟也."라고 풀이했다. 또한 『춘추좌씨전』「양공(襄公) 13년」편에는 "所以從先君於禰廟者."라는 기록이 있는데, 이에 대한 공영달(孔穎達)의 소(疏)에서는 "祭法云, 諸侯立五廟, 曰考廟·王考廟·皇考廟·顯考廟·祖考廟. 此云禰廟, 卽彼考廟也. …… 禰, 近也. 於諸廟, 父最爲近也."라고 풀이했다. 즉 『예기』「제법(祭法)」편의 기록에 따르면, 제후(諸侯)의 경우 5개의 묘(廟)를 세우게 되는데, 고묘(考廟)·왕고묘(王考廟: 조부의 묘)·황고묘(皇考廟: 증조부의 묘)·현고묘(顯考廟: 고조부의 묘)·조고묘(祖考廟: 시조의 묘)이다. '녜묘'라는 것은 곧 '고묘'에 해당한다. '녜(禰)'자는 "가깝다[近]."는 뜻으로, 제후에게 있어서, 조상들 중 부친이 가장 가까운 존재이기 때문에, 부친의 묘를 '녜묘'라고 부르는 것이다.

◎ **뇌(誄)** : '뇌'는 죽은 자의 행적들을 열거하여, 그 기록들을 읽으며, 시호(諡號)를 짓는 것을 뜻한다. '뇌'자는 "묶는다[累]."는 뜻이다. 즉 죽은 자의 행적을 하나로 엮는다는 의미이다.

ㄷ

◎ **단면(端冕)** : '단면'은 검은색의 옷과 면류관을 뜻한다. 즉 현면(玄冕)을 의미한다. '단(端)'자는 검은색의 옷을 뜻하는데, 면복(冕服)에 대해서,

‘단’자로 지칭하는 것은 면복 자체가 정폭(正幅)으로 제작되기 때문에, ‘단’자를 붙여서 부르는 것이다. 『예기』「악기(樂記)」편에서는 “吾端冕而聽古樂, 則唯恐臥; 聽鄭衛之音, 則不知倦.”이라는 기록이 있는데, 이에 대한 정현의 주에서는 “端, 玄衣也.”라고 풀이했고, 공영달(孔穎達)의 소(疏)에서는 “云‘端, 玄衣也’者, 謂玄冕也. 凡冕服, 皆其制正幅, 袂二尺二寸, 袪尺二寸, 故稱端也.”라고 풀이했다.

◎ **대공복(大功服)** : ‘대공복’은 상복(喪服) 중 하나로, 오복(五服)에 속한다. 조밀한 삼베를 사용해서 만들지만, 소공복(小功服)에 비해서는 삼베의 재질이 거칠기 때문에, ‘대공복’이라고 부른다. 이 복장을 입게 되는 기간은 상황에 따라 차이가 생기지만, 일반적으로 9개월이다. 당형제(堂兄弟) 및 미혼인 당자매(堂姊妹), 또는 혼인을 한 자매(姊妹) 등을 위해서 입는다.

◎ **대구(大裘)** : ‘대구’는 천자가 제천(祭天) 의식을 시행할 때 입었던 복장이다. 『주례』「천관(天官)·사구(司裘)」편에는 “司裘掌爲大裘, 以共王祀天之服.”이라는 기록이 있다. 즉 사구(司裘)는 ‘대구’ 만드는 일을 담당하여, 천자가 하늘에 제사를 지낼 때 입는 의복으로 제공한다. 또한 이 기록에 대해 정현의 주에서는 정사농(鄭司農)의 주장을 인용하여, “大裘, 黑羔裘, 服以祀天, 示質.”이라고 풀이했다. 즉 ‘대구’라는 의복은 검은 양의 가죽으로 만든 옷이며, 이것을 입고 하늘에 제사를 지내는 것은 질박함을 보이기 위함이다.

◎ **대대기(大戴記)** : =대대례기(大戴禮記)

◎ **대대례(大戴禮)** : =대대례기(大戴禮記)

◎ **대대례기(大戴禮記)** : 『대대례기(大戴禮記)』는 『대대례(大戴禮)』·『대대기(大戴記)』라고도 부른다. 대덕(戴德)이 편찬한 예(禮)에 대한 서적이다. 당시 사람들은 그를 대대(大戴)라고 불렀고, 그의 조카 대성(戴聖)을 소대(小戴)라고 불렀기 때문에, 이러한 명칭이 생겨났다. ‘대성’이 편찬한 『소대례기(小戴禮記)』는 성행을 하였지만, 『대대례기』는 성행하지 못하여, 많은 편들이 없어졌다. 현재는 단지 삼십여 편만이 남아 있다. 정현(鄭玄)의 『육예론(六藝論)』에서는 그가 85편을 전수하였다고 기록하고 있는데, 현재 남아 있는 기록 중에는 1편부터 38편까지의 내용이 모두 없어져서 남아 있지 않다. 남아 있는 편들은 39번 째 「주언(主言)」편부터 81번 째 「역본명(易本命)」편까지인데, 그 중에서도 43~35편, 61편이 없어졌으며, 73편은 특이하게도 2편으로 구성되어 있다.

ㅁ

◎ **마계장(馬季長)** : =마융(馬融)

◎ **마씨(馬氏)** : =마희맹(馬晞孟)

◎ **마언순(馬彦醇)** : =마희맹(馬晞孟)

◎ **마융(馬融, A.D.79 ~ A.D.166)** : =마계장(馬季長). 후한대(後漢代)의 경학자(經學者)이다. 자(字)는 계장(季長)이며, 마속(馬續)의 동생이다. 고문경학(古文經學)을 연구하였으며, 『주역(周易)』, 『상서(尙書)』, 『모시(毛詩)』, 『논어(論語)』, 『효경(孝經)』 등을 두루 주석하고, 『노자(老子)』, 『회남자(淮南子)』 등도 주석하였지만 현재 전해지지 않는다.

◎ **마희맹(馬晞孟, ? ~ ?)** : =마씨(馬氏)·마언순(馬彦醇). 자(字)는 언순(彦醇)이다. 『예기해(禮記解)』를 찬술했다.

◎ **명당(明堂)** : '명당'은 일반적으로 고대 제왕이 정교(政敎)를 베풀던 장소를 지칭하는 용어로 사용되었다. 이곳에서는 조회(朝會), 제사(祭祀), 경상(慶賞), 선사(選士), 양로(養老), 교학(敎學) 등의 국가 주요 업무가 시행되었다. 『맹자』「양혜왕하(梁惠王下)」편에는 "夫明堂者, 王者之堂也."라는 용례가 있고, 『옥태신영(玉台新詠)』「목난사(木蘭辭)」편에도 "歸來見天子, 天子坐明堂."이라는 용례가 있다. '명당'의 규모나 제도는 시대마다 다르다. 또한 '명당'이라는 건물군 중에서 남쪽의 실(室)을 가리키는 용어로도 사용되었다.

◎ **모본(毛本)** : 『모본(毛本)』은 명(明)나라 말기 급고각(汲古閣)에서 간행된 『십삼경주소(十三經注疏)』의 판본이다. 급고각은 모진(毛晋)이 지은 장서각이었으므로, 이러한 명칭이 생겼다.

◎ **목록(目錄)** : 『목록(目錄)』은 정현이 찬술했다고 전해지는 『삼례목록(三禮目錄)』을 가리킨다. 『십삼경주소(十三經注疏)』에서 인용되고 있지만, 이 책은 『수서(隋書)』가 편찬될 당시에 이미 일실되어 존재하지 않았다. 『수서』「경적지(經籍志)」편에는 "三禮目錄一卷, 鄭玄撰, 梁有陶弘景注一卷, 亡."이라는 기록이 있다.

◎ **민본(閩本)** : 『민본(閩本)』은 명(明)나라 가정(嘉靖) 연간 때 이원양(李元陽)이 간행한 『십삼경주소(十三經注疏)』 판본이다. 한편 『칠경맹자고문보유(七經孟子考文補遺)』에서는 이 판본을 『가정본(嘉靖本)』으로 지칭하고 있다.

ㅂ

◎ 방각(方愨) : =엄릉방씨(嚴陵方氏)

◎ 방성부(方性夫) : =엄릉방씨(嚴陵方氏)

◎ 방씨(方氏) : =엄릉방씨(嚴陵方氏)

◎ 별록(別錄) : 『별록(別錄)』은 후한(後漢) 때 유향(劉向)이 찬(撰)했다고 전해지는 책이다. 현재는 일실되어 존재하지 않으며, 『한서(漢書)』「예문지(藝文志)」편을 통해서 대략적인 내용만을 추측해볼 수 있다.

◎ 복건(服虔, ? ~ ?) : 후한대(後漢代)의 유학자이다. 자(字)는 자신(子愼)이다. 초명은 중(重)이었으며, 기(祇)라고도 불렀다. 후에 이름을 건(虔)으로 고쳤다. 『춘추좌씨전(春秋左氏傳)』에 주석을 남겼지만, 산일되어 전해지지 않는다. 현재는 『좌전가복주집술(左傳賈服注輯述)』로 일집본이 편찬되었다.

◎ 복귀(伏龜) : '복귀'는 천년 된 소나무 아래에 산다는 신령스러운 거북이를 뜻한다. 소나무의 정기로 변화된 생물이라고 전해진다.

◎ 부제(祔祭) : '부제'는 '부(祔)'라고도 한다. 새로이 죽은 자가 있으면, 선조(先祖)에게 '부제'를 올리면서, 신주(神主)를 합사(合祀)하는 것을 말한다. 『주례』「춘관(春官)·대축(大祝)」편에는 "付練祥, 掌國事."라는 기록이 있고, 이에 대한 정현의 주에서는 "付當爲祔. 祭於先王以祔後死者."라고 풀이하였다.

◎ 분상(奔喪) : '분상'은 타지에 있다가 상(喪)에 대한 소식을 듣고, 급히 되돌아오는 예법(禮法)을 말한다. 『예기』「분상(奔喪)」편에 대해, 공영달(孔穎達)은 "案鄭目錄云, 名曰奔喪者, 以其居他國, 聞喪奔歸之禮."라고 풀이했다.

◎ 빙례(聘禮) : '빙례'는 제후들이 서로 찾아가서 만나보는 예법을 뜻한다. 또한 제후 이외에도 각 계층에서 상대방에게 찾아가서 안부를 여쭙는 예법을 빙문(聘問)이라고 부르는데, '빙례'는 이러한 '빙문' 등의 예법을 총칭하는 용어이다.

◎ 사(肆) : '사'는 육향(六享)의 첫 번째 제사에 속하는 것으로, 희생물의

몸체를 해체하여 바친다는 뜻으로, 익힌 고기를 바치는 때를 의미한다.

◎ 사궁(射宮) : '사궁'은 천자가 대사례(大射禮)를 시행하던 장소이며, 또한 이곳에서 사(士)들을 시험하기도 했다. 『춘추곡량전』「소공(昭公) 8년」편에는 "以習射於射宮."이라는 기록이 있고, 『예기』「사의(射義)」편에는 "諸侯歲獻貢士於天子, 天子試之於射宮."이라는 기록이 있다.

◎ 사례(射禮) : '사례'는 활 쏘는 예법을 가리킨다. 고대에는 활쏘기가 문무(文武)에 두루 관련이 있다고 생각하여서 중시하였다. 따라서 행사를 거행할 때에는 이러한 '사례'를 실시하였다. '사례'에는 대략 4종류가 있다. 즉 대사례(大射禮), 빈사례(賓射禮), 연사례(燕射禮), 향사례(鄕射禮)를 가리키는데, '대사례'는 제사를 지내고자 할 때, 제사에 참가하는 사(士)들을 선발하기 위해 실시하는 '사례'이다. '빈사례'는 제후들이 천자를 찾아뵙거나, 또는 제후들끼리 서로 회동을 할 때에, 활쏘기를 하며 연회를 베푸는 것이다. '연사례'는 연회를 즐기며 실시하는 '사례'를 뜻한다. '향사례'는 향(鄕)을 담당하는 향대부(鄕大夫)가 자신의 행정구역에서 관리로 등용될 사(士)들을 선발한 뒤에, 그들에게 연회를 베풀며 시행하는 '사례'이다.

◎ 사병(祠兵) : '사병'은 전쟁을 위해 군대를 출병할 때, 근교(近郊)에 머물며, 희생물을 잡아서 제사를 지내고, 병사들을 배불리 먹게 하는 것이다.

◎ 사왕(嗣王) : '사왕'은 본래 '효왕(孝王)'과 마찬가지로 군주가 제사 때 자신을 지칭하는 용어이다. 다만 제사 대상이 천지(天地) 등의 외신(外神)일 때 사용한다. '왕위를 계승한 자'라는 의미이다. 또한 천자 및 이전 군왕에 뒤이어 제위에 오르는 자를 가리키는 용어로도 사용된다.

◎ 삼가(三加) : '삼가'는 세 개의 관(冠)을 준다는 뜻이다. 관례(冠禮)를 시행할 때, 처음에 치포관(緇布冠)을 주고, 그 다음에 피변(皮弁)을 주며, 마지막으로 작변(爵弁)을 주기 때문에, '삼가'라고 부른다.

◎ 삼공(三公) : '삼공'은 중앙정부의 가장 높은 관직자 3명을 합쳐서 부르는 말이다. '삼공'에 속한 관직명에 대해서는 각 시대별로 차이가 있다. 『사기(史記)』「은본기(殷本紀)」편에는 "以西伯昌, 九侯, 鄂侯, 爲三公."이라는 기록이 있다. 즉 은나라 때에는 서백(西伯)인 창(昌), 구후(九侯), 악후(鄂侯)들을 '삼공'으로 삼았다. 또한 주(周)나라 때에는 태사(太師), 태부(太傅), 태보(太保)를 '삼공'으로 삼았다. 『서』「주서(周書)·주관(周官)」편에는 "立太師·太傅·太保, 茲惟三公, 論道經邦, 燮理陰陽."이라는

기록이 있다. 한편 『한서(漢書)』「백관공경표서(百官公卿表序)」에 따르면 사마(司馬), 사도(司徒), 사공(司空)을 '삼공'으로 삼았다는 기록이 있다.

◎ 삼왕(三王) : '삼왕'은 하(夏), 은(殷), 주(周) 삼대(三代)의 왕을 뜻한다. 『춘추곡량전』「은공(隱公) 8年」편에는 "盟詛不及三王."이라는 기록이 있고, 이에 대한 범녕(範寧)의 주에서는 '삼왕'을 하나라의 우(禹), 은나라의 탕(湯), 주나라의 무왕(武王)을 지칭한다고 풀이했다. 그리고 『맹자』「고자하(告子下)」편에는 "五覇者, 三王之罪人也."이라는 기록이 있고, 이에 대한 조기(趙岐)의 주에서는 '삼왕'을 범녕의 주장과 달리, 주나라의 무왕 대신 문왕(文王)을 지칭한다고 풀이했다.

◎ 삼우(三虞) : '삼우'는 장례(葬禮)를 끝내고 나서, 세 차례 지내게 되는 우제(虞祭)를 뜻한다. 신령을 안심시키고, 잘 안주하도록 지내는 제사이며, 계급에 따라서 그 횟수가 달랐다. 천자의 경우에는 구우(九虞)를 지냈고, 제후는 칠우(七虞)를 지냈으며, 대부(大夫)는 오우(五虞)를 지냈고, 사(士)의 경우에 '삼우'를 지냈다.

◎ 삼전(三傳) : '삼전'은 춘추삼전(春秋三傳)을 뜻한다. '춘추삼전'은 『춘추』 경문(經文)에 대한 세 가지 주석서를 가리킨다. 『춘추좌씨전(春秋左氏傳)』, 『춘추공양전(春秋公羊傳)』, 『춘추곡량전(春秋穀梁傳)』을 뜻한다.

◎ 삼정(三正) : '삼정'은 하(夏)·은(殷)·주(周) 세 나라의 정월(正月)을 뜻한다. 또한 세 나라의 역법(曆法)을 가리키기도 한다. 북두칠성은 회전을 하는데, 각 왕조에서는 천상을 12지(支)로 구분하여, 북두칠성의 자루 부분이 어느 방향을 지시하느냐에 따라 정월을 달리하였다. 하나라 때에는 북두칠성의 자루가 인(寅)을 가리킬 때를 정월로 여겼고, 은나라 때에는 축(丑)을 가리킬 때를 정월로 여겼으며, 주나라 때에는 자(子)를 가리킬 때를 정월로 여겼다.

◎ 삼주(三酒) : '삼주'는 상황에 따라 사용되는 세 가지 술을 뜻한다. 세 가지 술은 사주(事酒), 석주(昔酒), 청주(淸酒)를 가리킨다. 『주례』「천관(天官)·주정(酒正)」편에는 "辨三酒之物, 一曰事酒, 二曰昔酒, 三曰淸酒."라는 기록이 있다. 각 술들에 설명은 주석마다 약간의 차이를 보인다. 위의 기록에 대해서 정현의 주에서는 "鄭司農云, '事酒, 有事而飮也, 昔酒, 無事而飮也, 淸酒, 祭祀之酒.' 玄謂事酒, 酌有事者之酒, 其酒則今之醳酒也. 昔酒, 今之酋久白酒, 所謂舊醳者也. 淸酒, 今中山冬釀接夏而

成."이라고 풀이했다. 즉 정사농(鄭司農)의 주장에 따르면, '사주'는 어떤 사안이 있어서 마시게 되는 술을 뜻하고, '석주'는 특별한 일이 없을 때 마시는 술을 뜻하며, '청주'는 제사를 지낼 때 쓰는 술을 뜻한다. 한편 정현의 주장에 따르면, '사주'는 일을 맡아본 자에게 따라주는 술을 뜻하는데, 그 술은 정현 시대의 역주(醳酒)에 해당하고, '석주'는 오래 숙성시킨 술로 백주(白酒)와 같은 것이며, '청주'는 중산(中山) 지역에서 겨울에 술을 담가서 여름쯤 다 익은 술을 뜻한다. 그리고 위의 기록에 대해서 손이양(孫詒讓)의 『정의(正義)』에서는 "三酒之中, 事酒較濁, 亦隨時釀之, 酋繹卽孰. 昔酒較淸, 則冬釀春孰. 淸酒尤淸, 則冬釀夏孰."이라고 풀이했다. 즉 손이양의 주장에 따르면, '사주'는 비교적 탁한 술이며, 또한 수시로 빚은 술을 말하는데, 술독을 열어두어서 곧바로 숙성시키는 술을 뜻한다. '석주'는 비교적 맑은 술이며, 겨울에 빚어서 봄쯤에 다 익는 술을 뜻한다. '청주'는 더욱 맑은 술이며, 겨울에 빚어서 여름쯤에 익는 술을 뜻한다.

◎ 삼황(三皇) : '삼황'은 전설시대에 존재했다고 전해지는 세 명의 제왕을 뜻한다. 그러나 세 명이 누구였는지에 대해서는 이설(異說)이 많다. 첫 번째 주장은 복희(伏羲), 신농(神農), 황제(黃帝)를 '삼황'으로 보는 견해이다. 『장자(莊子)』「천운(天運)」편에는 "余語汝三皇五帝之治天下."라는 기록이 있는데, 이에 대한 성현영(成玄英)의 주에서는 "三皇者, 伏羲·神農·黃帝也."라고 풀이했다. 두 번째 주장은 복희(伏羲), 신농(神農), 여왜(女媧)로 보는 견해이다. 『여씨춘추(呂氏春秋)』「용중(用衆)」편에는 "此三皇五帝之所以大立功名也."라는 기록이 있는데, 이에 대한 고유(高誘)의 주에서는 "三皇, 伏羲·神農·女媧也."라고 풀이했다. 세 번째 주장은 복희(伏羲), 신농(神農), 수인(燧人)으로 보는 견해이다. 『백호통(白虎通)』「호(號)」편에는 "三皇者, 何謂也? 謂伏羲·神農·燧人也."라는 기록이 있다. 네 번째 주장은 복희(伏羲), 신농(神農), 축융(祝融)으로 보는 견해이다. 『백호통』「호」편에는 "禮曰, 伏羲·神農·祝融, 三皇也."라는 기록이 있다. 다섯 번째 주장은 천황(天皇), 지황(地皇), 태황(泰皇)으로 보는 견해이다. 『사기(史記)』「진시황본기(秦始皇本紀)」편에는 "古有天皇, 有地皇, 有泰皇. 泰皇最貴."라는 기록이 있다. 여섯 번째 주장은 천황(天皇), 지황(地皇), 인황(人皇)으로 보는 견해이다. 『예문유취(藝文類聚)』에서는 『춘추위(春秋緯)』를 인용하며, "天皇, 地皇, 人皇,

兄弟九人, 分九州, 長天下也.”라고 기록하였다.

◎ **석경(石經)** : 『석경(石經)』은 당(唐)나라 개성(開成) 2년(A.D.714)에 돌에 새긴 『십삼경주소(十三經注疏)』의 판본이다. 당나라 국자학(國子學)의 비석에 새겨졌다는 판본이 바로 이것을 가리킨다.

◎ **석량왕씨(石梁王氏, ? ~ ?)** : 자세한 이력이 남아 있지 않다.

◎ **석림섭씨(石林葉氏, ? ~ A.D.1148)** : =섭몽득(葉夢得)·섭소온(葉少蘊). 남송(南宋) 때의 유학자이다. 자(字)는 소온(少蘊)이고, 호(號)는 몽득(夢得)이다. 박학다식했다고 전해지며, 『춘추(春秋)』에 대한 조예가 깊었다.

◎ **섭몽득(葉夢得)** : =석림섭씨(石林葉氏)

◎ **섭소온(葉少蘊)** : =석림섭씨(石林葉氏)

◎ **세본(世本)** : 『세본(世本)』은 『세(世)』·『세계(世系)』 등으로 일컬어지기도 한다. 선진시대(先秦時代) 때의 사관(史官)이 기록한 문헌이라고 전해지지만, 진위여부를 확인할 수 없다. 『세본』은 고대의 제왕(帝王), 제후(諸侯) 및 경대부(卿大夫)들의 세계도(世系圖)를 기록한 서적이다. 일실되어 현존하지 않지만, 후대 학자들이 다른 문헌 속에 남아 있는 기록들을 수집하여, 일집본(佚輯本)을 남겼다. 이러한 일집본에는 여덟 종류의 주요 판본이 있는데, 각 판본마다 내용상의 차이를 보이고 있다. 1959년에는 상무인서관(商務印書館)에서 이러한 여덟 종류의 판본을 모아서 『세본팔종(世本八種)』을 출판하였다.

◎ **세성(歲星)** : ‘세성’은 현재의 목성(木星)을 뜻한다. 고대인들은 목성이 12년 동안 하늘을 한 바퀴 선회한다고 여겼다. 목성이 운행하는 궤도는 태양이 운행하는 궤도와 가까웠기 때문에, 고대인들은 하늘을 12개의 구역으로 구분하여, 12차(次)라고 불렀고, 목성은 매년 1차(次)씩 이동한다고 여겼다. 따라서 목성의 위치 변화를 통해 한 해가 바뀜을 알 수 있었기 때문에, 목성을 ‘세성’이라고 부르는 것이다.

◎ **소만종(邵萬宗)** : =금화소씨(金華邵氏)

◎ **소연(邵淵)** : =금화소씨(金華邵氏)

◎ **수황(遂皇)** : ‘수황’은 곧 삼황(三皇) 중 하나인 수인씨(燧人氏)를 뜻한다. 수(遂)자는 수(燧)자와 통용된다. 참고적으로 ‘삼황’은 수인(遂人), 복희(伏羲), 신농(神農)을 가리킨다. ‘복희’는 희황(戲皇)이라고 부르며, ‘신농’은 농황(農皇)이라고 부른다.

◎ **순수(巡守)** : ‘순수’는 ‘순수(巡狩)’라고도 부른다. 천자가 수도를 벗어나

제후의 나라를 시찰하는 것을 뜻한다. '순수'의 '순(巡)'자는 그곳으로 행차를 한다는 뜻이고, '수(守)'자는 제후가 지키는 영토를 뜻한다. 제후는 천자가 하사해준 영토를 대신 맡아서 수호하는 것이기 때문에, 천자가 그곳에 방문하여, 자신의 영토를 어떻게 관리하고 있는지를 시찰하게 된다. 『서』「우서(虞書)·순전(舜典)」편에는 "歲二月, 東巡守, 至于岱宗, 柴."라는 기록이 있고, 이에 대한 공안국(孔安國)의 전(傳)에서는 "諸侯爲天子守土, 故稱守. 巡, 行之."라고 풀이했으며, 『맹자』「양혜왕하(梁惠王下)」편에서는 "天子適諸侯曰巡狩. 巡狩者, 巡所守也."라고 기록하였다. 한편 『예기』「왕제(王制)」편에는 "天子, 五年, 一巡守."라는 기록이 있고, 『주례』「추관(秋官)·대행인(大行人)」편에는 "十有二歲王巡守殷國."이라는 기록이 있다. 즉 「왕제」편에서는 천자가 5년에 1번 순수를 시행하고, 「대행인」편에서는 12년에 1번 순수를 시행한다고 기록하고 있는데, 이러한 차이점에 대해서 정현은 「왕제」편의 주에서 "五年者, 虞夏之制也. 周則十二歲一巡守."라고 풀이했다. 즉 5년에 1번 순수를 하는 제도는 우(虞)와 하(夏)나라 때의 제도이며, 주(周)나라에서는 12년에 1번 순수를 했다.

◎ 승(升) : '승'은 옷감과 관련된 단위이다. 고대에는 포(布) 80가닥[縷]을 1승(升)으로 여겼다. 『의례』「상복(喪服)」편에서는 "冠六升, 外畢."이라는 기록이 있는데, 이에 대한 정현의 주에서는 "布八十縷爲升."이라고 풀이했다.

◎ 시삭(視朔) : '시삭'은 본래 천자 및 제후가 매월 초하루에, 종묘(宗廟)에 고하여 해당 월의 달력을 받고, 그곳에서 해당 월에 시행해야 할 정무를 처리하였던 것을 뜻한다. 『춘추좌씨전』「희공(僖公) 5년」편에는 "公既視朔, 遂登觀臺以望, 而書, 禮也."라는 기록이 있고, 이에 대한 공영달(孔穎達)의 소(疏)에서는 "視朔者, 公既告廟受朔, 卽聽視此朔之政, 是其親告朔也."라고 풀이했다.

◎ 신귀(神龜) : '신귀'는 전설상에 등장하는 신령스러운 거북이이다. 『장자(莊子)』「추수(秋水)」편에는 "楚有神龜, 死已三千歲矣, 王巾笥而藏之廟堂之上."이라는 기록이 있다.

◎ 신규(信圭) : '신규'는 신규(身圭)이다. '신(信)'자와 '신(身)'자의 소리가 비슷하기 때문에 잘못 전이된 것이다. '신규'는 후작이 들게 되는 규(圭)이다. 사람의 형상을 새겨 넣었기 때문에 '신규'라고 부르는 것이며, 그

무늬는 궁규(躬圭)에 비해 세밀하다. 신중하게 행동하여 자신의 몸을 잘 보호하고자 이러한 형상을 새겨 넣은 것이다. 그리고 '신규'의 길이는 7촌(寸)이 된다. 『주례』「춘관(春官)·대종백(大宗伯)」편에는 "侯執信圭. 伯執躬圭."라는 기록이 있고, 이에 대한 정현의 주에서는 "信當爲身, 聲之誤也. 身圭·躬圭, 蓋皆象以人形爲瑑飾, 文有麤縟耳. 欲其愼行以保身. 圭皆長七寸."이라고 풀이했다.

◎ **악본(岳本)** : 『악본(岳本)』은 송(頌)나라 악가(岳珂)가 간행한 『십삼경주소(十三經注疏)』의 판본이다.

◎ **애자(哀子)** : '애자'는 부모상을 치르는 자를 가리키는 용어이다. 후대에는 부모상을 치르는 것 자체를 가리키는 용어로도 사용되었다. 손자의 경우에는 '애손(哀孫)'이라고 부르게 된다. 상례 때에는 비통하고 슬픈 마음이 가득하기 때문에 '애(哀)'자를 붙여서 부르는 것이다. 또한 상례(喪禮)가 아닌 일반적인 제사의 경우에는 아들을 '효자(孝子)'라고 부르며, 손자를 '효손(孝孫)'이라고 부른다. 그리고 상례를 치르는 경우에는 졸곡(卒哭) 이전에는 '애자'라고 부르며, '졸곡'을 지내게 되면, '효자'라고 부르게 된다. 『예기』「잡기상(雜記上)」편에는 "祭稱孝子孝孫, 喪稱哀子哀孫."이라는 기록이 있고 이에 대한 공영달(孔穎達)의 소(疏)에서는 "喪則痛慕未申, 故稱哀也. 故士虞禮稱哀子, 而卒哭乃稱孝子也."라고 풀이했다.

◎ **양염(陽厭)** : '양염'은 염제(厭祭)의 절차 중 하나이다. '염제'에는 음염(陰厭)과 '양염'이 있다. '양염'은 시동이 묘실(廟室)을 빠져 나간 이후에, 시동에게 바쳤던 조(俎)와 돈(敦) 등을 거둬들여서, 서북쪽 모퉁이에 다시 진설하는 것이다.

◎ **엄릉방씨(嚴陵方氏, ? ~ ?)** : =방각(方慤)·방씨(方氏)·방성부(方性夫). 송대(宋代)의 유학자이다. 이름은 각(慤)이다. 자(字)는 성부(性夫)이다. 『예기집해(禮記集解)』를 지었고, 『예기집설대전(禮記集說大全)』에는 그의 주장이 많이 인용되고 있다.

◎ **여대림(呂大臨)** : =남전여씨(藍田呂氏)

◎ **여릉호씨(廬陵胡氏)** : =호전(胡銓)

◎ **여수(旅酬)** : '여수'는 본래 제사가 끝난 후에, 제사에 참가했던 친족 및 빈객(賓客)들이 술잔을 들어 술을 마시고, 서로 공경의 예(禮)를 표하며, 잔을 권하는 의례(儀禮)이다. 연회에서도 서로에게 술을 권하는 절차를 '여수'라고 부른다.

◎ **여씨(呂氏)** : =남전여씨(藍田呂氏)

◎ **여여숙(呂與叔)** : =남전여씨(藍田呂氏)

◎ **연관(練冠)** : '연관'은 상(喪) 중에 착용하는 관(冠)이다. 부모의 상 중에서 1주기에 지내는 제사 때 착용을 하였다.

◎ **연례(燕禮)** : '연례'는 본래 빈객(賓客)을 접대하는 연회의 한 종류를 뜻한다. 각종 연회들을 두루 지칭하기도 하며, 연회에서 사용되는 의례절차들을 두루 지칭하기도 한다. 본래의 '연례'는 연회를 시작할 때, 첫잔을 따라 바치는 절차 끝나면, 모두 자리에 앉아서 술을 마시는데, 취할 때까지 마시는 연회의 한 종류를 뜻한다. '연례' 때에는 희생물로 개[狗]를 사용했으며, 유우씨(有虞氏) 때 시행되었던 제도라고 설명되기도 한다. 『예기』「왕제(王制)」편에는 "有虞氏以燕禮."라는 기록이 있고, 이에 대한 진호(陳澔)의 『집설(集說)』에서는 "燕禮者, 一獻之禮旣畢, 皆坐而飮酒, 以至於醉, 其牲用狗."라고 풀이했다.

◎ **연상(練祥)** : '연상'은 소상(小祥)과 대상(大祥)을 뜻한다. '연상'에서의 '연(練)'자는 연제(練祭)를 뜻하며, '연제'는 곧 '소상'을 가리킨다. '연상'에서의 '상(祥)'자는 '대상'을 뜻한다. 소상은 죽은 지 13개월만에 지내는 제사이며, 대상은 25개월만에 지내는 제사이고, 대상을 지내게 되면 상복과 지팡이를 제거하게 된다. 『주례』「춘관(春官)·대축(大祝)」편에는 "言甸人讀禱, 付練祥, 掌國事."라는 기록이 있고, 이에 대해 가공언(賈公彦)의 소(疏)에서는 "練, 謂十三月小祥, 練祭. 祥, 謂二十五月大祥, 除衰杖."이라고 풀이했다.

◎ **연평주씨(延平周氏, ? ~ ?)** : =주서(周諝)·주희성(周希聖). 송(宋)나라 때의 유학자이다. 이름은 서(諝)이다. 자(字)는 희성(希聖)이다. 『예기설(禮記說)』 등의 저서가 있다.

◎ **예제(醴齊)** : '예제'는 오제(五齊) 중 하나이다. 비교적 탁한 술에 해당한다. 술이 익고 나서 앙금을 한 차례 걸러낸 것으로 염주(恬酒)와 같은 술이다.

◎ **오경이의(五經異義)** : 『오경이의(五經異義)』는 후한(後漢) 때의 학자인

허신(許愼)이 지은 책이다. 유실되었는데, 송대(宋代) 때 학자들이 다시 모아서 엮었다. 오경(五經)에 관한 고금(古今)의 유설(遺說)과 이의(異義)를 싣고, 그에 대한 시비(是非)를 판별한 내용들이다.

◎ **오계공(敖繼公, ? ~ ?)** : 원(元)나라 때의 학자이다. 자(字)는 군선(君善)·군수(君壽)이다. 이름이 계옹(繼翁)이었다고 하기도 한다. 저서로는 『의례집설(儀禮集說)』 등이 있다.

◎ **오사(五事)** : '오사'는 본래 모(貌), 언(言), 시(視), 청(聽), 사(思)를 뜻한다. 즉 언행, 보고 듣는 것, 사려함을 가리킨다. 또 단순히 이러한 행위만을 뜻하는 것이 아니라 수신(修身)이라는 측면에서 각각의 항목에 규범이 첨가된다. 즉 '오사'가 실질적으로 가리키는 것은 행동을 공손하게 하고, 말은 순리에 따라 하며, 보는 것은 밝게 하고, 듣는 것은 밝게 하며, 생각은 깊게 하는 것이다. 『서』「주서(周書)·홍범(洪範)」편에는 "五事, 一曰貌, 二曰言, 三曰視, 四曰聽, 五曰思. 貌曰恭, 言曰從, 視曰明, 聽曰聰, 思曰睿."라는 기록이 있다.

◎ **오성(五星)** : '오성'은 목성(木星), 화성(火星), 토성(土星), 금성(金星), 수성(水星)의 다섯 행성(行星)을 가리킨다. 『사기(史記)』「천관서론(天官書論)」편에는 "水火金木塡星, 此五星者, 天之五佐."라는 기록이 있다. 방위와 이명(異名)으로 설명하자면, '오성'은 동쪽의 세성(歲星: =木星), 남쪽의 형혹(熒惑: =火星), 중앙의 진성(鎭星: =塡星·土星), 서쪽의 태백(太白: =金星), 북쪽의 진성(辰星: =水星)을 가리킨다.

◎ **오유청(吳幼淸)** : =오징(吳澄)

◎ **오제(五帝)** : '오제'는 전설시대에 존재했다고 전해지는 다섯 명의 제왕(帝王)을 뜻한다. 그러나 다섯 명이 누구였는지에 대해서는 이설(異說)이 많다. 첫 번째 주장은 황제(黃帝: =軒轅), 전욱(顓頊: =高陽), 제곡(帝嚳: =高辛), 당요(唐堯), 우순(虞舜)으로 보는 견해이다. 『사기정의(史記正義)』「오제본기(五帝本紀)」편에는 "太史公依世本·大戴禮, 以黃帝·顓頊·帝嚳·唐堯·虞舜爲五帝. 譙周·應劭·宋均皆同."이라는 기록이 있고, 『백호통(白虎通)』「호(號)」편에도 "五帝者, 何謂也? 禮曰, 黃帝·顓頊·帝嚳·帝堯·帝舜也."라는 기록이 있다. 두 번째 주장은 태호(太昊: =伏羲), 염제(炎帝: =神農), 황제(黃帝), 소호(少昊: =摯), 전욱(顓頊)으로 보는 견해이다. 이 주장은 『예기』「월령(月令)」편에 나타난 각 계절별 수호신들의 내용을 종합한 것이다. 세 번째 주장은 소호(少昊), 전욱(顓

頊), 고신(高辛), 당요(唐堯), 우순(虞舜)으로 보는 견해이다. 『서서(書序)』에는 "少昊·顓頊·高辛·唐·虞之書, 謂之五典, 言常道也."라는 기록이 있다. 또 『제왕세기(帝王世紀)』에는 "伏羲·神農·黃帝爲三皇, 少昊·高陽·高辛·唐·虞爲五帝."라는 기록이 있다. 네 번째 주장은 복희(伏羲), 신농(神農), 황제(黃帝), 당요(唐堯), 우순(虞舜)으로 보는 견해이다. 이 주장은 『역』「계사하(繫辭下)」편의 내용에 근거한 주장이다.

◎ 오제(五齊) : '오제'는 술의 맑고 탁한 정도에 따라서 다섯 가지 등급으로 분류한 술을 뜻한다. 또한 술을 범칭하는 용어로도 사용된다. 다섯 가지 술은 범제(泛齊), 례제(醴齊), 앙제(盎齊), 제제(緹齊), 침제(沈齊)를 가리킨다. 『주례』「천관(天官)·주정(酒正)」편에는 "辨五齊之名, 一曰泛齊, 二曰醴齊, 三曰盎齊, 四曰緹齊, 五曰沈齊."라는 기록이 있다. 각 술들에 대해 설명하자면, 위의 기록에 대한 정현의 주에서는 "泛者, 成而滓浮泛泛然, 如今宜成醪矣. 醴猶體也, 成而汁滓相將, 如今恬酒矣. 盎猶翁也, 成而翁翁然, 蔥白色, 如今酇白矣. 緹者, 成而紅赤, 如今下酒矣. 沈者, 成而滓沈, 如今造清矣. 自醴以上尤濁, 縮酌者. 盎以下差清. 其象類則然, 古之法式未可盡聞. 杜子春讀齊皆爲粢. 又禮器曰, '緹酒之用, 玄酒之尚.' 玄謂齊者, 每有祭祀, 以度量節作之."라고 풀이했다. 즉 '범제'는 술이 익고 나서 앙금이 둥둥 떠 있는 것으로 정현 시대의 의성료(宜成醪)와 같은 술이고, '례주'는 술이 익고 나서 앙금을 한 차례 걸러낸 것으로 염주(恬酒)와 같은 것이며, '앙제'는 술이 익고 나서 새파란 빛깔을 보이는 것으로 찬백(酇白)과 같은 술이고, '제제'는 술이 익고 나서 붉은 빛깔을 보이는 것으로 하주(下酒)와 같은 술이며, '침제'는 술이 익고 나서 앙금이 모두 가라앉아 있는 것으로 조청(造清)과 같은 술이다. '범주'는 가장 탁한 술이며, '례주'는 그 다음으로 탁한 술이고, '앙제'부터는 뒤로 갈수록 맑은 술에 해당한다.

◎ 오징(吳澄, A.D.1249 ~ A.D.1333) : =임천오씨(臨川吳氏)·오유청(吳幼淸)·초려오씨(草廬吳氏). 송원대(宋元代)의 유학자이다. 이름은 징(澄)이다. 자(字)는 유청(幼淸)이다. 저서로 『예기해(禮記解)』가 있다.

◎ 옥작(玉爵) : '옥작'은 옥(玉)을 가공하여 만든 술잔이다. 『예기』「곡례상(曲禮上)」편에는 "飮玉爵者弗揮."라는 기록이 있는데, 이에 대한 공영달(孔穎達)의 소(疏)에서는 "玉爵, 玉杯也."라고 풀이했다.

◎ 외사(外事) : '외사'는 내사(內事)와 상대되는 말이다. 교외(郊外)에서 제

사를 지내거나, 사냥하는 일 등을 총칭하는 말이다. 또는 외국과의 외교관계에서 연합을 하거나, 군대를 출동시키는 일 등도 가리킨다. 『예기』「곡례상(曲禮上)」편에는 "外事以剛日, 內事以柔日."이라는 기록이 있는데, 이에 대한 정현의 주에서는 "出郊爲外事."라고 풀이했고, 공영달(孔穎達)의 소에(疏)서는 "外事, 郊外之事也. …… 崔靈恩云, 外事, 指用兵之事."라고 풀이했다. 또한 손희단(孫希旦)의 집해(集解)에서는 "愚謂外事, 謂祭外神. 田獵出兵, 亦爲外事."라고 풀이했다.

◎ 외신(外神) : '외신'은 내신(內神)과 상대되는 말이다. 교(郊)나 사(社) 등에서 지내는 제사 대상을 '외신'이라고 부른다. 『예기』「곡례하(曲禮下)」편에 대한 손희단(孫希旦)의 『집해(集解)』에서는 오징(吳澄)의 주장을 인용하여, "宗廟所祭者, 一家之神, 內神也, 故曰內事. 郊·社·山川之屬, 天下一國之神, 皆外神也, 故曰外事."라고 설명하였다. 즉 종묘(宗廟)에서 제사를 지내는 대상은 한 집안의 신(神)으로 '내신'이라고 부르며, 그 제사들을 내사(內事)라고 부른다. 또 교, 사 및 산천(山川) 등에 지내는 제사는 그 대상이 천하 및 한 국가의 신들이기 때문에, 그들을 '외신'이라고 부르며, 그 제사를 외사(外事)라고 부른다.

◎ 요작(瑤爵) : '요작'은 아름다운 옥돌[瑤]을 조각하여 만든 술잔으로, 그 술잔의 중요성은 대체적으로 옥작(玉爵) 다음이 된다. 『주례』「천관(天官)·내재(內宰)」편에는 大祭祀, 后祼獻則贊, 瑤爵亦如之."라는 기록이 있는데, 이에 대한 정현의 주에서는 "其爵以瑤爲飾."이라고 풀이했고, 『예기』「제통(祭統)」편에는 "尸飮五, 君洗玉爵獻卿; 尸飮七, 以瑤爵獻大夫."라는 기록이 있다.

◎ 원복(元服) : '원복'은 관(冠)을 뜻한다. '원(元)'자는 머리[首]를 뜻하므로, 머리에 쓰는 관(冠)을 '원복'이라고 부르는 것이며, 주로 관례(冠禮)를 치를 때, 이 용어를 사용한다.

◎ 위모(委貌) : '위모'는 검은색의 명주로 짠 관(冠)이다. '위(委)'자는 안정시킨다는 뜻으로, 이 관을 착용하여 용모를 안정시키기 때문에 '위모'라고 부른다.

◎ 위문(闈門) : '위문'은 궁실(宮室)이나 종묘(宗廟)의 측면에 있는 작은 문을 뜻한다.

◎ 유계(游桂) : =광안유씨(廣安游氏)

◎ 유사(有司) : '유사'는 관리를 뜻하는 용어이다. '사(司)'자는 담당한다는

뜻이다. 관리들은 각자 담당하고 있는 업무가 있었으므로, 관리를 '유사' 라고 불렀던 것이다. 일반적으로 하위관료들을 지칭하여, 실무자를 뜻하는 용어로 많이 사용된다. 그러나 때로는 고위관료까지도 지칭하는 용어로 사용되기도 한다.

◎ 유원발(游元發) : =광안유씨(廣安游氏)

◎ 유태공(劉台拱, A.D.1751 ~ A.D.1805) : 청(淸)나라 때의 경학자이다. 천문학(天文學), 율려학(律呂學), 문자학(文字學) 등에 조예가 깊었다.

◎ 유향(劉向, B.C77 ~ A.D.6) : 전한(前漢) 때의 학자이다. 자(字)는 자정(子政)이다. 유흠(劉歆)의 부친이다. 비서성(秘書省)에서 고서들을 정리하였다. 저서로는 『설원(說苑)』·『신서(新序)』·『열녀전(列女傳)』·『별록(別錄)』 등이 있다.

◎ 유현(劉炫, ? ~ ?) : 수(隋)나라 때의 학자이다. 자는 광백(光伯)이며, 경성(景城) 출신이다. 태학박사(太學博士) 등을 지냈다. 『논어술의(論語述義)』, 『춘추술의(春秋述義)』, 『효경술의(孝經述義)』 등을 저술하였다.

◎ 육경(六卿) : '육경'은 여섯 명의 경(卿)을 가리키는데, 주로 여섯 명의 주요 관직자들을 뜻한다. 각 시대마다 해당하는 관직명과 담당하는 영역에는 차이가 있었다. 『서』「하서(夏書)·감서(甘誓)」편에는 "大戰于甘, 乃召六卿."이라는 기록이 있고, 이에 대한 공안국(孔安國)의 전(傳)에서는 "天子六軍, 其將皆命卿."이라고 풀이했다. 즉 천자는 6개의 군(軍)을 소유하고 있는데, 각 군의 장수를 '경(卿)'으로 임명하였기 때문에, 이들 육군(六軍)의 수장을 '육경'이라고 부른다는 뜻이다. 이 기록에 따르면 하(夏)나라 때에는 육군의 장수를 '육경'으로 불렀다는 결론이 도출된다. 한편 『주례(周禮)』의 체제에 따르면, 주(周)나라에서는 여섯 개의 관부를 설치하였고, 이들 관부의 수장을 '경'으로 임명하였다. 따라서 천관(天官)의 총재(冢宰), 지관(地官)의 사도(司徒), 춘관(春官)의 종백(宗伯), 하관(夏官)의 사마(司馬), 추관(秋官)의 사구(司寇), 동관(冬官)의 사공(司空)이 '육경'에 해당한다. 『한서(漢書)·백관공경표상(百官公卿表上)」편에는 "夏殷亡聞焉, 周官則備矣. 天官冢宰, 地官司徒, 春官宗伯, 夏官司馬, 秋官司寇, 冬官司空, 是爲六卿, 各有徒屬職分, 用於百事."라는 기록이 있다.

◎ 육기(陸機, A.D.261 ~ A.D.303) : 서진(西晉) 때의 학자이다. 자(字)는 사형(士衡)이다. 저서로는 『변망론(辯亡論)』·『육사형집(陸士衡集)』 등이

있다.

◎ **육덕명(陸德明**, A.D.550 ~ A.D.630) : =육원랑(陸元朗). 당대(唐代)의 경학자이다. 이름은 원랑(元朗)이고, 자(字)는 덕명(德明)이다. 훈고학에 뛰어났으며, 『경전석문(經典釋文)』 등을 남겼다.

◎ **육면(六冕)** : '육면'은 천자가 착용하는 여섯 종류의 면복(冕服)을 가리킨다. 호천(昊天) 및 오제(五帝)에게 제사지낼 때에는 대구(大裘)를 입고 면류관[冕]을 쓰며, 선왕(先王)에게 제사지낼 때에는 곤면(袞冕)을 착용하고, 선공(先公)에 대한 제사 및 향사례(饗射禮)를 시행할 때에는 별면(鷩冕)을 착용하며, 산천(山川) 등에 제사지낼 때에는 취면(毳冕)을 착용하고, 사직(社稷) 등에 제사지낼 때에는 희면(希冕: =絺冕)을 착용하며, 기타 여러 제사에는 현면(玄冕)을 착용한다. 『주례』「춘관(春官)·사복(司服)」편에는 "掌王之吉凶衣服, 辨其名物, 辨其用事. 王之吉服, 祀昊天上帝, 則服大裘而冕, 祀五帝亦如之. 享先王則袞冕. 享先公, 饗射則鷩冕. 祀四望山川則毳冕. 祭社稷五祀則希冕. 祭群小祀則玄冕."이라는 기록이 있다.

◎ **육서(六書)** : '육서'는 한자의 구성과 형성에 대한 여섯 가지 이론으로, 상형(象形), 지사(指事: =處事), 회의(會意), 형성(形聲: =諧聲), 전주(轉注), 가차(假借)를 뜻한다. 『주례』「지관(地官)·보씨(保氏)」편에는 "五曰六書."라는 기록이 있는데, 이에 대한 정현의 주에서는 정사농(鄭司農)의 주장을 인용하여, "六書, 象形·會意·轉注·處事·假借·諧聲也."라고 풀이했다.

◎ **육원랑(陸元朗)** : =육덕명(陸德明)

◎ **음염(陰厭)** : '음염'은 본래 염제(厭祭)의 절차 중 하나이다. '염제'는 정규 제사를 진행하는 절차인데, 정규 제사의 본격적인 의식은 시동을 통해 진행된다. '염제'는 시동을 이용하지 않고, 본식 이전과 이후에 간략히 지내는 제사를 뜻한다. '염(厭)'자는 신을 흠향시킨다는 뜻이다. '염제'에는 '음염'과 양염(陽厭)이 있다. '음염'은 시동을 맞이하기 이전에 축관이 술을 따라서 바치고, 그 술잔을 올려서 신을 흠향하게 만드는 것이다. 또한 적장자가 아직 성년이 되지 않은 상태에서 죽었을 때, 그에 대한 제사는 종묘(宗廟)의 그윽하고 음(陰)한 장소에서 간략하게 치르게 되는데, 이것을 '음염'이라고 부른다.

◎ **이상(二祥)** : '이상'은 대상(大祥)과 소상(小祥)을 뜻한다. '연상(練祥)'이

라고도 부른다. '소상'은 죽은 지 13개월 만에 지내는 제사이며, '대상'은 25개월 만에 지내는 제사이다.

◎ 임천오씨(臨川吳氏) : =오징(吳澄)

ㅈ

◎ 자최복(齊衰服) : '자최복'은 상복(喪服) 중 하나로, 오복(五服)에 속한다. 거친 삼베를 사용해서 만들며, 자른 부위를 꿰매어 가지런하게 정리하기 때문에, '자최복'이라고 부른다. 이 복장을 입게 되는 기간에도 여러 종류가 있는데, 3년 동안 입는 경우는 죽은 계모(繼母)나 자모(慈母)를 위한 경우이고, 1년 동안 입는 경우는 손자가 죽은 조부모를 위해 입는 경우와 남편이 죽은 아내를 입는 경우 등이다. 그리고 1년 동안 '자최복'을 입는 경우, 그 기간을 자최기(齊衰期)라고도 부른다. 또 5개월 동안 입는 경우는 죽은 증조부나 증조모를 위한 경우이며, 3개월 동안 입는 경우는 죽은 고조부나 고조모를 위한 경우 등이다.

◎ 장락진씨(長樂陳氏) : =진상도(陳祥道)

◎ 장상(長殤) : '장상'은 16~19세 사이에 요절한 자를 뜻한다. 『의례』「상복(喪服)」편에 "年十九至十六爲長殤."이라는 기록이 있다.

◎ 장자(張子) : =장재(張載)

◎ 장재(張載, A.D.1020 ~ A.D.1077) : =장자(張子)·장횡거(張橫渠). 북송(北宋) 때의 유학자이다. 북송오자(北宋五子) 중 한 사람으로 칭해진다. 자(字)는 자후(子厚)이다. 횡거진(橫渠鎭) 출신으로, 이곳에서 장기간 강학을 했기 때문에 횡거선생(橫渠先生)으로 일컬어지기도 한다.

◎ 정강성(鄭康成) : =정현(鄭玄)

◎ 정씨(鄭氏) : =정현(鄭玄)

◎ 정의(正義) : 『정의(正義)』는 『예기정의(禮記正義)』 또는 『예기주소(禮記注疏)』를 뜻한다. 당(唐)나라 때에는 태종(太宗)이 공영달(孔穎達) 등을 시켜서 『오경정의(五經正義)』를 편찬하였는데, 이때 『예기정의』에는 정현(鄭玄)의 주(注)와 공영달의 소(疏)가 수록되었다. 송대(宋代)에는 『오경정의』와 다른 경전(經典)에 대한 주석서를 포함한 『십삼경주소(十三經注疏)』가 편찬되어, 『예기주소』라는 명칭이 되었다.

◎ 정현(鄭玄, A.D.127 ~ A.D.200) : =정강성(鄭康成)·정씨(鄭氏). 한대(漢

代)의 유학자이다. 자(字)는 강성(康成)이다. 『주역(周易)』, 『상서(尙書)』, 『모시(毛詩)』, 『주례(周禮)』, 『의례(儀禮)』, 『예기(禮記)』, 『논어(論語)』, 『효경(孝經)』 등에 주석을 하였다.

◎ 조묘(祧廟) : '조묘'는 천묘(遷廟)와 같은 뜻이다. '천묘'는 대수(代數)가 다한 신주(神主)를 모시는 묘(廟)를 뜻한다. 예를 들어 天子의 경우, 7개의 묘(廟)를 설치하는데, 가운데의 묘에는 시조(始祖) 혹은 태조(太祖)의 신주(神主)를 모시며, 이곳의 신주는 다른 곳으로 옮기지 않는 불천위(不遷位)에 해당한다. 그리고 좌우에는 각각 3개의 묘(廟)를 설치하여, 소목(昭穆)의 순서에 따라 6대(代)의 신주를 모신다. 현재의 천자가 죽게 되어, 그의 신주를 묘에 모실 때에는 소목의 순서에 따라 가장 끝 부분에 있는 묘로 신주가 들어가게 된다. 만약 소(昭) 계열의 가장 끝 묘에 새로운 신주가 들어서게 되면, 밀려나게 된 신주는 바로 위의 소 계열 묘로 들어가게 되고, 최종적으로 밀려나서 더 이상 갈 곳이 없는 신주는 '천묘'로 들어가게 된다. 또한 '천묘'는 위에서 서술한 것처럼 신구(新舊)의 신주가 옮겨지게 되는 의식 자체를 지칭하기도 하며, '천묘'된 신주 자체를 가리키기도 한다. 주(周)나라 때에는 문왕(文王)과 무왕(武王)의 묘를 '천묘'로 사용하였다.

◎ 조묘(朝廟) : '조묘'는 종묘(宗廟)에 전제(奠祭)를 지낸다는 뜻이다. 또 『춘추』「문공(文公) 6년」 경문(經文)에는 "閏月不告月, 猶朝于廟."라는 기록이 있고, 이에 대한 두예(杜預)의 주에서는 "諸侯每月必告朔聽政, 因朝宗廟."라고 풀이했다. 즉 제후들은 매월 반드시 고삭(告朔)을 하며 정사(政事)를 돌보게 되는데, 이것에 연유하여 종묘에서 전제사를 지낸다. 또한 '조묘'는 상례(喪禮)를 치르며 영구를 조묘로 이동시켜서, 장차 장지로 떠나게 됨을 아뢰는 의식이기도 하다.

◎ 조복(朝服) : '조복'은 군주와 신하가 조회를 열 때 착용하는 복장을 뜻한다. 중요한 의식을 치를 때 착용하는 예복(禮服)을 가리키기도 한다.

◎ 졸곡(卒哭) : '졸곡'은 우제(虞祭)를 지낸 뒤에 지내는 제사이다. 이 제사를 지내게 되면, 수시로 곡(哭)하던 것을 멈추고, 아침과 저녁때에만 한 번씩 곡을 하게 된다. 그렇기 때문에 '졸곡'이라고 부르게 된 것이다.

◎ 주서(周諝) : =연평주씨(延平周氏)

◎ 주희성(周希聖) : =연평주씨(延平周氏)

◎ 중상(中殤) : '중상'은 12~15세 사이에 요절한 자를 뜻한다. 『의례』「상

복(喪服)」편에 "十五至十二爲中殤."이라는 기록이 있다.

◎ **진상도(陳祥道, A.D.1159 ~ A.D.1223)** : =장락진씨(長樂陳氏)·진씨(陳氏)·진용지(陳用之). 북송대(北宋代)의 유학자이다. 자(字)는 용지(用之)이다. 장락(長樂) 지역 출신으로, 1067년에 과거에 급제하여 태상박사(太常博士) 등을 지냈다. 왕안석(王安石)의 제자로, 그의 학문을 전파하는데 공헌하였다. 저서에는 『예서(禮書)』, 『논어전해(論語全解)』 등이 있다.

◎ **진씨(陳氏)** : =진상도(陳祥道)

◎ **진용지(陳用之)** : =진상도(陳祥道)

◎ **차자(且字)** : '차자'는 자(字)의 일종이다. 남자의 경우 관례(冠禮)를 치른 뒤에 자(字)를 받게 되는데, 주(周)나라의 제도에 따르면 20세로부터 50세까지는 이름 대신 자(字)를 붙여서 '아무개 보(甫)'라고 불렀으니, 이것을 '차자'라고 부른다. 50세를 넘기게 되면 형제서열에 따라서 '아무개 백(伯)'이나 '아무개 중(仲)' 등으로 부르게 된다.

◎ **참최복(斬衰服)** : '참최복'은 상복(喪服) 중 하나로, 오복(五服)에 속한다. 상복 중에서도 가장 수위가 높은 상복이다. 거친 삼베를 사용해서 만들며, 자른 부위를 꿰매지 않기 때문에 참최(斬衰)라고 부른다. 이 복장을 입게 되는 기간은 일반적으로 3년에 해당하며, 죽은 부모를 위해 입거나, 처 또는 첩이 죽은 남편을 위해 입는다.

◎ **청삭(聽朔)** : '청삭'은 천자나 제후가 매월 초하루에 시행했던 고삭(告朔)의 의례를 뜻한다. 해당 월에 시행해야 할 정사(政事)는 바로 초하루부터 시행되므로, 정무를 처리하기 이전에, 고삭의 의식을 시행하고, 그 이후에야 정사를 펼쳤다. 현단복(玄端服) 및 피변복(皮弁服)을 착용하고 치렀으며, 남문(南門) 밖이나, 태묘(太廟)에서 시행하였다. 『예기』「옥조(玉藻)」편에는 "玄端而朝日於東門之外, 聽朔於南門之外."라는 기록과 "諸侯玄端以祭, 裨冕以朝, 皮弁以聽朔於大廟."라는 기록이 있다.

◎ **초려오씨(草廬吳氏)** : =오징(吳澄)

◎ **초주(譙周, A.D.201? ~ A.D.270)** : 삼국시대(三國時代) 때의 학자이다. 자(字)는 윤남(允南)이다. 『논어주(論語注)』, 『삼파기(三巴記)』, 『초자법훈(譙子法訓)』, 『고사고(古史考)』, 『오경연부론(五更然否論)』 등의 저

술을 남겼다.

◎ **최씨(崔氏)** : =최영은(崔靈恩)

◎ **최영은(崔靈恩, ? ~ ?)** : =최씨(崔氏). 남북조(南北朝) 때의 학자이다. 오경(五經)에 능통하였고, 다른 경전에도 두루 해박하였다고 전해진다. 『모시(毛詩)』, 『주례(周禮)』 등에 주석을 달았고, 『삼례의종(三禮義宗)』, 『좌씨경전의(左氏經傳義)』 등을 지었다.

◎ **축관(祝官)** : '축관'은 고대에 제사의 축문이나 기도 등의 일을 담당했던 관리이다.

◎ **친영(親迎)** : '친영'은 혼례(婚禮)에서 시행하는 여섯 가지 예식(禮式) 중 하나이다. 사위될 자가 여자 집에 가서 혼례를 치르고, 자신의 집으로 데려오는 예식을 뜻한다.

◎ **침문(寢門)** : '침문'은 침문(寑門)이라고도 부른다. 노문(路門)을 가리킨다. '노문'은 궁실(宮室)의 건축물 중에서도 가장 안쪽에 있었던 정문을 뜻하는데, 여러 문들 중에서도 노침(路寢)과 가장 가까운 위치에 있었기 때문에, '노문'이라는 명칭이 생겼다. '침문'이라는 용어 또한 '노침'에 가까이 있었기 때문에 붙여진 명칭이다. 한편 가장 안쪽에 있었던 정문이었으므로, '침문'을 내문(內門)이라고도 부른다.

ㅌ

◎ **태호(太皞)** : '태호'는 태호(太昊)라고도 부른다. '태호'는 복희(伏犧)를 가리킨다. 오행(五行)으로 구분했을 때 목(木)을 주관하며, 계절로 따지면 봄을 주관하고, 방위로 따지면 동쪽을 주관하는 자이다. 『여씨춘추(呂氏春秋)』「맹춘기(孟春紀)」편에는 "其帝, 太皞, 其神, 句芒."이라는 기록이 있고, 이에 대한 고유(高誘)의 주에서는 "太皞, 伏羲氏, 以木德王天下之號, 死祀於東方, 爲木德之帝."라고 풀이했다.

ㅍ

◎ **포벽(蒲璧)** : '포벽'은 조회 때 천자 및 각 신하들이 잡게 되는 육서(六瑞) 중의 하나이다. 남작이 잡던 벽(璧)이다. '포(蒲)'는 자리를 짜는 왕골을 뜻하는데, 왕골이 만개하여 꽃을 피운 모습을 무늬로 새겨 넣었기

때문에 '포벽'이라고 부르는 것이다. '벽'의 지름은 5촌(寸)이었다.

◎ **피변(皮弁)** : '피변'은 고대에 사용되었던 관(冠)의 한 종류이다. 백색 사슴의 가죽으로 만든 모자이다. 한편 관(冠)에 따른 의복까지 포함한 의미로 사용되기도 한다. 『주례』「하관(夏官)·변사(弁師)」편에는 "王之皮弁, 會五采玉璂, 象邸, 玉笄."라는 기록이 있다.

◎ **피변복(皮弁服)** : '피변복'은 호의(縞衣)라고도 부르며, 주로 군주가 조회를 하거나 고삭(告朔)을 할 때 착용하는 복장이다. 흰색 비단으로 만들었으며, 옷에 착용하는 관(冠) 또한 백색 사슴 가죽으로 만들었다. 『의례』「기석례(旣夕禮)」편에는 "薦乘車, 鹿淺幦, 干笮革靾, 載旜載皮弁服, 纓轡貝勒, 縣于衡."이라는 기록이 있고, 이에 대한 정현의 주에서는 "皮弁服者, 視朔之服."이라고 풀이했다.

ㅎ

◎ **하상(下殤)** : '하상'은 8~11세 사이에 요절한 자를 뜻한다. 『의례』「상복(喪服)」편에 "十一至八歲爲下殤."이라는 기록이 있다.

◎ **향음례(鄕飮禮)** : '향음례'는 '향음주례(鄕飮酒禮)'라고도 부른다. 주(周)나라 때에는 향학(鄕學)에서 3년마다 대비(大比)라는 시험을 치러서, 선발된 자들을 천거하였다. 이러한 행사를 실시할 때 향대부(鄕大夫)는 음주 연회의 자리를 만들어서, 선발된 자들에게 빈례(賓禮)에 따라 대접을 하며, 그들에게 술을 따라주었는데, 이 의식을 '향음례' 또는 '향음주례'라고 불렀다. 『의례』「향음주례(鄕飮酒禮)」편에 대한 가공언(賈公彦)의 소(疏)에서는 정현의 『삼례목록(三禮目錄)』을 인용하여, "諸侯之鄕大夫三年大比, 獻賢者能於其君, 以賓禮待之, 與之飮酒. 於五禮屬嘉禮."라고 풀이했다. 또한 일반적으로 음주를 즐기며 연회를 하는 것을 뜻하기도 한다.

◎ **허숙중(許叔重)** : =허신(許愼)

◎ **허신(許愼, A.D.30 ~ A.D.124)** : =허숙중(許叔重). 후한(後漢) 때의 학자이다. 자(字)는 숙중(叔重)이다. 『설문해자(說文解字)』의 저자로 널리 알려져 있으며, 다른 저서로는 『오경이의(五經異義)』가 있으나 산일되었다. 『오경이의』는 송대(宋代) 때 다시 편찬되었으나 진위를 따지기 힘들다.

◎ 헌(獻) : '헌'은 육향(六享)의 첫 번째 제사에 속하는 것으로, 단술을 따라서 바친다는 뜻으로, 희생물의 피와 생고기를 바치는 때를 의미한다.

◎ 현관(玄冠) : '현관'은 흑색으로 된 관(冠)이다. 고대에는 조복(朝服)을 입을 때 착용을 하였다. 『의례』「사관례(士冠禮)」편에는 "主人玄冠朝服, 緇帶素韠."이라는 기록이 있다.

◎ 현면(玄冕) : '현면'은 현의(玄衣)와 면류관을 뜻한다. 본래 천자 및 제후의 제사복장으로, 비교적 중요성이 덜한 제사 때 입는다. '현의' 중 상의에는 무늬가 들어가지 않고, 하의에만 불(黻)을 수놓는다. 『주례』「춘관(春官)·사복(司服)」편에는 "祭群小祀則玄冕."이라는 기록이 있고, 이에 대한 정현의 주에서는 "玄者, 衣無文, 裳刺黻而已, 是以謂玄焉."이라고 풀이했다.

◎ 현주(玄酒) : '현주'는 고대의 제례(祭禮)에서 술 대신 사용한 물[水]을 뜻한다. '현주'의 '현(玄)'자는 물은 흑색을 상징하므로, 붙여진 글자이다. '현주'의 '주(酒)'자의 경우, 태고시대 때에는 아직 술이 없었기 때문에, 물을 술 대신 사용했다. 따라서 후대에는 이 물을 가리키며 '주'자를 붙이게 된 것이다. '현주'를 사용하는 것은 가장 오래된 예법 중 하나이므로, 후대에도 이러한 예법을 존숭하여, 제사 때 '현주' 또한 사용했던 것이며, '현주'를 술 중에서도 가장 귀한 것으로 여겼다. 『예기』「예운(禮運)」편에는 "故玄酒在室, 醴醆在戶."라는 기록이 있는데, 이에 대한 공영달(孔穎達)의 소(疏)에서는 "玄酒, 謂水也. 以其色黑, 謂之玄. 而太古無酒, 此水當酒所用, 故謂之玄酒."라고 풀이했다.

◎ 협배(俠拜) : '협배'는 고대에 절을 하는 방법 중의 하나이다. 여자가 먼저 남자에게 절을 하면, 남자는 답배를 하게 되고, 여자는 재차 절을 하는데, 이것을 '협배'라고 부른다.

◎ 호방형(胡邦衡) : =호전(胡銓)

◎ 호전(胡銓, A.D.1102 ~ A.D.1180) : =여릉호씨(廬陵胡氏)·호방형(胡邦衡). 남송(南宋) 때의 정치가이자 문학가이다. 자(字)는 방형(邦衡)이고, 호(號)는 담암(澹庵)이다. 충신으로 명성이 높았다.

◎ 호천상제(昊天上帝) : '호천상제'는 호천(昊天)과 상제(上帝)로 구분하여 해석하기도 하며, '호천상제'를 하나의 용어로 해석하기도 한다. 후자의 경우 '호천'이라는 말은 '상제'를 수식하는 말이다. 고대에는 축호(祝號)라는 것을 지어서 제사 때의 용어를 수식어로 꾸미게 되는데, '호천상제'

의 경우는 '상제'에 대한 축호에 해당하며, 세분하여 설명하자면 신(神)의 명칭에 수식어를 붙이는 신호(神號)에 해당한다. 『예기』「예운(禮運)」편에는 "作其祝號, 玄酒以祭, 薦其血毛, 腥其俎, 孰其殽."라는 기록이 있고, 이에 대한 진호(陳澔)의 주에서는 "作其祝號者, 造爲鬼神及牲玉美號之辭. 神號, 如昊天上帝."라고 풀이했다. '호천'과 '상제'로 풀이할 경우, '상제'는 만물을 주재하는 자이며, '상천(上天)'이라고도 불렀다. 고대인들은 길흉(吉凶)과 화복(禍福)을 내릴 수 있는 능력을 갖추고 있었다고 생각하였다. 한편 '상제'는 오행(五行) 관념에 따라 동·서·남·북·중앙의 구분이 생기면서, 천상을 각각 나누어 다스리는 오제(五帝)로 설명되기도 한다. '호천'의 경우 천신(天神)을 뜻하는데, '상제'와 비슷한 개념이다. '호천'을 '상제'보다 상위의 개념으로 해석하여, 오제 위에서 군림하는 신으로 해석하는 경우도 있다.

◎ **환구(圜丘)** : '환구'는 원구(圓丘)라고도 부른다. 고대에 제왕이 동지(冬至)에 제천(祭天) 의식을 집행하던 곳이다. 자연적으로 형성된 언덕의 형상을 본떠서, 흙을 높이 쌓아올려 만들었기 때문에, '구(丘)'자를 붙여서 부른 것이며, 하늘의 둥근 형상을 본떴다는 뜻에서 '환(圜)' 또는 '원(圓)'자를 붙여서 부른 것이다. 『주례』「춘관(春官)·대사악(大司樂)」편에는 "冬日至, 於地上之圜丘奏之."라는 기록이 있고, 이에 대한 가공언(賈公彦)의 소(疏)에서는 "土之高者曰丘, 取自然之丘. 圜者, 象天圜也."라고 풀이했다.

◎ **환규(桓圭)** : '환규'는 조회 때 천자 및 각 신하들이 잡게 되는 육서(六瑞) 중의 하나이다. 공작이 잡던 규(圭)이다. 한 쌍의 기둥을 '환(桓)'이라고 부르는데, 이 무늬를 '규'에 새겼기 때문에, '환규'라고 부른다. '규'의 길이는 9촌(寸)으로 만들었다.

◎ **황제(黃帝)** : '황제'는 헌원씨(軒轅氏), 유웅씨(有熊氏)이라고도 부른다. 전설시대에 존재했다고 전해지는 고대 제왕(帝王)이다. 소전(少典)의 아들이고, 성(姓)은 공손(公孫)이다. 헌원(軒轅)이라는 땅의 구릉 지역에 거주하였기 때문에, 그를 '헌원씨'라고도 부르는 것이다. 또한 '황제'는 희수(姬水) 지역에도 거주를 하였기 때문에, 이 지역의 이름을 따서 성(姓)을 희(姬)로 고치기도 하였다. 그리고 수도를 유웅(有熊) 땅에 마련하였기 때문에, 그를 '유웅씨'라고도 부르는 것이다. 한편 오행(五行) 관념에 따라서, 그는 토덕(土德)을 바탕으로 제왕이 되었다고 여겼는데,

흙[土]이 상징하는 색깔은 황(黃)이므로, 그를 '황제'라고 부르는 것이다. 『역』「계사하(繫辭下)」편에는 "神農氏沒, 黃帝·堯·舜氏作, 通其變, 使民不倦."이라는 기록이 있는데, 이에 대한 공영달(孔穎達)의 소(疏)에서는 "黃帝, 有熊氏少典之子, 姬姓也."라고 풀이했다. 한편 '황제'는 오제(五帝) 중 하나를 뜻한다. 오행(五行)으로 구분했을 때 토(土)를 주관하며, 계절로 따지면 중앙 계절을 주관하고, 방위로 따지면 중앙을 주관하는 신(神)이다. 『여씨춘추(呂氏春秋)』「계하기(季夏紀)」편에는 "其帝黃帝, 其神后土."라는 기록이 있고, 이에 대한 고유(高誘)의 주에서는 "黃帝, 少典之子, 以土德王天下, 號軒轅氏, 死託祀爲中央之帝."라고 풀이했다.

◎ 효왕(孝王) : '효왕'은 군주가 제사를 지낼 때, 선조에 대해서 자신을 지칭할 때 쓰는 용어이다. 선조 앞에서는 자신을 가리키며 '효(孝)'자를 붙여야 하고, 군주를 뜻하는 '왕'자를 붙여서, '효왕'이라고 부르게 되었다.

번역 참고문헌

- 『禮記』, 서울 : 保景文化社, 초판 1984 (5판 1995) / 저본으로 삼은 책이다.
- 『禮記正義』 1~4(전4권, 『十三經注疏 整理本』 12~15), 北京 : 北京大學出版社, 초판 2000 / 저본으로 삼은 책이다.
- 朱彬 撰, 『禮記訓纂』 上·下(전2권), 北京 : 中華書局, 초판 1996 (2쇄 1998) / 저본으로 삼은 책이다.
- 孫希旦 撰, 『禮記集解』 上·中·下(전3권), 北京 : 中華書局, 초판 1989 (4쇄 2007) / 저본으로 삼은 책이다.
- 服部宇之吉 評點, 『禮記』, 東京 : 富山房, 초판 1913 (증보판 1984) / 鄭玄注 번역에 대해 참고했던 서적이다.
- 竹內照夫 著, 『禮記』 上·中·下(전3권), 東京 : 明治書院, 초판 1975 (3판 1979) / 經文에 대한 이해에 참고했던 서적이다.
- 市原亨吉 외 2명 著, 『禮記』 上·中·下(전3권), 東京 : 集英社, 초판 1976 (3쇄 1982) / 經文에 대한 이해에 참고했던 서적이다.
- 陳澔 注, 『禮記集說』, 北京 : 中國書店, 초판 1994 / 『集說』에 대한 번역에 참고했던 서적이다.
- 王文錦 譯解, 『禮記譯解』 上·下(전2권), 北京 : 中華書局, 초판 2001 (4쇄 2007) / 經文 및 주석 번역에 참고했던 서적이다.
- 錢玄·錢興奇 編著, 『三禮辭典』, 南京 : 江蘇古籍出版社, 초판 1998 / 용어 및 器物 등에 대해 참고했던 서적이다.
- 張撝之 外 主編, 『中國歷代人名大辭典』 上·下권(전2권), 上海 : 上海古籍出版社, 초판 1999 / 인명에 대해 참고했던 서적이다.
- 呂宗力 主編, 『中國歷代官制大辭典』, 北京 : 北京出版社, 초판 1994 (2쇄 1995) / 관직명에 대해 참고했던 서적이다.
- 中國歷史大辭典編纂委員會 編纂, 『中國歷史大辭典』 上·下(전2권), 上海 : 上海辭書出版社, 초판 2000 / 용어 및 인명에 대해 참고했던 서적이다.
- 羅竹風 主編, 『漢語大詞典』 1~12(전12권), 上海 : 漢語大詞典出版社,

초판 1988 (4쇄 1995) / 용어에 대해 참고했던 서적이다.
• 王思義 編集, 『三才圖會』 上·中·下(전3권), 上海 : 上海古籍出版社, 초판 1988 (4쇄 2005) / 器物 등에 대해 참고했던 서적이다.
• 聶崇義 撰, 『三禮圖集注』 (四庫全書 129책) / 器物 등에 대해 참고했던 서적이다.
• 劉績 撰, 『三禮圖』 (四庫全書 129책) / 器物 등에 대해 참고했던 서적이다.

역자 **정병섭(鄭秉燮)**

- 1979년 출생
- 2002년 성균관대학교 유교철학과 졸업
- 2004년 성균관대학교 대학원 유학과 석사
- 2013년 성균관대학교 대학원 유학과 철학박사
- 현재『역주 예기집설대전』완역을 위해 번역중이며,
  이후『의례』,『주례』,『대대례기』시리즈 번역과
  한국유학자들의 예학 관련 저작들의 번역을 계획 중이다.

예기집설대전 목록

제1편 곡례 상❶❷
제2편 곡례 하
제3편 단궁 상❶❷
제4편 단궁 하❶❷
제5편 왕제
제6편 월령
제7편 증자문
제8편 문왕세자
제9편 예운
제10편 예기
제11편 교특생❶❷
제12편 내칙
제13편 옥조❶❷
제14편 명당위
제15편 상복소기
제16편 대전
제17편 소의
제18편 학기
제19편 악기❶❷
제20편 잡기上
제21편 잡기下
제22편 상대기
제23편 제법
제24편 제의
제25편 제통
제26편 경해
제27편 애공문
제28편 중니연거
제29편 공자한거
제30편 방기
제31편 중용
제32편 표기
제33편 치의
제34편 분상
제35편 문상
제36편 복문
제37편 간전
제38편 삼년문
제39편 심의
제40편 투호
제41편 유행
제42편 대학
제43편 관의
제44편 혼의
제45편 향음주의
제46편 사의
제47편 연의
제48편 빙의
제49편 상복사제

譯註
禮記集說大全 冠義
編 陳澔(元)
附 正義 · 訓纂 · 集解

초판 인쇄 2017년 6월 7일
초판 발행 2017년 6월 20일

역 자 | 정 병 섭
펴 낸 이 | 하 운 근
펴 낸 곳 | 學古房
주 소 | 경기도 고양시 덕양구 통일로 140 삼송테크노밸리 A동 B224
전 화 | (02)353-9908 편집부(02)356-9903
팩 스 | (02)6959-8234
홈페이지 | http://hakgobang.co.kr/
전자우편 | hakgobang@naver.com, hakgobang@chol.com
등록번호 | 제311-1994-000001호

ISBN 978-89-6071-667-4 94150
978-89-6071-267-6 (세트)

값 : 25,000원

이 도서의 국립중앙도서관 출판예정도서목록(CIP)은 서지정보유통지원시스템 홈페이지(http://seoji.nl.go.kr)와 국가자료공동목록시스템(http://www.nl.go.kr/kolisnet)에서 이용하실 수 있습니다. (CIP제어번호 : CIP2017013453)